●福建省社会科学规划项目"'一带一路'战略背景下闽台水产品对东盟市场出口变动及渔业发展战略研究"（FJ2017C020）

●国家自然基金农林经济管理学科群重点项目"农业产业组织体系与农民合作社发展：以农民合作组织发展为中心的农业产业组织体系创新与优化研究"（71333011）

●2016年度"福建省高校杰出青年科研人才培育计划"（闽科教〔2016〕23号）

●福建农林大学杰出青年科研人才计划资助项目（XJQ201515）

闽台水产品
国际竞争力比较研究

郑思宁 著

浙江大学出版社
ZHEJIANG UNIVERSITY PRESS

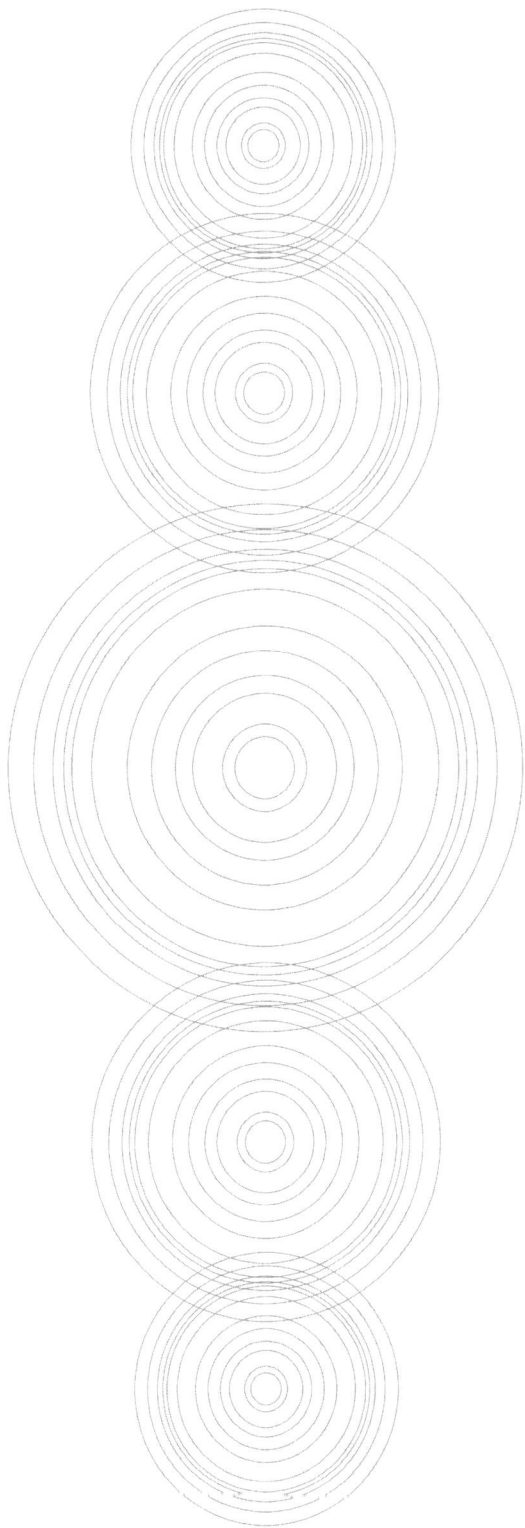

图书在版编目（CIP）数据

闽台水产品国际竞争力比较研究 / 郑思宁著. —杭
州：浙江大学出版社，2017.12
ISBN 978-7-308-17058-1

Ⅰ.①闽… Ⅱ.①郑… Ⅲ.①水产品市场—国际竞争
力—对比研究—福建、台湾 Ⅳ.①F724.726

中国版本图书馆 CIP 数据核字（2017）第 152497 号

闽台水产品国际竞争力比较研究

郑思宁 著

责任编辑	陈静毅
责任校对	沈巧华　郝　娇
封面设计	续设计
出版发行	浙江大学出版社
	（杭州市天目山路 148 号　邮政编码 310007）
	（网址：http://www.zjupress.com）
排　　版	浙江时代出版服务有限公司
印　　刷	虎彩印艺股份有限公司
开　　本	710mm×1000mm　1/16
印　　张	20
字　　数	360 千
版 印 次	2017 年 12 月第 1 版　2017 年 12 月第 1 次印刷
书　　号	ISBN 978-7-308-17058-1
定　　价	58.00 元

浙江大学出版社发行中心联系方式：（0571）88925591；http://zjdxcbs.tmall.com

随着世界渔业的不断发展,学术界对水产品国际竞争力问题的研究越来越重视。福建与台湾虽然地缘相近、自然物候条件相似,但有着不同的经济发展水平、渔业产业结构以及生产要素水平,是研究水产品国际竞争力问题的很好范例。另外,《海峡两岸经济合作框架协议》(ECFA)的签署为闽台渔业的共同发展带来了前所未有的契机。为此,笔者选择福建和台湾进行水产品国际竞争力的比较研究,希望在丰富渔业国际竞争力理论的同时为闽台渔业合作的进一步发展提供参考。

本书旨在全面系统地研究福建与台湾水产品的国际竞争力,并在此基础上提出闽台渔业合作的建议。主要内容如下:

(1)本书依托国际贸易理论和产业竞争力理论,基于闽台渔业实际情况,以竞争业绩、竞争实力、竞争潜力与竞争环境为国际竞争力的理论分析框架,对闽台水产品的国际竞争力状况和影响因素进行了分析。

(2)应用翔实的数据对闽台水产品生产与贸易特征进行全面阐述,得出以下主要结论:第一,世界水产品贸易流向主要从发展中国家流向发达国家,生鲜产品占据着重要地位。第二,依靠水产养殖业的发展,福建水产品产量迅速增长,水产品出口额不断上升,出口结构表现出产品均匀化和市场集中度下降的特征。第三,台湾以远洋捕捞业为主,水产品产量与出口额均增长缓慢,出口结构表现出产品结构高度集中于生鲜鱼类产品,而市场结构均匀化的特征。第四,闽台水产品出口产品相似性较低,而市场相似性较高,闽台水产品贸易互补性较强,并以产业间互补为主。

(3)从市场份额、净出口和出口结构三个方面评价闽台水产品的竞争业绩,结果表明:福建水产品的市场竞争力不断提升,具备竞争优势的水产品种类逐步增多;而台湾水产品的市场竞争力则不断下降,具备竞争优势的水产品种类较少,其主要集中在鱼类产品上。

(4)从价格和质量两个角度分析影响闽台水产品国际竞争力的直接因素,结果表明:福建水产品在国际市场上的价格优势正逐步丧失,但质量优势日趋明显;而台湾水产品的价格优势进一步增强,质量优势却逐步丧失。

(5)在波特理论的指导下,本书以翔实和权威的数据,应用定量分析和计量研究相结合的方法研究了闽台水产品国际竞争力的影响因素,得出以下主要结论:渔业生产技术水平、人力资本和水产品质量安全管理水平不足阻碍了福建水产品国际竞争力的提升;在水产品的初级生产要素、产业结构和内部市场需求方面存在制约台湾水产品国际竞争力提升的因素;相关与支持性产业的发展、加入 WTO 和国际市场需求变动对闽台水产品国际竞争力的提升均有促进作用。

(6)总体上,福建水产品的国际竞争力要强于台湾水产品。这主要是由两者产业结构的不同造成的。在生产上,福建以水产养殖业为主的产业结构较台湾以远洋捕捞业为主的产业结构具有更强的可控性,前者的水产品种类更为丰富。同时,水产养殖业更便于水产品的深加工,使水产品种类更为多样化。因此,福建较台湾更能及时、有效地根据国际市场需求调整产品结构,在提高单价的同时提升水产品品质,而自然资源的匮乏是阻碍台湾调整渔业产业结构的主要原因。

(7)闽台渔业存在广泛的合作空间。这主要表现在以下几个方面:第一,闽台水产品贸易存在很强的产业间互补关系;第二,福建在初级生产要素上较台湾有竞争优势,而台湾在高级生产要素上优于福建,闽台渔业存在生产要素的上下游互补;第三,福建消费者更注重水产品的消费数量,而台湾消费者则注重水产品的质量和风味,两者在消费导向上互补;第四,福建渔业以水产养殖为主要生产方式,而台湾渔业以远洋捕捞为主,两者在渔业产业结构上可以互补。

(8)本书在《海峡两岸经济合作框架协议》背景下,根据前面的研究结果,结合闽台渔业合作的现状与存在问题,提出提升闽台水产品国际竞争力的渔业合作建议,包括对水产品贸易、水产养殖业、远洋捕捞业、近海捕捞业、水产品加工业、渔业投资、渔业人才培养、特色水产品及水产品国际市场营销等领域的合作建议。

本书的主要创新点有:较为完整地构建了水产品国际竞争力的理论分析框架;根据波特的"钻石模型"理论,应用计量模型(主成分回归模型)对水产品国际竞争力的四个主要影响因素进行了实证研究；比较研究了处在不同经济发展阶段、地理位置较为接近、渔业生产要素和产业结构有较大差别的两个地区水产品国际竞争力状况和影响因素以及各指标对水产品的国际竞争力影响程度的大小；提出了同一国家内不同关税区的渔业合作方式。

在本书写作期间，笔者需要感谢的人实在太多、太多。

首先，非常感谢笔者的博士生导师蔡贤恩教授。本书从选题到最后的定稿无不凝结着蔡老师的心血。蔡老师严谨的治学态度、渊博的学识使我终身受益。

其次，感谢黄祖辉教授、刘伟平教授、郑逸芳教授、戴永务教授、苏时鹏教授、冯亮明副教授、何均琳副教授、范瑾老师、黄和亮教授、谢志忠教授、王文烂教授、林本喜副教授及王波副教授等对我的帮助，只要是本书涉及的问题，几位老师都会抽出宝贵的时间给予指导，共同探讨。老师们学识渊博、治学严谨、为人诚恳、平易近人，是我学习的榜样！特别是刘伟平教授、郑逸芳教授、戴永务教授、苏时鹏教授、冯亮明副教授、何均琳副教授及范瑾老师，只要我有难处，他们定鼎力帮助，不求任何回报，使我十分感动。

同时，感谢福建省海洋与渔业厅的领导、同志们的帮助，特别是李钢生副厅长、林光纪调研员和廖润雪主任科员对本书撰写的帮助。台湾渔业管理部门的工作人员对我的支持与帮助也相当大，包括数据的提供、疑难问题的解答等。这为本书能最终完成提供了前提条件。

另外，感谢我的师兄孙骏博士在我写作最困难的时候予以我极大的鼓励、帮助和支持，使我深受感动。

最后，非常感谢我的父母郑铁生先生和黄雪英女士对我的支持。我虽然家在福州，但为了更好地完成本书的研究工作，我长期住校，有时甚至几个月都不回家看看。对此，他们均能体谅，为我完成本书提供了巨大的支持。

在人力、物力和财力不足的情况下完成此书实属不易。这不是我一个人的功劳，而是集体智慧的结晶。这么多人对本书支持与关注，使我感到责任的重大，每写一句话总感觉不是我一个人在战斗，这是我完成本书的精神动力。虽然笔者全身心投入，完成了这本专著，但书中还存在诸多不足，如理论分析框架还有待于进一步完善；由于没有做到更为深入的调研，对实际情况的把握可能没有那么准确，这需要在今后的研究中予以进一步完善。

希望本书的出版能为提升我国水产品国际竞争力添砖加瓦。

郑思宁
2017 年 6 月 29 日

目 录

CONTENTS

第 1 章 导 论

1.1 研究的背景与意义

1.1.1 研究的背景

20 世纪 90 年代初,国内学界开始关注国际竞争力问题。迄今为止,国内涉及国际竞争力研究的著作或论文颇多,但有关渔业领域国际竞争力问题的研究则较少,尚没有形成成熟的理论分析框架。福建与台湾都是渔业大省,也是水产品出口大省,但两者处于不同的经济发展阶段,并有着不同的渔业产业结构和生产要素条件。因此,比较研究两者水产品国际竞争力的状况对于完善水产品国际竞争力理论有着重要的意义。

2010 年 6 月 29 日,海峡两岸关系协会会长陈云林和海峡交流基金会董事长江丙坤在重庆签署了《海峡两岸经济合作框架协议》(Economic Cooperation Framework Agreement,ECFA)。同年 9 月 11 日,双方通报已完成相关的准备工作,并确认该协议于 9 月 12 日生效。ECFA 的签署是两岸关系史上具有里程碑意义的事件,大大促进了两岸经贸关系的发展。福建与台湾血缘亲、地缘近、文缘承、法缘循、商缘连。基于这"五缘"优势,福建扮演着对台合作先行者的角色。为此,中央赋予了福建许多"灵活措施"与"特殊政策",以期通过发展闽台关系带动两岸关系发展。闽台渔业有着广泛的合作基础,早在 20 世纪七八十年代,闽台渔民就开始民间往来,两岸渔民在台湾海峡渔场上共同撒网捕鱼,交流经验,互传技艺,危难相助,结下了深厚的情谊。同时,福建与台湾都面临着如何合作发展的问题,而 ECFA 的签订无疑将极大推动闽台渔业合作的进一步发展。为此,通过比较研究两者水产品在国际市场上的竞争力,并探讨其在要素禀赋上的互补性,找出提升闽台水产品国际竞争力的途径,对在 ECFA 背景下进一步发扬以海为媒、以渔为桥的精神,共同开创闽台渔业的新格局具有重要的理论和现实意义。

1.1.1.1　福建与台湾都是渔业强省与水产品出口大省

福建与台湾都是渔业大省,也是水产品出口大省。福建海域辽阔,为发展渔业提供了十分有利的环境。2009 年福建水产品产量为 567.52 万吨,居大陆第三位,出口额为 15.85 亿美元,居大陆第四位。台湾渔业有着辉煌的历史,据联合国粮食及农业组织(FAO)的统计,1999 年台湾水产品出口额是 17.64 亿美元,居世界第七位。此外,两省水产品出口在其农产品出口中均扮演着重要角色,是双方出口的主要农产品:以 2010 年为例,福建水产品出口额占其农产品总出口额的 54.30%,台湾则占 48.31%,足见这两个地区水产品出口地位的重要性。

1.1.1.2　闽台渔业生产要素与产业结构互补,且各具特色

闽台水产品发展具有优势互补的特性。台湾拥有先进的渔业技术和管理经验,但缺乏劳动力和渔业自然资源。福建则拥有丰富的水产养殖条件,且劳动力资源丰富,但欠缺先进的技术与设备。另外,福建渔业以水产养殖为主,而台湾渔业以远洋捕捞为主。两者在渔业生产要素与产业结构上互补。因此,比较研究两者的国际竞争力状况,提出提升两者国际竞争力的策略对于完善国际竞争力理论具有重要的意义。

1.1.1.3　闽台水产品在国际市场上面临激烈的竞争

我国加入世界贸易组织(WTO)以来,经济全球化和区域经济一体化的步伐加快,闽台水产品面临更为激烈的市场竞争。另外,由于世界水产品的进口市场主要集中在发达国家,而出口市场则为广大的发展中国家,因此进口市场相对集中、出口市场则较分散,这必然导致出口国(地区)之间的激烈竞争。此外,发达国家对水产品技术标准要求较高,检验检疫技术水平也较为先进,闽台水产品在国际市场出口受阻事件频繁发生。为此,如何提升水产品国际市场竞争力成为闽台双方面临的共同问题。

1.1.1.4　福建与台湾都面临渔业发展问题

20 世纪 90 年代以来,福建水产养殖业迅速发展,成为其水产品的主要来源。2009 年,福建水产品产量为 567.52 万吨,产值为 35.02 亿美元,其中养殖水产品产量为 373.78 万吨,占水产品总产量的 65.86%。然而,随之而来的鱼药大量使用和养殖密度过大所引起的生态环境恶化、水产品药物残留超标、有毒有害物质超标等成为福建渔业面临的重大问题。

在台湾,由于人们早期追求产量,不断增加的渔船、渔筏以及过度养殖导致环境污染,过度抽取地下水造成地层下陷,严重的甚至造成海水入侵、土壤盐碱化,台湾渔业生态环境遭到严重破坏,这直接阻碍了台湾水产养殖业的发展。另外,随着公海渔业管理和限制的日趋严格,台湾远洋渔业面临新的挑战,远洋捕捞产品的产量迅速下降,2009 年台湾远洋渔业总产量为 61.46 万吨,仅为 2000 年的 71.18%。

因此,通过比较研究两者竞争力状况及影响因素,找到制约闽台水产品国际竞争力的因素,成为亟待解决的问题。

1.1.1.5　闽台水产品贸易额增长迅速

由于产品结构的互补,闽台水产品贸易额迅速增长。2000 年福建对台湾水产品出口额为 0.2 亿美元,2009 年增长到 2.54 亿美元,年均增长率约为 38.41%;2000 年台湾对福建水产品出口额约为 0.096 亿美元,2009 年为 0.097 亿美元,年均增长率约为 24.3%。闽台水产品贸易的增长速度高于农产品贸易的增长速度,2010 年台湾已成为福建水产品的第二大出口市场。

如图 1-1 所示,闽台水产品贸易占闽台农产品贸易的比重不断提高,福建对台出口比重不断上升,但从台进口比重则不断下降。闽台水产品贸易在闽台农产品贸易中的比重不断上升,从 2004 年的 34.53% 上升到 2010 年的 79.03%,闽台水产品贸易在闽台农产品贸易中的地位越来越重要,已成为闽台农产品贸易的主要组成部分。福建对台出口比重持续上升,2010 年福建对台出口水产品占福建对台出口农产品的 90.62%;从台进口比重却持续下降,2010 年福建从台进口水产品占福建从台进口农产品的 8.14%。

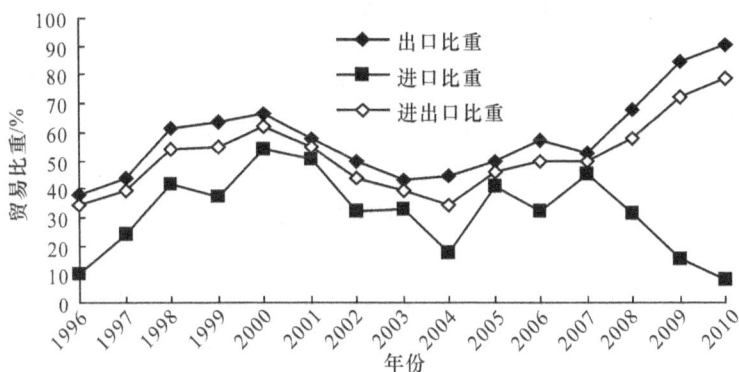

图 1-1　1996—2010 年闽台水产品贸易占闽台农产品贸易比重

闽台水产品贸易在两岸水产品贸易中的比重也较大,2010 年的出口和进口比重分别高达 74.90％和 33.88％(见表 1-1)。闽台水产品贸易已成为两岸水产品贸易的主体部分。

闽台水产品贸易的迅速增长为闽台渔业合作奠定基础。

表 1-1　2000—2010 年闽台水产品贸易在两岸水产品贸易中的比重

单位:%

年份	出口比重	进口比重	进出口比重
2000	43.36	31.30	38.54
2001	23.62	38.84	28.08
2002	25.01	37.36	27.28
2003	23.76	18.13	21.94
2004	17.02	18.21	17.24
2005	20.27	42.11	24.35
2006	26.22	21.86	25.25
2007	23.79	41.67	28.02
2008	49.17	49.90	49.28
2009	66.86	33.00	64.43
2010	74.90	33.88	73.61

1.1.2　研究的意义

(1)本书的理论意义

本书的理论意义主要有以下三点:

其一,梳理相关理论成果,构建闽台水产品国际竞争力理论分析框架,为同类研究提供有价值的参考。国内学者对产业国际竞争力的研究予以高度关注,提出了许多理论分析框架,但对于水产品国际竞争力的研究都还处于探索阶段。本书通过对国内外相关理论的梳理与综合,尝试构建水产品国际竞争力的理论分析框架,为同类问题的研究提供有价值的参考。

其二,深入比较研究两个处于不同的经济发展阶段、渔业产业结构各不相同的地区水产品国际竞争力状况。根据联合国通过恩格尔系数的大小对世界各国(地区)的生活水平的划分标准,福建处在贫困和温饱阶段,而台湾则达到极富裕阶段,两者处在不同的经济发展阶段。福建渔业以水产养殖为主,而台湾渔业以远洋捕捞为主,两者有不同的渔业产业结构。因此,比较研究两者水产品国际竞争力的状况及影响因素对于完善国际竞争力理论有着重要的意义。

其三,闽台渔业关系属于一国内两个地区的渔业关系,但在运作模式上又比较复杂,国际上对此研究基本没有成熟的理论范式,也缺乏成熟的理论依据,因此,比较研究闽台水产品国际竞争力并探讨其合作方式以共同提升国际竞争力是对国际竞争力理论与国际贸易理论研究的充实,具有重要的理论价值。

(2)本书的现实意义

本书的现实意义主要有以下两点:

其一,深入研究了闽台水产品国际竞争力的状况及影响因素。本书由浅到深,从比较分析闽台水产品国际竞争力现状入手,深入产业层面、政策层面以及国际市场机遇层面考察闽台水产品国际竞争力的影响因素,并在此基础上构建计量模型研究各因素对两者影响程度的大小,为以后的研究提供参考。

其二,提出了 ECFA 下提升闽台水产品国际竞争力的渔业合作策略。本书通过研究闽台水产品国际竞争力及其影响因素,探析闽台渔业合作的空间,提出闽台渔业合作策略,对于共同提升闽台水产品的国际竞争力以及推动闽台两地共同争取世界市场,实现优势互补,减少相互竞争,最终达到双赢的目标,具有重要的现实意义。

1.2 研究的目标、内容与技术路线

1.2.1 研究的目标

本书在界定水产品范围的前提下,分析世界、福建与台湾水产品生产与贸易发展状况,并在采用贸易相似性指数、贸易互补性指数和产业内贸易指数研究闽台水产品的竞争关系与互补关系的基础上,从市场份额、净出口以及出口结构三个角度评价闽台水产品国际市场竞争业绩,从价格和质量两个角度评价闽台水产品的国际市场竞争实力,而后采用波特理论模型深入分析闽台水产品国际竞争力的内部产业和外部环境影响因素,并基于以上研究提出在ECFA框架下提升两者水产品国际竞争力的策略。

研究的具体目标如下:

(1)界定水产品范围

由于目前学术界对水产品种类的划分没有统一的标准,本书采用 FAO

的《渔产品国际标准统计分类目录》,并通过对齐产品口径的方式使用较为容易获取的 HS 编码的海关统计数据。

(2)分析闽台水产品生产与贸易发展状况及闽台水产品贸易关系

分析世界、福建与台湾水产品生产与贸易发展历程与现状,并在此基础上应用相关指数明确闽台水产品在国际市场上的竞争与互补关系。

(3)比较福建与台湾水产品国际竞争力状况

从市场份额、净出口以及出口结构三个角度考察闽台水产品竞争业绩。

(4)考察闽台水产品国际竞争力的直接因素

从价格和质量两个角度考察影响闽台水产品国际竞争力的直接因素。

(5)考察闽台水产品国际竞争力的影响因素

根据波特的理论分析框架分别从内部产业影响因素和外部环境影响因素两个方面考察闽台水产品国际竞争力的影响因素。

(6)提出 ECFA 下提升水产品国际竞争力的闽台渔业合作的建议

根据以上的研究结果结合区域经济一体化理论探讨闽台渔业合作,思考共同提升闽台水产品国际竞争力的策略。

1.2.2 研究的内容

根据以上研究目标,本书的研究内容具体包括:

第 1 章,导论。主要阐述研究意义、研究目标、研究内容、研究方法、研究框架、研究的技术路线、数据来源以及本书的创新和不足,并界定水产品的研究范围。

第 2 章,闽台水产品国际竞争力研究文献综述。对国内外国际竞争力的研究、水产品贸易及闽台农产品贸易的相关研究成果进行回顾、整理和评述。

第 3 章,理论基础与理论分析框架。在文献综述的基础上,基于比较优势理论、竞争优势理论、区域经济一体化理论和农业区位理论,提出闽台水产品国际竞争力研究的理论分析框架。

第 4 章,闽台水产品生产与贸易变动状况。分析世界、台湾与福建水产品生产历程与现状,世界、台湾与福建水产品进出口贸易流量、贸易结构,并在此基础上应用产品相似性指数与市场相似性指数分析其竞争关系,同时应用特化系数、贸易互补性系数、产业内贸易指数明确其互补关系。

第 5 章,闽台水产品国际竞争力结果分析:竞争业绩。从市场份额、净出口以及出口结构三个角度通过市场占有率、贸易变差指数、显示性比较优势指数、贸易竞争力指数、显示性竞争优势指数、出口分散度指数以及结构变化指数等相关指数比较分析福建与台湾水产品在国际市场上的竞争业绩,明确福建与台湾水产品国际竞争力的变化和优势水产品种类;用市场占有率指数分析福建与台湾在日本、美国、韩国、东盟、欧盟以及中国香港市场的竞争力状况。

第 6 章,影响闽台水产品国际竞争力的直接因素分析:竞争实力。通过闽台水产品出口价格与世界市场水产品价格的比较考察两者的价格优势;通过质量升级指数分析两者的质量竞争优势。以福建鳗鱼制品出口为例研究特色水产品的竞争实力,具体应用协整检验、构建误差修正模型以及 Granger 因果检验考察其与国际市场该产品平均价格的关系,寻求该产品国际市场价格形成机制。

第 7 章,闽台水产品国际竞争力内部产业因素分析:竞争潜力。根据波特理论模型,从生产要素、内部需求、产业结构以及相关及支持性产业四个方面比较分析闽台水产品国际市场竞争力的决定因素,并通过构建主成分回归模型定量分析各因素对闽台水产品国际竞争力的综合影响,为共同提升闽台水产品国际竞争力提供依据。

第 8 章,闽台水产品国际竞争力外部环境因素分析:竞争环境。通过构建恒定市场份额(CMS)模型和贸易引力模型考察加入 WTO、国际市场需求变动和技术性贸易措施三个主要机遇因素对闽台水产品国际竞争力的影响。另外,以出口受阻率最高的药物残留问题为例,比较闽台水产品限量标准对闽台水产品国际竞争力的影响。

第 9 章,ECFA 框架下提升闽台水产品国际竞争力的渔业合作探讨。回顾在 ECFA 背景下闽台渔业合作的历程,明确闽台渔业合作的基础,并基于此提出共同提升水产品国际竞争力的闽台渔业合作的建议。

第 10 章,结论与展望。在对本研究的主要结论总结的基础上,提出今后研究需关注的问题。

1.2.3　研究的技术路线

研究的技术路线如图 1-2 所示。

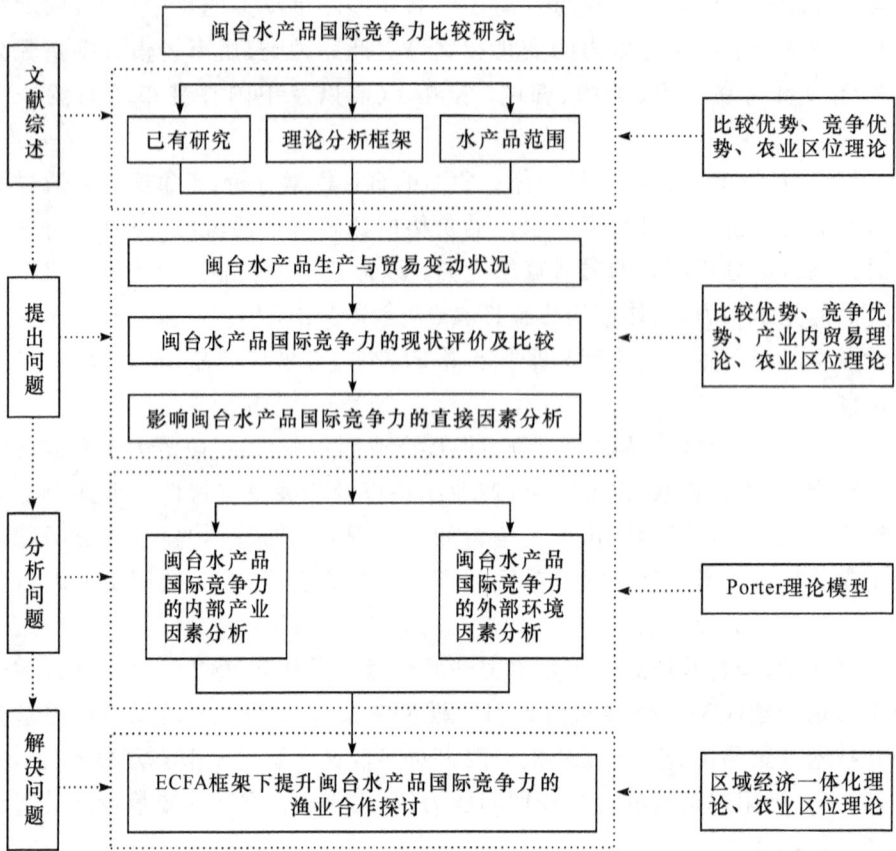

图 1-2 研究的技术路线

1.3 研究的方法

本书采用归纳与演绎相结合、理论研究与实证研究相结合以及指标分析与计量研究相融通的研究方法。

1.3.1 归纳与演绎相结合的方法

本书运用归纳方法,在广泛查阅国内外相关文献的基础上,总结现有的研究成果与有待完善之处;运用演绎方法,提出研究假设。

1.3.2 理论研究与实证研究相结合的方法

本书在梳理比较优势理论、竞争优势理论、区域经济一体化理论和农业区位理论的基础上,提出闽台水产品国际竞争力研究的理论分析框架,并在该框架内比较研究闽台水产品国际竞争力,应用波特的产业竞争力分析框架分别从内部产业因素和外部环境因素实证分析闽台水产品国际竞争力的影响因素。

1.3.3 指标分析与计量研究相结合的方法

本书从市场份额、净出口以及出口结构三个角度利用市场占有率、贸易变差指数、显示性比较优势指数、贸易竞争力指数、显示性竞争优势指数、出口分散度指数以及结构变化指数等相关指数比较分析福建与台湾水产品国际竞争力状况。应用协整分析、主成分回归模型、CMS 模型、贸易引力模型以及虚拟变量的线性回归模型对闽台水产品国际竞争力影响因素进行计量分析,从更深层面考察提升闽台水产品国际竞争力的驱动因素。

1.4 水产品范围与数据来源

1.4.1 有关水产品范围的界定

统一产品口径是研究水产品进出口贸易必须面对的问题,在研究工作中,不同学者采用不同产品口径的问题普遍存在。刘李锋等(2006)采用 HS 的水产品口径;而张玫等(2006,2007)、胡求光和邱晓红(2008)采用 SITC 的水产品口径,胡求光(2008)还对 SITC 和 HS 的水产品统计口径进行对齐。另外,一些学者采用联合国粮农组织 ISSCFC 和 ISSCAAP 的水产品口径对中国水产品出口贸易结构、贸易格局特征及发展前景等进行了研究。不同口径的产品分类方式和产品范围不同,导致研究对象和研究结论出现差异,对研究成果之间的参考价值造成了影响。特别是在进行时序分析时,若使用不同口径,将会使研究结论严重偏离。

造成以上问题的主要原因是关于水产品内涵的界定与外延分析在已有研究文献中的认识差异较大。例如,WTO 秘书处《国际贸易统计报告》所指的水产品就是鱼、甲壳及软体动物及其制品产品。WTO《农业协议》将水产品界定为鱼及其他水生无脊椎动物,包括活、鲜、冷、冻鱼,鲜、冷、冻鱼片及其他鱼肉、干及盐腌渍的鱼、熏鱼,可食用的鱼粉和粒,活、鲜、冷、冻、干、盐腌渍的甲壳动物以及鲜、活、冷、冻、干、盐腌渍的软体及水生无脊椎动物等,其至还包括鱼、甲壳、软体动物等动物的精及汁,制作或保藏的鱼以及制作或保藏的甲壳软体动物等水生无脊椎动物。在 FAO 公布的水产品生产与贸易数据库中,水产品贸易品种按主要品类(major group)分类,包括鲜活冷藏冻鱼、干腌熏鱼、鱼制品、鲜活冷藏冷冻及腌甲壳软体、甲壳软体制品、水生植物、不可食用产品、饲料、油类、海绵珊瑚等十大类。

因此,明确各种口径的产品分类方式、产品范围,对水产品进出口贸易的研究非常必要。以下将介绍几种水产品常见口径及范围比较。

1.4.1.1 常见水产品口径

(1)《水生动物和植物国际标准统计分类目录》

《水生动物和植物国际标准统计分类目录》(*International Standard Statistical Classification of Aquatic Animals and Plants*,ISSCAAP)是由 FAO 制定的水产品国际标准分类目录,并在 FAO 统计数据库使用。ISSCAAP 根据生物分类、生态和经济特征对水产品进行分类,将水产品分为九大类,包括淡水鱼、介淡水与海水鱼、海水鱼、甲壳类、软体类、鲸等其他水生哺乳动物、各种水生动物产品以及水生植物。大类下又分为 50 组,如淡水鱼包括鲤鱼、罗非鱼等共 3 组;介淡水与海水鱼包括鲟、河鳗等共 5 组;海水鱼包括比目鱼、鳕鱼等共 9 组。在水产品进出口贸易研究中,这一口径的主要优势表现在分析具体品种的进出口贸易时很方便,而且数据使用时间长。

(2)《联合国国际贸易标准分类目录》

《联合国国际贸易标准分类目录》(*United Nations Standard International Trade Classification*,SITC)由联合国统计委员会编订,属于国际贸易可运输商品的分类体系。SITC 的产品范围为可运输的商品,涵盖了水产品。SITC 采用经济分类标准,按照原料、半制成品、制成品的顺序分类,是联合国推荐采用作为经济分析的贸易分类,目前在使用的是 REV. 2 和 REV. 3 两种版本。SITC 将商品分为十大类、67 章、261 组、1033 个目,共 3118 个基本编号。商品编码的第一位数表示"类",第二位数表示"章",第三位数表示"组",最后两位数字表示"条目",如鱼制品的商品编码为 037.1。其优点是使用方便,数据使用时间长,在很多统计资料中均可得到。缺点是水产品范围不准确,产品分类还不够详细等。

(3)《渔产品国际标准统计分类目录》

《渔产品国际标准统计分类目录》(*International Standard Statistical*

Classification of Fishery Commodities，ISSCFC)也是由 FAO 制定的水产品国际标准分类目录,并用于 FAO 统计数据库。该目录产品范围包括所有水产品和水产品市场所需的原材料、加工品,是 SITC 的延伸,其商品编码由 SITC 的 5 位数扩展到 8 位数,如活鲤鱼的商品编码为 03412130。ISSCFC 将水产品分为十大类(见表 1-2),产品的范围涵盖了鱼类、甲壳软体类和其他水生动植物及残余物,这些产品在各种水生环境中通过各种捕捞或养殖方式而得到。主要优点是水产品范围具有权威性,产品分类最为详细,数据使用时间长。缺点是在其他统计资料中较少使用,数据获取不方便。

(4)《商品名称及编码协调制度》

《商品名称及编码协调制度》(*Harmonized Commodity and Description System of the World Customs Organization*，HS)是在《海关合作理事会分类目录》(CCCN)和 SITC 的基础上发展而来,由世界海关组织(前身为海关合作理事会)设计,涵盖了 CCCN 和 SITC 两大体系。分类原则是按照商品的原料来源,结合其加工程度,依原料、未加工品、半制成品和制成品的顺序排列,并根据用途以及所在的工业部门编排商品。一般把同一产业部门或相关产业部门的商品归为一类,将不同原料的商品列入不同的章。而把相同原料的制成商品排在同一章,再根据加工程度的顺序排列。2002 年版 HS 将商品分为 22 类、99 章,章下再分为目和子目。商品编码的第一、二位数表示"章",第三、四位数表示"目",第五、六位数表示"子目",如活淡水鳗鱼(鳗鲡)的商品编码为03019210。特点是数据很方便取得,产品分类较详细,但产品范围与实际水产品范围有较大偏差,数据使用时间短。

(5)《中国水产品进出口贸易统计年鉴》

该统计口径基于 HS 体系,并在 ISSCFC 的水产品范围基础上,增加了珍珠(71.01)、珍珠制品 (7116.1000)、碘(28012000)、初级藻酸盐和脂(39131000)。这一口径的水产品范围更加全面,能代表中国水产品贸易的整体状况,缺点为数据使用时间短,不包含世界与国外数据,时序分析不方便。

1.4.1.2 各种常见水产品口径的产品范围比较

段媛媛和万荣(2009)在比较分析《联合国国际贸易标准分类目录》(SITC)、《商品名称及编码协调制度》(HS)、《水生动物和植物国际标准统计分类目录》(ISSCAAP)和《渔产品国际标准统计分类目录》(ISSCFC)的基础上,以 ISSCFC 为基准,对 SITC 和 HS 的水产品范围进行了界定(见表 1-2)。

表 1-2 ISSCFC、SITC 及 HS 水产品统计口径的产品范围比较

ISSCFC 类别	ISSCFC 编码	SITC 编码	HS 编码
生鲜冷藏和冷冻鱼	034	034	0301
			0302
			0303
			0304
干鱼、咸鱼或熏鱼	035	035	0305
新鲜或冷藏等甲壳及软体类	036	036	0306
			0307
鱼产品及调制品	037.1	037.1	1604
甲壳软体类产品及调制品	037.2	037.2	1605
鱼油脂	411	411.1	1504
鱼粉、鱼渣、鱼浆等	081.42	081.42	2301.20
	081.99	ex 081.99	ex 2309.90
珊瑚、贝壳和海绵	291.1.5	291.15	0508.00
	291.9.7	291.97	0509.00
海草和水生植物及产品	292.9.1.1	ex 292.96	1302.31
	292.9.1.2	292.97	1212.20
	292.9.1.9		
鱼废弃物和其他不可食用品	291.9.6	291.96	0511.91
	291.9.9		

注:表中"ex C"含义为 C 商品中的一部分。

由表 1-2 可知:SITC 的水产品范围包括:第 3 章和编码为 081.42、291.15、291.96、291.97、292.97、411.1 的商品,以及 081.99 和 292.96 中的部分商品。HS 的水产品范围包括:第 3 章和编码为 0508.00、0509.00、0511.91、1212.20、1302.31、1504、1604、1605、2301.20 的商品,以及 2309.90 中的部分商品。

由此可知,SITC 和 HS 中都有个别商品中的非水产品难以排除。ISSCFC 中配制的鱼饲料(081.99)和琼脂(292.9.1.1)分别包含在 SITC 的未列名配制的动物饲料(081.99)和植物制黏液及增稠剂(292.96)中,而 ISSCFC 中配制的鱼饲料(081.99)包含在 HS 的未列名配制的动物饲料(2309.90)中。原因是 SITC 中没有配制的鱼饲料和琼脂的相应商品编码,HS 中没有配制的

鱼饲料的相应商品编码。

1.4.1.3 本书水产品研究范围的界定

段媛媛和万荣(2009)根据 FAO 统计数据库整理得出:2005 年世界琼脂和配制的鱼饲料出口总额分别为 1.63 亿美元和 0.42 亿美元,占世界出口总额的 0.2%和 0.05%;2005 年中国琼脂出口总额为 0.29 亿美元,占总出口额的 0.38%,配制的鱼饲料未见出口。由此可见,这两种产品在世界和中国出口中所占份额都很小,不会对水产品贸易的整体趋势产生影响。

由于 HS 中没有配制的鱼饲料的相应商品编码,且在闽台水产品出口中所占份额都很小,不会对水产品贸易的整体趋势产生影响,因此本书在"鱼粉浆渣"产品中的统计数据不包含 ISSCFC 081.99(HS 2309.90 中的部分商品)即鱼饲料的出口数据。另外,为了保持语言的简练,本书将十大类水产品重新命名为"鲜活冷藏冻鱼""干熏腌鱼""鲜冷等甲壳软体类""鱼制品""甲壳软体制品""鱼油脂""鱼粉浆渣""珊瑚、贝壳和海绵""水生植物及产品"和"不可食用品"。这十大类水产品与 ISSCFC、SITC 及 HS 之间的对应关系详见表 1-3。

表 1-3 本书的水产品分类目录

ISSCFC 类别	ISSCFC 编码	SITC 编码	HS 编码
鲜活冷藏冻鱼	034	034	0301
			0302
			0303
			0304
干熏腌鱼	035	035	0305
鲜冷等甲壳软体类	036	036	0306
			0307
鱼制品	037.1	037.1	1604
甲壳软体制品	037.2	037.2	1605
鱼油脂	411	411.1	1504
鱼粉浆渣	081.42	081.42	2301.20
珊瑚、贝壳和海绵	291.1.5	291.15	0508.00
	291.9.7	291.97	0509.00

续表

ISSCFC 类别	ISSCFC 编码	SITC 编码	HS 编码
水生植物及产品	292.9.1.1	ex 292.96	1302.31
	292.9.1.2	292.97	1212.20
	292.9.1.9		
不可食用品	291.9.6	291.96	0511.91
	291.9.9		

注:表中"ex C"含义为 C 商品中的一部分。

1.4.2 数据来源

本书的数据来源主要包括:

(1)世界各国(地区)水产品生产与贸易的数据:主要来源于 FAO 统计数据库和联合国统计署创建的联合国贸易统计数据库(UN Comtrade)。FAO 统计数据库是一个在线多语言数据库,目前保存了 210 个国家(地区)的 100 多份时间序列的数据记录,本书的数据来源主要是其渔业和水产养殖部(Fisheries and Aquaculture Department)所提供的数据。联合国贸易统计数据库是世界上最大的贸易数据库,包含 1962 年以来 160 多个国家(地区)分产品和分流向的贸易统计数据,统计范围涵盖了全世界 90% 以上的贸易流量。

(2)福建与台湾水产品贸易数据:采用历年《中国海关统计年鉴》,以及福建省外经贸厅(口岸办)中贸易统计数据和台湾相关网站的数据。

(3)产业方面的数据:来源于《中国渔业统计年鉴》、《中国统计年鉴》、《福建统计年鉴》,以及台湾渔业管理部门的相关统计资料。

(4)其他统计资料:世界银行、FSC、PEFC、美国的 *Fish and Fishery Product Hazards and Control Guidance*、中国技术性贸易措施网,以及福建省鳗鱼协会、福建省检验检疫局、福建省标准化研究所和台湾相关部门等提供的统计资料。

1.5　研究的创新与不足

1.5.1　主要创新

（1）本书通过梳理国际贸易理论和竞争优势理论提出闽台水产品国际竞争力研究的理论分析框架。该框架的研究思路基于波特理论模型，秉承陈卫平（2005）关于农业国际竞争力的研究框架，并在此基础上根据水产业的实际情况加以改进，认为渔业产业结构在水产品国际竞争力上扮演重要角色。该框架根据严密的逻辑思路先比较研究闽台水产品国际竞争力状况，而后考察其直接因素，最后应用波特的产业竞争力分析框架分别从内部产业因素和外部环境因素实证分析闽台水产品国际竞争力的影响因素。

（2）应用波特的"钻石模型"考察渔业各个影响因素对国际竞争力的影响。虽然有研究应用波特的"钻石模型"研究水产品国际竞争力的影响因素（张枚，2007），但未能全面进行实证分析，致使实证研究没有很好地与理论一一对应。而本书利用丰富翔实的数据，系统地研究了波特理论模型各个影响因素对水产品国际竞争力的影响。

（3）闽台渔业合作是国内不同关税区间的特殊合作形态，本书在比较研究闽台水产品国际竞争力的基础上，从要素禀赋和产业结构互补的角度，以共同提升国际竞争力为目标分析闽台渔业合作的现状、合作的基础，并在 ECFA 框架下提出双方合作的建议，既是对这一特殊区域产业合作现象的解释和检验，也是对区域经济一体化理论和农业区位理论的一种充实。

1.5.2　主要不足

（1）由于可获取的数据有限，本书的样本期间较短且样本期较早。

（2）本书对闽台水产品国际竞争力的考察只细分到种类，没有深入每一个品种（除了福建"鳗鱼制品"外），以类为研究对象难免虚化水产品国际竞争力的真实情况。

（3）波特理论指导下的闽台水产品国际竞争力的一些影响因素无法获取或没有放入主成分回归模型，这样通过计量模型估计出的回归方程会忽略或损失一些影响因素的作用。为此，进一步优化计量模型是下一步研究的重要任务。

第 2 章 闽台水产品国际竞争力 研究文献评述

国内外有关闽台水产品国际竞争力的研究较少。本书的文献评述分为三部分,分别是国际竞争力的研究动态、水产品贸易的研究和闽台农产品贸易发展与合作的研究。其中,国际竞争力的研究动态和水产品贸易的研究又分为国外研究和国内研究,但关于闽台农产品贸易发展与合作的研究国外文献鲜有涉及,因此该部分的评述以国内学者的研究为主。

2.1 国际竞争力的研究动态

2.1.1 国外研究概况

2.1.1.1 关于国际竞争力的研究

美国是最早关注与研究国际竞争力问题的国家。20 世纪 70 年代末,受到日本制造业崛起的竞争压力,美国政府部门开始从国家宏观层面研究国际竞争力问题。1978 年,美国技术评价局开始着手研究该问题,并于 1983 年成立了"关于工业竞争力的总统委员会",该委员会由 30 名专家组成,专门研究国际竞争力问题。后来,美国其他学术和商业机构也纷纷参与相关研究,如纽约证券交易所和美国工程研究院分别开展了"美国高技术产业竞争能力之评价"和"国际竞争能力的技术发展"的研究。

20 世纪 80 年代中叶,英国、日本、德国等国家及一些国际经济组织也开始着手研究国际竞争力问题,其中最具代表性的是瑞士的洛桑国际管理与发展学院(IMD)和世界经济论坛(WEF)。IMD 着眼于国家整体实力与发展水平,从国家与企业竞争力的关系出发,建立了国际竞争力模型。1986 年,WEF

通过评估和分析一些工业国的国际竞争力发表了《关于国际竞争能力的报告》,初步形成了相对完整的国际竞争力研究体系,包括理论、原则、评估方法和指标等。1990 年以来,IMD 和 WEF 为国际竞争力研究的权威机构,每年合作出版一本《国际竞争力研究报告》。世界各国(地区)对国际竞争力的研究内容主要包括经济实力、国际化程度、政府作用、金融环境、基础设施、管理制度、科学技术和国民素质等方面。

(1)关于竞争力的概念

对于竞争力,在不同的时期、不同的文献资料中,不同的学者从不同的角度给予了不同的定义。

斯蒂格勒在《新帕尔格雷夫经济学词典》中写道:竞争系个人(或集团、国家)之间的角逐;凡是两方或多方为了取得并非各方均能获得的东西,就会竞争;竞争力是泛指在自由竞争条件下,一个个体或社会实体致使竞争制胜的能力(纽曼,2009)。IMD 和 WEF 认为竞争力是一个国家或一个公司在世界市场均衡地生产出比其他竞争对手更多财富的能力。美国产业竞争力总统委员会提出:竞争力是一个国家公民的生活水平可以在较长时期得到可持续提高,同时,该国生产可以经受国际市场考验的货物与服务的能力。

在以实物产品为主的时代,市场竞争主要是产品的竞争,为此,斯密的绝对成本理论、李嘉图的比较成本理论以及马歇尔的集聚优势理论认为,产品成本是竞争占优的决定性因素,竞争力的强弱取决于产品的成本优势;技术创新理论(以熊彼特为代表)认为,竞争优势主要源于技术及组织的不断创新;以波特为代表的系统性竞争力优势理论认为,竞争优势在于生产要素、消费需求、产业结构以及相关产业等的体系化;制度创新理论(以诺思为代表)认为,竞争优势源于通过制度创新营造技术进步和经济潜能发挥的环境。

由以上介绍可以看出:不同学者从不同角度来观察和定义竞争力,从而得出不尽相同的看法,但它反映出竞争力在不同领域和层次的特点不同,对后人研究有启发和参考意义。

(2)关于竞争力的来源的研究

从学术的角度来看,最早系统、全面地研究竞争力问题的学者是美国哈佛大学教授迈克尔·波特(Michael Porter),他在其著名的竞争三部曲(《竞争战略》《竞争优势》和《国家竞争优势》)中分别从微观、中观、宏观三个角度论述了"竞争力问题",形成了颇具影响的国家竞争优势理论(波特,2001a,2001b,2007)。波特从生产要素、需求条件、相关与支持性产业、企业的战略结构与竞争状态、机遇、政府作用六要素分析了一国(地区)该如何获取国际竞争力,建立了著名的"钻石模型"。

波特的竞争优势理论也引起不少批评和质疑,如 Greenway(1993)认为："波特所提出的模型既没用规范的经济学语言来表达,也没用规范的数学推导来证明,根本不能称其为理论。"Rugman 和 D'Cruz(1993)、Dunning(1993)等认为："波特所提出的决定因素不是什么新东西,可以说是比较优势理论各种观点的旧调新弹。"

另外,不少学者对波特的"钻石模型"进行了一些修订和改进。如美国学者 Dunning(1992)将跨国经营分析作为第三个辅助因素纳入波特的"钻石模型"。另外,鉴于小国经济的竞争优势的来源不能在"钻石模型"中得到很好解释,Rugman 和 D'Cruz(1993)根据加拿大经济发展的实际情况,通过纳入跨国经营分析(美国对加拿大国际竞争力的影响),构建了"双重钻石模型"(double diamond model);此外,针对韩国经济发展的事实,韩国学者 Cho(1994)构建了九要素模型 (the nine-factor model),他将九要素分为物质要素、人力要素和机遇要素三类。

(3)关于竞争力的评测方法研究

竞争力问题被提出来之后,摆在经济学家和管理学家面前的一个重要问题是,如何通过指标来评测竞争力,也就是如何将竞争力量化,使之具有可比性。这就成为当时学者们关注竞争力的焦点问题。从本质上考察,竞争力是竞争主体之间力量差距的表现。为此,评价与分析竞争力的强弱就应当从竞争力强弱的表现及成因入手(张金昌,2002)。竞争主体之间的力量差距,一方面从竞争结果中直接体现,另一方面通过竞争力影响因素的差异表现出来。本书将循着这个思路,对国外关于竞争力评价方法的研究进行梳理和归纳。

① 以竞争结果为基础的国际竞争力评价方法

为了消除汇率对国际竞争力评价的影响,使计算更具可比性,Kravis 等(1978)提出通过对 153 组商品的购买力平价(PPP)来计算每个国家(地区)的 GDP 和人均 GDP,这种评测方法所得出的 GDP 更能真实反映各个国家(地区)的经济实力和人民生活水平。同时,在进行时间序列比较时,各个国家(地区)的货币由于该国(地区)内通货膨胀等原因造成前后购买力不同,鉴于此,Hill(1986)提出用某一年各个国家(地区)购买力平价汇率除以当年该国(地区)相对于美元的汇率(即相对购买力平价)的方法来进行 GDP 的计算和比较。很显然,以此方法为基础,对相关评测指标进行国际比较是较为科学的。

在产业层面,国际竞争力的评价方法同样有评测指标的可比性问题。与GDP 的国际比较相同,为了准确反映各国(地区)产业竞争力状况,大多数学者倾向于使用对产业产出的购买力平价数据来进行竞争力比较,该方法目前主要有两种:一是荷兰格林根大学产出和生产率国际比较研究组所提出的生产法(approach of origin)(Jorgenson 和 Kuroda,1992)。他们通过产业来源法计算出世界主要大国(地区)和强国(地区)自 1983 年以来产业产出的购买力平价数据,同时根据该数据计算出各国(地区)全员劳动生产率、单位劳动成本、全要素生产率等指标来进行多国(地区)比较(Ark,1996)。二是以计算GDP 时所提出的 153 组商品数据为基础计算产业产出购买力平价数据的方法,该方法由 Jorgenson 和 Kuroda(1992)提出,同时他们还采用计算成本及生产率方面的数据来进行国际比较。

在使用进出口指标数据进行国际竞争力比较方面,目前使用的指标较多,例如,Carmichael(1978)使用贸易竞争指数作为国际竞争力的评价指标;而Lundberg(1988)在进行国际竞争力评价时则使用相对国际竞争力指数(某个产品的内部市场生产与消费之差和整个内部市场生产总额和消费总额之差的比值)。然而,各指标的准确性和解释力是不完全相同的。例如,相比较而言,相对国际竞争力指数比贸易竞争指数更为精准,因为前者考虑了内部市场消费的影响。

② 以竞争力影响因素为基础的评价方法

a. 以单因素为基础的分析

目前,以生产率和单位成本高低为基准的国际竞争力评测方法普遍为学者们所接受,但存在计算方法的可比性问题(特别是不同国家和地区)。而评测技术创新及人力资本所使用的工程师和科学家占总人口或该行业的比重的评测方法备受争议(Tange,1992)。

b. 采用多因素进行综合分析

该方法是将影响国际竞争力的各个因素综合起来进行评价。如 IMD 的《世界竞争力年鉴》、世界银行(WBG)的国家竞争力数据库对国际竞争力的评价以及 WEF 的《全球竞争力报告》都主要采取该综合评价方法。另外,波特对产业(企业)竞争力的分析评价方法也是既考虑产业内部因素,又考虑外部环境(包括机遇和政策)因素的综合评测方法。用多因素综合法进行分析的优点是分析比较全面,但也存在许多缺点:由于各个因素间的关系难以直观观测,因此,在确定每个因素的影响权重时必然会带上某些主观成分。还有一些学者使用了历史分析方法对一国(地区)产业和企业竞争力进行评价。例如,Hart(1992)从产业投资、产业规模、技术变革、危机频率及企业家精神等多方面对美国、日本及欧洲的钢铁业、汽车业及半导体业的国际竞争力状况进行比较。

总体来看，国外关于竞争力的研究由最初源于对贸易竞争力的变化研究，即对竞争力结果的评测，到目前已形成不但考虑市场竞争力的结果还考虑市场竞争力背后的产业因素的更深层次的研究；另外，研究方法也形成了从单因素到多因素，从简单到复杂以及理论与实证相结合、规范性研究与计量研究相结合的局面。

(4)关于农产品(农业)国际竞争力的研究

IMD将农业国际竞争力定义为一个国家(地区)的综合生产能力，包括创造和增加农产品产量的能力，即生产率水平。国际上关于农产品国际竞争力的研究主要包括对国际竞争力状况的比较和影响因素的分析两个方面，以下将从这两个方面对具有代表性的文献进行梳理。

① 对农产品竞争力状况的实证比较

国际上，诸多学者利用计量模型对比较优势理论在农业领域的适用性进行验证，他们有的选取几个部门进行研究，有的针对某一部门进行细分，然后验证其贸易流向是否符合比较优势理论。其中，IMD每年出版的《世界竞争力研究报告》中设计了评价一国(地区)农业国际竞争力的六项指标：农业生产率、水稻产量、小麦产量、大豆产量、玉米产量及粮食产量增加量。而部分学者从资源禀赋角度考察农产品国际竞争力问题，认为要素禀赋差异可以解释部分大宗农产品贸易格局的差异，具有代表性的有 Leamer(1984)以及 Peterson和 Valluru(2000)的研究。大多数学者利用市场份额、竞争力指数以及产业内贸易等指数对不同国家农产品的国际竞争力进行比较分析，如 Duren 等(1991)利用利润和市场份额两个指标实证分析了加拿大和美国麦类、水果和蔬菜、家禽、肉类和奶制品等五种食品加工产品的竞争力；Salvacruz(1996)采用国际市场份额、国际市场份额获利指数和出口比重三种方法，比较分析了美国和东盟成员国在世界农产品市场上的竞争力。也有学者运用生产成本高低来比较各国(地区)的国际竞争力，如 Hayenga(1998)运用猪肉生产和加工成本所构成的总成本比较分析了美国、丹麦、加拿大、荷兰猪肉出口的竞争力；还有学者倾向于运用贸易指数和产业指标综合分析方法来分析农产品国际竞争力，如 Fischer 和 Schornberg(2007)构建了一个包含生产力、赢利性和产出增长等多维的产业竞争力指数，实证考察了 1995—2002 年 13 个欧盟国家饮料和食品行业的竞争力状况。Wijnands 等(2010)基于国际经济学方法提出了五个衡量竞争力的指数：国际市场占有率、Balassa 指数、劳动生产力、特定产业实际增加值以及整个区域经济的增加值。他们基于该评价体系比较研究了欧盟食品产业与美国、加拿大、澳大利亚和巴西四个竞争对手的现实竞争力，并采用全球贸易分析模型(GTAP)模拟分析了未来食品产业竞争力的发展趋势。

② 农产品竞争力的影响因素实证研究

国际上大多学者都运用计量经济学的研究方法研究农产品国际竞争力的影响因素问题,具有代表性的有 Salvacruz(1996)和 Metcalfe(2002)的研究。前者通过回归分析讨论了农产品国际竞争力的影响因素。结果表明,竞争力受利率、劳动力可得性和由对外援助、FDI 以及农场规模驱动的内生技术进步的影响。而后者则将环境规制作为亚变量纳入一个复杂的计量模型中,讨论了美国和欧盟环境规制对猪肉贸易竞争力的影响,结果表明,美国环境规制并不会显著地影响美国出口竞争力,而欧盟相对更加严厉的环境规制短期内实际上有助于提高美国猪肉生产者的竞争力。

2.1.2 国内研究概况

2.1.2.1 关于国际竞争力的研究动态

20 世纪 90 年代初,国内学界开始关注国际竞争力问题的研究。到目前为止,国内涉及各个产业经济领域的国际竞争力研究著作和论文颇多,其主要就国际竞争力的内涵、分析框架及评价指标体系等进行深入探讨,这里介绍一些有代表性的文献。

自 1996 年,中国原国家体改委经济体制改革研究院、综合开发研究院和中国人民大学竞争力与评价研究中心成立联合研究组,每年出版一本《中国国际竞争力发展报告》,开始致力于中国国际竞争力问题的研究。

狄昂照等(1992)就国际竞争力的概念和度量方法进行了研究,并设立评测指标。此后,陆续有学者开始研究并评价中国工业和工业品的国际竞争力状况(任若恩,1996,1998;金碚,1997,2003,2006);还有一些学者则从投资的角度考察中国产业国际竞争力问题,其中具有代表性的有裴长洪和王镭(2002)、刘颖琦等(2003)的研究,前者从利用外资角度对竞争力的概念和评价指标体系进行了总结和梳理;而后者则通过对钻石理论及其演变进行梳理,认为中国国际竞争力的提升需要双向投资:一方面需要大量引进外资,另一方面需要通过对外直接投资获得我国稀缺的资源和市场。邹薇(1999,2002)在对国家竞争力的内涵和测度体系进行研究的基础上分别应用 RCA 等指标分析了九大类产业和产品的国际竞争力。还有学者就竞争力问题发表自己不同的看法,如林毅夫和李永军(2003)认为应该将比较优势和竞争优势统一起来考察竞争力问题,指出竞争优势的确立离不开比较优势的发挥,发展中国家要建立自己的竞争优势,只有通过充分依靠和发挥自己的比较优势。赵洪斌(2004)则将产业竞争力内涵分为三个层次:产业绝对竞争力、产业相对竞争力和产业差别竞争力。

2.1.2.2 关于农产品国际竞争力的研究

加入 WTO 前,对农产品国际竞争力的研究在国内形成了一个高潮,时至今日仍然备受关注。李双元和王征兵(2005)较为详细地综述了 2005 年前国内关于中国农业和农产品竞争力问题的研究状况,为我们提供了一个中国农产品国际竞争力问题的研究脉络。

(1)关于农产品国际竞争力的评测方法与分析框架

黄祖辉等(2003)将产业竞争力的评价分为静态竞争力评价、竞争力潜在变动趋势估计以及竞争力影响因素对竞争力变动的贡献分析三个层面;钟甫宁等(2001)用国内资源成本(domestic resource cost,DRC)、国内资源成本系数(domestic resource cost coefficient,DRCC)、国内资源成本系数比(ratio domestic resource cost coefficient,RDRCC)对中国粮食生产的地区比较优势进行了测定,认为要充分利用比较优势,就应当将土地等资源从其他作物(如小麦、大豆和玉米等)转向粳稻、高粱、籼稻和谷子等这些在生产上具有较强优势的作物上。有些学者则从比较优势和竞争优势出发,研究农产品的国际竞争力问题,具有代表性的有李崇光和于爱芝(2004)及庄丽娟(2004)的研究:李崇光和于爱芝对中国农产品的比较优势进行了研究,而庄丽娟则把比较优势和竞争优势结合起来建立了一个拓展的农业国际竞争力分析框架,即在不完全竞争和规模经济条件下,价格竞争优势决定比较优势,非价格竞争优势决定竞争优势,在政府的推动下,价格竞争优势和非价格竞争优势有机结合共同决定农业的国际竞争力水平。还有一些学者应用贸易指数评价中国农产品国际竞争力,如屈小博和霍学喜(2007)用 RCA 指数、TCI 指数以及国际市场份额等评价了我国农产品的国际竞争力,表明农产品出口贸易结构总体反映了我国比较优势的特征,即出口主要集中在具有竞争优势的劳动密集型农产品;陶红军(2009)计算了我国各地区农产品国际 TCI 指数,发现其存在东低西高的空间布局特点,我国农产品国际贸易竞争力空间自相关关系显著,空间集聚性明显。

另一些学者则系统地提出农产品国际竞争力的理论分析框架及评测指标体系。陈卫平(2005)将"钻石模型"作为理论参照系,对该模型做一些调整后将其运用于农业国际竞争力的分析,提出一个农业国际竞争力的理论分析框架,即在"钻石模型"基础上增加食品安全因素和制度因素,尝试性地将七大要素和 38 项指标作为农业国际竞争力综合评价体系。赵美玲和王述英（2005）在研究农业国际竞争力的评价指标体系和模型时，设计了显示竞争力、产品竞争力、要素竞争力和环境竞争力四个方面的 40 项指标。还有学者从生产要素成本、生产效率、流通效率以及人民币升值等汇率因素出发研究中国主要土地密集型农产品（包括稻谷、玉米、小麦、棉花和大豆等）国际竞争力的影响因素（辛毅和李宁，2007）。

（2）对某一特定产业农产品竞争力的研究

国内一些学者对某一特定产业农产品竞争力进行了研究，如王秀清和李德发（1998）研究了中国生猪生产的国际竞争力；乔娟（2002，2004）在其博士学位论文和博士后科学基金资助项目中研究了中国家畜肉类和大豆国际竞争力的变动；赵海燕（2004）、刘雪（2002）研究了中国蔬菜产业的国际竞争力；许咏梅（2005）采用定量的分析方法对中国制茶业国际竞争力的影响因素进行实证研究；秦泰（2007）和张玫（2007）分别就中国苹果汁和水产品的国际竞争力问题进行系统的研究。

（3）中外农产品竞争力对比研究

在 21 世纪初就有学者对中国与国外的农产品竞争力进行了比较研究，最有代表性的是，钟甫宁和羊文辉（2000）研究了中国与欧盟主要农产品的比较优势，结果表明：无论从总体上来看，还是按照相对应的各种农产品来看，中国相对于欧盟国家，绝对优势均在下降。之后，越来越多的学者对中外农产品竞争力进行了对比研究，如潘伟光（2005）以苹果和柑橘为例比较研究了中国与韩国的水果产业竞争力问题，研究发现，中国水果业较韩国具有生产成本和价格方面的优势，而韩国在单位生产率方面有明显的优势；余子鹏（2006）以显性竞争力指标比较分析了中美农产品国际竞争力，指出美国农产品在中国市场上的显性竞争力普遍高于中国在美国市场上的竞争力；胡非凡和施国庆（2007）通过对比分析研究世界各国（地区）主要粮食贸易国粮食的国际竞争力，发现中国粮食产品在国际市场总体已不具备比较优势。

（4）提升农产品国际竞争力的对策

国内许多学者对提高我国农产品国际竞争力提出政策建议，如唐仁健（2001）、尹成杰（2001，2003）、赵美玲和王述英（2002）、胡海燕（2008）等，大体提出以下几个方面的建议：加大政府的支持力度、推进农业结构战略性调整、积极发展农业产业化经营、加快农业科技进步、加快农产品质量标准体系建设、加强农产品流通管理创新等。

此外，也有一些学者从加入 WTO、农产品贸易壁垒角度分析了中国农产品国际竞争力,如翁鸣等(2003)提出理顺农产品质量安全监管体系,加强有关农产品质量安全的法律法规建设,加强质量标准认证、检测体系建设等建议;程国强(2005)从国际的角度考虑,认为中国农业发展将面临极其复杂的国际竞争环境,参与国际竞争,既要积极争取相对公平的多边环境,也要考虑发展和建立平等互利的双边和多边的地区关系。

2.2 水产品贸易的研究

2.2.1 国内外水产品贸易的相关研究

国内外学者针对水产品贸易领域的研究起步较晚,较早的研究是日本的清光照夫和岩奇寿男(1996)的《水产经济学》,该书系统论述了日本水产品的价格形成、市场机制及对外贸易结构等内容,并对日本渔业的生产函数、价格变动趋势和水产品需求弹性进行了较为完整的分析,奠定了水产品市场研究的理论基础。美国斯坦福大学教授 ScottRozelle 和中国学者黄季焜在《迈向21 世纪的中国粮食经济》中,测算了水产品的价格、生产、需求等因素的变化弹性及其与替代品的交叉弹性。另外,由于 2000 年以来渔业在农业中所占的比例越来越大,FAO 于 2001 年开始在渔业委员会中成立了水产养殖小组委员会,用于交流各国(地区)发展水产养殖的经验,讨论推动水产养殖可持续发展的途径等。

除了水产品贸易及其结构的研究,更多研究者关注水产品的生产与消费的相互关系。Anderson(2004)的《水产品》,在介绍水产业的发展情况和动态的基础上,对水产品市场链中的各个环节都做了全面的介绍,并探讨了世界水产业面临的主要问题。由于各国(地区)都有其各具特色优势水产品,为此部分学者就本国(地区)的某类或几类水产品贸易状况做了相应的研究(Sproul 和 Queirolo,1994;Lem 和 Marzio,1996)。

关于世界水产品生产与消费,钱志林和吴万夫(1996)阐述了 20 世纪 90 年代世界水产品生产在科学技术的推动下呈现出的各种情况和消费特点及商品结构。王士刚(2002)通过预测未来水产品的生产与消费情况认为水产品已经是无法充分供应的商品,需要对渔业自然资源建立严密的管理措施。关于世界水产品的贸易,刘雅丹(2003)对全球的水产品贸易从总体上做了一个比较全面的评述。

国内对水产品相关领域的研究远远比不上对其他大宗农产品(如粮食)的

研究,因而水产品相关研究的早期文献不多,主要有李彦亮(1996)的《中国水产品消费市场分析》和胡笑波(1995)的《渔业经济学》,前者对 20 世纪 90 年代我国水产品流通进行了阶段性的总结,而后者则是中国第一部渔业经济贸易专著,比较充分地论述了中国渔业经济与管理、水产品市场与贸易等方面的研究成果。后来,国内对水产品贸易及其结构的相关理论研究才逐渐丰富起来。张玫(2007)对中国水产品国际竞争力问题进行了较为系统的研究,但未能对水产品国际竞争力的影响因素进行全面的分析。胡求光(2008)则从国内需求和国际需求两个角度分析了中国水产品出口贸易的影响因素,结果表明:中国水产品出口受国外进口需求变动的影响越来越大,而受国内消费的影响并不显著。

2.2.2　中国水产品国际竞争力的研究

比较优势和竞争优势是衡量水产品国际竞争力的重要评价指标。大多数学者常使用显示性比较优势(RCA)指数、贸易竞争(TC)指数、市场占有率(MS)指数和竞争优势(CA)指数等相关指标分析中国水产品的国际竞争力问题。

多数学者认为中国水产品总体竞争力较强,不同种类产品的竞争力存在差异。孙深和谭向勇(2001)分析了 1990—1997 年中国水产品对外竞争力变化趋势,发现总体竞争力较强,但鲜甲壳类则不具有对外竞争力。骆乐等(2004)运用 RCA 指数和净出口(EN)指数研究后发现,活家畜、水果和蔬菜及水产品等劳动密集型农产品具有比较优势。

国内也有学者认为中国水产品的竞争优势正趋于下降。山世英和杨学成(2004)通过测算 1997—2003 年中国水产品的显示性比较优势指数和贸易竞争指数等指标,发现中国贸易竞争指数呈下降趋势。山世英和姜爱萍(2005)用资源禀赋系数和 RCA 指数分析中国水产品的资源禀赋状况及比较优势,得出中国水产品在国际贸易中显示优势远小于其资源禀赋优势。吴迪(2007)认为中国虽然在水产品生产上具有比较优势,但是这种比较优势并没有转化为竞争优势。刘学忠等(2008)采用 MS 指数、RCA 指数、TC 指数以及 CA 指数等指标测算和比较分析中国、挪威、泰国、美国四大水产品出口国的国际竞争力状况,结果表明,尽管中国水产品国际市场占有率位居世界第一位,但其 RCA 和 TC 指数皆呈下降趋势,其中 RCA 指数在四大出口国中最低。

另外一些研究表明,中国水产品国际竞争力在不断提高。如董楠楠(2005)通过对主要水产品出口国的产业贸易指数和 RCA 指数的测算(2000—

2003 年),发现欧美发达国家普遍存在产业内贸易,为我国水产品出口提供了机遇,使得中国各类水产品的国际竞争力均在不断提高。而李晓娜和包特力根白乙(2009)则运用 SWOT 分析法系统地分析了中国对欧盟水产品出口贸易优劣势。研究表明,中国对欧盟水产品出口虽然受到外部威胁和自身条件的影响,但优势大于劣势,机遇大于挑战,存在较强的贸易结构互补性。

上述研究结论表明:中国水产品总体竞争力较强,不同种类产品之间存在差异,但由于中国水产品贸易结构存在问题,所以中国水产品的比较优势(资源禀赋优势)没有转化为竞争优势,水产品出口竞争力下降趋势会影响长期的出口增长。

2.2.3　中国水产品双边贸易状况的研究

由于中国水产品的出口市场主要集中在日本、美国、韩国、欧盟和东盟,所以针对这些主要出口市场的双边贸易的研究文献相对较多。

谢静华和高健(2006)从进出口规模、品种、价格等方面讨论了中挪水产品贸易的基本状况,指出了在中挪贸易中中国出现的严重逆差等问题。郭淼(2008)从中美水产品的消费、劳动力资源、生物资源和环境资源禀赋特征角度,分析了中美两国的水产品贸易特征,发现中美水产品贸易呈现不断增长的趋势,贸易价格仍有上升空间以及加工贸易占有重要地位。

大多学者认为中国水产品出口存在出口结构性风险。孙琛和车斌(2007)结合世界水产品贸易割据对中国水产品出口形势进行了分析,其中涉及对贸易结构问题的研究,认为中国水产品出口频频受阻的主要原因之一是出口大幅增长所导致的国际水产品贸易结构的变化。另外,张玫(2007)、胡求光和霍学喜(2007)及许安心(2009)采用不同的方法考察中国水产品出口结构风险,并得出了相似的结论:中国水产品的产品集中度和区域集中度均比较高,贸易结构不合理。

国内许多学者采用 CMS 模型从需求、产品结构、出口竞争力三个方面对我国水产品出口进行实证研究,研究结果表明:出口竞争力和世界水产品市场的需求增长对我国水产品出口增长起到最为关键的促进作用(胡求光和邱晓红,2008;王静和陆迁,2010)。另外,邱晓红和胡求光(2008)基于该模型进行分析,结果表明:中国水产品在日本市场虽然仍有竞争力,但竞争力有所下降。导致这种下降的外在原因是日本贸易壁垒不断提高,但根本原因还是水产品的质量低等内部因素。

2.2.4 中国水产品双边贸易的互补关系

国内很多学者对中国与他国水产品的互补性进行了研究,其中有代表性的研究有:杨进一(2008)运用贸易互补性指数以及 RCA 指数对中国和澳大利亚水产品贸易关系进行研究后认为,中国和澳大利亚之间的水产品贸易呈现以合作为主、竞争为辅的特征。孙琛(2008)从贸易规模和品种结构上对中国与东盟成员国间的水产品贸易现状、贸易互补性和相似性进行分析,对中国加入自由贸易区之后双方的水产品贸易趋势进行预测。李梨梨(2009)通过测算中韩两国水产品的出口相似性(ESI)指数分析两者的竞争性,研究表明,两者的水产品出口相似性较低,且随着时间的推移,这种竞争性还表现为不断下降的走势。徐春祥和李梨梨(2010)利用贸易互补性指数和产业内贸易指数分析中韩水产品贸易的互补关系,发现中韩水产品贸易总体上呈现较强的互补性,且在一定时期内呈稳定态势。

2.2.5 加入 WTO 对中国水产品国际贸易的影响

对加入 WTO 对中国水产品出口贸易产生的影响,不同的学者有不同的看法。一些学者认为中国加入 WTO 会对国内市场结构产生冲击,使部分生产企业面临被淘汰的风险(骆乐和骆庆林,2000);而另一些国内学者认为加入 WTO 有利于扩大水产品出口规模,提高水产业整体素质,而降低关税对国内水产品市场冲击不大(孙琛和谭向勇,2001)。李大海等(2005)认为加入 WTO 后,我国出口水产品的价格逐渐上升,深加工程度不断加强,市场结构不断优化,而技术性贸易壁垒和反倾销会制约我国水产品贸易的进一步发展。张玫(2007)运用 CMS 模型分析了中国加入 WTO 后水产品出口贸易变化的原因。结果表明,长期以来出口竞争力在中国水产品出口增长中起决定性作用,加入 WTO 后呈进一步加强态势;市场结构对水产品出口的影响由正变为负;世界水产品市场规模的扩大对我国水产品出口也起到了一定的积极作用。孙琛(2005)认为进入 WTO 后,水产品进口和来料加工出口都表现出较强的增长之势,但非关税壁垒对水产品出口的影响应该更多地引起人们的关注。刘李峰等(2006)从中国水产品贸易的结构格局入手,说明加入 WTO 后,中国水产品贸易在进出口双向快速增长的局面下,保持了净出口态势;认为中国水产品进出口的产品结构特征短期内不会有显著变化,水产品出口实现持续增长的关键是增强质量竞争力。

2.2.6　技术性贸易措施对中国水产品影响的研究

一些学者研究我国水产品出口受阻的原因,如郑德雁(2004)分析了WTO/TBT协定的主要特点、宗旨、原则及主要内容,并对技术性贸易措施进行了系统分析。邵桂兰和姚春花(2005)以及周锦秀和孙东升(2005)分别从内部和外部两方面考察了我国水产品遭受技术性贸易壁垒的原因。邵桂兰等认为,在水产品生产过程存在的诸多不安全因素以及检验检测技术水平等因素制约了水产品质量,是遭受技术性贸易壁垒的主要原因。周锦秀等认为,日本、美国和欧盟的SPS措施限制了中国水产品出口,更加剧了出口产品结构单一化。

另一些学者研究了TBT对水产品实施技术壁垒的影响方式,近乎所有学者认为技术性贸易措施对我国水产品国际竞争力起到负向效应。如陈伟(2006)通过研究分析得出,TBT对中国水产品出口的影响集中在市场准入和国家竞争力两方面。邵征翌(2007)就包括技术性壁垒在内的影响中国水产品安全的因素进行了比较全面的研究。江莉和胡求光(2007)研究了贸易壁垒对水产品出口的正、反两个方面的影响。居占杰和刘兰芬(2009)以及韩瑜倩和包特力根白乙(2008)指出技术性贸易措施对中国渔业经济发展的影响巨大,削弱了中国水产品的国际竞争力,加强了发达国家对水产品贸易的控制,增加了中国水产品开拓国际市场的难度以及给提供原料环节的渔民带来经济损失等。高维新(2010)认为,从短期来看,技术性贸易壁垒对中国的水产品出口的影响是消极的,技术性贸易壁垒会提高我国水产品出口企业的出口成本,但从长期来看,技术性贸易壁垒的实施促使我国水产品出口企业不断改进技术标准,提高产品质量,改善产品结构,出口竞争力不断增强,总的水产品出口量和出口额仍不断攀升。

还有一些学者从经济学角度分析贸易壁垒的作用机制,这方面的研究主要有于爱芝(2005)及孙志敏等(2007)的研究。前者以中国鳗鱼出口为例,从经济学角度分析技术性贸易壁垒的数量控制机制和价格控制机制,讨论了技术性贸易壁垒的保护本质。后者则借助微观经济学均衡理论分析了制定水产品安全标准可能产生的结果。国内另外一些学者则运用引力模型实证研究了水产品技术标准对贸易的影响:武玉英和郭珉(2007)应用引力模型对中国水产品出口欧盟遭遇技术性贸易壁垒的影响进行实证分析;郭芳等(2007)应用该模型对技术壁垒对中国的水产品出口影响进行了实证研究;郭留超和许冬至(2009)利用中国对日本、美国和欧盟1995—2007年水产品出口的面板数据建立引力模型,对水产品安全标准的贸易效果进行评价;董银果(2011)则应用该模型考察孔雀石绿标准对鳗鱼出口的影响。以上研究得出了相似的结论:国外药物残留标准的变化对中国的水产品出口具有显著的负效应;中国水产品质量标准体系与设置壁垒国的标准体系越接近,出口越不易受阻。

2.3 闽台农产品贸易发展与合作的研究

国外研究闽台贸易和农产品贸易的文献鲜见,但是其关于贸易合作、贸易竞争性与互补性以及农产品贸易的研究不少,并且大多为宏观和规范性研究。Robert 和 Kueh(1993)认为中国大陆和台湾在语言、文化上一致,但资源禀赋和发展水平阶段不一致,因此,一体化会给大陆和台湾带来巨大益处;Wang(2003)用 CGE 模型估算了中国加入 WTO 对海峡两岸经贸关系的影响,认为加入 WTO 会使中国成为世界贸易中巨大的制造中心,台湾会成为大陆企业的上游供给者,将进一步促使海峡两岸经济走向一体化,出现世界上最大的自由贸易区,促使两岸成为世界贸易市场上最有力的竞争者;Solís 和 Katada(2008)在谈到东亚建立自由贸易协议(free trade agreements)实现区域经济合作时,认为中国大陆与台湾地区签订自由贸易协议对双方政治经济均有益;Chiu 和 Sun(2009)认为汇率与两岸贸易均衡有长期稳定的协整关系,除中国大陆外,新台币贬值促使台湾与其他贸易伙伴之间贸易均衡。

早在 1993 年,台湾学者就对两岸农产品在世界各大市场的竞争与互补进行了不同程度的研究(邱毅和段樵,1993),结果都表明两岸农产品的互补性较强。随着大陆经济的迅速发展、两岸关系趋于缓和以及两岸经贸关系的稳步发展,越来越多的学者关注两岸农产品贸易合作、竞争性与互补性和贸易的影响因素等方面的研究。研究结果表明:某些农产品两岸存在竞争关系,而某些存在互补关系;两岸非正常的贸易关系、加入 WTO 和台商在大陆投资是影响两岸贸易的关键(李岳云和董宏宇,2003;闫逢柱,2007;曾玉荣和张文棋,2003;陆云,2006)。

基于地缘、血缘、文缘、商缘、法缘等关系以及闽台农产品贸易在两岸农产品贸易中所占的重要地位(2009 年闽台农产品贸易总额占海峡两岸农产品贸易总额的 40.01%),海峡两岸学者对闽台农产品交流与合作予以高度重视。国内学者发表的关于闽台农产品贸易的研究文章不少,主要体现在以下五个方面:①闽台农产品贸易现状和发展前景的研究;②闽台农产品贸易竞争力的研究;③闽台农产品贸易互补性的研究;④闽台农产品贸易的影响因素研究;

⑤闽台农产品贸易合作的研究。本书将从以上五个方面对闽台农产品贸易的研究进行梳理、归纳和简要评析，并在此基础上提出今后需要重点关注的内容。

2.3.1　闽台农产品贸易现状与发展的研究

对于现状与发展的研究在闽台农产品贸易研究中占有很大的比重，研究内容侧重于两个方面：一是对闽台农产品贸易现状的描述性分析；二是对闽台农产品贸易变动趋势的分析研究，尤其集中在对闽台贸易现状、贸易格局和贸易产品结构的分析。虽然研究的角度有所差异，但得出了相似的结论：闽台农产品贸易呈现增长的趋势，闽台农产品互补性较强，两岸经贸政策是影响闽台农产品贸易极其重要的因素。有学者从分析台湾农产品贸易的历史演变入手研究台湾农产品进出口贸易问题，为闽台农产品贸易研究奠定基础，如刘健哲和黄炳文（2005）的研究首先分析了台湾进出口产品及市场结构的变迁，而后探讨了台湾农产品面对进口农产品的竞争优势和具备出口竞争力或竞争潜力的农产品出口状况，最后探讨了有关农产品进出口的衍生问题。其中出口方面包括农产品品牌的建立、产品的质量认证、出口行销组织与通路、出口非关税障碍、国际农产品市场资讯、海洋生态及台商海外投资等方面的课题；进口方面则包括开放进口所带来的冲击、动植物检验检疫、食品安全卫生、外来生物入侵、国际农产品市场预警制度等。另一些学者从闽台农产品贸易结构分析入手，认为闽台农产品互补性较强，并在此基础上探讨了新形势下两岸农产品贸易、农产品（农业）合作及发展闽台农产品贸易的对策（吴越，2005）。还有研究通过分析闽台农产品贸易的发展特点及其走向，表明两岸农业政策对闽台农产品贸易起到导向性的作用：闽台农产品贸易逐步呈现水平分工和垂直分工并存的混合分工体系，促使福建农业产业集群和农业生产区域的形成（唐俊平，2008）。此外，还有学者从贸易发展阶段论出发，将1978—2007年闽台农产品贸易发展分成三个阶段，认为闽台贸易呈现阶段性的增长趋势，经历了由暗到明、由小到大、由单一到多元的发展过程，并得出闽台农产品贸易在出口产品和市场上都存在明显的互补，福建在闽台农产品贸易中持续顺差，闽台农产品贸易依旧处于间接、单向、民间的状态等结论（杨金发和童长水，2008）。

2.3.2　闽台农产品贸易竞争力的研究

闽台学者对闽台农产品贸易竞争力问题从不同的角度进行了研究，大部分学者认为闽台农产品存在竞争。一部分学者通过对闽台农产品出口品种和市场结构的比较研究,得出了闽台农产品在出口品种和市场结构上相似性强的结论(何均琳和曹伟,2006;何均琳,2006)。另一部分学者通过比较闽台农产品各自在国际市场上的竞争力得出了相似的结论:闽台两地具有比较优势的农产品在国际农产品市场上具有国际竞争优势,所以闽台农产品不仅存在竞争关系,同时在国际市场上也面临着激烈的竞争(蔡贤恩,2007a;林敏,2005;邱珊鸿,2009)。还有学者通过相似性指数分析闽台农产品在产品和市场上的相似程度,得出了同样的结论,即闽台农产品在出口品种和出口市场上的相似性较强,存在一定程度的竞争(蔡贤恩等,2009)。但是,也有研究表明闽台农产品不存在竞争,如黄金梅和王俊(2007)认为闽台农产品基本上不存在竞争关系,其合作的基础较强。

2.3.3 闽台农产品贸易互补性的研究

闽台农产品贸易互补性已经取得了国内学者的共识,大多数学者承认闽台农产品贸易有着广泛的互补性,但互补性正在减弱。其中具有代表性的是蔡贤恩(2007b)和蒋颖(2008)的研究。蔡贤恩(2007b)对贸易结合度、显示性比较优势指数以及贸易互补性指数的分析表明,闽台农产品的互补关系正在减弱,且闽台农产品贸易的密切关系不是由于两地农产品存在贸易互补关系。蒋颖(2008)则通过对显示性比较优势指数和出口产品相似性指数的分析得出了相似的结论:福建农产品相对台湾具有比较优势,闽台农产品存在结构性贸易互补,但互补性不断下降。从产业内贸易的角度来考察闽台农产品的互补性的研究层出不穷,并得出相似的结论:闽台农产品贸易主要是产业间贸易引起的,从水平和垂直产业内贸易指数测算的结果看,闽台整体农产品贸易是以技术差距为特征的垂直产业内贸易(蔡贤恩等,2010;林琳和蔡贤恩,2010;孙骏等,2011a,2011b)。此外,还有学者就 2008 年闽台农产品贸易中的一类水产品的互补性做了初步的分析,结果表明闽台水产品贸易互补性较强(王健和王友丽,2011)。

2.3.4 闽台农产品贸易的影响因素研究

贸易表面上是商品流动,其实隐含着生产要素和资源的流动。一方面政府政策、生产要素和资源决定着贸易,同时贸易也对政府政策、生产和资源起着一定的反作用。关于闽台农产品贸易的影响因素,大部分学者都认为两岸政策扮演着重要的角色,其他影响因素包括台商投资等。王琳琳(2002)和蔡贤恩(2007b)都认为两岸三通是影响闽台经贸的主要原因,台湾当局设置两岸农产品贸易障碍、台湾对两岸三通的限制影响了闽台农产品贸易的发展。另外,蔡贤恩(2007b)的研究还表明两岸农产品质量标准差异性以及台湾农产品高成本、高价格等方面的因素也制约了闽台农产品贸易的发展。何均琳和王文烂(2008)从台商在闽农产品直接投资的角度出发考察闽台农产品贸易的影响因素,结果表明:台商直接投资对福建省农产品的出口量的影响很小,但增加了福建省农产品出口品种的多样化程度,同时也改变了农产品出口的产地结构。孙骏(2011)从闽台农产品产业内贸易出发,应用马尔科夫矩阵、ECM模型等计量模型深入研究贸易背后的影响因素,结果表明:闽台市场平均规模、地区市场总值的差异与闽台产业内贸易存在长期均衡关系。

2.3.5　闽台农产品贸易合作的研究

闽台农产品贸易合作的研究大多在两岸农业合作研究中论及,单独分析闽台农产品贸易合作模式的较少见到,大体可以分为以下几类:闽台农产品贸易合作的优劣势研究,基于闽台农产品贸易的农业合作研究,闽台农产品贸易的合作模式研究,闽台农业共同市场的研究,闽台水产品贸易(或渔业)的合作研究。

2.3.5.1　闽台农产品贸易合作的优劣势研究

蔡秀玲(2001)、牛若峰(2003)从比较优势入手,详细分析了闽台农产品共同发展的优劣势。蔡秀玲(2001)从对闽台农业产业结构变化的比较和加入WTO对闽台农业结构的影响入手,认为自然资源和农产品结构的趋同并不影响闽台合作。福建的优势在于较为低廉的劳动力和土地,台湾的优势在于资本与技术。牛若峰(2003)通过对两岸农产品及农产品所处的背景和优劣势比较得出了相似的结论:台湾的优势在于技术水平,而大陆的优势则在于资源和劳动力成本;台湾与大陆在农业生产的优劣势上形成互补,有着广阔的合作空间,并指出了两岸农业合作的领域包括科技、产业、贸易和投资等方面。

2.3.5.2　基于闽台农产品贸易的农业合作研究

国内研究闽台农产品合作的学者一方面研究合作的政策主张,另一方面阐述了闽台农产品贸易合作对闽台农产品贸易的影响。一些学者从两岸经贸和投资关系为出发点,探求闽台在贸易上的合作情况,最具代表性的是陆云(2003)、曾寅初和陈忠毅(2004)的研究。陆云(2003)从贸易和投资的角度出发,就WTO对两岸农产品经贸活动的影响以及影响两岸农产品投资的因素进行分析,最后就未来两岸农产品经贸合作、产业分工和台商对大陆农业投资的前景进行了展望。曾寅初和陈忠毅(2004)则认为在两岸加入 WTO 后,除了要发展基于产品比较优势的农产品贸易之外,更重要的是要发挥两岸在农产品生产、加工、销售等环节上的生产要素的比较优势,通过直接投资等方式形成共同的核心竞争力,实现两岸农产品"双赢"的局面。另一些研究则从共同提升闽台在国际市场的竞争力出发,深入闽台各自的农业产业内部进行考察。研究结果表明:自然资源、资金、劳动力、技术、市场化程度和农业发展阶段是制约闽台农产品国际竞争力的主要影响因素。由于闽台在上述影响因素之间存在广泛的互补,因此闽台农业有着广阔的合作基础,闽台农业合作是共同提升闽台农产品国际竞争力的关键(林卿等,2004)。还有部分学者从要素禀赋和资源配置的角度出发探讨闽台农业资源的整合问题,结果表明闽台农业资源配置存在差异和互补,并得出加强闽台农产品资源整合与优化配置以提高闽台农产品竞争力是闽台农业发展的一项双赢选择,是闽台农产品贸易合作模式的核心(周江梅和林卿,2004;林卿,2005;陈燕,2008)。

2.3.5.3　闽台农产品贸易的合作模式研究

对闽台农产品贸易的合作模式研究还处于初步探讨阶段。温思美和郑晶(2006)认为,建立类似《关于建立更紧密经贸关系的谈判》(CEPA)的广泛深入的农业合作框架更符合两岸经济发展的最大利益。林卿等(2006)认为吸引台湾农产品进入大陆市场这种单方面的模式只是权宜之计。从长远看,两岸农产品合作的根本途径是将具有显著比较优势差异的资源要素进行整合,从而共同提高配置效率,取得双赢的模式才是两岸农产品合作的理性选择与有效模式。蔡雪雄和陈新艺(2007)从闽台投资合作、产业合作、行业协会合作、科技合作这四个方面来探讨闽台农业合作的模式,并认为闽台农业合作的重点产业应集中在园艺业、畜牧业、渔业和农产品加工业等领域。该文还指出闽台两地应本着"双赢互惠"原则,实现两地生产要素融合,以共同提高农产品的国际竞争力。

2.3.5.4　闽台农业共同市场的研究

部分学者在研究闽台农产品贸易合作模式的同时,提出了建立闽台农业共同市场的构想。关于这方面的研究较少,最早关注闽台农业共同市场问题的是何洁华(2005)的研究,该研究从农业合作角度探讨了两岸经济合作机制,提出"共同市场"机制是两岸农业合作的最佳模式。但是目前建立"两岸共同市场"的条件还不具备,可以在与台湾具有天然联系和良好合作基础的福建省先建立"闽台共同市场"作为试点,从"闽台共同市场"过渡到"两岸共同市场"。

与此相类似的研究还有檀云坤(2010)的研究,该研究在分析两岸农业一体化的同时,提出两岸农业一体化要以闽台农业一体化为试点,从而最终实现两岸农业一体化。另外,杨江帆等(2005)分析了闽台两地茶叶市场的现状,论述建立闽台茶叶共同市场的原则、体系、机制、目标等,并提出建立闽台茶叶共同市场的对策。此外,还有部分学者以 CEPA 为参考,提出创立两岸共同市场的构想。陈照和高明(2008)通过分析两岸农业的互补性,认为两岸共同市场应从农业这一关系国计民生却又包含诸多争议的产业开始,效法欧盟演变历程、以 CEPA 作为参考。他们尝试性地提出了建立两岸共同市场的若干设想与实现步骤:首先,可在大陆设立农业投资区,吸引台商到大陆投资。其次,选择一个地区,逐步放开农产品贸易、生产要素流动的限制,并将其作为两岸农业共同市场的区域示范合作区。基于文化、地理和技术等方面的考虑,福建和浙江应是两岸共同市场先行先试的最合适的地区选择。最后,在双方充分协调对话的基础上,扩大区域范围,放宽限制条款,从而使两岸农业市场形成一个紧密整体,达到两岸农业效益整体提升的双赢目标,并为之后其他产业共同市场的设立奠定基础。蒋颖和何均琳(2009)指出,借鉴 CEPA 的做法,建立"两岸共同市场"是深化两岸农业合作的最佳选择。他们从资源禀赋差异、区域经济一体化和贸易创造效应的角度分析两岸农业合作的基础、现状及存在问题,并提出利用海峡两岸农业实验区及台湾农民创业园先建立农业经济合作体,划定一些区域结合农业经济合作体从而推行次区域经济合作的政策建议。

2.3.5.5 闽台水产品贸易(或渔业)的合作研究

渔业是闽台农业合作中最重要的组成部分,两岸渔民在台湾海峡渔场上共同撒网捕鱼,交流经验,互传技艺,危难相助,结下了深厚的情谊。水产品贸易占农产品贸易的 50% 以上,2009 年达到 72%,但有关闽台乃至两岸渔业合作的研究却很少,并较为浅显。

(1)海峡渔业资源研究

卢振彬等(2000)应用 Schaefer 和 Fox 剩余产量模式及其由此衍生的生物经济模式和 Gulland 最适产量 Y_{01} 模式,分别估算了台湾海峡及其邻近海域渔业资源的最大持续产量、最大持续捕捞力量、最大经济产量、最大经济捕捞力量、最佳经济效益,最适产量、最适捕捞力量,并对各模式计算的诸项经济指标进行比较,讨论了渔业管理方案,确定了近期适合国情、省情的管理目标。

(2)闽台渔业合作动因与方式

赵玉榕(2006,2007)从台湾渔业产能出发研究闽台渔业合作动因,认为:台湾渔业面临着养殖环境恶化、资源枯竭、远洋渔业受重创等困境,加强两岸合作是台湾渔业摆脱困境的出路,而大陆渔业发展进入转型期为台商投资提供了机遇,两岸在渔业的生产、贸易、技术以及渔业关联产业合作等方面有着广阔的合作空间。

越来越多的学者对闽台渔业合作的方式进行探讨,如王德芬(2009)介绍了两岸渔业合作的历史和现状,分析了两岸渔业合作的发展趋势,认为加强渔业管理和经贸合作是未来两岸渔业合作的发展趋势。李非和吴凤娇(2009)通过钻石模型分析台湾渔业竞争力的影响因素,指出台湾渔业竞争力受资源恶化、劳动力匮乏和岛内需求饱和等因素的影响并出现了弱化的趋势,而两岸合作可以使台湾摆脱困境。未来两岸渔业应在相互投资、开展科研合作与交流、构建资源共同保护和管理机制及建立多样化的经济合作区等方面加强合作。

2.4　文献简评

综上所述,国内外关于竞争力和水产品贸易的研究成果已比较丰富,对本研究的启示和借鉴以及所忽略的问题如下:

2.4.1　已有文献对本研究的启示和借鉴

(1)从现有的文献资料看,国内外相关研究集中在对农产品竞争力的评价、农产品竞争力的影响因素、国内外农产品国际竞争力等方面,甚至对某一特定农产品的竞争力都有一定程度的研究,并取得了很大的进展。

(2)基于比较优势的古典贸易理论和新古典贸易理论从供给角度对促进国际贸易发展的解释力在减弱,而基于相互需求学说的偏好相似理论和国家竞争优势理论可说明国外需求结构与规模的变动影响本国出口贸易的增长。胡求光(2008)在分析中国水产品生产与出口贸易的基础上,结合内外部市场消费需求变动,建立实证模型,对中国水产品的出口规模和结构是否适应需求变动进行分析和评价,并提出政策建议。

(3)已有研究在竞争力指标测算、水产品的比较优势、影响因素、贸易竞争性和互补性等方面的实证研究方法上微观化、定量化,为本研究建立实证计量模型、数据分析与处理、指标测定、影响因素的选择、对实证结果的解释和预测提供了可借鉴的选择方法和理论工具。

(4)已有文献中,闽台农产品贸易研究集中在其发展历程及特点、闽台农产品贸易竞争(力)、闽台农产品贸易互补性、闽台农产品贸易影响因素以及闽台农产品贸易(农产品)合作等方面,取得了较大的进展。

(5)已有研究表明,在闽台农产品贸易中,水产品是贸易量最大的农产品,以2004年、2005年、2006年为例,水产品出口贸易额分别占福建出口农产品的46.61%、43.13%、42.59%,占台湾出口农产品的39.79%、39.91%、39.96%(蔡贤恩等,2009),这是本研究的出发点,也是本研究的思路来源之一。

(6)关于闽台农产品贸易的影响因素,有的文献已对其进行深入分析,孙骏(2011)深入挖掘贸易背后的产业因素,对闽台农产品贸易的成因展开更深层次的考察,并应用相关计量模型进行实证研究。

2.4.2 已有研究所忽略的问题

(1)关于水产品国际竞争力的研究成果已相当丰富,但关于水产品国际竞争力理论分析框架仅在少量论文中有所体现,其完整性还有待于进一步探讨。

(2)虽然有学者应用波特的"钻石模型"研究水产品国际竞争力的影响因素,但未能全面进行实证分析,致使实证研究没有很好地与理论一一对应。

(3)从现有的文献资料看,大多数国际竞争力的研究集中在对某个国家(地区)的竞争力评价,并对该国(地区)提出政策性的建议;或从两国(地区)的竞争力比较研究中找到提升该国(地区)的国际竞争力的方法。而在比较两国(地区)国际竞争力基础上寻找两国(地区)的合作空间,共同提升两国(地区)的国际市场竞争力的研究还未被发现。

(4)有关闽台农产品贸易与合作的研究都集中在对农产品总量的宏观研究上,缺乏对某一农产品的细类分析。王健和王友丽(2011)、杨江帆等(2005)分别对水产品和茶叶产品贸易与合作展开了初步的探讨。

(5)一些学者通过一般均衡模型(a computable general equilibrium analysis,CGE)研究两岸经贸一体化及其影响因素(Wang,2003),闽台农产品贸易合作、共同市场方面的研究还处于起步阶段,有待于进一步深入研究。

(6)国内水产品贸易的研究主要集中在对欧盟、日本、韩国等的研究,对闽台,甚至两岸水产品贸易的研究较为少见,王健和王友丽(2011)进行了初步研究,其他研究主要集中在基于闽台农产品贸易或渔业合作的对闽台水产品贸易的初步分析,没有进行专门深入的研究。

(7)对闽台(两岸)渔业合作的研究也较粗浅,多为现象描述、总结性描述和一些政策建议等,而通过闽台渔业合作以提高各自的国际市场竞争力的研究基本没有。

因世界经济区域一体化趋势和加入WTO对两岸农业发展产生的影响,

海峡两岸的专家学者对"闽台农业交流与合作"予以高度重视。中国学者发表的关于"闽台农业交流与合作"的文章不少,主要是对闽台农业合作的发展阶段、范围、特点、发展趋势、合作模式及对策等进行了探讨,对闽台农业存在的互补性达成了共识。关于"闽台水产品贸易",大陆学者和大多数的台湾学者都认为,闽台水产品贸易会有效地实现闽台间的优势互补,对加入 WTO 后所面临的冲击有积极的作用。但也有台湾学者认为,与大陆进行水产品贸易无法解决水产业问题,台湾要实现水产业升级,重要的是解决本岛渔民转业问题。

为此,从全方位比较研究闽台水产品国际竞争力入手,探索进一步深化闽台渔业领域的合作模式和途径,借以提升闽台的水产品国际竞争力是必要的。

第3章 理论基础与理论分析框架

3.1 理论基础

3.1.1 比较优势理论

3.1.1.1 古典学说

(1)亚当·斯密的绝对优势理论

英国古典经济学家亚当·斯密(Adam Smith,1723—1790)在《国富论》中第一次将经济科学主要领域的知识归结为一个统一和完整的体系,而贯穿这一体系的基本思想是市场经济思想。亚当·斯密的贸易思想是其整个自由竞争市场经济体系的一个有机组成部分,而自由竞争和自由贸易是实现自由放任原则的主要内容。亚当·斯密指出,国际分工和国际贸易形成的基础是各国(地区)间存在的生产成本和劳动生产率的绝对差别。他还认为,各国(地区)应集中生产并出口具有劳动生产率和生产成本"绝对优势"的产品,进口其不具有"绝对优势"的产品,其结果比自己什么都生产更有利。在贸易理论上,这一学说被称为绝对优势理论(theory of absolute advantage)。绝对优势理论解释了产生贸易的部分原因,也首次论证了国际贸易可以是一个"双赢"的局面而不是一个"零和游戏"。但该理论存在很大的局限性,因为在现实社会中,一些国家比较先进发达,有可能在各种产品的生产上都具有绝对优势,而另一些国家可能不具有任何生产技术上的优势,但是贸易仍然在这两种国家之间发生,而亚当·斯密的绝对优势理论是无法解释这种绝对落后和绝对先进国家之间贸易的发生的。

(2)大卫·李嘉图的比较优势理论

在亚当·斯密之后的另一位著名经济学家是大卫·李嘉图(David

Ricardo,1772—1823),比较优势理论(theory of comparative advantage)是他的贸易理论乃至整个经济理论的重要组成部分之一。比较优势理论的来源是比较成本。虽然首先提出比较成本这一观点的是托伦斯,但对此进行系统论证并应用于国际贸易的却是李嘉图。该理论认为,国际贸易的基础并不限于劳动生产率上的绝对差别,只要各国(地区)之间存在劳动生产率上的相对差别,就会出现生产成本和产品价格的相对差别,从而使各国(地区)在不同的产品上具有比较优势,使国际贸易和国际分工成为可能。根据该理论,每个国家(地区)都应集中生产并出口其具有"比较优势"的产品,进口具有"比较劣势"的产品。在李嘉图的比较优势理论中,劳动是唯一的生产要素,国家之间会由于生产技术的不同而导致劳动生产率的差异。

3.1.1.2 资源禀赋理论

20 世纪 30 年代,以瑞典经济学家埃利·赫克歇尔(Eli F. Heckscher,1879—1952)和博尔蒂而·俄林(Bertil Gotthard Ohlin,1899—1979)为代表的经济学家发展了李嘉图的比较优势理论,创立了新古典贸易理论(资源禀赋理论,又称 H-O 理论),该理论认为生产中不仅需要劳动,还需要土地、资本等生产要素。总的来说,国际贸易的产品成本差异是由于两个原因造成的:一是各国(地区)生产要素禀赋比率的不同。生产要素禀赋指的是各国(地区)经济资源(即生产要素)的拥有状况。一般来说,一个国家(地区)拥有较为丰裕的生产要素,其产品价格就便宜,反之,其价格就高。国际贸易产生的最重要的基础是生产要素禀赋比率的不同。一个国家(地区)生产和出口本国(地区)生产要素禀赋较多、生产成本相对低的产品,而进口本国(地区)稀缺生产要素生产的商品,这样经过国际贸易,各国(地区)均能获得最大利益。二是生产各种商品所需投入生产要素的组合或比例,即商品生产要素密集度。比较成本的差异来源于各国(地区)生产商品所投入的生产要素的组合或比例的不同。因此,在某种商品生产中,如果一个国家(地区)密集使用低廉的生产要素,并对生产要素进行最佳组合,就能在该种商品上拥有较低的比较成本。H-O 理论和李嘉图提出的比较优势理论在说明比较优势时均使用了相对比较的原则,因此,H-O 理论实质上是李嘉图理论的发展,他们的区别在于:李嘉图理论仅用劳动生产率之间的差异来说明比较优势的形成,而 H-O 理论则用多种要素禀赋的差异来说明比较优势的形成。

不过,H-O 理论存在局限性,该理论没有考察要素禀赋产生的原因,即要素禀赋是静态的。在经济高速发展的今天,生产要素、自然资源可以在国际流动;随着技术的进步,自然资源可以被改良、再造,也可被新材料代替;经过人力投资,可以克服劳动力数量不足的问题。也就是说"天赋要素并不是固定不变的"(金德尔伯格和赫里克,1986),物质、人力资本甚至自然资源都会随着时间和技术的进步而变化,要素的变化是动态的。

3.1.1.3　当代贸易理论

第二次世界大战以后,特别是 20 世纪 60 年代以后,国际贸易出现了许多新的倾向,主要表现在:同类产品之间的贸易量大大增加,发达国家之间的贸易量大大增加,以及产业领先地位不断转移。这些现象用传统的 H-O 理论模型是无法解释的。"里昂惕夫之谜"的提出成为促进比较优势理论发展之契机。里昂惕夫经过实证分析,发现要素禀赋理论无法解释新的贸易现象。于是,人力资本说、产品周期论、技术差距论以及偏好相似学说应运而生,成为比较优势理论的进一步发展。生产要素不再局限于劳动、资本和土地,比较优势理论也不再局限于各国(地区)自然资源质与量的差异局限,人力资本、技术、规模经济和管理等新要素成为决定一国(地区)比较优势的重要因素。当代贸易理论主要包括以下几个方面:

(1)产业内贸易理论

无论是古典经济理论还是新古典经济理论,在分析国际贸易问题时都假定产品市场是完全竞争的,但第二次世界大战后的国际贸易的现实状况却离完全竞争这个假设前提越来越远了。首先从各行业的商品结构方面考察,大多数商品是同类不同质的差异产品,差异商品之间的贸易表现为产业内贸易。其次由于垄断寡头以及跨国公司的产生,当代国际贸易的竞争形式是不完全竞争的形式。

在此背景下,格鲁贝尔和劳埃德在《产业内贸易》一书(朱刚体和贾继锋,1985)中把国际贸易分为两大类:一是产业间贸易,即在要素禀赋相差比较大的国家(地区)之间进行的贸易,比如不发达国家用初级品交换发达国家的工业品,这类贸易可以用传统的 H-O 理论加以解释;二是产业内贸易,即在具有相同或相似生产要素的国家(地区)间进行的贸易,这种贸易形式主要是由同类产品的差异性造成的。格鲁贝尔和劳埃德又将该差异性分为水平差异性和垂直差异性。水平差异性是指那些由于消费者对产品的不同态度而导致对产品的不同偏好产生的差异,如消费者对不同花色产品的偏好,而垂直差异性是指产品在质量上存在差异性。不完全竞争、规模经济和专业化分工使得产品种类和质量多样化,从而造成产业内贸易。产业内贸易理论将比较优势理论细化到产品的内部细分,使比较优势理论得到了进一步的发展。

(2)产品生命周期理论

产业内贸易理论从不完全竞争、规模经济和专业化分工的角度出发,解释了同类产品以及发达国家之间的贸易状况,但怎样解释贸易模式的变动和在一些产品中领先地位的变动? 美国经济学家雷蒙德·弗农(Raymand Vernon)分析产品技术的变化对贸易格局的影响,提出产品周期(product cycle)学说。他将新产品的技术发展分为三个阶段:新产品阶段、成熟阶段和标准化阶段。各个阶段对生产要素的需求不同:第一阶段(新产品阶段)所需的生产要素是发达的科学知识和大量的研发经费;第二阶段(成熟阶段)所需的生产要素是机器设备和先进的劳动技能;第三阶段(标准化阶段)所需的生产要素是劳动力成本。可见,该理论从产品的技术发展周期所需的生产要素不同来完善比较优势理论,使要素禀赋不再是静态的而是动态的。

(3)需求决定理论

瑞典经济学家戴芬·伯伦斯坦·林德(Staffan Burenatam Linder)从收入和需求的变化来解释发达国家之间工业制成品贸易的发展。根据林德的理论,需求变动是引起生产变动和产生贸易的基础,收入变动又是引起需求变动的重要因素。为此,对同一产品的需求不同会造成价格的差别,从而产生贸易。林德从动态的角度分析内部和外部需求引起生产的扩大和技术的改进,实际上促成了生产要素的不断改进,动态地解释了比较优势理论中要素禀赋产生的部分原因,是对比较优势理论的发展和完善。

从总体上看,比较优势理论发展遵循从绝对到相对,即从单一到细分、从静态到动态的发展过程。从绝对优势学说到以劳动生产率为唯一因素的比较优势理论,再到多因数的静态的要素禀赋学说,再到产业内贸易理论以及动态的产品生命周期理论和需求决定理论。

3.1.1.4 比较优势理论对竞争力理论的研究意义

(1)古典学说与资源禀赋理论对竞争力理论的研究意义

古典比较优势理论对竞争力理论的研究的意义表现在:决定产业国际竞争力的唯一因素是成本,拥有生产成本上的优势就拥有更强的竞争力。资源禀赋理论对竞争力理论研究的意义表现在:生产成本的高低是由要素禀赋决定的。

(2)新贸易理论对竞争力理论的研究意义

新贸易理论对竞争力理论的研究意义表现在两个方面:第一,产业国际竞争力的决定因素不仅仅是成本,还包括该产业的规模经济、专业化分工、交易成本、技术革新等多方面因素;第二,一个国家(地区)特定产业的发展不一定要拘泥于先天要素禀赋的情况,而应注重后天的培育,即要素禀赋并不是绝对的、静止的,而是相对的、动态发展的。

3.1.2 竞争优势理论

与贸易经济学家的研究形成鲜明对比的是,一些来自商学院的管理学家用经验归纳的分析方法,来解释一个国家(地区)产业在国际竞争中取得成功的原因。其中,最具代表性的是美国哈佛商学院教授迈克尔·波特提出的国家竞争优势理论。

3.1.2.1 波特理论的核心内容——"国家钻石模型"

波特(2007)在《国家竞争优势》一书中系统地提出了国家竞争优势理论,该理论的核心内容就是"国家钻石模型"(national diamond model)。波特认为一个国家(地区)在某个特定产业的国际竞争中获得成功,要从该国(地区)都有的四个内部产业因素寻找答案。这四个因素包括生产要素、需求条件、相关与支持性产业、企业的战略结构与竞争状态。此外,机遇和政府作用两个辅助的外部因素影响着上述四个内部产业因素,也对一个国家(地区)的产业国际竞争力产生影响(见图 3-1)。该理论认为这六个因素互相影响、相互加强,形成一个动态的、激励创新的竞争环境,由此构成一个国家(地区)产业竞争力的源泉。

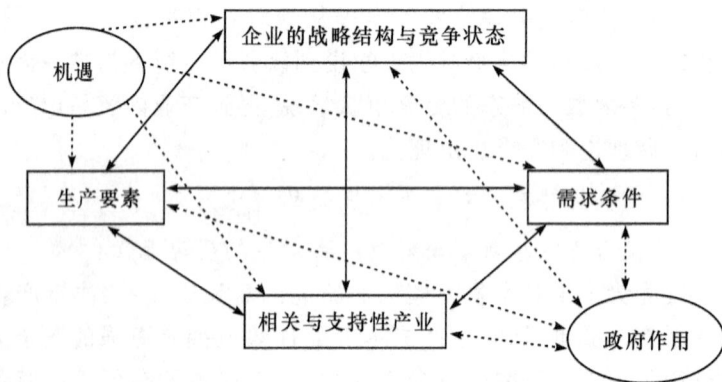

图 3-1　波特的"国家钻石模型"

(1)生产要素

波特采用了新古典的比较优势理论中的要素禀赋论的思想,并从两个方面进行了改进。第一,他认为要素禀赋在决定一个国家(地区)的竞争优势方面所起的作用要比传统所认为的更加复杂。第二,他认为要素是动态的,是可被创造的、可升级的。他指出,在大多数产业的竞争优势中,生产要素通常是创造得来的,而非自然形成的,无论在哪个时期,生产要素都没有被创造、升级和专业化的人为要素重要。他还指出,丰裕的生产要素会通过影响激励机制反向抑制竞争优势;生产要素的劣势反而能刺激战略和创新,从而获得更强的竞争优势。从这点来看,他完全颠覆了要素禀赋作为竞争优势的 H-O 理论思想。

为此,他将生产要素分为初级要素(basic factor)和高级要素(advanced factor)。初级要素指一个国家(地区)先天拥有的或不需太多投资便能得到的要素,如自然资源、气候条件、地理位置、劳动力资源以及融资等。高级要素指需要通过长期投资和培育才能创造出的要素,如基础设施、技术优势和高质量的人力资本。此外,要素根据其专业程度又可分为通用要素(generalized factor)和专用要素(specialized factor)。通用要素指适用范围广泛的要素,如交通系统、融资、受过大学教育的员工等。而专用要素是指专业领域的人才、技术和知识等针对单一产业因素的生产要素。

波特指出,一个国家(地区)要想从生产要素中建立起强大而持久的竞争力,就必须从事要素的创造,同时着力发展高级要素和专用要素,这两类要素决定着竞争优势的质量和可持续性。因此,一个国家(地区)拥有创造出生产要素的制度远比拥有生产要素重要。

(2)需求条件

这里的需求是指国内市场需求(或区域内部市场需求)。波特认为,内部市场需求不仅会影响产业的发展规模,而且对企业的发展与创新也产生较大的影响,进而影响一个国家(地区)的发展效率。他还进一步指出了内部市场需求对竞争力影响的三种不同方式:一是内部市场的需求性质,如消费市场的全球性、超前性和挑剔性;二是内部市场的大小与成长速度;三是内部市场的国际化能力。在需求条件较高的环境下成长的企业具有较强的竞争力。

(3)相关与支持性产业

"钻石模型"的第三个要素,即与企业有关联的企业和供应商的竞争力。波特认为,相关的支持性产业之间存在密切的协同效应:一方面,当本国(地区)的支持性产业具备较强的国际竞争力时,它会为下游企业提供最低的成本投入,同时通过合作和信息传递促进下游企业创新;另一方面,竞争力强的企业也会通过"提升效应"(pull-through effect)带动相关产业的发展。

(4)企业战略结构与竞争状态

波特认为,企业的目标、战略和组织结构因各国(地区)环境与情况的差异而有所不同,各种差异的最佳组合便形成了一个国家(地区)产业的竞争优势。他指出:各个国家(地区)由于环境与历史不同,需要采用的企业组织方式、管理方式和竞争方式也就不同,而适应一个国家(地区)环境的管理方式能够提升该国(地区)产业的国际竞争力。

波特还通过实证研究发现,激烈的内部市场竞争是保持和创造国际竞争力的重要动力因素。激烈的内部竞争环境会迫使企业不断更新产品的样式和质量,提高生产率,以取得持久、独特的竞争优势;此外,激烈的内部市场竞争还会迫使企业走出该区域,参与国际市场竞争。在内部激烈竞争中锤炼的企业往往更加成熟,更有利于其在激烈的国际竞争中取胜。

(5)机遇

波特认为,机遇有时也会影响一国或地区的产业国际竞争力,其中特别重要的有基层科技的发明与创新、生产成本的突然提高、突然爆发的国际或区域范围的经济危机、战争以及国外政府的最大决策等。偶然事件之所以重要,是因为它打破了原有的竞争状态,使原有的竞争优势失效,而能够使适应新的历史环境的竞争者脱颖而出。

(6)政府作用

波特认为,政府在保持产业竞争优势方面仅起到辅助的作用。一个国家(地区)的政府主要通过制定政策为企业创造支撑生产率提升良好的竞争环境,从而间接影响产业的国际竞争力。波特指出,政府不能通过其政策扶持创造出有竞争优势的企业,但可以为企业创造一个优良的竞争环境。政府的政策主要包括通过补贴、教育投资和金融市场的政策影响生产要素,通过制定本地标准影响需求,通过制定法律来规范市场的恶性竞争等。

3.1.2.2 "国家钻石模型"的缺陷

波特的"国家钻石模型"提出之后,在西方各界引起了强烈的反响,大多数学者对其理论表示肯定,认为该分析方法突破了各比较优势理论的分析方法,建立了一个新的竞争力理论分析范式,Ryan(1990)评价其为"当代的国富论"。然而,该理论也并非完美无缺,在博得声望的同时也受到一些学者的质疑。一些学者对其研究方法提出质疑,如 Greenway(1993)质疑其没有用经济语言和数学语言进行规范研究,不能称其为理论。而 Rugman 和 D'Cruz(1993)以及 Dunning(1993)等学者认为波特没有注明其模型各个观点的出处,很难说其具有原创性。也有一些学者对其在现实世界中的应用提出了质疑,他们认为波特理论模型用于解释美、日、德等发达国家的产业国际竞争力的来源是有说服力的,因为这些国家具有良好的国内经济环境,国内企业可依托"母国基地"(home base)建立起竞争优势。但是对于欠发达地区,他们的现实经济不具备与"国家钻石模型"相匹配的内部经济环境。

3.1.2.3 竞争优势理论的新进展

国外学者针对"国家钻石模型"的缺陷,并结合不同国家和地区的生产力和产业发展水平进一步对其进行了拓展。其中,最具代表性的是约翰·邓宁(John Dunning)的波特-邓宁的"钻石模型"、鲁格曼(Rugman)的"双重钻石模型"、乔东逊(Dong-sung Cho)的"九要素模型"。

(1)"波特-邓宁的"钻石模型"

美国学者约翰·邓宁通过对英国制造业的实证研究发现,外商直接投资对提升一个国家(地区)的产业国际竞争力有重要的作用,并提出了波特-邓宁的"钻石模型"(见图 3-2)。该模型指出,除了机遇和政府作用外,外国直接投资和竞争意识也对该国的产业竞争力的各个方面有重要的影响。邓宁认为,外国直接投资在提升一国或地区的产业竞争力上,与该国或地区所处的经济发展阶段和发展模式密切相关。他以人均 GDP 为衡量标准,把一个国家(地区)的投资与发展情况分为四个阶段:第一阶段,人均 GDP 低于 400 美元的最不发达国家,对外直接投资几乎为零,对外直接投资净额为负值;第二阶段,人均 GDP 为 400~2000 美元的发展中国家,对外直接投资相对较少,但由于区域投资环境的改善吸引了大量外资,为此对外直接投资净额为负值,且绝对值有增大的趋势;第三阶段,人均 GDP 为 2000~4750 美元的国家,在对外直接投资不断增加的同时,外资输入的规模也在不断加大,对外直接投资净额依然表现为负值,但绝对值有缩小的趋势;第四阶段,人均 GDP 超过 4750 美元的国家,对外直接投资的力度明显加强,对外直接投资净额明显表现为正值,并呈逐步扩大的趋势。

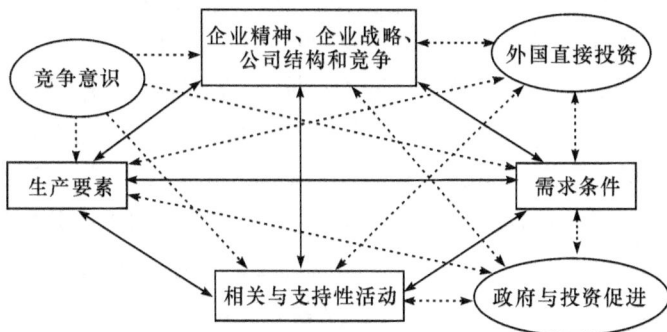

图 3-2 波特-邓宁的"钻石模型"

(2)"双重钻石模型"

鲁格曼等人根据加拿大、韩国和新加坡的情况创立了双重钻石模型。

鲁格曼经过研究发现单一的"母国钻石"并不能很好地解释加拿大产业竞争优势的来源,因为加拿大的市场容量和经济规模不足美国的1/10,这也就限制了其国家竞争优势的建立。然而北美自由贸易协定的建立为加拿大能够突破瓶颈提供了制度上的条件,这对提高加拿大本土产业的国际竞争力起到了重要的作用:一方面,加拿大可以根据美国市场的需求来扩大生产,达到规模经济的发展需求;另一方面,那些具备较强竞争优势的美国企业在加拿大投资、生产,这给加拿大本土企业带来竞争压力,必然提升加拿大本土企业的竞争优势。为了更好地解释加拿大企业国际竞争力的来源,鲁格曼等人建立了双重钻石模型,该模型是"加拿大钻石"和"美国钻石"的联合体(见图3-3)。加拿大企业不仅受到加拿大国内经济的影响,还受到"美国钻石"的影响。

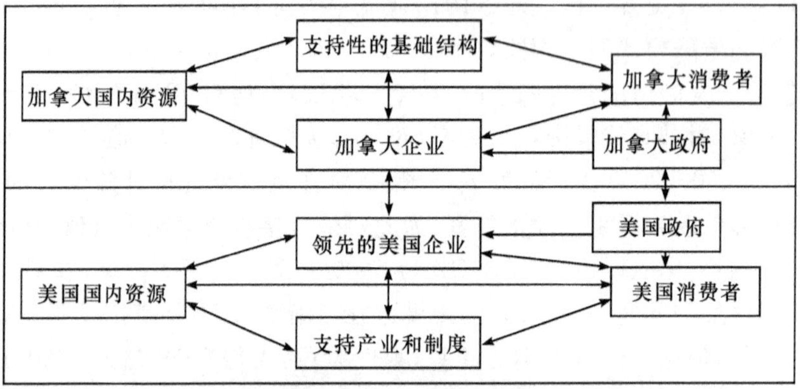

图 3-3 "双重钻石模型"

鉴于此,蒙(Moon)等(1998)进一步将以上理论扩展到所有小国经济的一般化的双重钻石模型,即"一般双重钻石模型"(the generalized double diamond model)。该理论还吸收了波特-邓宁"钻石模型"的"跨国经营"的影响变量,并将其扩大到"国际钻石"的高度,构建了由"国内钻石"(domestic diamond)和"国际钻石"(international diamond)组成的"一般双重钻石模型",如图3-4所示。图3-4中内部实线代表"国内钻石",它的大小是由国家(地区)的大小和该国(地区)的竞争力决定;虚线代表纳入邓宁的"跨国经营"这一变量后的"国际钻石";外部实线代表"全球钻石"(global diamond),它是假定一个国家(地区)完全融入全球经济时该国(地区)的产业竞争力决定因素,它的大小在可预期的时间内是固定不变的。蒙等人还以韩国和新加坡为例对该模型进行了检验。结果表明,韩国比新加坡有更大的"国内钻石",而新加坡比韩国有更大的"国际钻石"。蒙等人的实证研究表明,新加坡比韩国更具竞争优势,这也说明韩国和新加坡的经济既受到"国内钻石"的影响,也受到"国际钻石"的影响,从而验证了"一般双重钻石模型"在运用到"小国经济"时比波特的"国家钻石"更有解释力和适应性。

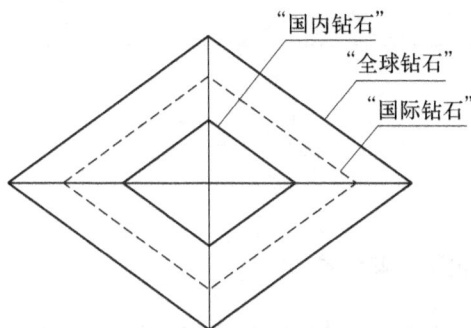

图 3-4 "一般双重钻石模型"

(3)九要素模型

韩国学者乔东逊认为波特的"钻石模型"用来解释发达国家的产业竞争力较为合适,而对于发展中国家和欠发达国家的解释力度要明显降低。他根据韩国产业发展的实际状况也进一步发展了"钻石模型",提出了"九要素模型"(the nine-factor model)(见图 3-5),他将产业竞争力的决定要素分为两大类:一类是"物质"要素,包括生产资源、国内需求、相关与支持性产业以及商业环境,这四要素共同决定一国竞争力发展水平。另一类是"人力"要素,包括企业家、职业经理人和工程师、工人和政治家和官僚,他们创造和控制四个"物质"要素,促使一国产业国际竞争力的提升。该研究指出,韩国经济增长的动力在于具有良好教育、充满活力和极富奉献精神的"人力"要素,是韩国经济起飞的决定因素。韩国经济的劣势在于缺乏资本、技术和国内市场等"物质"要素,这就要求用"人力"要素去创造"物质"要素。此外,机遇作为一个外部影响因素与上述八大要素共同组成产业国际竞争力的分析范式。

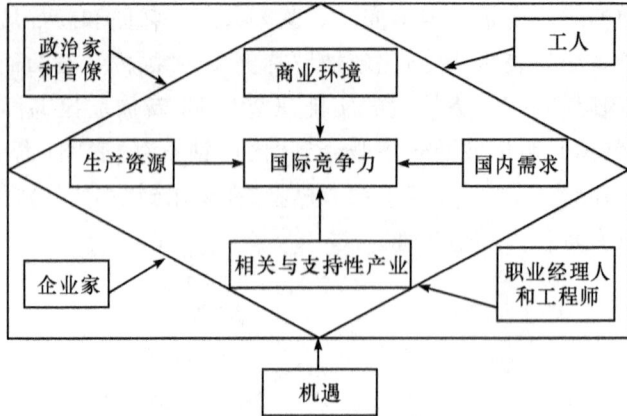

图 3-5 九要素模型

3.1.3 区域经济一体化理论

闽台水产品贸易关系是一种复杂的经贸关系,它既属于一国内的区际贸易,又有别于一般的国内贸易。同时,闽台水产品经济与贸易合作可以成为中国大陆与台湾渔业合作的"先行先试"区。因此,本书借鉴国际区域经济一体化理论,并结合闽台水产品国际竞争力的特点和实践经验,提出建立闽台区域经济合作体系的思想。这对加强两岸渔业交流与合作、实现资源的优化配置从而共同提升福建与台湾水产品国际竞争力具有重要的理论和现实意义。

3.1.3.1 区域经济合作方式

区域性自由贸易与经济合作包含不同类型和不同程度。有些区域经济合作形式仅表现在商品贸易方面,而有些则扩大到生产要素的流动,甚至货币和经济政策合作的方面。国际上的区域经济合作理论大体上包括以下四种合作方式(见表 3-1)。

表 3-1 区域经济合作方式的类型(海闻等,2003)

区域经济合作方式	成员国(地区)之间的自由贸易	共同对外关税	生产要素的自由流动	各经济政策的协调
自由贸易区	√			
关税同盟	√	√		
共同市场	√	√	√	
经济同盟	√	√	√	√

— 48 —

(1)自由贸易区

自由贸易区是一种最基本的区域经济合作方式,它通过消除区内贸易壁垒的形式来实现成员国(地区)之间的贸易自由化。各成员国(地区)的商品可以在区内自由流通,相互间没有关税、配额等保护措施。各成员国(地区)对其他国家(地区)仍然维持贸易壁垒,但保护政策不求一致。比较全面地研究自由贸易区理论的是英国学者罗布森(Robson),他将关税同盟理论应用于自由贸易区理论,提出了专门的自由贸易理论(罗布森,2001)。

(2)关税同盟

关税同盟比自由贸易区更进一步,在关税同盟内部,各成员(地区)不仅取消了相互间的贸易障碍,还取消了进出口贸易政策的差别,建立起了对同盟外国家(地区)的共同关税壁垒。最早提出关税同盟理论的是美国经济学家雅各布·维纳(Jacob Viner)。他在其代表作《关税同盟理论》中系统地提出了关税同盟问题,区分了"贸易创造"(trade creation)和"贸易转移"(trade diversion),并认为两者的最终结果决定了关税同盟得益与否,在此基础上还将定量分析应用于关税同盟的经济效应研究,从而奠定了关税同盟的理论基础。继Viner之后,经过 Meade、Vanek、Corden 等的补充,关税同盟理论日益成为一种较为成熟的经济理论。

(3)共同市场

自由贸易区理论和关税同盟理论是区域经济一体化的基本理论,这两个理论的假设前提是成员国(地区)之间的生产要素是不流动的。共同市场是比关税同盟更高层次的区域经济一体化模式。共同市场的概念早期出现在斯巴克(1956)的报告中,它的主要特征是:不仅实现了产品市场的一体化,而且消除了区域内要素自由流动的障碍,实现了要素市场的一体化。另外,通过对共同市场理论的分析发展出了大市场理论,有代表性的说法是"消除最合理运营的各种人为障碍,通过有意识地引入各种有利于调整、统一的最理想因素,创造出最理想的国际经济结构"。

(4)经济同盟

经济同盟是在共同市场基础上,各成员国(地区)进一步加强经济合作,统一所有的经济政策,包括货币、财政、福利政策,以及有关贸易及生产要素流动的政策。

3.1.3.2　区域经济合作的经济学分析

在探讨区域经济合作的基本类型后,我们将重点分析它对其成员国(地区)和非成员国(地区)经济的影响。

(1)贸易创造效应

贸易创造效应(trade creation effect)是指在区域经济合作体系内由于关税减让和壁垒的消除,某个成员国(地区)内部高成本的产品被体系内其他成员国(地区)低成本的产品所替代。这主要是由于消除关税和壁垒之后体系内B国(地区)在A国(地区)市场产品的市场价格低于A国(地区)内部该产品的市场价格,从而产生了替代效应。贸易创造效应通常被视为一种正效应。因为它使A国(地区)放弃一部分商品的生产,改为由B国(地区)进口。从世界范围来看,这种生产转换提高了资源配置效率。

(2)贸易转移效应

贸易转移效应(trade diversion effect)是指在区域经济合作体系内由于关税减让和壁垒消除,并实行统一的关税、壁垒等进出口贸易政策,各成员国(地区)把原来从合作体系外非成员国(地区)低成本生产的产品进口转为从合作体系内高成本生产的产品进口,从而使贸易方向发生了转变。同样,关税减让和壁垒消除等因素的影响使得合作体系内B国(地区)在A国(地区)市场产品的市场价格低于合作体系外C国(地区)该类产品在A国(地区)的市场价格,区域经济合作后使得原A国(地区)从C国(地区)进口,改为A国(地区)从B国(地区)进口。可以看出,A国(地区)从C国(地区)进口的商品生产成本低于其从B国(地区)进口的商品生产成本。贸易转移效应导致高成本的商品生产得以扩大,而低成本的商品生产不得不放弃。从世界范围来看,这种生产的转换降低了资源配置效率。为此,贸易转移效应通常被视为一种负效应。

(3)社会福利效应

社会福利效应(social welfare effect)是指区域经济合作的建立对其成员的社会福利所带来的影响。由于关税减让和壁垒消除,A国(地区)市场商品价格P_A发生下降,导致消费需求增加,消费者剩余增加,生产者剩余减少,同时,A国(地区)的关税收入减小,为此A国(地区)的社会福利净增加或净减少并不确定。社会福利的增加与否主要受以下几个因素的影响:①加入经济合作后内部市场价格下降的幅度。如果内部市场价格下降幅度足够大,加入区域经济合作后社会福利就能获得净增加。②内部市场价格供给和需求弹性。一国(地区)内部市场价格供给和需求弹性越大,该国(地区)加入经济合作后消费者剩余的增加大于生产者剩余和关税收入的减少,从而社会福利就能获得净增加。③加入经济合作前的关税水平。一国(地区)加入经济合作前的关税水平越高,加入经济合作后内部市场价格下降的幅度就越大,因而就越有可能获得福利的净增加。

3.1.3.3 区域经济一体化理论与产业国际竞争力

无论区域经济一体化的表现形式如何,其最终目的都是为了提升区域内产业国际竞争力的水平。区域经济一体化对区域内产业国际竞争力的影响表现为以下五个方面:第一,一体化后关税取消,贸易壁垒消除,产生贸易创造效应,使得区内生产要素的流动性大大提高,资源得到优化配置,不但有利于进出口产品结构的升级,更有利于降低因贸易自由化而产生的经济调整成本。第二,一体化后的投资效应既能提高区域作为一个整体的引资能力,又能提高区内投资的一体化程度,还会影响区内吸引的 FDI 产业分布。第三,区域经济一体化可使成员国(地区)之间可利用的生产要素增加,这是一个产业国际竞争力提升的源泉。第四,区域经济一体化的学习效应可促使技术的进步。技术进步不但可提高生产效率,更可改善整个区域的商业经济环境。第五,区域经济一体化能够从客观上促进政府治理体制的转变和治理方式的创新。区域经济一体化的发展要求政府改变原有的思维惯性与行为方式,暂时放弃自身的一部分利益,通过合作来获得更大的利益。

3.1.4 农业区位理论

闽台水产品之所以在国际市场上拥有较强的竞争优势,主要是由于其自然资源和生产要素的独特性,水产业唯有在满足自然、技术、经济三者要求的前提下,才能实现效益最大化,从而拥有竞争优势。因此,从某种意义上说,经营地带引起了水产品的差异性,从而产生具有地域特色的竞争优势水产品。

3.1.4.1 古典学说

农业区位论的奠基者是德国学者杜能(J. H. von Thunen),其代表作是 1826年出版的《孤立国同农业和国民经济的关系》,该书第一次从区位学角度来考察农业生产布局问题。该理论的核心是:在自然、交通、技术条件相同的情况下,中心城市周围的不同地域由于与中心城市距离远近带来运费差,从而影响农产品纯收益的大小,导致农产品种植品种呈现以城市为中心的同心圆状农业带。

3.1.4.2 现代学说

杜能在提出古典农业区位论时将引起农业生产类型的地域差异的诸多因素(包括自然和非自然因素)均假定为一个常数,而后单独考虑市场距离一个因素的影响,即单因素分析方法,从而得出市场距离与经济地租间的函数关系。而在现代农业生产中,运输水平和保鲜技术的不断提升,导致距离因素对农业区位的影响大大缩小,取而代之的是自然条件、生产技术和社会经济发展水平对农业生产布局的影响。为此,与杜能的宏观农业区位不同,现代农业区位理论从农业决策理论出发研究农产品的区域布局,即农业决策者通过对农业自然与社会环境条件以及农业技术水平的考查来决定农业生产方式。现代学者利用线性规划、博弈论等计量分析工具,不但可以论证和解释已有的农业区位,还能预测可能发生的变化。

3.1.4.3 农业区位理论与农产品国际竞争力

区位因素是农产品差异性的来源,世界不同地区依据各自物候条件、技术水平以及社会经济发展水平生产出品种各异、品质不同、独具风味的农产品种类,这些产品在国际市场上具有独特的竞争优势。因此,可以说区位因素是产生农产品国际竞争力的源泉。

3.2 闽台水产品国际竞争力研究的理论分析框架

国内外关于水产品国际竞争力的研究还处于初步阶段,因此,在水产品国际竞争力理论研究中,无论是研究内容还是研究方法都没有定式。下面结合闽台渔业的实际情况,提出闽台水产品国际竞争力的分析框架。

3.2.1 水产品国际竞争力的结果分析:竞争业绩

根据竞争优势理论和比较优势理论,水产品国际竞争力大小的结果最终体现为一国(地区)在国际市场上是否具有比较优势、是否具有盈利能力以及应对国际市场风险的能力如何。水产品国际竞争力的大小主要是通过国际贸易经济学的理论来分析,即用一国(地区)水产品的当前市场业绩来评测。主要的评测方法包括以下几个方面:

3.2.1.1 市场份额

这里的市场份额主要是指水产品出口的国际市场份额。一个国家(地区)水产品的出口份额增加了,表明该类水产品的国际市场竞争力就增加了。反映市场份额的指标有国际市场占有率、出口优势变差指数以及显示性比较优势指数。

3.2.1.2 净出口

上面反映市场份额的国际竞争力分析方法仅考虑出口因素,而没有考虑进口因素。当一个国家(地区)水产品之间存在产业间和产业内贸易时,这种不考虑进口的国际竞争力衡量得出的结论可能并不准确,为此在设计评测指标时应考虑进口因素的影响。这方面的评测指标主要有以下两种：贸易竞争指数(trade competitiveness index)和显示性竞争优势指数(revealed competitive advantage index)。

3.2.1.3 贸易结构

一个国家(地区)水产品竞争力的变化除了会反映在产品总额上的变化外，还会反映在出口水产品的产品(种类)结构以及出口市场结构上。陈卫平(2005)认为：产品和市场越集中就越不利于规避市场风险，也就越不利于参与国际竞争。这方面的评测指标主要有产品和市场分散度(EN)指数以及结构变化(LI)指数。

以上提及的指标的计算公式及评测方法将在具体应用中加以介绍。

3.2.2 影响水产品国际竞争力的直接因素分析：竞争实力

从根本上说，决定水产品国际竞争力的市场因素可以归结为两个方面：一是水产品价格；二是水产品差异性，主要包括水产品质量、品牌、品种和营销等(见图 3-6)。

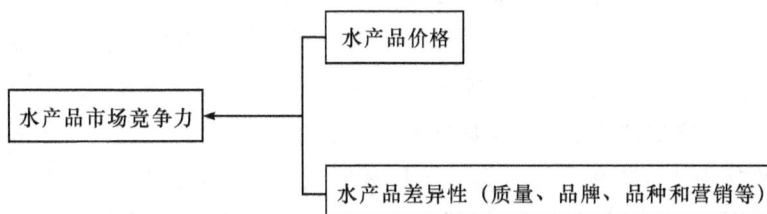

图 3-6 水产品国际竞争力的市场直接决定因素

3.2.2.1 水产品价格对水产品国际竞争力的影响

对于同质水产品，竞争力的直接因素是价格因素。在同一市场上，价格较低的水产品具有较强的市场竞争力，反之，竞争力较弱。从贸易经济学角度考察，出口价格越低，出口额就越大，从市场份额衡量的竞争力就越强。这是一个公认的普遍存在的事实，也是一个经济学分析基础。根据微观经济学假定，商品的销售量随着商品价格的下降而上升，如果用曲线图来表示，需求曲线是向右下方倾斜的曲线。

3.2.2.2 水产品差异性对水产品国际竞争力的影响

在产业经济学理论中，产品差异性特指产业(企业)的产品相对于其他产业(产品)具有不同特点和差异性,或者说是一种不完全替代。这种差异性能让消费者感知,进而影响其购买行为。产品的差异性包括水平差异性和垂直差异性,水平差异性指产品在花色和品种上的不同导致的差异性,而垂直差异性指产品在其质量上存在的差异性。在当代贸易理论中,产品的差异性是形成产业内贸易,乃至水平和垂直产业内贸易的基础。而从第 3.1 节的理论分析可知,农业区位因素是产生产品差异性的源泉。

水产品的水平差异性可以通过影响市场结构来影响水产品的国际竞争力。水产品竞争大国(地区)可以通过扩大水产品的差异化程度来提高国际市场占有率,从而保持或提高市场分散度水平,而竞争小国(地区)可以通过水产品差异性提高自身国际市场占有率水平,从而降低水平分散度水平。产品的水平差异性在水产品中表现尤为突出,以水产品出口大国挪威和泰国为例,挪威地处寒带,水产品主要有三文鱼、淡水鳕鱼以及鱼子酱,在国际市场上具有很强的竞争力。而泰国水产品以热带水产品为主,主要来自在周边海域的捕捞,另外,热带观赏鱼也是泰国水产品的一大特色。为此,特色产品是水产品水平差异性的集中体现。

水产品的垂直差异性,即质量差异性,通过其产品质量的优劣来影响消费者的购买行为。这里,我们用微观经济学的市场均衡模型来解释水产品垂直差异性对水产品国际竞争力的影响(见图 3-7)。假设存在差异的同一类水产品 i 和 j,i 的产品质量要高于 j。开始由于信息不对称,水产品 i 和 j 在国际市场上的均衡价格为 P_0,均衡产量为 Q_0。但随着时间的推移和信息的扩散,人们意识到 i、j 两种产品的质量差异性,需求就发生了变化,i 产品的需求曲线 D 就向右移至 D_1,而产品 j 则向左移向 D_2,这时 i 产品的均衡价格上升到 P_1,均衡产量上升到 Q_1,而产品 j 的均衡价格则下跌到 P_2,均衡产量下降到 Q_2。i 和 j 水产品均衡价格和均衡产量的变化是其产品质量的差异性引起的。

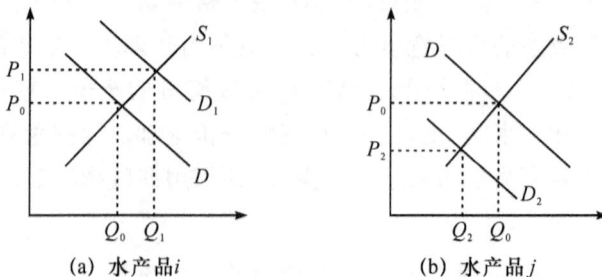

(a) 水产品 i (b) 水产品 j

图 3-7　产品垂直差异性对水产品国际竞争力的影响

3.2.2.3　水产品国际竞争力直接因素的评测方法

本书用闽台水产品出口价格与世界水产品出口价格进行直接比较的方法来评测水产品价格影响因素,用质量升级(QC)指数来评测产品差异性。

3.2.3　水产品国际竞争力的内部产业因素分析:竞争潜力

迈克尔·波特通过对 10 个国家的 100 多个产业国际竞争力的比较研究后提出了著名的"国家钻石模型"。该模型的理论意义在于,提出了一个全面、系统的国际竞争力的分析框架。尽管这一模型迄今为止还没有得到完整性的实证检验,很多学者在将其运用于其他国家或产业的分析时对该模型进行了修正和改进,但总体上人们对"国家钻石模型"中的关于影响或决定产业国际竞争力的四个关键因素和两个辅助因素的理论框架并没有太多的质疑,学者的修正和改进也没有脱离原有框架。在实际的经济分析中,该模型已越来越多地被学者作为"经济分析范式"(paradigm)应用于不同产业的国际竞争力分析。鉴于此,本书也将"国家钻石模型"应用于水产品国际竞争力的影响因素分析。

3.2.3.1　水产品生产要素条件分析

本书所指的水产业不仅包括渔业的第一产业,即狭义渔业,还包括渔业的第二产业,即水产加工业。因此在研究水产品生产要素时必须同时考察渔业第一产业和第二产业的生产要素水平,但由于渔业第一产业对渔业第二产业起主导作用,特别是近年来,世界对生鲜水产品的需求与日俱增,为此本书更多地分析渔业第一产业的生产要素对水产品国际竞争力的影响。波特认为,生产要素分为初级要素和高级要素。渔业生产方面的初级生产要素包括自然资源、生产资料(物质资本)以及渔业劳动力等,高级要素包括基础设施、人力资本以及技术水平等。渔业生产要素对水产品国际竞争力的决定作用体现在以下几个方面:

(1)初级要素是形成水产品成本与差异性的载体和基础

渔业作为农业的一部分有着与工业、服务业等其他产业不同的特点,它的生产方式与自然条件密不可分:①自然资源直接决定捕捞渔业的发展水平;②虽然随着技术的进步,养殖渔业成为未来渔业发展方向,但自然条件仍然决定着养殖条件,如沿海地区以海水养殖产品为主,而内陆省份则以淡水养殖产品为主;③淡水与海洋滩涂面积的大小、洋流的方向也决定着水产养殖面积的大小与养殖条件的优良,水产养殖面积是渔业自然资源的一种反映。在水产品上有着很强竞争力的国家和地区无不拥有丰富的自然资源,例如分别拥有纽芬兰渔场、北海道渔场、北海渔场和智利渔场的加拿大、日本、挪威和智利都是水产品生产大国,其水产品都曾在国际市场拥有很强的竞争力。另外,渔业的物质资本,如鱼虾苗、鱼饲料、渔具以及渔业劳动力数量等初级要素同样影响水产品的国际竞争力。此外,劳动力也是水产品国际竞争力的重要影响因素之一,劳动力资源越丰富,产品的生产成本就越低,在国际市场上的竞争力就越强。

(2)高级要素在水产品国际竞争力中扮演着重要的角色

除了先天的自然条件,后天生产要素在渔业发展中扮演着重要的角色,影响着水产品的国际竞争力。随着养殖技术的进步,这种优势表现得尤为明显。以中国为例,其虽然地大物博,但由于人口众多,渔业资源相对贫乏。20 世纪 90年代以前,由于过度捕捞,中国渔业资源面临着枯竭的危险。20 世纪 90 年代中后期,由于水产养殖业的快速发展,中国成为世界水产品生产大国,水产品产量位居世界第一,水产品在国际市场上具有很强的竞争力。随着经济发展和生产力的提升,渔业资源和劳动力资源增长缓慢、停滞不前,甚至开始下降,初级要素投入对渔业增长的贡献份额越来越小。此时,代表基础设施、人力资本和技术水平的高级生产要素对一国(地区)国际竞争力的形成起到决定性的作用。

3.2.3.2 水产品内部需求条件分析

第 3.1 节的分析表明,波特认为,一个国家(地区)的内部需求可以从三个方面影响其国际竞争力:①内部市场的需求性质;②内部市场的大小与成长速度;③内部市场的国际化能力。对于渔业而言,这些分析同样适用,这里就不再赘述。

3.2.3.3 水产品产业结构分析

波特认为企业的战略、结构与同业竞争对各国(地区)产业(在波特理论框架中指的是企业)国际竞争力产生直接的影响,他通过实证分析进一步指出"竞争更会使企业彼此竞争、提高质量和服务、研发新产品和新流程。企业没有永远的优势,但是竞争者的压力会使它时时有落后的忧患意识及超前的欲望"(波特,2007)。在波特理论中,这种模式适合于工商业,而在闽台渔业研究中,生产组织结构都是以渔户为生产单位(除少数渔业公司外)的渔业组织方式,福建以渔业乡为所有生产单位的核心,而台湾则以渔会为所有生产单位的核心。因此,可以认为水产品市场是完全竞争市场,不存在垄断竞争。从生产组织结构上考察企业结构并不是本书所探讨的重点。另陈卫平(2005)的研究结果表明,农业作为一种弱质产业,国内竞争越激烈,就越不利于国际竞争力的提升。

陈卫平(2005)的研究还表明:波特所认为的战略、结构与同业竞争对产业竞争力的影响实际上是指产业的主体与产业国际竞争力之间存在直接的联系。通过第3.2.2小节的分析可知,产品差异性是水产品国际市场竞争力产生的源泉,因此,渔业的产业结构对水产品国际竞争力的影响主要体现在生产方式的不同而导致水产品的差异性,从而直接影响水产品的国际竞争力。本书所探讨的水产品产业结构主要从渔业第一产业与水产加工业的生产结构以及渔业第一产业内部捕捞渔业、养殖渔业和远洋捕捞渔业之间的产业结构角度出发来考察水产品产业结构对水产品国际竞争力的影响:一个国家(地区)如果水产加工业总产值与渔业第一产业的总产值的比值越大,说明其水产品加工能力越强,水产品国际竞争力就越强。另外,养殖渔业的可控性更强,有利于降低水产品深加工的成本,提高深加工品产量,更有利于提高甲壳、软体类产品的产量,能根据市场需求快速地调整产品结构。因此,水产养殖业是未来渔业发展的方向,水产养殖业在渔业中的比重越大,表明高级生产要素在水产品生产中的贡献越大,水产品的竞争力就越强。

3.2.3.4　水产品相关与支持性产业分析

第3.1节的分析表明,波特认为,一方面,当本国(地区)的支持性产业具备较强的国际竞争力时,它会为下游企业提供最低的投入成本,同时通过合作和信息传递促进下游企业创新。另一方面,竞争力强的产业也会通过"提升效应"(pull-through effect)带动相关产业的发展。这也同样适用于水产品国际竞争力的研究,这里不再赘述。水产业的上游相关产业包括为养殖渔业提供支持的动物饲料业,为捕捞渔业提供支持的渔网制造业以及为水产加工业提供支持的冷冻设备产业,另外,下游相关产业包括包装业等。

3.2.4　水产品国际竞争力的外部环境因素分析:竞争环境

影响水产品国际竞争力的外部环境因素主要是指波特理论中的两个辅助因素——机遇和政府作用。

3.2.4.1　机遇

福建和台湾是我国水产品的两个出口大省,外部贸易环境对闽台水产品国际竞争力的影响是显而易见的,2010年两者的贸易依存度分别达32.25%和82.71%。下面从三个方面考察外部因素对闽台水产品国际竞争力的影响。

(1)加入 WTO 对闽台水产品国际竞争力的影响

加入 WTO 是闽台水产品国际竞争力发展的一个转折点,会长远影响闽台水产品的国际竞争力。

(2)外部需求的变化对闽台水产品国际竞争力的影响

外部需求对闽台水产品国际竞争力的影响是深远的。外部需求是闽台水产品国际竞争力的提升动力之一,特别是近些年,世界对生鲜水产品的需求与日俱增,因此考察外部市场需求对闽台水产品国际竞争力的影响是必要的。

(3)技术性贸易措施对闽台水产品国际竞争力的影响

随着人们对食品安全的关注以及各国(地区)加强对水产品的检验检疫措施,技术性贸易措施对水产品国际竞争力的影响是巨大的。例如,日本的"肯定列表制度"(positive list system)导致福建省的烤鳗出口受阻,鳗鱼业受到强烈冲击,大量鳗鱼企业倒闭。

3.2.4.2 政府作用

该因素主要是通过制定水产品相关标准来引导企业提升水产品质量,提高水产品的国际竞争力。

3.2.5 闽台水产品国际竞争力研究的分析框架

综合前面分析,我们提出了一个闽台水产品国际竞争力的分析框架(见图 3-8)。本书根据这个框架从四个方面入手对闽台水产品国际竞争力进行全面的分析。

3.2.5.1 竞争力结果(竞争业绩,competitive performance)分析

竞争力结果分析主要是反映闽台水产品竞争力的实际结果,包括水产品市场份额、净出口以及贸易结构所反映的水产品国际竞争力。

3.2.5.2 直接因素(竞争实力,competitive strength)分析

直接因素分析主要是反映闽台水产品市场竞争力状况,包括价格因素和质量因素。

3.2.5.3 内部产业因素(竞争潜力,competitive potential)分析

根据波特竞争优势理论,内部产业因素分析考察影响水产品国际竞争力的四个主要内部产业因素,即生产要素、内部需求、产业结构以及相关与支持性产业。

3.2.5.4 外部环境因素(竞争环境,competitive environment)分析

根据波特竞争优势理论,外部环境因素分析主要从加入 WTO、外部需求、技术性贸易措施以及水产品限量标准对闽台水产品国际竞争力的影响角度进行。

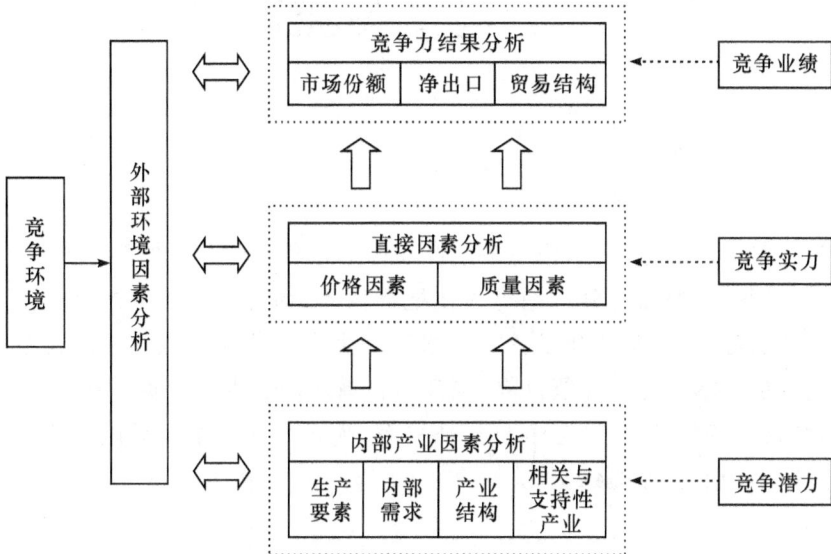

图 3-8 闽台水产品国际竞争力研究的分析框架(PSP 框架)

3.3 本章主要结论

本章简要回顾了贸易理论发展史,从中梳理出产业国际竞争力理论的研究脉络,为闽台水产品国际竞争力的研究提供了理论背景,并在此基础上根据渔业的实际情况提出了闽台水产品国际竞争力的理论分析框架。此外,本章还梳理了区域经济一体化理论,为将来闽台渔业合作共同提升竞争力的研究奠定理论基础。

第4章 闽台水产品生产 与贸易变动状况

第3章通过理论研究,构建了水产品国际竞争力的分析框架。然而,对闽台水产品国际竞争力的分析是建立在把握世界、福建与台湾水产品生产与贸易发展的历程、现状与特征以及闽台水产品生产与贸易在世界中地位的研究基础之上的。本章充分介绍世界、福建与台湾水产品生产与贸易状况,还进一步探讨闽台水产品贸易的竞争与互补关系,为研究闽台水产品国际竞争力以及探讨闽台渔业合作提供基础。

4.1 世界水产品生产与贸易状况

4.1.1 世界水产品生产状况

4.1.1.1 世界水产品总产量不断增长,养殖水产品产量上升迅速,捕捞水产品产量逐步平缓

1950—2008 年世界鲜活水产品的产量一直处于增长状态,如图 4-1 所示。1950 年世界水产品总产量为 1986.08 万吨,2008 年增长到 15914.91 万吨,是 1950 年的 8.01 倍。

水产品按生产方式可分为捕捞与养殖两类。

长期以来,捕捞水产品产量保持持续增长状态,是世界水产品的主要来源。1980 年世界捕捞水产品产量增长到 6824.65 万吨,是 1950 年的 3.55 倍,占水产品总产量的 90.28%。但 2000 年以后随着世界对海洋资源保护的呼声高涨,捕捞量有所下降,从 2000 年的 9473.30 万吨下降到 2008 年的 9080.02 万吨,仅是 1980 年的 1.33 倍。同时,占该年水产品的比重由 1980 年

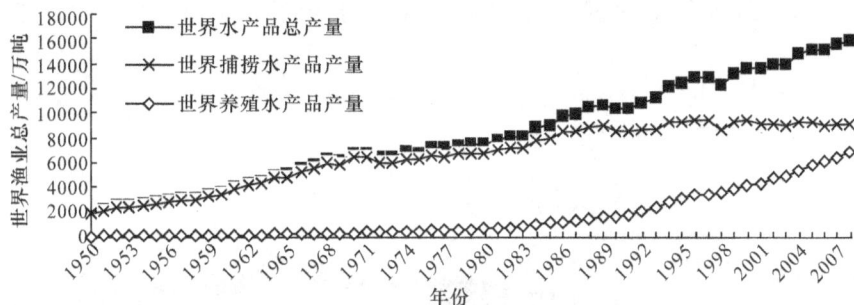

图 4-1　1950—2008 年世界水产品总产量、捕捞水产品产量和养殖水产品产量变动状况
（资料来源：根据 FAO 统计数据库资料整理。）

的 90.28％下降到 2008 年的 57.05％。

养殖水产品将在未来世界水产品生产中扮演重要的角色。1950 年世界养殖水产品产量为 68.86 万吨，仅占水产品总产量的 3.22％，1970 年以后养殖水产品产量开始持续稳定快速增长，2008 年增长到 6834.89 万吨，是 1950 年的 107 倍，占该年水产品总产量的 42.95％。

4.1.1.2　发展中国家是世界水产品的主要来源市场，发达国家水产品产量不断下降

发展中国家是世界水产品的主要来源市场，并保持持续增长，1950 年水产品产量为 502.81 万吨，1985 年增长到 4676.26 万吨，2008 年进一步增长为 3058.51 万吨，是 1950 年的 26 倍。

1980 年以前，发展中国家水产品产量的增长主要依赖于捕捞业的发展，而 1980 年以后则主要得益于养殖业的快速发展。1950 年，其捕捞水产品量为 475.70 万吨，占水产品总量的 94.60％。1990 年以后，捕捞水产品产量趋于平缓，2008 年发展中国家捕捞水产品产量仅为 1990 年的 1.41 倍。同时，随着水产养殖技术的进步，1980 年后，发展中国家养殖水产品产量呈现快速增长势头：1980 年发展中国家养殖水产品产量为 514.92 万吨，仅占其水产品总量的 14.68％，到 2008 年产量激增至 6397.30 万吨，是 1980 年的 12.42倍，占水产品总产量的 49％。

20 世纪 50 至 70 年代，发达国家水产品产量处于平稳增长状态，由 1950 年的 1483.27 万吨增长到 1990 年的 4236.95 万吨，是 1950 年的 2.86 倍。然而，20 世纪 90 年代以后，发达国家水产品总产量出现明显下滑，2008 年下降到 2850.46 万吨，仅为 1990 年的 67.28％。

1950—2008 年发达国家和发展中国家水产品产量变动状况如图 4-2 所示。

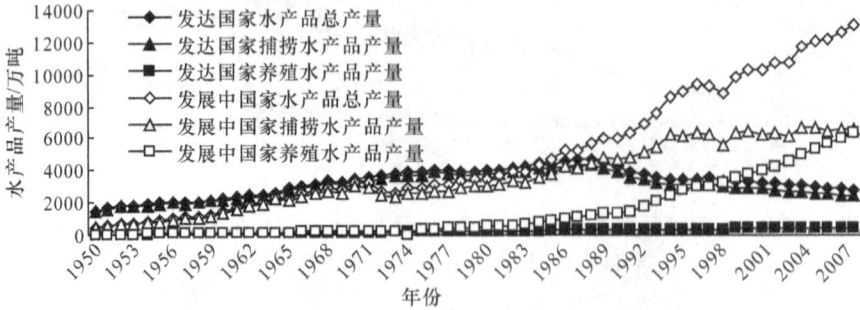

图 4-2　1950—2008 年发达国家和发展中国家水产品产量变动状况
（资料来源：根据 FAO 统计数据库资料整理。）

捕捞水产品是发达国家水产品的主要组成部分。1950 年发达国家捕捞水产品产量为 1446.52 万吨，占水产品总产量的 97.52%，到 2008 年捕捞水产品产量为 2412.87 万吨，占总产量的 84.65%，虽有所下降，但仍是其水产品的主要来源。同时，发达国家养殖水产品产量在稳定攀升，由 1950 年的 36.75 万吨增长到 2008 年的 437.59 万吨，是 1950 年的 11.91 倍，比重也由 2.48% 上升到 15.35%，但养殖水产品始终不是发达国家水产品的主要组成部分。

4.1.2　世界水产品贸易状况

4.1.2.1　世界水产品贸易规模不断扩大，出口量占总产量的比重不断上升

20 世界 70 年代以后，世界水产品贸易进入平稳快速发展时期（见图4-3）。1976 年世界水产品出口量为 792.07 万吨，占当年总产量的 11.04%；2008 年世界水产品出口量为 3233.88 万吨，是 1976 年的 4.08 倍，占当年总产量的 20.32%。可见，随着世界水产品贸易的不断发展，贸易在生产中的地位也越来越重要。

同时，世界水产品贸易额也实现了迅猛增长，1976 年世界水产品出口总额为 79.80 亿美元，2008 年上升到 1026.76 亿美元，增长了 11.87 倍。

4.1.2.2　世界水产品贸易主要由发展中国家流向发达国家

1976—2008 年发达国家水产品进口额和出口额都呈增长趋势（见图 4-4），但进口额增长速度明显快于出口额，1976 年和 2008 年发达国家水产

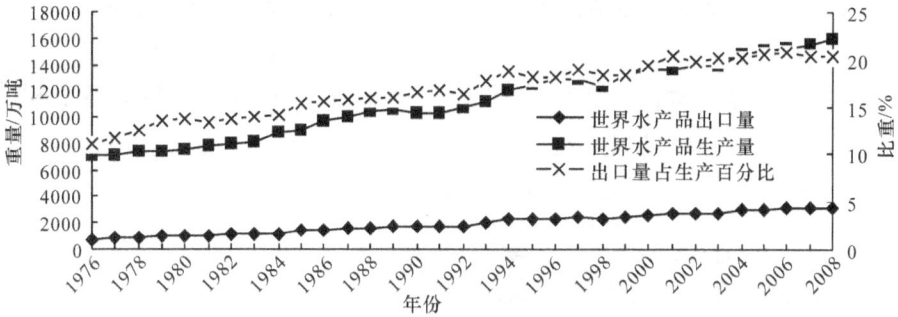

图 4-3　1976—2008 年世界水产品出口量及其在产量中的比重变动状况
（资料来源：根据 FAO 统计数据库资料整理。）

品出口额分别为 50.36 亿美元和 516.88 亿美元，后者是前者的 10.26 倍，1976 年和 2008 年发达国家水产品进口额分别为 76.57 亿美元和 845.26 亿美元，后者是前者的 11.04 倍。此外，发达国家的进口额总高于其出口额，是水产品的净进口地，2008 年发达国家的贸易逆差达 328.37 亿美元。

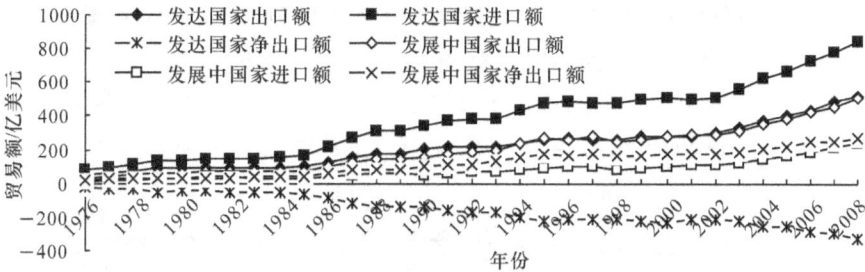

图 4-4　1976—2008 年发达国家和发展中国家水产品进出口额与净出口额变动状况
（资料来源：根据 FAO 统计数据库资料整理。）

　　发展中国家水产品进口额和出口额都表现为增长趋势，但发展中国家是水产品的净出口地，2008 年发展中国家的贸易逆差达 269.14 亿美元。
　　世界水产品的贸易流向是由发展中国家流向发达国家，这主要是以下两方面原因造成的：一是发达国家相对富裕，对水产品的消费需求不断增长；二是养殖、捕捞业以及水产品现代加工业的发展为满足发达国家水产品需求提供可能。

4.1.2.3 世界生鲜水产品的贸易地位最为重要,深加工品的地位不断
上升

根据渔产品国际标准统计分类目录(ISSCFC),水产品可分为十大类,各
类水产品的出口额变动以及在世界水产品总出口额中的比重变动如图 4-5 和
图 4-6 所示。

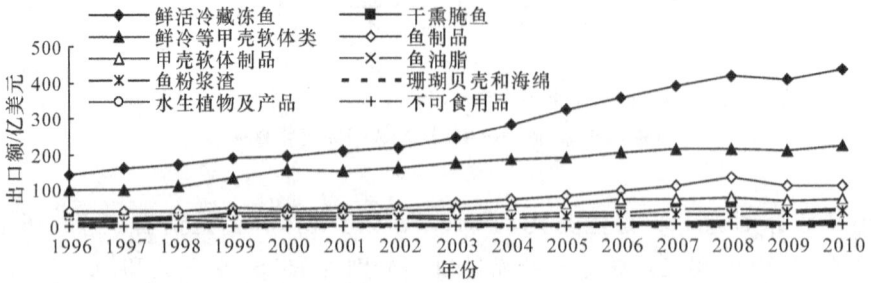

图 4-5　1996—2010 年世界水产品分种类出口额变动状况
(资料来源:根据联合国贸易统计数据库资料整理。)

从出口额角度看(见图 4-5),各类水产品的出口额都在不断增长。其中
"鲜活冷藏冻鱼"的增长速度最快,2009 年出口额为 406.83 亿美元,约为 1996
年 145.34 亿美元的 2.8 倍。另外,增长较为明显的还有"鲜冷等甲壳软体
类",2009 年出口额为 207.49 亿美元,约为 1996 年 102.53 亿美元的 2 倍。

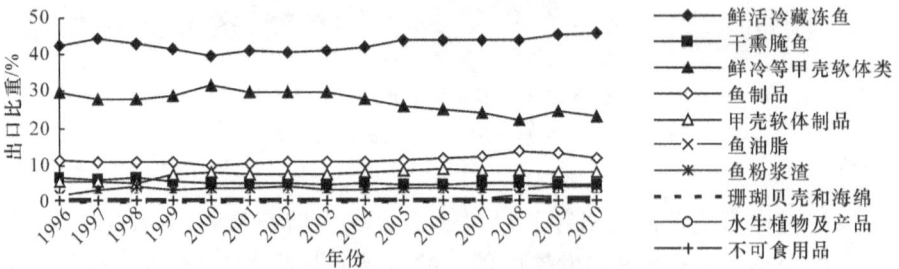

图 4-6　1996—2010 年世界水产品分种类出口比重变动状况
(资料来源:根据联合国贸易统计数据库资料整理。)

出口比重排名前 5 位的水产品是"鲜活冷藏冻鱼""鲜冷等甲壳软体类"
"鱼制品""甲壳软体制品"和"干熏腌鱼"(见图 4-6)。其中,"鲜活冷藏冻鱼"的
比重最高,并始终保持在 40%~45%。"鲜冷等甲壳软体类"产品排名第二,
比重不断下降,从 1996 的 29.79%下降到 2009 年的 24.36%。"鱼制品"比重

较稳定,始终保持在 10％～13％。"甲壳软体制品"的比重有所上升,由 1996
年的 5.52％上升到 2009 年的 8.17％。"干熏腌鱼"的比重则不断下降,由
1996 年的 6.42％下降为 2009 年的 4.88％。其他类产品所占比重较小。

可见,生鲜水产品仍然占据着世界水产品贸易的重要地位。但随着加工
技术的进步、世界消费水平的不断提升,消费者对水产品风味的要求越来越
高,深加工品的地位不断上升,而初加工品"干熏腌鱼"的贸易地位有所下滑。
"鱼粉浆渣"作为鱼饲料的原料在世界水产品中占有相当大的比重,足见世界
水产养殖业发展迅速。

4.1.2.4　世界水产品的出口市场相对分散,进口市场相对集中

如表 4-1 所示,2008 年世界水产品前五大出口市场为欧盟、中国大陆、挪
威、泰国和越南,共占世界水产品出口的 53.13％,这些国家和地区无不拥有
大量的海洋资源和发达的养殖技术。欧盟出口额达 264.14 亿美元,位居第
一,其次为中国大陆,出口额达 101.14 亿美元,挪威、泰国和越南的出口额为
45 亿美元～70 亿美元,市场份额为 4.43％～6.76％。

表 4-1　2008 年世界水产品主要市场出口(进口)额及比重

国家(地区)	出口额/亿美元	国际市场占有率/％	国家(地区)	进口额/亿美元	占世界进口额比重/％
欧盟	264.14	25.73	欧盟	451.3	41.56
中国大陆	101.14	9.85	日本	149.47	13.76
挪威	69.37	6.76	美国	141.35	13.02
泰国	65.32	6.36	中国大陆	51.43	4.74
越南	45.50	4.43	韩国	29.28	2.70
美国	44.63	4.35	俄罗斯	24.20	2.23
智利	39.31	3.83	中国香港	24.14	2.22
加拿大	37.06	3.61	泰国	24.00	2.21
俄罗斯	26.19	2.55	加拿大	20.45	1.88
印尼	24.73	2.41	挪威	12.11	1.12
秘鲁	24.22	2.36	澳大利亚	11.01	1.01
冰岛	20.89	2.04	新加坡	9.01	0.83
厄瓜多尔	17.55	1.71	乌克兰	7.41	0.68
日本	16.98	1.65	中国台湾	7.38	0.68
摩洛哥	16.97	1.65	巴西	6.90	0.64

资料来源:根据 FAO 统计数据库资料整理。

2008 年世界水产品前五大进口市场分别为欧盟、日本、美国、中国大陆和韩国,共占世界进口额的 75.77%。其中,欧盟是主要进口市场,占世界进口额的 41.56%,之后为日本和美国,三大水产品进口地区占世界进口总额的 68.34%。

世界水产品出口市场相对分散,进口市场相对集中,表明水产品由较多的出口市场流向较少的进口市场,出口市场之间的竞争较为激烈。

4.1.2.5　世界主要水产品进口市场进口额不断上升,但比重却在下降

世界主要水产品进口市场为欧盟、日本和美国,2010 年这三大市场水产品进口额占世界的 50.26%。其水产品进口额和进口比重的变动状况如图 4-7 和图 4-8 所示。

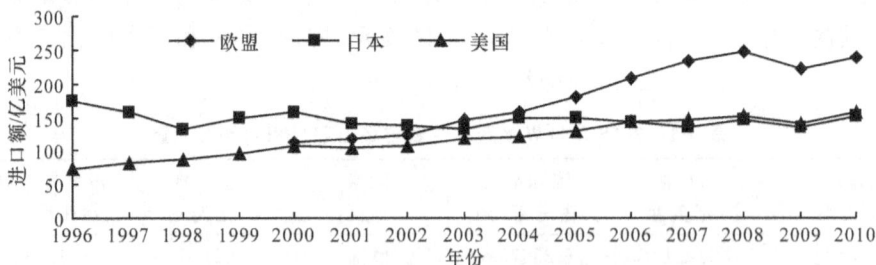

图 4-7　1996—2010 年世界主要水产品进口市场水产品进口额变动状况
(资料来源:根据联合国贸易统计数据库资料整理。)

由图 4-7 可以看出,欧盟、美国的水产品进口额呈增长趋势。其中欧盟水产品的增长速度最快,由 2000 年的 111.62 亿美元上升到 2010 年的 237.39 亿美元。欧盟主要进口冷冻虾类、大西洋鲑鱼、罐装金枪鱼和虾类、大西洋鳕鱼,其中,虾类主要从亚洲和南美洲进口,而鲑鱼则来自挪威。美国水产品进口增长也较快,由 1996 年的 71.66 亿美元上升到 2010 年的 156.42 亿美元。美国进口水产品品种和欧盟类似,以虾类、大西洋鲑鱼和罐装金枪鱼等为主,主要来源市场包括加拿大、泰国、中国以及南美洲国家等。日本水产品进口额则呈现下降趋势,由 1996 年的 172.72 亿美元下降到 2010 年的 151.82 亿美元。在很长一段时间内,亚洲是一个净进口地,主要是因为日本进口了大量的海鲜。然而,后来日本经济疲软导致水产品进口额随着总体消费水平的降低而减少。日本进口水产品主要有虾类、金枪鱼、鲑鱼、螃蟹、鳗鲡鱼、鱿鱼和章鱼,主要进口来源市场是中国和东盟国家等亚洲邻国和地区。

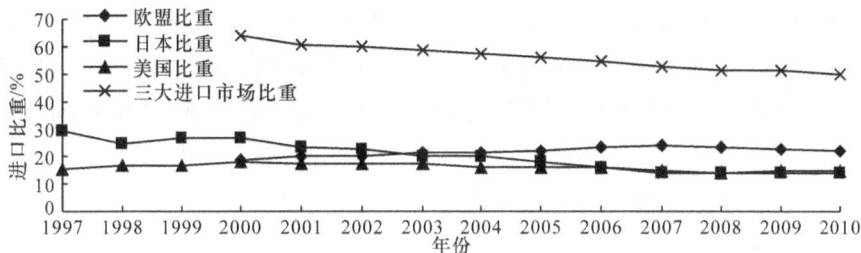

图 4-8　1996—2010 年世界主要水产品进口市场水产品进口比重变动状况
（资料来源：根据联合国贸易统计数据库资料整理。）

从进口比重看（见图 4-8），欧盟水产品的进口比重在世界水产品总进口比重中表现出上升的趋势，由 2000 年的 18.97％上升到 2009 年的 22.77％；日本水产品进口比重则呈现下降状态，由 1996 年的 33.07％下降到 2009 年的 13.88％；美国水产品的进口比重呈现先上升后下降的走势，从 1996 年的 13.72％上升到 2002 年的 17.47％，后又逐步下滑到 2009 年的 14.36％。三大水产品进口市场的水产品进口比重始终保持在 50％以上，这表明世界水产品进口市场较为集中，主要集中在西方发达国家，但该集中度呈现逐步下滑趋势，由 2000 年的 63.67％下降到 2009 年的 51.00％。这主要是由于世界其他新兴国家的经济不断发展，三大进口市场对水产品的需求不断提高，水产品进口市场逐步呈现多元化。

4.1.2.6　世界主要水产品出口市场出口额不断上升

世界主要水产品出口市场为中国、挪威和泰国（除欧盟外）。据 FAO 的统计，这三个水产品出口市场在 2000—2010 年稳居世界前三大水产品出口市场。以 2008 年为例，这三大水产品出口市场出口额分别为 101.14 亿美元、69.37 亿美元以及 65.32 亿美元，排名第四的丹麦（46.01 亿美元）和第五的越南（45.50 亿美元）与其有较大的差距，其水产品出口额变动趋势以及占世界水产品总出口额比重（国际市场占有率）的变动如图 4-9 和图 4-10 所示。

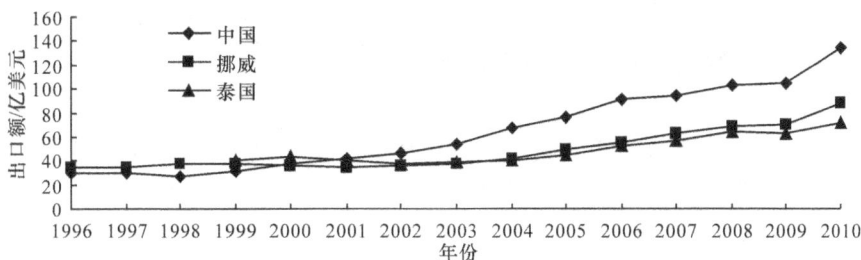

图 4-9　1996—2010 年世界主要水产品出口市场出口额变动状况

由图 4-9 可以看出,三大水产品出口市场的水产品出口额都呈增长状态。中国水产品出口额由 1996 年的 29.69 亿美元上升到 2009 年的 104.98 亿美元。挪威水产品出口额从 1996 年的 34.40 亿美元上升到 2010 年的 88.62 亿美元,产品主要有三文鱼和淡水鳕鱼。泰国水产品出口额由 1999 年 41.12 亿美元上升到 2010 年的 71.49 亿美元,产品以热带水产品为主,主要来自在周边海域的捕捞。

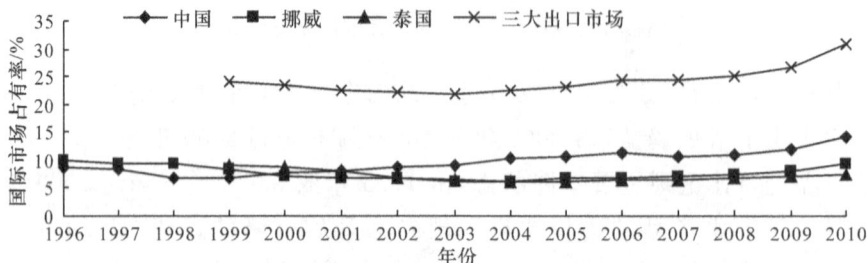

图 4-10 1996—2010 年世界主要水产品出口市场国际市场占有率变动状况

从国际市场占有率变动来看,中国水产品的占有率在 2000 年以前呈现下降趋势(见图 4-10),由 1996 年的 8.63% 下降到 1999 年的 6.71%,之后持续上升,2009 年其占有率达到 11.73%,表明中国水产品在国际市场上的竞争力不断增强。在 20 世界 90 年代,中国水产品还主要以来料加工出口的形式存在。例如,中国从美国进口整体鱿鱼,加工后再向美国出口鱿鱼丝。后来,中国水产养殖业以及水产品保鲜技术的发展使得中国能够实现出口产品的多样化,并能根据国际市场需求不断优化出口产品结构。而挪威和泰国水产品的国际市场占有率则表现为持续下滑,前者由 1996 年的 10% 下降到 2009 年的 7.93%,后者则从 1999 年的 8.98% 下降到 2009 年的 6.96%。由于中国出口的拉动,三大出口市场的国际市场占有率表现为上升的趋势,由 1999 年的 23.93% 上升到 2009 年的 26.62%。

4.2 闽台水产品生产与贸易状况比较

在宏观上把握世界水产品生产与贸易的基本状况后,下面将阐明 1996—2010 年闽台水产品生产与贸易状况。

4.2.1 闽台水产品生产状况比较

4.2.1.1 福建水产品总产量迅速上升,台湾则趋于平稳

根据 1950—2009 年福建与台湾水产品总产量的数据(见图 4-11),1990 年以前,台湾水产品产量在大部分时期要高于福建。1991 年是一个转折点,该年福建水产品总产量是 137.51 万吨,台湾为 131.61 万吨,福建超过台湾。此后,由于水产养殖业的迅猛发展,福建水产品产量开始超过并始终高于台湾,2009 年福建水产品总产量达 567.52 万吨,台湾为 108.91 万吨,福建是台湾的 5.21 倍。

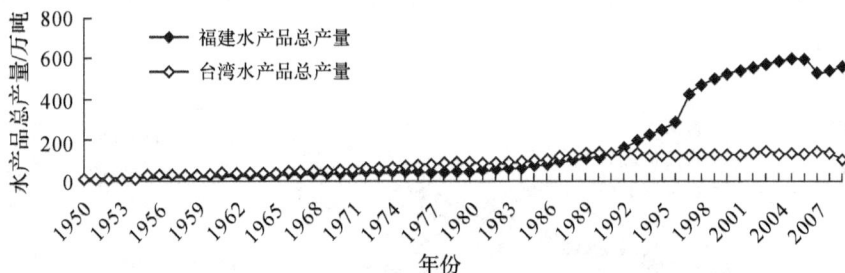

图 4-11　1950—2009 年闽台水产品总产量变动状况
(资料来源:根据《中国渔业统计年鉴》、FAO 统计数据库资料整理。)

4.2.1.2 福建水产品以养殖产品为主,台湾则以捕捞产品为主

下面进一步从捕捞和养殖的角度分析闽台水产品的产量,结果如图 4-12 和图 4-13 所示。

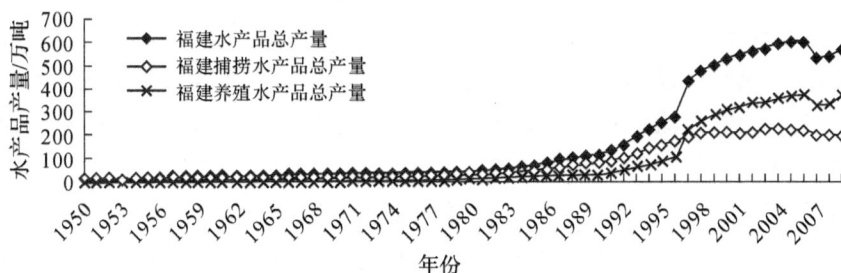

图 4-12　1950—2009 年福建水产品总产量、捕捞量和养殖量变动状况
(资料来源:根据《中国渔业统计年鉴》资料整理。)

由图 4-12 可以看出,1950 年福建水产品产量较低,仅为 7.37 万吨。随着

技术水平的提高,福建水产品产量不断增加。1990 年福建水产品总产量达到 118.64 万吨,是 1950 年的 16.10 倍。20 世纪 90 年代以后,由于水产养殖业的迅猛发展,福建水产品产量实现了快速增长,2009 年福建水产品总产量达 567.52 万吨,是 1990 年的 4.78 倍,年均增速达 8.59%。其中,养殖水产品产量由 1990 年的 34.33 万吨上升到 2009 年的 373.78 万吨,后者是前者的 10.89 倍,年均增长率达 13.39%,占水产品的比重由 1990 年的 28.94% 上升到 2009 年的 65.86%,成为福建水产品的主要组成部分。

根据 FAO 的数据,1950 年到 1990 年,台湾水产品总产量一直处于增长状态(见图 4-13),从 1950 年的 10.20 万吨增长到 1990 年 145.43 万吨,后者是前者的 14.26 倍,1990 年后处于波动下滑态势,2009 年其产量下降到 108.92 万吨。

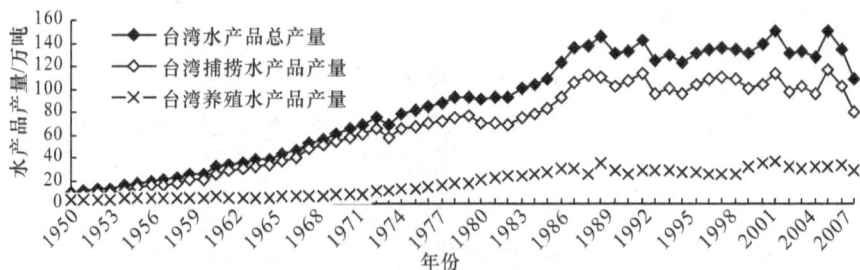

图 4-13　1950—2009 年台湾水产品总产量、捕捞量和养殖量变动状况
(资料来源:根据 FAO 统计数据库资料整理。)

捕捞水产品(特别是远洋捕捞水产品)在台湾水产品中占据着重要地位,始终维持在 70% 以上,变动趋势基本和总产量的变动趋势一致,由 1950 年的 7.59 万吨增长为 1990 年的 111.13 万吨,后者是前者的 14.64 倍。1990 年到 2008 年,捕捞水产品的产量变动趋于平缓,2008 年后,随着公海渔业的管理和限制日趋严格,台湾捕捞水产品产量呈明显下滑的走势,2009 年产量下降为 80.71 万吨。

台湾的捕捞渔业面临着资源枯竭的困境,而 20 世纪 50 年代至 90 年代,台湾养殖水产品产量一直处于平稳增长状态,从 1950 年的 2.61 万吨增长到 1990 的 34.40 万吨,后者是前者的 13.18 倍。1990 年到 2009 年台湾养殖水产品产量呈现波动上升走势,2009 年达 28.21 万吨。在比重变动方面,1980 年后,台湾养殖水产品的比重一直处于缓慢上升状态,2009 年台湾养殖水产品比重达 25.90%。

4.2.2 闽台水产品进出口贸易状况比较

4.2.2.1 闽台水产品进出口贸易总体特征

福建与台湾都是水产品出口大省。下面从 1996—2010 年闽台水产品进出口贸易总额变动趋势、进出口依存度以及在农产品贸易中的比重来考察其进出口贸易变动特征。

(1)闽台水产品进出口贸易总额都呈现上升趋势,福建上升速度快于台湾

如图 4-14 所示,1996—2010 年闽台水产品进出口贸易总额都呈现上升走势。福建水产品进出口贸易总额上升趋势明显,从 1996 年的 7.06 亿美元上升到 2010 年的 33.41 亿美元,后者是前者的 4.73 倍,年均增长率高达 11.74%。台湾水产品进出口贸易总额增长则较为平缓,2010 年台湾水产品进出口贸易总额为 24.18 亿美元,仅是 1996 年的 1.24 倍,年均增长率仅为 1.55%。可见,台湾水产品进出口贸易已发展到较为稳定的水平。

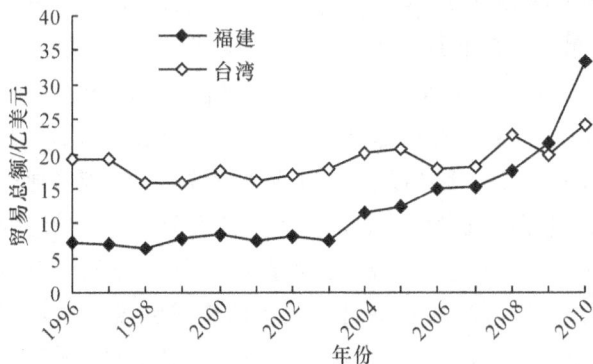

图 4-14　1996—2010 年闽台水产品进出口贸易总额变动状况

(2)福建水产品出口额增长迅速,台湾水产品出口额增长缓慢

1996—2010 年闽台水产品进口额和出口额均呈现增长趋势(见图 4-15),福建与台湾都为水产品的净出口地。

福建水产品出口额增长迅速,特别是 2003—2010 年,出口额由 5.38 亿美元增长到 26.87 亿美元,增长了近 4 倍。进口额增长则较为平稳,1996 年和 2010 年水产品进口额分别是 1.15 亿美元和 6.55 亿美元。福建始终是水产品的净出口地,贸易顺差从 1996 年的 4.77 亿美元扩大到 2010 年的 20.32 亿美元。

台湾水产品出口额在 1996—2010 年增长缓慢,由 1996 年的 12.84 亿美

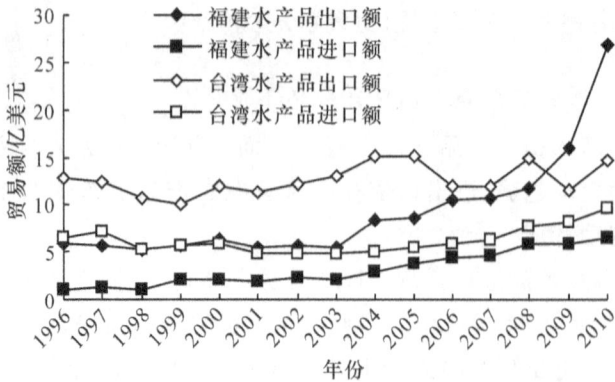

图 4-15　1996—2010 年闽台水产品进口额和出口额变动状况

元增长到 2010 年的 14.89 亿美元,年均增长率仅为 1.06%。台湾水产品进口额增长要快于出口额增长,由 1996 年的 6.58 亿美元增长到 2010 年的 9.59 亿美元,年均增长率是 2.73%。虽然台湾水产品同样保持着贸易顺差,但顺差在不断缩小,由 1996 年的 6.26 亿美元下降到 2010 年的 5.00 亿美元。

(3)闽台水产品进出口贸易依存度不断提高,台湾依存度高于福建

水产品进出口贸易依存度是指水产品进出口总值占水产品生产总值的比重,表明一个国家(地区)水产品生产和消费依赖其他国家(地区)水产品贸易取得产销与供求平衡的程度。贸易依存度又可分为进口依存度和出口依存度。进口依存度反映一个国家(地区)水产品对外的开放程度,出口依存度则反映一个国家(地区)水产品对进出口贸易的依赖程度。一般来说,贸易依存度越高,表明该国(地区)渔业经济发展对进出口贸易的依赖程度越大,同时也表明进出口贸易在该国(地区)渔业经济中的地位越重要。

根据福建与台湾水产品进出口贸易以及渔业产值数据,计算出福建与台湾水产品对国际市场的贸易依存度,如表 4-2 所示。

表 4-2　1996—2010 年闽台水产品贸易依存度

单位:%

年份	福建			台湾		
	总依存度	进口依存度	出口依存度	总依存度	进口依存度	出口依存度
1996	24.97	4.05	20.92	54.73	18.55	36.18
1997	21.45	4.03	17.42	59.98	21.81	38.17
1998	18.61	3.09	15.52	58.78	19.25	39.53

年份	福建			台湾		
	总依存度	进口依存度	出口依存度	总依存度	进口依存度	出口依存度
1999	21.30	5.92	15.38	59.56	21.71	37.85
2000	21.43	5.44	16.00	62.64	20.50	42.14
2001	18.50	4.73	13.76	62.39	18.96	43.42
2002	19.11	5.35	13.77	65.33	18.92	46.41
2003	17.49	4.82	12.66	64.41	17.57	46.84
2004	23.93	6.25	17.68	69.64	17.60	52.05
2005	23.19	7.08	16.11	73.69	19.69	54.00
2006	25.55	7.59	17.96	68.35	22.14	46.20
2007	24.32	7.28	17.04	62.58	21.37	41.20
2008	22.19	7.44	14.75	77.92	26.90	51.02
2009	26.24	7.10	19.14	75.82	31.44	44.38
2010	32.25	6.32	25.93	82.71	32.81	49.91

从总体上看,台湾水产品对国际市场的贸易依存度要大于福建水产品。2009 年福建水产品的贸易总依存度为 26.24%,而台湾则高达 75.82%;福建的出口和进口依存度分别为 19.14% 和 7.10%,台湾则分别达 44.38% 和 31.44%。可见,台湾水产品对国际市场开放和依赖程度都要大于福建水产品,台湾水产品贸易已经跻身中等贸易依存度地区行列,即贸易依存度集中在 30%~100%。这主要是由于一方面台湾市场的开放时间要早于福建,且开放程度要大于福建;另一方面福建水产品可面向经济快速发展的整个中国大陆市场销售,而台湾仍采取进出口贸易形式。

从变化趋势上看,福建与台湾水产品的贸易依存度都呈现不断增长的趋势。福建水产品的贸易依存度在样本期内虽有起伏,但总体上表现为不断上升,由 1996 年的 24.97% 上升到 2010 年的 32.25%。福建水产品贸易依存度的提高主要是由于进口依存度的不断提高,由 1996 年的 4.05% 上升到 2009 年的 7.10%,说明福建水产品市场越来越开放。台湾水产品的贸易依存度在样本期内同样保持上升趋势,由 1996 年的 54.73% 提高到 2010 年的 82.71%,台湾水产品贸易依存度的提高是进口和出口双向作用的结果,其进口依存度和出口依存度分别由 1996 年的 18.55% 和 36.18% 上升到 2010 年的 32.81% 和 49.91%。可见,台湾水产品生产和消费越来越离不开国际市场。

(4)福建与台湾水产品在各自农产品贸易中的比重较大,其中出口比重占 50%以上

水产品作为农产品的一部分,其贸易在福建与台湾农产品贸易中扮演着十分重要的角色。如表 4-3 所示,以 2010 年为例,福建水产品出口额占农产品出口额的 54.30%,台湾则占 48.31%,闽台出口的农产品中水产品的出口额占 50%以上,足见水产品出口在两个地区农产品出口的重要性。

表 4-3　1996—2010 年闽台水产品贸易在农产品贸易中的比重

单位:%

年份	福建水产品贸易占农产品贸易的比重			台湾水产品贸易占农产品贸易的比重		
	进出口	进口	出口	进出口	进口	出口
1996	33.86	19.38	39.59	18.16	9.83	32.10
1997	36.75	24.54	41.53	21.51	10.77	49.98
1998	44.67	37.63	46.39	22.23	9.91	56.34
1999	44.67	51.19	42.58	21.78	10.78	52.40
2000	53.01	72.01	48.65	23.80	10.84	56.87
2001	49.28	72.63	44.38	23.24	9.85	57.08
2002	47.86	61.15	44.13	23.72	9.62	58.85
2003	40.07	36.01	41.87	22.46	8.44	59.54
2004	41.70	30.86	47.62	22.90	7.97	62.44
2005	39.98	33.54	43.66	21.80	7.89	61.00
2006	41.78	38.31	43.44	19.24	8.22	53.86
2007	35.36	29.28	38.80	17.85	7.89	51.77
2008	33.20	26.06	38.54	18.50	8.23	54.14
2009	36.80	23.61	46.40	18.40	9.82	48.33
2010	41.52	21.12	54.30	18.48	9.53	48.31

在变动趋势方面,样本期内福建水产品占农产品贸易总额的比重始终维持在 33%~50%,而台湾则基本稳定在 17%~24%,变化不大。在进口比重方面,福建水产品进口比重呈现先上升后下降的状态,2010 年水产品进口比重为 21.12%。台湾水产品进口比重则较稳定,始终维持在 9%左右,表明台湾市场开放程度已较稳定。在出口比重方面,闽台水产品的比重始终维持在很高的水平。福建出口比重总体表现为上升趋势,由 1996 年的 39.59%上升

到 2010 年的 54.30%,上升了 14.71 百分点,福建水产品在农产品出口中的地位越来越重要。台湾水产品出口则表现为先上升后下降的状态,先从 1996 年的 32.10%上升到 2004 年的 62.44%;后逐步下降,到 2010 年比重下降为 48.31%。

以上分析表明水产品出口在闽台农产品出口中扮演着主要角色。

4.2.2.2　闽台水产品进、出口产品结构比较分析

在比较研究闽台水产品总体贸易特征的基础上,下面将进一步研究闽台水产品进、出口产品结构变动特征。

(1)闽台水产品进口产品结构比较分析

①福建进口水产品以"鱼粉浆渣"为主,进口额增长迅速

如图 4-16 所示,福建进口水产品以"鱼粉浆渣"为主,样本期内该类产品始终维持在很高水平。

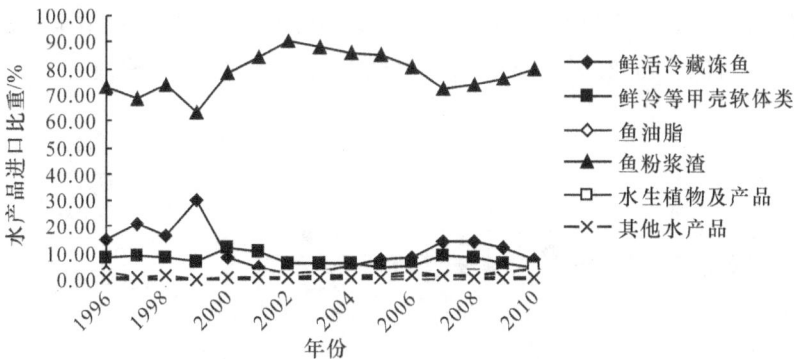

图 4-16　1996—2010 年福建分种类水产品进口比重变动状况

由于水产养殖业的迅速发展,福建对鱼饲料的原料需求量也大幅度增加,"鱼粉浆渣"在样本期内始终保持迅速增长势头(见图 4-17),由 1996 年的 8384 万美元上升到 2010 年的 51959 万美元,后者是前者的 6.20 倍,年均增长率达 13.92%。另外,福建对"鲜活冷藏冻鱼""鲜冷等甲壳软体类""鱼油脂"以及"水生植物及产品"等产品的进口额增长也很迅速,年均增长率分别高达 7.70%、9.00%、14.80%以及 58.35%。

以上分析表明,福建水产品进口的动力因素是水产养殖业的发展;然而,随着人民生活水平的提高,人们开始不再仅热衷于对本土水产品的消费,对于外来捕捞产品的需求量也在不断上升,人们逐步开始关注水产品的风味和品质。

75

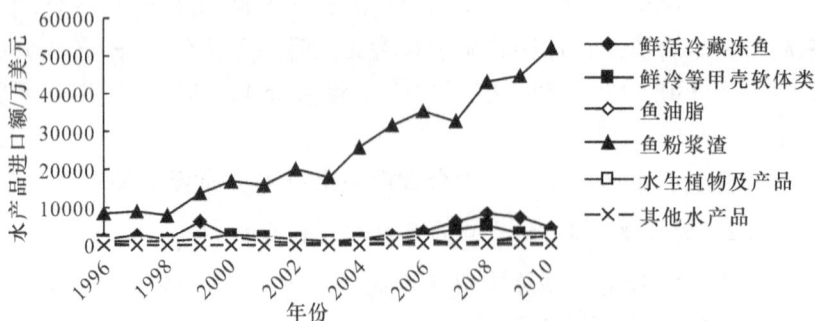

图 4-17　1996—2010 年福建分种类水产品进口额变动状况

②台湾水产品进口以食用水产品为主,2006 年后进口额增长迅速

总的来看,台湾水产品进口种类分布较为分散(见图 4-18 和图 4-19),以"鲜活冷藏冻鱼""鲜冷等甲壳软体类""鱼粉浆渣"类产品为主要进口产品,2010 年这三大类水产品的进口额分别为 28132、28612 和 19862 万美元,占水产品进口额比重分别为 22.55％、31.88％和 25.43％。其中,食用水产品进口额占进口总额的 75.31％,另外 24.69％来自饲料用的"鱼粉浆渣"。

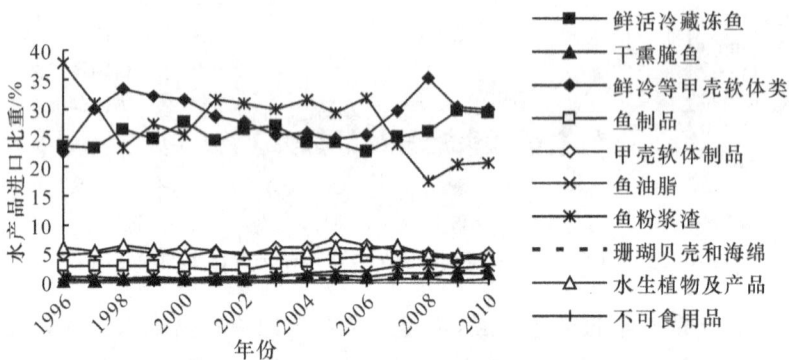

图 4-18　1996—2010 年台湾分种类水产品进口比重变动状况

台湾水产品进口结构变动特征表明:台湾居民逐渐热衷于鲜活水产品的消费,台湾水产品的进口动力主要源于岛内居民对食用水产品的消费需求。

(2)闽台水产品出口产品结构比较分析

①福建生鲜水产品的出口比重不断上升,出口额增长迅速

福建水产品出口主要以"鲜活冷藏冻鱼""鲜冷等甲壳软体类""鱼制品"及"甲壳软体制品"为主(见图 4-20)。2010 年,这 4 类产品分别占福建水产品出口总额的 36.48％、18.94％、19.83％ 和 22.83％,共占水产品出口总额

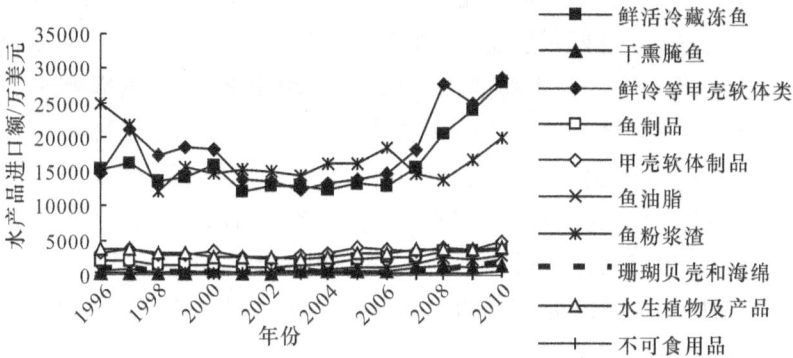

图 4-19　1996—2010 年台湾分种类水产品进口额变动状况

的 98.08%。

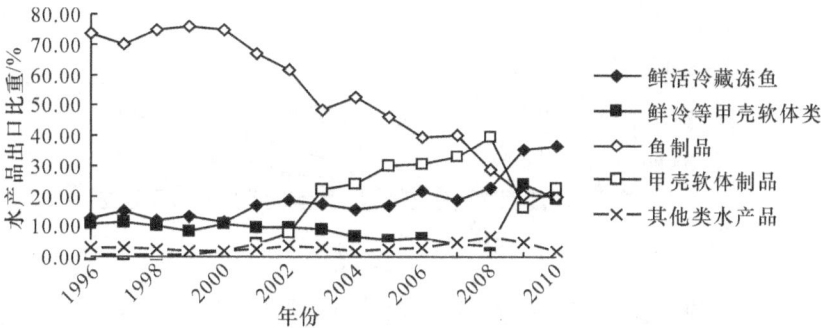

图 4-20　1996—2010 年福建分种类水产品出口比重变动状况

"鱼制品"在 2002 年以前始终维持在 50% 以上,是福建省的主要出口水产品,但 2000 年以后比重持续下滑,2010 年该类产品的比重为 19.83%,同比 2000 年下降 53.34%。同时,"鲜活冷藏冻鱼"的比重持续上升,由 2000 年的 11.55% 上升到 2010 年的 36.48%。此外,"鲜冷等甲壳软体类"比重表现为先降后升趋势,从 1996 年的 10.84% 下降到 2008 年的 3.33%,后又迅速回升,2010 年比重达到 18.94%。与之相反,"甲壳软体制品"的比重呈现先升后降的趋势,由 1996 年的 0.70% 上升到 2008 年的 39.25%,2010 年又回落到 22.83%。总的来看,福建水产品出口结构越来越分散,这 4 类水产品出口比重由 1996 年的 12.52%、10.84%、73.17% 和 0.70% 调整为 2010 年的 36.48%、18.94%、19.83% 和 22.83%。

福建水产品出口比重的变动主要是由于 2003 年以后"鲜活冷藏冻鱼"和"鲜冷等甲壳软体类"等生鲜水产品的迅速增长(见图 4-21)。由于保鲜技术的进步,"鲜活冷藏冻鱼"出口额迅猛增长,由 2003 年的 9477 万美元上升到 2010 年的 98010 万美元,增长 9 倍以上;同样,"鲜冷等甲壳软体类"出口额在 2008 年以后快速增长,从 2008 年的 3887 万美元激增至 2010 年的 50889 万美元,后者约是前者的 13 倍。另外,"甲壳软体制品"的出口额也表现为上升态势,由 2000 年的 1073 万美元增长到 2010 年的 61349 万美元,增长约 56 倍。福建甲壳软体类出口增长归功于其养殖技术和水产品深加工技术的不断发展。此外,"鱼制品"出口的缓慢增长也是改变福建水产品出口结构的一个重要因素,1996 年和 2010 年该类产品的出口额分别为 43270 万美元和 53267 万美元,后者仅是前者的 1.23 倍。

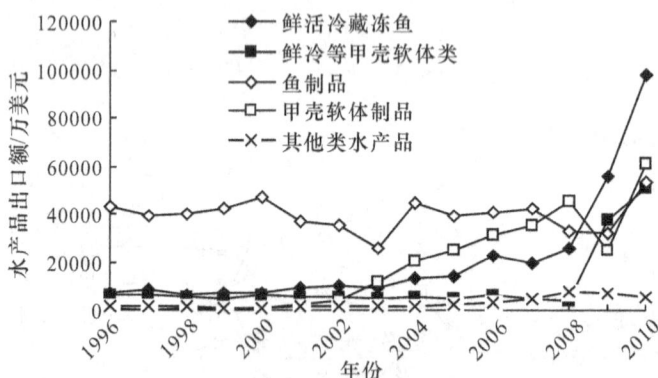

图 4-21　1996—2010 年福建分种类水产品出口额变动状况

②"鲜活冷藏冻鱼"是台湾主要出口水产品,其出口比重不断上升

台湾水产品出口种类则高度集中于"鲜活冷藏冻鱼"类产品(见图 4-22)。其出口比重除 1996 年为 76.15％外,其余年份均在 80％以上,且总体上保持上升走势,从 1996 年的 76.15％上升到 2010 年的 86.59％。该类产品的出口额呈现波动上升趋势(见图 4-23),从 1996 年的 97772 万美元上升到 2010 年的 126331 万美元。

"鱼制品"和"鲜冷等甲壳软体类"在台湾水产品出口中也占据重要地位。这两类水产品在台湾水产品出口比重总体趋势是下降的,比重分别从 1996 年的 8.33％和 12.62％下降到 2010 年的 4.99％和 5.61％。这两类产品出口比重的下降是由其自身出口额的下降引起的(见图 4-23),两者出口额分别由 1996 年的 10700 万美元和 16197 万美元下降到 2010 年的 7279 万美元和 8182 万美元。

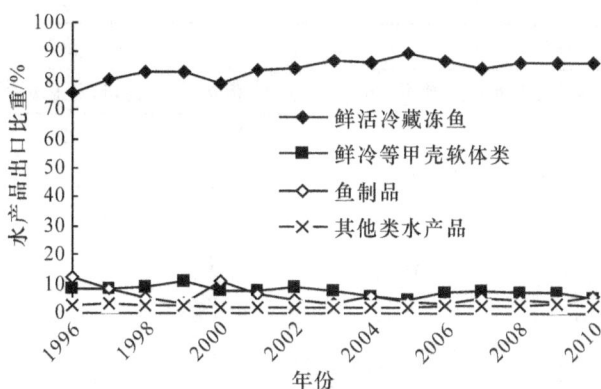

图 4-22　1996—2010 年台湾分种类水产品出口比重变动状况

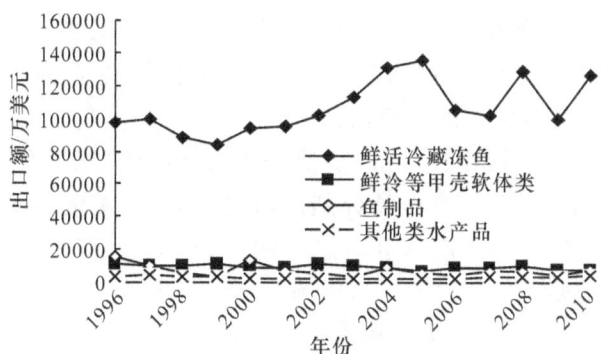

图 4-23　1996—2010 年台湾分种类水产品出口额变动状况

4.2.2.3　闽台水产品进、出口市场结构比较分析

上面讨论了闽台水产品进、出口产品结构变动特征,而闽台水产品进、出口市场结构又如何? 本书将结合相关数据阐明其变化特征。

(1)闽台水产品进口市场结构比较

2010 年闽台水产品进口来源市场如表 4-4 所示。

表 4-4　2010 年闽台水产品进口来源市场

福建			台湾		
市场	进口额/亿美元	比重/%	市场	进口额/亿美元	比重/%
南美洲	3.74	57.06	东盟	3.24	34.64
美国	0.85	12.97	南美洲	1.46	15.59

续表

福建			台湾		
市场	进口额/亿美元	比重/%	市场	进口额/亿美元	比重/%
俄罗斯	0.55	8.39	中国大陆	1.26	13.50
东盟	0.49	7.52	挪威	0.66	7.06
大洋洲	0.17	2.61	日本	0.64	6.85
挪威	0.09	1.42	印度	0.52	5.56
印度	0.07	1.00	大洋洲	0.38	4.11
欧盟	0.02	0.37	美国	0.32	3.43
小计	5.98	91.34	小计	8.48	90.74

福建水产品的主要进口来源市场为南美洲市场,其次是美国、俄罗斯和东盟。2010 年福建从南美洲进口水产品的总额是 3.74 亿美元,占福建进口水产品的 57.06%。福建从这些市场主要进口"鱼粉浆渣"类水产品,作为鱼饲料的原料用于水产养殖业的生产供给。

台湾的进口市场则比较分散,主要来源市场有东盟、南美洲以及中国大陆。2010 年台湾从以上三个市场分别进口水产品 3.24 亿美元、1.46 亿美元和 1.26 亿美元,分别占水产品进口总额的 34.64%、15.59% 和 13.50%。台湾从这些地区主要进口食用水产品以满足岛内需求。

(2)闽台水产品出口市场结构比较

下面探讨闽台水产品出口市场结构变化特征。

①闽台出口目标市场较相近,台湾为福建重要的出口目标市场

表 4-5 为 2009 年闽台水产品对主要市场的出口额和市场集中度。出口市场集中度(CI)是某产品出口到一国(地区)占该国(地区)该产品出口总额的比重,用公式表示为

$$CI=[一国(地区)对某国(地区)的某产品出口额/该国$$
$$(地区)该产品出口总额]×100\%$$

表 4-5　2009 年闽台水产品主要出口市场

福建			台湾		
市场	出口额/亿美元	CI/%	市场	出口额/亿美元	CI/%
东盟	3.25	20.52	日本	3.84	33.16
日本	2.90	18.29	东盟	2.76	23.87
中国台湾	2.54	16.03	美国	1.37	11.85

续表

福建			台湾		
市场	出口额/亿美元	CI/%	市场	出口额/亿美元	CI/%
美国	2.24	14.10	中国香港	0.74	6.40
韩国	1.32	8.36	韩国	0.55	4.71
欧盟	0.67	4.21	欧盟	0.25	2.17
中国香港	0.51	3.22	加拿大	0.2	1.69
南美洲	0.23	1.45	中国大陆	0.16	1.35
大洋洲	0.14	0.87	南美洲	0.11	0.99
小计	13.80	87.06	小计	9.98	86.19

由表 4-5 可见,2009 年福建水产品主要输往东盟、日本和中国台湾市场,对这三个地区的出口额分别是 3.25 亿美元、2.90 亿美元和 2.54 亿美元,分别占福建水产品出口总额的 20.52%、18.29% 和 16.03%。此外,出口额超过 1 亿美元的输往地还包括美国和韩国,出口额分别达 2.24 亿美元和 1.32 亿美元,占出口总额的 14.10% 和 8.36%。同样,日本、东盟和美国也是中国台湾水产品的主要出口市场,2009 年的出口额分别达 3.84 亿美元、2.76 亿美元和 1.37 亿美元,出口比重分别为 33.16%、23.87% 和 11.85%。中国台湾其他主要出口市场还有韩国、欧盟和中国香港等。

②福建水产品出口市场集中度较高,但出口市场结构有所优化

如表 4-6 所示,福建水产品出口市场结构较为集中,但出口市场结构有所优化。总的来看,福建的主要水产品出口市场是日本、美国、韩国、东盟、欧盟以及中国台湾、中国香港。1996—2002 年,福建对这七大市场的出口集中度近乎 100%,后来有所下降,2010 年下降到 83.60%,仍然很高。

1996 年福建水产品出口高度集中于日本市场,市场集中度高达 91.46%,但福建对日出口集中度总体稳步下滑,2010 年仅占福建水产品出口总额的 17.70%。同时,福建对其他市场的出口比重都有不同程度的上升,对美国、韩国、东盟、欧盟以及中国台湾、中国香港市场的比重分别由 1996 年的 0.67%、2.66%、0.95%、0.51%、1.76%、1.65% 上升到 2010 年的 12.52%、5.80%、20.32%、4.29%、17.29%、5.70%。特别是随着 2005 年中国-东盟自由贸易区《货物贸易协议》降税计划的实施及 2008 年两岸三通的启动,福建对东盟与中国台湾市场的出口比重上升较快,2010 年这两个市场已成为福建水产品最大的两个出口市场。

表 4-6 1996—2010 年福建水产品主要出口市场结构

单位:%

年份	日本	美国	韩国	东盟	欧盟	中国台湾	中国香港	合计
1996	91.46	0.67	2.66	0.95	0.51	1.76	1.65	99.67
1997	86.65	1.06	4.18	1.33	1.03	2.68	2.45	99.38
1998	89.12	1.05	2.31	1.57	1.29	2.67	1.63	99.63
1999	87.70	1.90	3.67	1.58	0.73	2.82	1.21	99.61
2000	83.68	3.73	5.42	1.57	0.73	3.18	1.31	99.62
2001	77.85	5.88	8.09	2.78	1.06	1.78	1.63	99.06
2002	73.30	8.98	9.06	3.56	0.09	1.91	2.12	99.02
2003	57.59	12.76	8.18	4.79	0.13	2.03	12.50	97.97
2004	58.11	8.22	6.02	8.54	0.70	1.49	14.17	97.25
2005	47.18	12.51	5.70	14.71	0.74	2.23	11.11	94.17
2006	40.62	20.87	6.81	13.88	1.27	2.92	2.59	88.96
2007	36.02	15.12	8.20	13.03	4.09	3.74	4.02	84.22
2008	22.71	22.32	7.91	15.56	3.05	8.44	2.92	82.91
2009	18.29	14.10	8.36	20.52	4.21	16.03	3.22	84.73
2010	17.70	12.52	5.80	20.32	4.29	17.29	5.70	83.60

　　就单个市场而言,福建对日本市场的出口额呈现逐年下滑的走势(见图 4-24),由 1996 年的 54088 万美元下降到 2010 年的 47547 万美元。福建对东盟和中国台湾的出口额上升较快,分别从 1996 年的 2580 万美元和 1093 万美元上升到 2010 年的 54581 万美元和 46443 万美元,年平均增速更是高达 38.66% 和 31.17%。另外,福建对美国、韩国、欧盟以及中国香港市场的出口额也呈现不同程度的增长,分别由 1996 年的 397 万美元、1575 万美元、300 万美元、977 万美元上升到 2010 年的 33635 万美元、15573 万美元、11518 万美元和 15311 万美元,后者分别是前者的 84.72、9.89、38.39、15.67 倍。

　　③台湾水产品出口市场集中度较高,主要集中于日本、东盟和美国

　　表 4-7 为 1996—2010 年台湾水产品主要出口市场结构。台湾水产品主要出口市场为日本、美国、韩国、东盟、欧盟以及中国香港。1996—2010 年台湾水产品出口市场结构较为稳定,主要集中在这六大市场,1996 年台湾对这六大市场的出口集中度高达 94.65%,但集中度不断下降,2010 年下降到 83.29%。

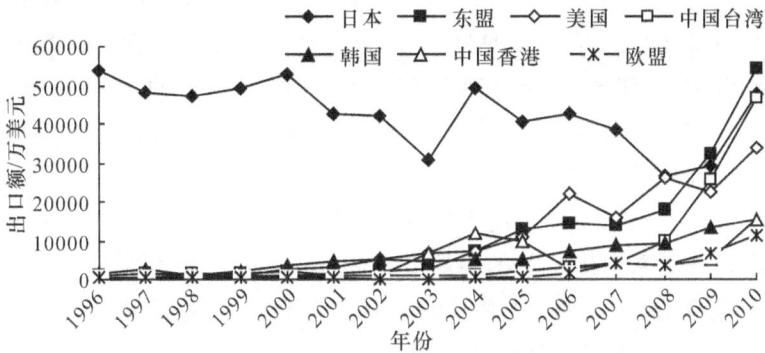

图 4-24　1996—2010 年福建水产品主要出口市场出口额变动状况

表 4-7　1996—2010 年台湾水产品主要出口市场结构

单位：%

年份	日本	美国	韩国	东盟	欧盟	中国香港	合计
1996	67.71	13.23	0.74	9.69	1.41	1.87	94.65
1997	66.09	15.42	0.83	9.95	1.56	1.47	95.31
1998	57.76	21.37	0.34	7.42	2.34	1.51	90.74
1999	60.77	16.53	1.48	8.19	2.71	1.67	91.35
2000	65.31	13.14	2.32	8.13	2.15	2.08	93.13
2001	56.16	17.13	3.11	9.32	2.40	1.85	89.98
2002	58.58	13.06	2.75	10.18	3.99	1.63	90.19
2003	65.19	11.60	1.23	6.23	3.09	1.64	88.98
2004	68.93	11.02	2.15	6.44	1.30	1.15	90.98
2005	63.57	9.83	1.56	10.87	2.22	1.46	89.50
2006	48.42	13.51	3.99	15.35	2.80	2.34	86.41
2007	42.07	11.80	3.92	19.90	2.66	2.21	82.56
2008	36.66	10.33	3.44	26.12	1.66	2.78	80.99
2009	33.16	11.85	4.71	23.87	2.17	6.40	82.16
2010	37.01	9.52	2.92	27.65	1.53	4.66	83.29

　　台湾水产品的出口市场结构也日趋分散。1996 年台湾水产品出口市场主要集中在日本和美国，对这两个市场的出口比重分别达 67.71％和 13.23％，两个市场占总比重的 80％以上，而另一个主要出口市场为东盟，比重为 9.69％。台湾对日、美市场的出口比重总体下降，2010 年台湾对这两个

市场的出口比重分别下滑至 37.01％和 9.52％,而对东盟市场的出口比重则上升到 2010 年的 27.65％。此外,中国台湾对韩国和中国香港市场的出口比重也分别由 1996 年的 0.74％和 1.87％上升到 2010 年的 2.92％和 4.66％。总的来看,台湾的出口市场结构有所优化,但集中度仍然较高,主要集中在日本、东盟和美国市场。

台湾水产品出口市场结构不断优化,主要是由于其对日美市场出口额的波动下滑以及对东盟出口额的不断上升(见图 4-25)。台湾对日本市场的出口额呈现波动下降的走势,先由 1996 年的 86935 万美元上升到 2004 年的104479 万美元,后持续下降到 2010 年的 54002 万美元;对美国市场的出口额也呈下降走势,由 1996 年的 16981 万美元下降到 2010 年的 13888 万美元;而对其他市场,出口额均表现上升态势。其中,上升最为显著的是东盟市场,由1996 年的 12442 万美元上升到 2010 年的 40344 万美元,增长了 2.24 倍。

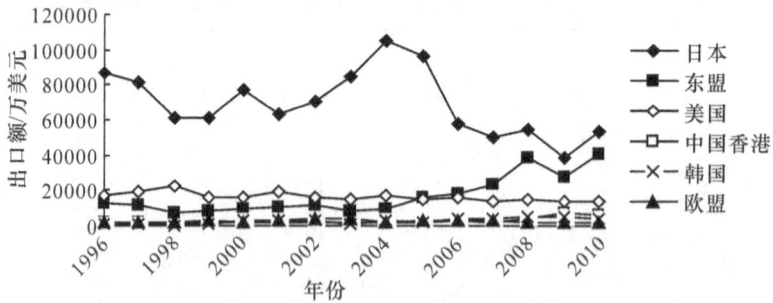

图 4-25　1996—2010 年台湾水产品主要出口市场出口额变动状况

4.2.2.3　闽台水产品出口贸易在世界中的地位

表 4-8 根据 FAO 渔业统计资料,将世界前 20 位水产品出口国(地区)进行排序,并将福建与台湾出口贸易的数据进行比较。从表 4-8 可以看出,如果将福建作为单独的市场,其在国际水产品出口贸易中排名较低,从 1999 年到2008 年始终排在世界的前 20 名以外;而台湾在 1999 年排在世界第 7 位,后逐步下滑,到 2008 年排到前 20 名以外。由此可见,福建与台湾在国际水产品市场中的地位都较低。

表 4-8　闽台水产品出口贸易在世界中的地位

排序	出口国（地区）	1999 年出口额/亿美元	出口国（地区）	2002 年出口额/亿美元	出口国（地区）	2005 年出口额/亿美元	出口国（地区）	2008 年出口额/亿美元
1	泰国	41.10	中国大陆	44.85	中国大陆	75.19	中国大陆	101.14
2	挪威	37.65	泰国	36.76	挪威	48.85	挪威	69.37
3	中国大陆	29.60	挪威	35.69	泰国	44.66	泰国	65.32
4	美国	29.45	美国	32.60	美国	42.32	丹麦	46.01
5	丹麦	28.84	加拿大	30.35	丹麦	36.85	越南	45.50
6	加拿大	26.18	丹麦	28.72	加拿大	35.96	美国	44.63
7	中国台湾	17.64	越南	20.30	智利	29.67	智利	39.31
8	荷兰	17.45	西班牙	18.90	荷兰	28.20	加拿大	37.06
9	智利	16.97	智利	18.69	越南	27.41	西班牙	34.65
10	西班牙	16.04	荷兰	18.03	西班牙	25.79	荷兰	33.94
11	印尼	15.27	中国台湾	16.64	俄罗斯	19.53	俄罗斯	26.19
12	英国	14.28	印尼	14.91	英国	18.72	印尼	24.73
13	韩国	13.93	冰岛	14.29	印尼	18.03	德国	24.72
14	冰岛	13.79	印度	14.12	冰岛	17.83	秘鲁	24.23
15	俄罗斯	12.48	俄罗斯	13.99	中国台湾	16.65	英国	21.20
16	法国	11.07	英国	13.53	秘鲁	16.33	冰岛	20.89
17	印度	10.20	德国	11.57	印度	15.92	法国	20.11
18	德国	9.66	法国	10.89	法国	15.84	瑞典	19.49
19	厄瓜多尔	9.54	秘鲁	10.67	德国	15.01	厄瓜多尔	17.55
20	越南	9.40	韩国	10.46	日本	12.54	日本	16.98
	福建	5.64	福建	5.71	福建	8.54	中国台湾	14.92
							福建	11.67

资料来源：根据 FAO 统计数据库资料整理。

4.3　闽台水产品的竞争与互补关系

第 4.2 节讨论了闽台水产品的生产与贸易状况。由于产业结构的不同，两者的水产品种类有着明显的不同。另外，地理位置的相近使得两者的出口目标市场较相近。为此，在国际市场上，闽台水产品的贸易关系是互补性大于竞争性还是竞争性大于互补性是一个值得探讨的问题。因此,本节将深入考察闽台水产品的竞争与互补关系,为闽台渔业合作的研究奠定基础。

4.3.1 闽台水产品贸易特征

研究闽台水产品贸易的竞争与互补关系,首先需建立在对闽台水产品贸易特征充分认识的基础上。1996—2010年闽台水产品贸易的主要特征为:贸易规模不断扩大、贸易结构不断分散以及贸易依存度不断提高。

4.3.1.1 贸易规模不断扩大

图4-26给出了1996—2010年福建对台湾水产品贸易额的变动状况,可以看到闽台水产品贸易额的总体趋势是上升的。

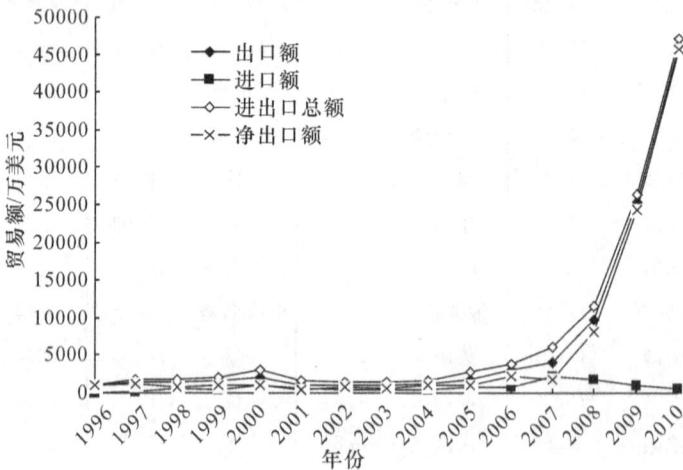

图4-26　1996—2010年福建对台湾水产品贸易额变动状况

2000年前,福建对台湾水产品进出口总额都呈现上升的趋势,1996年福建对台进、出口额分别是36万美元和1041万美元,而到2000年分别增长到961万美元和2000万美元。2000年以前,由于闽台小额贸易的迅速发展,福建从台进口增速要快于对台出口增速。2000年,由于对台小额贸易实施了严格管理,闽台水产品贸易有所下滑,2001年闽台水产品进、出口额分别是977万美元和666万美元,同比2000年下降51.13％和30.69％。

2001年,闽台贸易在WTO框架下开始直接往来,极大地促进了闽台水产品贸易的发展,2005年水产品贸易额分别增长到1901万美元和910万美元。

　　2005 年以后,随着大陆对台湾 8 种水产品实施进口零关税政策,福建对台进口额进一步增长,2007 年进口额增长到 2158 万美元。与此同时,对台出口额也进一步增长到 3971 万美元。2008 年以后,伴随着两岸三通的全面启动、两岸 ECFA 的签署,闽台水产品贸易额呈现爆发式增长,福建对台出口额由 2007 年的 3972 万美元激增至 2010 年的 46443 万美元,年均增长率高达惊人的 126.97%,而同时,进口额则出现下滑,从 2007 年的 2158 万美元下降到 2010 年的 682 万美元,年均下降 31.88%。

　　从净出口的角度来看,福建水产品在样本期内始终保持着对台的贸易顺差,总体上呈先下降后上升的态势,先由 1996 年的 1004 万美元下降到 2001 年的 311 万美元,后逐步上升,2007 年福建对台水产品贸易顺差达 1814 万美元。2008 年两岸三通以后,福建对台出口额呈井喷式上升,而进口额则下降,贸易顺差进一步加大,2010 年贸易顺差达 45761 万美元,2008—2010 年的净出口额年均增长率高达惊人的 211.73%。

　　总的来看,两岸关系在闽台水产品贸易中扮演着主要的角色,而福建水产品较台湾水产品拥有比较优势,竞争力更强。

4.3.1.2　贸易结构不断分散

　　在闽台水产品贸易总额不断扩大的同时,福建对台出口种类结构也呈现多元化特征,如表 4-9 所示。

　　总的来看,福建对台出口水产品主要集中在"鲜活冷藏冻鱼""鲜冷等甲壳软体类""鱼制品""甲壳软体制品"以及"水生植物及产品"5 类水产品上,2010 年的出口比重分别达 35.75%、24.34%、11.14%、27.76% 和 0.38%,其他类水产品在样本期内的绝大多数年份所占的比重很小。福建从台进口水产品主要集中在"鲜活冷藏冻鱼"和"鲜冷等甲壳软体类"两类上,2010 年占福建从台进口水产品的 89.10%。

表 4-9　1996—2010 年福建对台湾分种类水产品进出口比重

单位:%

年份	福建对台湾水产品出口比重						福建对台湾水产品进口比重				
	鲜活冷藏冻鱼	鲜冷等甲壳软体类	鱼制品	甲壳软体制品	水生植物及产品	其他类水产品	鲜活冷藏冻鱼	鲜冷等甲壳软体类	鱼油脂	鱼粉浆渣	其他类水产品
1996	43.35	40.57	0.00	15.21	0.74	0.14	19.93	23.68	44.07	0.00	12.32
1997	38.57	48.87	0.00	9.83	1.93	0.80	1.22	47.81	0.00	47.86	3.11

续表

| 年份 | 福建对台湾水产品出口比重 | | | | | | 福建对台湾水产品进口比重 | | | | |
	鲜活冷藏冻鱼	鲜冷等甲壳软体类	鱼制品	甲壳软体制品	水生植物及产品	其他类水产品	鲜活冷藏冻鱼	鲜冷等甲壳软体类	鱼油脂	鱼粉浆渣	其他类水产品
1998	41.31	43.05	4.77	9.34	1.35	0.18	9.27	52.36	1.40	36.38	0.59
1999	41.21	45.30	0.00	8.48	4.70	0.30	10.61	88.12	0.00	0.22	1.05
2000	35.52	53.29	0.00	6.35	4.24	0.59	3.81	95.45	0.00	0.00	0.74
2001	18.09	62.06	0.00	9.95	8.78	1.11	3.10	93.89	0.05	2.36	0.60
2002	29.08	50.78	0.00	11.09	7.01	2.04	3.56	93.24	0.00	0.00	3.20
2003	35.51	44.24	0.37	9.05	8.14	2.68	37.61	61.33	0.00	0.00	1.06
2004	26.50	49.17	0.31	9.38	9.58	5.06	54.62	43.06	0.00	0.00	2.32
2005	37.97	41.84	0.81	9.10	8.37	1.92	84.32	15.06	0.00	0.00	0.62
2006	28.14	37.39	0.47	11.65	6.61	15.75	65.80	33.22	0.00	0.00	0.98
2007	19.72	23.85	1.18	35.16	9.32	10.77	36.99	60.60	0.00	0.00	2.41
2008	18.80	11.27	23.30	41.89	2.64	2.11	41.47	54.33	0.00	0.00	4.20
2009	37.22	37.70	8.68	13.26	1.44	1.70	74.79	16.49	0.00	0.00	8.72
2010	35.75	24.34	11.14	27.76	0.38	0.63	78.80	10.30	0.00	0.00	10.90

福建对台水产品出口种类结构日趋分散：1996 年福建对台水产品出口主要集中在"鲜活冷藏冻鱼""鲜冷等甲壳软体类""甲壳软体制品"3 类上，这 3 类产品占福建对台水产品出口总额的 99.13%，2010 年这 3 类产品的出口比重下降到 87.85%。而福建从台进口水产品越来越集中于"鲜活冷藏冻鱼"，比重由 1996 年的 19.93% 上升到 2010 年的 78.80%，主要原因是以水产养殖为主要生产方式的福建比以远洋捕捞为主要生产方式的台湾在生产上有更强的可控性，品种的选择更为丰富。

4.3.1.3 贸易依存度不断提高

闽台水产品贸易流量不断上升、贸易结构日趋分散，同时，福建与台湾水产品生产和消费对闽台贸易的依赖程度越来越大。从依存度的分析结果看（见表 4-10），1996—2010 年，台湾对福建水产品贸易总依存度不断攀升，2010 年达到 16.12%，其中进口依存度为 15.89%，大大高于出口依存度。福建对台湾水产品贸易依存度虽小，但呈现不断扩大的趋势，2010 年总依存度达 4.55%，其中出口依存度是 4.48%，明显高于进口依存度。

表 4-10   1996—2010 年闽台水产品贸易依存度

单位:%

年份	福建对台湾水产品贸易依存度			台湾对福建水产品贸易依存度		
	总依存度	出口依存度	进口依存度	总依存度	出口依存度	进口依存度
1996	0.38	0.37	0.01	0.30	0.01	0.29
1997	0.54	0.47	0.08	0.54	0.08	0.46
1998	0.56	0.41	0.15	0.71	0.19	0.53
1999	0.57	0.43	0.13	0.78	0.18	0.60
2000	0.75	0.51	0.24	1.05	0.34	0.71
2001	0.41	0.24	0.17	0.63	0.26	0.38
2002	0.35	0.26	0.09	0.56	0.14	0.42
2003	0.35	0.26	0.09	0.54	0.14	0.39
2004	0.33	0.26	0.06	0.54	0.11	0.43
2005	0.53	0.36	0.17	1.00	0.32	0.68
2006	0.65	0.52	0.13	1.45	0.28	1.17
2007	0.98	0.64	0.35	2.10	0.74	1.36
2008	1.47	1.25	0.22	3.97	0.60	3.37
2009	3.19	3.07	0.12	10.13	0.37	9.75
2010	4.55	4.48	0.07	16.12	0.23	15.89

可见,闽台水产品贸易在双方的渔业生产与消费中扮演的角色越来越重要,逐渐呈现"你中有我、我中有你"的态势,而福建在台湾水产品生产消费中的地位要高于台湾在福建水产品生产消费中的地位。

4.3.2　闽台水产品的竞争性分析

贸易竞争性是指两国或地区生产要素及其相应产品的差别较小,从而具有相互争夺要素、市场的必要性。贸易流动是生产要素流动的变相形式,贸易的实质是隐含在商品中的生产要素的流动。国际上,对于两国或地区贸易竞争性的测度主要是出口相似性指数(export similarity index)。出口相似性指数分为出口产品相似性指数和出口市场相似性指数,其评测方法如下:

(1)出口产品相似性指数

Finger 和 Kreinin(1979)最先在商品领域提出了出口产品相似性指数的测算,用来测算两国或地区在第三市场或世界市场上出口产品的相似程度,计

算方法为

$$S^p(ij,k) = \Big[\sum_l \min(X_{ik}^l/X_{ik}, X_{jk}^l/X_{jk})\Big] \times 100 \qquad (4\text{-}1)$$

式中，$S^p(ij,k)$ 表示 i 国（地区）和 j 国（地区）出口到 k 市场的产品相似性指数，i，j 分别表示所要比较的任意两个国家（地区），k 表示第三市场或者世界市场，X_{ik}^l/X_{ik} 代表 i 国（地区）出口到 k 市场中第 l 种商品所占的份额，X_{jk}^l/X_{jk} 代表 j 国（地区）出口到 k 市场中第 l 种商品所占的份额。

本书采用修正后的计算方法，即式（4-1）的一种数学变换形式，很容易验证，用公式表达为

$$S^p(ij,k) = \sum_k \Big[\Big(\frac{(X_{ik}^l/X_{ik}) + (X_{jk}^l/X_{jk})}{2}\Big) \times \Big(1 - \Big|\frac{(X_{ik}^l/X_{ik}) - (X_{jk}^l/X_{jk})}{(X_{ik}^l/X_{ik}) + (X_{jk}^l/X_{jk})}\Big|\Big)\Big]$$
$$\times 100 \qquad (4\text{-}2)$$

如果 i 国（地区）和 j 国（地区）出口到第三市场的产品分布完全相同，则该指数为 100；若完全不相似，则该指数为 0。本书中 $S^p(ft,w)$ 代表闽台在世界市场的产品相似性指数。

（2）出口市场相似性指数

出口市场相似性指数用来衡量任意两国（地区）特定产品出口市场的相似程度，计算方法是

$$S^m(ij,l) = \Big[\sum_k \min(X_{ik}^l/X_i^l, X_{jk}^l/X_j^l)\Big] \times 100 \qquad (4\text{-}3)$$

式中，$S^m(ij,l)$ 表示 i 国（地区）和 j 国（地区）产品的市场相似性指数，X_{ik}^l/X_i^l 表示 i 国（地区）的产品出口到 k 市场占总产品的出口比重，X_{jk}^l/X_j^l 表示 j 国（地区）的产品出口到 k 市场所占比重。为了调整国家规模相差过大带来的问题，Glick 和 Rose（1991）用出口份额代替了出口额，对这个指标进行了修正，修正后的市场相似性指数为

$$S^m(ij,l) = \sum_k \Big[\Big(\frac{X_{ik} + X_{jk}}{X_i + X_j}\Big) \times \Big(1 - \Big|\frac{X_{ik}/X_i - X_{jk}/X_j}{X_{ik}/X_i + X_{jk}/X_j}\Big|\Big) \times 100\Big] \quad (4\text{-}4)$$

该指数是从 i 国（地区）和 j 国（地区）出口到 k 市场的贸易额的加权平均数。如果 i 国（地区）和 j 国（地区）出口商品的市场分布完全相同，则该指数为 100；如果 i 国（地区）和 j 国（地区）出口商品的市场完全不相似，则该指数为 0。

4.3.2.1　闽台水产品在世界市场产品种类相似性分析

1996—2010 年闽台水产品在世界市场的产品相似性指数如图 4-27 所示：2009 年以前，闽台在世界市场的出口产品相似性指数的变动比较平稳，始终

保持在 26 和 36 之间,到 2010 年该指数上升至 49.74。这表明闽台水产品的产品结构存在一定的相似性,但相似程度不高,在样本期内的所有年份均小于 50。闽台水产品的相似程度不断增大,很大一部分是由于世界对生鲜水产品需求量的增长致使福建与台湾的生鲜水产品出口额都出现一定程度的增长。

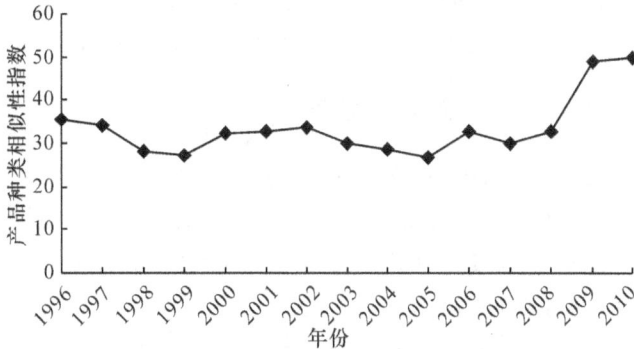

图 4-27 闽台水产品在世界市场的产品相似性指数变动状况

4.3.2.2 闽台水产品市场相似性分析

福建与台湾水产品出口市场主要有日本、美国、韩国、东盟、欧盟、南美洲、大洋洲以及中国香港。福建与台湾对这几个市场的市场相似性指数如图4-28所示。

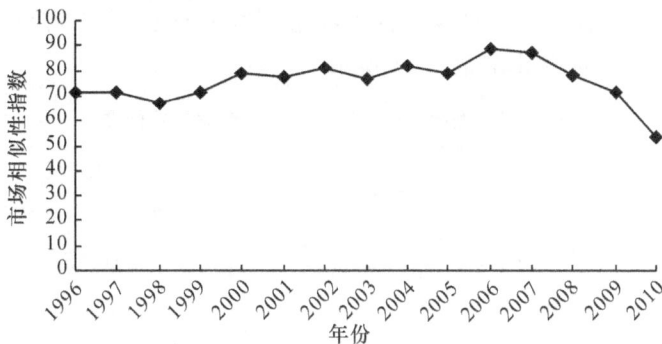

图 4-28 1996—2010 年闽台水产品市场相似性指数变动状况

由图 4-28 可见,闽台水产品市场相似性总体较高,始终维持在 50 以上,但变化趋势呈先升后降态势:先由 1996 年的 71.78 上升到 2004 年的 82.20,后又持续下降,到 2010 年该指数下降到 53.66。主要原因是,2000 年以前福建的水产品出口高度集中于日本市场,而台湾在日本市场的集中度也较高,虽然闽台水产品的出口市场逐步分散,但目标市场始终为东盟、美国和韩国等市场,为此,闽台水产品市场相似性指数上升。2004 年后闽台水产品出口市场进一步分散,在福建出口市场中欧盟市场的比重上升,而台湾出口市场中大洋洲市场的比重上升,从而导致闽台的市场相似性指数开始下降。

虽然闽台水产品的市场相似性较高,但其产品相似性较低。因此,两者的竞争性仍然较小。同时,这也为两者联手开发世界水产品消费市场打下基础。

4.3.3 闽台水产品的互补性分析

贸易的互补性是指两国(地区)生产要素及其相应的商品差别较大,从而具有相互弥补的空间。国内外对于贸易互补性的评测方法主要包括贸易特化指数、贸易互补性指数以及产业内贸易指数。本书将利用这些研究方法考察闽台水产品之间的互补性。

4.3.3.1 闽台水产品的特化指数分析

贸易特化指数(trade specialization index,TSI)表示一个国家(地区)进出口贸易差额占进出口贸易总额的比重,其公式为

$$TSI_{mti} = \frac{X_{mti} - M_{mti}}{X_{mti} + M_{mti}} \tag{4-5}$$

式中,TSI_{mti} 表示福建对台湾在 i 类产品的贸易特化指数,X_{mti} 表示福建对台湾出口 i 类水产品的贸易额,M_{mti} 表示福建从台湾进口 i 类水产品的贸易额。TSI 的取值范围为 $-1 \leqslant TSI \leqslant 1$,台湾经济研究院根据 TSI 判断产品出口的专业化程度,具体的判定如表 4-11 所示。

表 4-11　根据 TSI 判定产品出口专业化的标准

判定标准	专业化程度
$0.75 \leqslant |TSI| \leqslant 1$	高度垂直分工(产业间互补)
$0.5 \leqslant |TSI| < 0.75$	垂直分工
$0.25 \leqslant |TSI| < 0.5$	水平分工
$0 \leqslant |TSI| < 0.25$	高度水平分工(产业内互补)

图 4-29 给出了闽台水产品的 TSI,在样本期内,福建对台湾水产品的 TSI 始终大于 0,说明福建水产品对台湾水产品有比较优势。

由图 4-29 获悉,2001 年以前,福建对台湾水产品的贸易特化指数呈现下降趋势,由产业间互补向产业内互补转换。1996 年的贸易特化指数为 0.93,福建较台湾有绝对的比较优势,互补形式为产业间互补,后该指数逐渐下降,

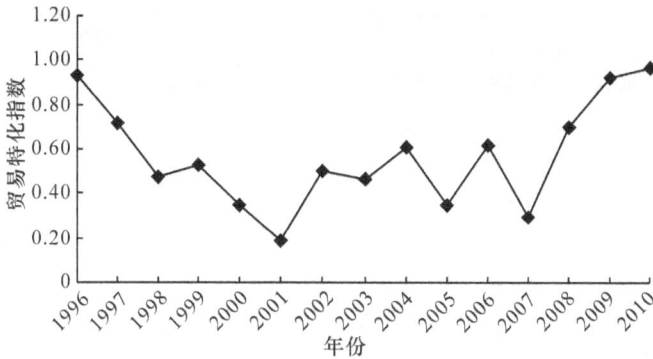

图 4-29　1996—2010 年闽台水产品贸易特化指数变动状况

2001 年的贸易特化指数是 0.19,这时闽台水产品贸易以产业内贸易为主。2001 年以后,该指数在波动中上升,到 2010 年,该指数达到 0.97,闽台水产品的贸易形式又重新回到完全产业间互补贸易的形式。

根据 1996—2010 年闽台水产品分种类持化指数(见表 4-12),以 2009 年为例,除了"珊瑚、贝壳和海绵"外,福建其他类水产品对台湾都具绝对竞争优势,TSI 均大于 0.75,闽台水产品呈现产业间互补的状态。

"鲜活冷藏冻鱼"的 TSI 呈现先降后升趋势,1996 年该指数为 0.97,为产业间互补,后持续下降,2005 年和 2007 年该指数分别是－0.03 和－0.01,为产业内互补,2010 年该指数反弹到 0.94,重新回到产业间互补状态。"干熏腌鱼"的 TSI 始终大于 0.75(1997 年除外),福建在该产品上对台湾始终有绝对的竞争优势。"鲜冷等甲壳软体类"和"鱼制品"的 TSI 波动较大,但在大多年份福建占有绝对优势。"甲壳软体制品"在 1996—2010 年的 TSI 都维持在 1 附近,福建占有绝对优势。

表 4-12　1996—2010 年闽台水产品分种类特化指数

年份	鲜活冷藏冻鱼	干熏腌鱼	鲜冷等甲壳软体类	鱼制品	甲壳软体制品	鱼油脂	鱼粉浆渣	珊瑚、贝壳和海绵	水生植物及产品	不可食用品
1996	0.97	1.00	0.96	NA	1.00	－1.00	NA	－1.00	1.00	1.00
1997	0.99	0.40	0.73	NA	1.00	NA	－0.82	－1.00	0.98	1.00
1998	0.85	1.00	0.39	1.00	1.00	－1.00	－0.99	－0.45	1.00	NA
1999	0.85	1.00	**0.25**	－1.00	1.00	NA	0.38	－0.92	0.98	－1.00
2000	0.90	1.00	**0.07**	NA	1.00	NA	1.00	－0.70	1.00	－1.00

续表

年份	鲜活冷藏冻鱼	干熏腌鱼	鲜冷等甲壳软体类	鱼制品	甲壳软体制品	鱼油脂	鱼粉浆渣	珊瑚、贝壳和海绵	水生植物及产品	不可食用品
2001	0.79	1.00	**−0.02**	NA	0.99	−1.00	−0.32	−1.00	0.99	−1.00
2002	0.92	1.00	**0.24**	−1.00	1.00	NA	1.00	−1.00	1.00	−1.00
2003	0.44	0.86	0.33	1.00	0.98	NA	1.00	−0.63	1.00	NA
2004	0.33	1.00	0.65	1.00	1.00	NA	1.00	−0.94	1.00	1.00
2005	**−0.03**	1.00	0.71	1.00	1.00	NA	1.00	−1.00	0.99	NA
2006	0.28	0.91	0.65	0.97	1.00	NA	1.00	−0.91	0.98	−0.75
2007	**−0.01**	1.00	**−0.16**	**0.07**	0.99	NA	1.00	−0.79	1.00	−0.93
2008	0.43	0.92	**0.07**	0.95	1.00	NA	1.00	−1.00	0.99	1.00
2009	0.86	0.90	0.97	0.94	0.99	NA	1.00	−1.00	1.00	1.00
2010	0.94	0.94	0.99	0.98	1.00	1.00	1.00	−0.84	0.98	−1.00

注:NA 表示当年没有贸易发生,黑体字表明水产品在该年度为产业内互补。

其他水产品的贸易额较小。其中,"鱼油脂"在闽台之间基本不存在贸易,"鱼粉浆渣"在大多年份占有绝对优势,对于"水生植物及产品",福建在样本期内都占有绝对优势。

总的来看,闽台水产品贸易主要以产业间互补为主,福建水产品在大多数产品中占有比较优势。

4.3.3.2　闽台水产品贸易互补性指数分析

贸易互补性指数(trade complementary index,TCI)是经济学家 Peter Drys-dale 在 Kojima 研究的基础上,提出的一种贸易互补性的测试工具,通常来衡量两国(地区)贸易的紧密程度。该指数大,说明两国(地区)互补性越强;反之,说明两国(地区)贸易互补性越不明显。贸易互补性指数的计算公式是

$$\text{TCI}_{ij}^{k} = \text{RCA}_{xik} \times \text{RCA}_{mjk} \tag{4-6}$$

式中,TCI_{ij}^{k} 表示 i 国(地区)和 j 国(地区)在 k 类产品的贸易互补性指数。RCA_{xik} 为 i 国(地区)k 类产品的显示性出口比较优势指数,RCA_{mjk} 为 j 国(地区)k 类产品的显示性进口比较优势指数,其公式分别为

$$\text{RCA}_{xik} = \frac{X_{ik}/X_{it}}{X_{wk}/X_{wt}}; \tag{4-7}$$

$$\text{RCA}_{mjk} = \frac{M_{jk}/M_{jt}}{M_{wk}/M_{wt}} \tag{4-8}$$

式中，X_{ik}、X_{it}、X_{wk}、X_{wt} 分别表示 i 国（地区）k 类产品的出口额、i 国或地区所有产品的出口额、世界 k 类产品的出口额、世界所有产品的出口额；M_{jk}、M_{jt}、M_{wk}、M_{wt} 则分别表示 j 国（地区）k 类产品的进口额、j 国（地区）所有产品的进口额、世界 k 类产品的进口额、世界所有产品的进口额。

（1）闽台水产品贸易互补性指数的总体分析

根据 1996—2009 年闽台各自对外水产品贸易和世界农产品进出口数据，分别计算出以福建为出口方和以台湾为出口方的闽台水产品贸易互补性指数，结果如图 4-30 所示。由图 4-30 可知，从总体水产品角度分析，不论以福建为出口方，还是以台湾为出口方，其互补性指数在样本期内均大于 1，表明闽台水产品有很强的互补性。

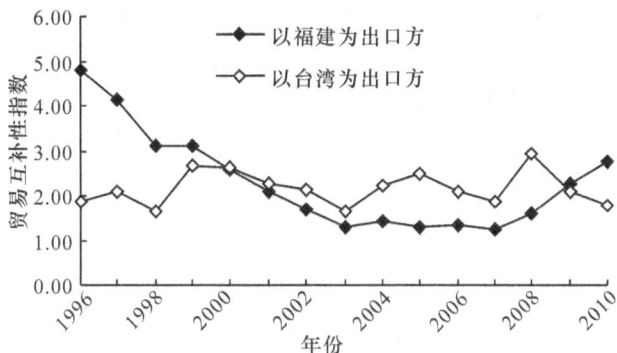

图 4-30　1996—2010 年闽台水产品贸易互补性指数变动状况

以福建为出口方、台湾为进口方的贸易互补性指数呈现明显的先降后升的走势，1996 年的 TCI 为 4.81，而后持续下降，经 2005 年 1.27 的拐点后逐年攀升至 2010 年的 2.74。以台湾为出口方、福建为进口方的贸易互补性指数在样本期内基本保持平稳，始终在 1.6～2.7 波动。从总体的发展变化看，两者有逐步趋同的趋向，说明闽台水产品贸易关系越来越紧密，台湾对福建的出口依赖和进口依赖以及福建对台湾的出口依赖和进口依赖正趋于相同。这种走势也说明闽台水产品的互补性具有持久性并不断改善，符合两地的渔业资源禀赋，比较优势具有稳定性和发展性的特点。

（2）闽台分种类水产品贸易互补性指数变动状况

表 4-13 为 1996—2010 年以福建为出口方、台湾为进口方的闽台分种类水产品贸易互补性指数。由表 4-13 可知，"水生植物及产品"和"鱼制品"的 TCI 在样本期内始终大于 1，"珊瑚、贝壳和海绵"的 TCI 在样本期内的绝大部

分年份大于 1,这些产品在闽台水产品贸易中具有互补性(以福建出口对台湾进口的互补)。"干熏腌鱼""鱼油脂""鱼粉浆渣"以及"鲜活冷藏冻鱼"的 TCI 在样本期内的所有年份或绝大多数年份小于 1,表明这些产品在闽台水产品贸易中缺乏互补性。"鲜冷等甲壳软体类"的 TCI 走势呈现先下降后上升的状态,由 1996 年开始逐年下滑,达到 2005 年的最低点 0.25,后持续上升,2009 年激增到 3.11。"甲壳软体制品"的 TCI 呈现持续上升的趋势,由 1996 年的 0.49 持续上升到 2008 年的最高值 6.02,表明该产品的互补性逐渐增强。"不可食用品"的 TCI 由 2006 年的 0.73 激增到 2009 年的 14.08。"甲壳软体制品"和"不可食用品"类产品的互补性正不断增强。

表 4-13　1996—2010 年以福建为出口方、台湾为进口方的闽台分种类水产品贸易互补性指数

年份	鲜活冷藏冻鱼	干熏腌鱼	鲜冷等甲壳软体类	鱼制品	甲壳软体制品	鱼油脂	鱼粉浆渣	珊瑚、贝壳和海绵	水生植物及产品	不可食用品
1996	0.83	0.10	1.22	8.27	0.49	0.00	0.55	1.09	23.97	0.02
1997	0.80	0.11	1.64	7.32	0.43	0.18	0.65	2.61	26.00	0.01
1998	0.55	0.07	1.22	5.77	0.47	0.04	0.36	0.56	22.85	0.00
1999	0.57	0.06	0.94	5.72	0.29	0.01	0.27	0.61	21.36	0.00
2000	0.50	0.07	0.85	4.90	0.51	0.04	0.52	0.65	11.45	0.11
2001	0.49	0.06	0.63	3.15	0.98	0.00	0.22	1.42	20.85	0.09
2002	0.46	0.12	0.50	2.24	1.25	0.00	0.06	0.68	15.67	0.09
2003	0.34	0.11	0.34	1.67	3.36	0.00	0.14	0.70	14.09	0.00
2004	0.28	0.05	0.29	2.26	3.70	0.01	0.27	0.75	12.32	0.01
2005	0.25	0.05	0.25	1.97	5.11	0.01	0.11	1.36	21.40	0.35
2006	0.32	0.09	0.31	1.88	4.41	0.00	1.38	1.68	25.10	0.73
2007	0.28	0.04	0.25	1.50	4.29	0.40	0.77	2.20	33.97	5.79
2008	0.45	0.06	0.35	1.26	6.02	0.40	0.37	2.86	21.86	17.03
2009	1.08	0.08	3.11	1.34	3.29	0.10	0.70	15.45	22.37	14.08
2010	1.34	0.13	2.83	1.72	6.18	0.37	0.14	10.08	20.97	0.14

　　总的来看,TCI 大于 1 的产品种类越来越多,可见,以福建出口对台湾进口的水产品互补性越来越强。

　　表 4-14 给出了 1996—2010 年以台湾为出口方、福建为进口方的闽台分种类水产品贸易互补性指数。由表 4-14 可以看出,以台湾为出口方、福建为

进口方的水产品互补的种类较以福建为出口方、台湾为进口方的少,仅有"鱼粉浆渣"在大多年份的贸易互补性指数大于 1 及"鲜活冷藏冻鱼""珊瑚、贝壳和海绵"和"水生植物及产品"的贸易互补性指数在某些年份大于 1 外,其他各类水产品的贸易互补性指数在样本期内的所有年份均小于 1。

从总体上看,台湾的出口与福建的进口的互补度不高。这主要是由于福建进口的水产品种类为"鱼粉浆渣",作为鱼饲料的原料,而台湾出口的水产品种类主要是食用水产品。

表 4-14 1996—2010 年以台湾为出口方、福建为进口方的闽台分种类水产品贸易互补性指数

年份	鲜活冷藏冻鱼	干熏腌鱼	鲜冷等甲壳软体类	鱼制品	甲壳软体制品	鱼油脂	鱼粉浆渣	珊瑚、贝壳和海绵	水生植物及产品	不可食用品
1996	1.27	0.00	0.13	0.00	0.00	0.98	2.99	0.65	0.11	0.05
1997	1.96	0.05	0.18	0.00	0.00	0.19	1.09	0.75	0.20	0.00
1998	1.26	0.03	0.14	0.01	0.00	0.05	1.05	1.06	0.36	0.00
1999	3.71	0.02	0.21	0.00	0.00	0.02	2.72	1.58	0.17	0.00
2000	1.08	0.02	0.24	0.00	0.00	0.11	1.59	0.60	0.37	0.02
2001	0.45	0.02	0.20	0.00	0.00	0.05	2.39	0.55	0.68	0.00
2002	0.23	0.02	0.13	0.00	0.00	0.03	2.34	0.94	0.73	0.00
2003	0.22	0.01	0.09	0.00	0.00	0.02	1.87	1.95	1.64	0.00
2004	0.52	0.01	0.09	0.04	0.00	0.02	2.04	1.49	2.05	0.00
2005	0.83	0.02	0.07	0.03	0.00	0.04	1.44	1.97	1.65	0.07
2006	0.72	0.01	0.12	0.04	0.00	0.04	1.49	0.82	1.99	0.30
2007	1.08	0.01	0.23	0.03	0.00	0.06	0.84	1.48	1.96	0.19
2008	1.71	0.02	0.33	0.01	0.00	0.26	1.34	1.75	2.42	0.01
2009	0.99	0.01	0.16	0.01	0.01	0.26	0.90	0.89	4.02	0.01
2010	0.53	0.01	0.08	0.01	0.00	0.14	0.60	0.40	4.79	0.01

4.3.2.3 闽台水产品产业内贸易指数分析

福建与台湾水产品的产品种类相似性较低,这说明闽台水产品贸易可能以产业间贸易为主,而贸易特化指数的研究结果也得出了相似的结论。这种贸易状况主要体现两者在要素禀赋差异基础上的互通有无,本书将从产业内贸易的角度出发深入研究闽台水产品的贸易形式,以进一步了解闽台水产品贸易的互补性。

Grubel-Lloyd 产业内贸易指数(简称 G-L 指数),从静态的角度分析了一个国家(地区)在一段时间的产业内贸易水平,其计算公式为

$$GLIIT_i = 1 - \frac{|X_i - M_i|}{X_i + M_i} \tag{4-9}$$

式中,$GLIIT_i$ 表示某一特定产品 i 的产业内贸易指数;X_i 和 M_i 分别表示第 i 类产品的出口额和进口额,该指数在 0~1 变动,越接近 1,表明产业内贸易比重越大。国际上把产业内贸易指数在 0.8 以上的商品作为以产业内贸易为主的商品。

$$GLIIT = \sum_{i=1}^{n} m_i GLIIT_i \tag{4-10}$$

式中,GLIIT 为一定时期水产品总体产业内贸易指数,m_i 为第 i 类水产品贸易权重,即 $(X_i + M_i)/(X + M)$,X 和 M 分别表示水产品出口额和进口额。0.5 是临界点,GLIIT 大于 0.5 表示产业内贸易占优势,小于 0.5 表示产业间贸易占优势。

表 4-15 给出了 1996—2010 年闽台分种类水产品的产业内贸易指数。由表 4-15 可知,闽台水产品贸易存在产业间和产业内贸易并存的现象,但以产业间贸易为主。其中,"鲜冷等甲壳软体类"存在产业内贸易的年份最多,为 8 年;"鲜活冷藏冻鱼"在 2003—2008 年存在产业内贸易,其余年份均为产业间贸易。"鱼制品"在 2007 年、"鱼粉浆渣"在 1999 年和 2001 年以及"珊瑚、贝壳和海绵"在 1998 年存在产业内贸易,其余种类产品在其余年份均为产业间贸易。

表 4-15　1996—2010 年闽台分种类水产品产业内贸易指数

年份	鲜活冷藏冻鱼	干熏腌鱼	鲜冷等甲壳软体类	鱼制品	甲壳软体制品	鱼油脂	鱼粉浆渣	珊瑚、贝壳和海绵	水生植物及产品	不可食用品
1996	0.03	0.00	0.04	NA	0.00	0.00	NA	0.00	0.00	0.00
1997	0.01	**0.60**	0.27	NA	0.00	NA	0.18	0.00	0.02	0.00
1998	0.15	0.00	**0.61**	NA	0.00	0.00	0.01	**0.55**	0.00	NA
1999	0.15	0.00	**0.75**	NA	0.00	NA	**0.62**	0.08	0.02	0.00
2000	0.10	0.00	**0.93**	NA	0.00	NA	0.00	0.30	0.00	0.00
2001	0.21	0.00	**0.98**	NA	0.01	0.00	**0.68**	0.00	0.01	0.00
2002	0.08	0.00	**0.76**	0.00	0.00	NA	0.00	0.00	0.00	0.00

续表

年份	鲜活冷藏冻鱼	干熏腌鱼	鲜冷等甲壳软体类	鱼制品	甲壳软体制品	鱼油脂	鱼粉浆渣	珊瑚、贝壳和海绵	水生植物及产品	不可食用品
2003	**0.56**	0.14	**0.67**	0.00	0.02	NA	0.00	0.37	0.00	NA
2004	**0.67**	0.00	0.35	0.00	0.00	NA	0.00	0.06	0.00	0.00
2005	**0.97**	0.00	0.29	0.00	0.00	NA	0.00	0.00	0.01	NA
2006	**0.72**	0.09	0.35	0.03	0.00	NA	0.00	0.09	0.02	0.25
2007	**0.99**	0.00	**0.84**	**0.93**	0.01	NA	0.00	0.21	0.00	0.07
2008	**0.57**	0.08	**0.93**	0.05	0.00	NA	0.00	0.00	0.01	0.00
2009	0.14	0.10	0.03	0.06	0.01	NA	0.00	0.00	0.00	0.00
2010	0.06	0.06	0.01	0.02	0.00	0.00	0.00	0.16	0.02	0.00

注:NA 表示当年没有贸易发生,黑体字表示贸易形式为产业内贸易。

如图 4-31 所示,闽台水产品产业内贸易总体表现为先上升后下降的基本走势,其加权的产业内贸易指数从 1996 年的 0.03 上升到 2000 年的 0.64,后波动下滑,2010 年该指数下降到 0.03。可见,闽台水产品贸易先是以产业间贸易为主,后虽然产业内贸易的成分不断增加,但产业间贸易仍然为两者的主要贸易形式;之后,产业间贸易成分又不断增加。可见,产业间贸易为闽台水产品贸易的主要贸易形式。无加权的产业内贸易指数要高于加权的产业内贸易指数,究其原因是占水产品进出口比重大的水产品种类的产业内贸易水平比较低,而占贸易比重较小的水产品种类产业内贸易水平更高。这进一步表明闽台水产品贸易以产业间贸易为主要形式,要素禀赋是闽台水产品产业分工的基础。

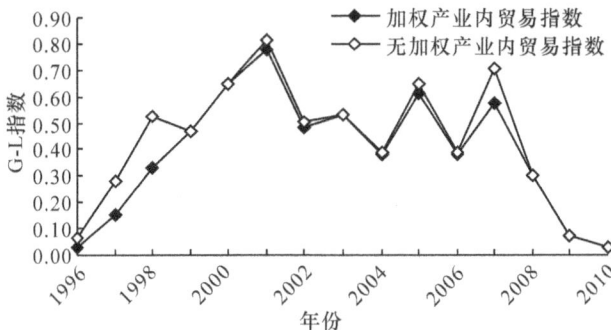

图 4-31　1996—2010 年闽台水产品 G-L 指数变动状况

4.4 本章主要结论

通过对世界、福建与台湾水产品生产与贸易状况分析,本章得出以下五个主要结论:

(1)从世界水产品生产与贸易的分析可知,发展中国家是水产品的主要生产国,世界水产品产量的增长主要依赖于养殖水产品的增长。世界水产品贸易流向主要从发展中国家流向发达国家。从水产品的出口结构看,生鲜水产品占据着重要地位,此外,随着水产品加工技术和世界消费水平的不断提高,深加工品的贸易地位不断上升,而初加工品的贸易地位不断下滑。水产品的进口市场主要集中在发达国家,而出口市场为广大的发展中国家,因此进口市场必然相对集中,出口市场则较分散,这使得出口市场之间的竞争较为激烈。

(2)随着水产养殖业的快速发展,福建水产品产量增长迅速。台湾水产品主要来源于远洋捕捞业,2008年后增长缓慢,甚至出现下滑。

(3)福建水产品贸易额不断上升,顺差不断扩大,而台湾水产品的顺差不断缩小,贸易依存度高于福建。

(4)福建水产品出口结构表现为产品均匀化和市场集中度下降的特征,而台湾则表现为出口产品结构高度集中于鱼类产品,市场集中度下降的特征。福建与台湾在国际水产品出口市场中的地位都较低,在国际市场上属于"轻量级选手"。

(5)从相似性角度分析,闽台水产品的产品种类相似性较低,而市场相似性较高。从闽台水产品互补性分析可知,闽台水产品互补性很强,互补形式以产业间互补为主。

第5章 闽台水产品国际竞争力
结果分析:竞争业绩

本章将在第4章的基础上,探讨闽台水产品国际竞争力状况。本章围绕第3章水产品国际竞争力理论分析框架中的"竞争力结果分析",即"竞争业绩"(performance),从市场份额、净出口情况和出口结构三个层面来评价闽台水产品国际竞争力,并对闽台水产品在日本、美国、韩国、东盟、欧盟以及中国香港的市场占有率做横向比较,考察闽台水产品在这些市场的占有率变动状况。

5.1 市场份额反映的水产品国际竞争力

正如第3章分析的那样,市场份额反映的竞争力评测指标有国际市场占有率、出口优势变差指数以及显示性比较优势指数,以下将围绕这三个方面考察闽台水产品国际竞争力状况。

5.1.1 闽台水产品国际市场占有率比较

国际市场占有率(market share,MS)是指一个国家(地区)某类产品出口额占世界该类产品出口总额的比重。它是反映国际竞争力结果的最直接和最简单的指标。该比重高说明该类产品的国际竞争力强,反之,则表示竞争力弱。计算公式为

$$MS_{ij} = (X_{ij}/X_{wj}) \times 100\% \qquad (5\text{-}1)$$

式中,MS_{ij} 是 i 国(地区)第 j 类水产品的国际市场占有率,X_{ij} 是 i 国(地区)第 j 种水产品的出口额,X_{wj} 是世界第 j 种水产品的出口总额。

5.1.1.1 闽台水产品国际市场占有率总体比较

图 5-1 给出了 1996—2010 年闽台水产品国际市场占有率变动状况。从图 5-1 可以看出,福建水产品国际市场占有率在 2003 年以前处于缓慢下降的状态,由 1996 年的 1.72% 逐步下滑到 2003 年的 0.90%;2003 年后国际市场占有率呈现上升走势,2009 年,其国际市场占有率为 1.77%,并超过台湾,2010 年占有率进一步上升到 2.81%。台湾水产品国际市场占有率始终表现为下降趋势,1996 年台湾水产品的国际市场占有率为 3.73%,是同年福建水产品国际市场占有率的 2.17 倍,随后国际市场占有率逐步萎缩,2009 年台湾水产品国际市场占有率仅为 1.29%,是 1996 年的 34.58%。国际市场占有率的变化表明福建水产品在国际市场的竞争力逐渐增强,而台湾水产品则逐渐减弱。

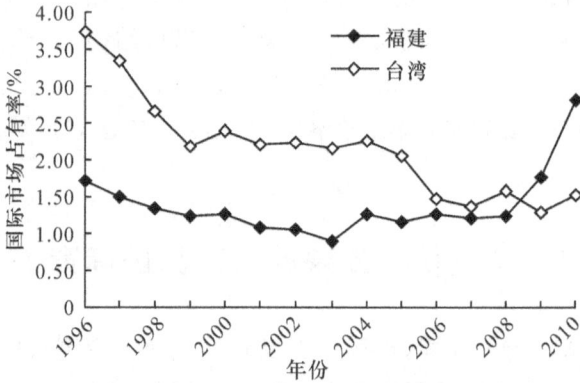

图 5-1　1996—2010 年闽台水产品国际市场占有率变动状况

5.1.1.2 闽台分种类水产品国际市场占有率比较

表 5-1 给出了 1996—2010 年福建分种类水产品国际市场占有率。由表 5-1 可知,福建水产品中占有率较高的水产品种类有"鲜活冷藏冻鱼""鲜冷等甲壳软体类""鱼制品""甲壳软体制品"及"水生植物及产品",其在 2010 年国际市场占有率分别为 2.24%、2.29%、4.70%、8.17% 及 4.01%。其中,"鲜活冷藏冻鱼""鲜冷等甲壳软体类""甲壳软体制品"及"水生植物及产品"的市场占有率表现为逐步上升趋势,分别从 1996 年的 0.51%、0.63%、0.22% 和 1.17% 上升到 2010 年的 2.24%、2.29%、8.17% 和 4.01%,而"鱼制品"的市场占有率则不断下滑,由 1996 年的 10.95% 下降到 2010 年的 4.70%。而其他类水产品,如"鱼油脂""鱼粉浆渣"和"珊瑚、贝壳和海绵"等的国际市场

占有率长期处于极低的状态。

表 5-1　1996—2010 年福建分种类水产品国际市场占有率

单位：%

年份	鲜活冷藏冻鱼	干熏腌鱼	鲜冷等甲壳软体类	鱼制品	甲壳软体制品	鱼油脂	鱼粉浆渣	珊瑚、贝壳和海绵	水生植物及产品	不可食用品
1996	0.51	0.54	0.63	10.95	0.22	0.00	0.02	0.09	1.17	0.00
1997	0.51	0.48	0.63	9.77	0.17	0.06	0.03	0.19	1.49	0.00
1998	0.37	0.30	0.48	9.25	0.21	0.02	0.02	0.08	1.20	0.01
1999	0.39	0.20	0.36	8.60	0.14	0.00	0.01	0.07	1.29	0.00
2000	0.37	0.21	0.43	9.67	0.28	0.02	0.03	0.07	0.97	0.09
2001	0.44	0.22	0.34	6.93	0.59	0.00	0.01	0.17	1.42	0.07
2002	0.48	0.46	0.33	6.13	1.06	0.00	0.00	0.07	1.38	0.00
2003	0.39	0.29	0.28	3.94	2.58	0.00	0.01	0.07	1.42	0.00
2004	0.47	0.18	0.29	6.05	3.72	0.01	0.03	0.14	1.60	0.01
2005	0.44	0.14	0.25	4.67	4.14	0.00	0.01	0.33	2.38	0.28
2006	0.63	0.13	0.30	4.22	4.32	0.00	0.15	0.48	3.05	0.75
2007	0.51	0.11	0.20	3.86	4.67	0.16	0.11	0.37	3.44	4.84
2008	0.63	0.13	0.18	2.50	5.72	0.15	0.06	0.18	2.64	12.18
2009	1.37	0.20	1.83	2.83	3.66	0.04	0.10	0.67	2.68	12.08
2010	2.24	0.40	2.29	4.70	8.17	0.15	0.03	0.55	4.01	0.12

　　表 5-2 给出了台湾分种类水产品国际市场占有率。台湾水产品国际市场占有率最高的水产品为"鲜活冷藏冻鱼"类，2010 年其国际市场占有率为 2.89%。

　　在变化趋势方面，1996—2010 年台湾几乎所有种类水产品的国际市场占有率都在萎缩。"鲜活冷藏冻鱼""干熏腌鱼"和"鲜冷等甲壳软体类"这 3 类生鲜产品和初加工品的国际市场占有率平稳下降，分别由 1996 年的 6.73%、0.36% 和 1.04% 下降到 2010 年的 2.89%、0.20% 和 0.33%。水产品深加工品的国际市场占有率也同样呈现下滑走势："鱼制品"国际市场占有率下降迅速，由 1996 年的 4.10% 下降到 1999 年的 0.61%，后有所波动，2010 年该类产品市场占有率为 0.72%；"甲壳软体制品"市场占有率由 1996 年的 0.37% 平稳下降到 2007 年的 0.16%，后有所回升，2010 年其市场占有率为 0.30%；"鱼油脂"和"鱼粉浆渣"的占有率分别从 1996 年的 0.59% 和 0.31% 迅速下降到 2010 年 0.04% 和 0.03%。其他类水产品的国际市场份额也表现出不同程度的下降,如"水生植物及产品"的国际市场占有率由 1996 年的 4.57% 下滑到 2010 年的 0.74%。

表 5-2　1996—2010 年台湾分种类水产品国际市场占有率

单位:%

年份	鲜活冷藏冻鱼	干熏腌鱼	鲜冷等甲壳软体类	鱼制品	甲壳软体制品	鱼油脂	鱼粉浆渣	珊瑚、贝壳和海绵	水生植物及产品	不可食用品
1996	6.73	0.36	1.04	4.10	0.37	0.59	0.31	1.79	4.57	0.31
1997	6.07	0.47	0.97	2.57	0.44	0.48	0.11	1.50	4.16	0.30
1998	5.14	0.25	0.86	1.24	0.36	0.30	0.08	2.00	3.47	0.23
1999	4.38	0.31	0.82	0.61	0.22	0.04	0.10	2.22	2.32	0.35
2000	4.79	0.28	0.60	2.66	0.20	0.07	0.10	1.45	1.48	0.43
2001	4.49	0.20	0.58	1.35	0.18	0.08	0.09	0.94	1.42	0.28
2002	4.65	0.25	0.66	1.01	0.19	0.05	0.10	1.30	1.18	0.24
2003	4.60	0.18	0.58	0.58	0.16	0.01	0.09	1.28	1.37	0.43
2004	4.65	0.21	0.46	1.25	0.13	0.01	0.08	1.04	1.53	0.41
2005	4.21	0.28	0.37	0.71	0.14	0.02	0.05	0.72	0.89	0.65
2006	2.93	0.28	0.43	0.41	0.12	0.01	0.05	0.56	0.76	0.46
2007	2.61	0.25	0.44	0.57	0.16	0.03	0.03	0.78	0.63	0.33
2008	3.08	0.18	0.48	0.50	0.22	0.13	0.03	0.89	0.62	0.33
2009	2.45	0.19	0.39	0.39	0.26	0.06	0.03	0.60	0.78	0.28
2010	2.89	0.20	0.33	0.72	0.30	0.04	0.03	0.23	0.74	0.58

　　由以上分析可知,福建水产品的国际市场占有率特征是:水产品深加工品的国际市场占有率较高,如"鱼制品""甲壳软体制品"以及"水生植物及产品"。台湾水产品国际市场占有率特征为:国际市场占有率较高的产品为"鲜活冷藏冻鱼""鱼制品""水生植物及产品",但市场份额都呈现下滑的走势。

5.1.2　闽台水产品出口优势变差指数比较

　　虽然国际市场占有率指标能较为准确地反映某地区国际竞争力的变化,但该指标仅仅反映该产品在某市场总量比例的下降,而不能反映这一产品相对强弱的变化,因此,不能对其发展趋势做出正确的评价(乔云霞,2005)。这就需要运用出口优势变差指数补充和论证以上结论。

　　出口优势变差指数(export advantage index,EAI)也称作增长率优势指

— 104 —

数，用来描述一定时期内不同产品的出口增长率与该国或地区总出口增长率之差。该指数越大，说明该类产品的竞争力越强，计算公式为

$$g = (G_i - G_t) \qquad (5\text{-}2)$$

式中，g 是第 i 种水产品的出口优势变差指数；G_i 为第 i 种水产品的出口增长率；G_t 为全部商品的出口增长率（本书中，在计算总体水产品时，G_t 指所有农产品的出口增长率；在分种类计算时，指所有水产品的出口增长率）。

5.1.2.1 闽台水产品出口优势变差指数总体比较

如图 5-2 所示，福建水产品出口增长率围绕其农产品的出口增长率上下波动，部分年份快于农产品出口增长率，部分年份则慢于农产品的出口增长率。但 2008 年以后，出口优势变差指数开始上升，2010 年其出口优势变差指数为 24.66%，表明水产品的出口增长速度比农产品出口增长速度高 24% 以上，水产品成为拉动福建农产品增长的动力因素。台湾水产品的出口增长速度在 2005 年以前要快于农产品出口增长速度（1999 年除外），但相对出口优势正在丧失，该指数从 1997 年的 34.36% 迅速下降到 2004 年的 5.42%；2005 年后，优势进一步丧失，2005—2010 年该指数仅在 2008 年大于零，表明台湾水产品面临着困境，成为阻碍其农产品出口增长的因素。

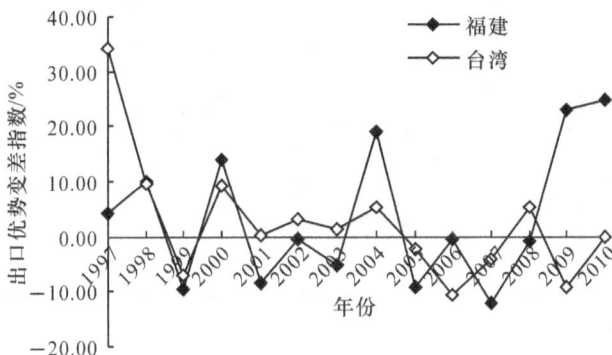

图 5-2　1997—2010 年闽台水产品出口优势变差指数变动状况

5.1.2.2 闽台分种类水产品出口优势变差指数比较

为进一步分析闽台水产品出口优势的变化，表 5-3 和表 5-4 分别展示了 1997—2010 年福建和台湾水产品分种类出口优势变差指数的变化。

福建方面（见表 5-3），"甲壳软体制品"的出口优势变差指数除了 1997 年和 2009 年为负值外，其他均为正值，表明出口额增长速度大于总体水产品出

口增长率。

其他类水产品的出口增长率则围绕总体水产品出口增长率上下波动。其中,2005 年以后,"鲜活冷藏冻鱼"和"鲜冷等甲壳软体类"的出口增长率要高于总体水产品的出口增长率,成为拉动福建水产品增长的另外两个增长点。而其余水产品的出口增长率要低于水产品的总出口增长率。

表 5-3　1997—2010 年福建水产品分种类出口优势变差指数

单位:%

年份	鲜活冷藏冻鱼	干熏腌鱼	鲜冷等甲壳软体类	鱼制品	甲壳软体制品	鱼油脂	鱼粉浆渣	珊瑚、贝壳和海绵	水生植物及产品	不可食用品
1997	18.16	−7.36	6.32	−4.31	−9.35	NA	180.91	67.07	46.50	−48.63
1998	−19.28	−19.68	−13.10	6.92	29.22	−53.70	6.71	−59.44	−21.60	478.87
1999	10.71	−41.30	−16.36	1.21	1.06	−95.75	−62.14	−13.25	13.91	−99.96
2000	−13.37	−3.82	28.11	−1.85	116.84	636.60	235.11	14.70	−29.10	13319.37
2001	40.50	24.27	−9.06	−8.60	125.23	−87.29	−48.84	117.50	55.05	−2.46
2002	8.29	102.64	−0.66	−8.72	83.34	NA	−63.47	−63.50	−1.67	−101.52
2003	−3.41	−26.33	−2.61	−20.57	186.19	NA	130.98	27.82	14.15	95.22
2004	−19.21	−85.35	−49.27	14.56	11.65	NA	123.64	49.22	−31.59	22.52
2005	7.18	−21.46	−13.13	−12.71	24.56	−23.20	−46.55	197.00	60.67	5022.45
2006	38.32	−21.86	7.70	−17.75	1.93	−122.22	1254.43	39.16	19.97	173.06
2007	−14.48	−5.47	−30.33	1.42	9.14	NA	−26.10	−33.51	12.62	808.76
2008	22.39	22.46	−20.23	−31.46	21.15	43.04	−56.40	−60.44	−20.38	176.53
2009	77.34	−5.09	840.77	−39.73	−80.23	−119.51	61.73	157.41	−47.12	−42.38
2010	5.88	48.91	−35.46	−2.08	71.37	316.23	−136.95	−51.93	−4.97	−168.58

注:NA 表示当年没有贸易发生。

台湾方面(见表 5-4),"鲜活冷藏冻鱼"的出口增长率在 2003 年以前的绝大多数年份大于各类水产品出口总额的增长速度(2000 年除外),成为拉动台湾水产品出口增长的主要产品,但出口优势正逐步丧失。2003 年以后其指数大多小于 0,成为阻碍台湾水产品出口增长的因素。

2004 年后,"干熏腌鱼""甲壳软体制品"的出口增长率在绝大多数年份高于总体水产品出口增长率,2009 年这两类水产品的出口优势变差指数分别为17.07%和 26.96%,成为拉动台湾水产品增长的主要力量。2010 年"鱼制品""不可食用品"的出口优势变差指数分别高达 62.81%和 63.45%,成为拉动台湾水产品增长的另外两个增长点。

台湾其他各类水产品的出口增长率都围绕总体水产品的出口增长率上下波动。可见拉动台湾水产品出口增长的水产品种类正由生鲜水产品向水产加工品转换。

从以上分析可知,"甲壳软体制品"是长期拉动福建水产品增长的优势水产品。2005 年以后,"鲜活冷藏冻鱼"和"鲜冷等甲壳软体类"等生鲜产品成为拉动福建水产品增长的另外两个增长点。台湾的主要出口产品——生鲜水产品,如"鲜活冷藏冻鱼"和"甲壳软体制品"失去原有的出口优势,取而代之的是"干熏腌鱼""甲壳软体制品""鱼制品"和"不可食用品"等水产加工品。

表 5-4　1997—2010 年台湾水产品分种类出口优势变差指数

单位:%

年份	鲜活冷藏冻鱼	干熏腌鱼	鲜冷等甲壳软体类	鱼制品	甲壳软体制品	鱼油脂	鱼粉浆渣	珊瑚、贝壳和海绵	水生植物及产品	不可食用品
1997	5.32	32.52	−2.49	−33.05	31.58	3.61	−38.01	−30.39	4.61	−6.84
1998	2.98	−22.24	8.63	−34.01	−1.43	−10.34	21.16	29.03	−9.87	7.71
1999	0.11	27.16	20.09	−37.22	6.27	−80.73	20.08	22.78	−19.45	59.32
2000	−5.73	−24.32	−32.95	306.03	−20.20	20.06	−48.14	−39.78	−48.25	5.31
2001	5.59	−22.87	−0.05	−39.13	−6.09	49.46	68.50	−37.85	−2.04	−28.33
2002	0.65	21.39	13.58	−26.31	8.13	−32.43	13.69	30.01	−19.70	−22.40
2003	3.69	−30.94	−10.33	−41.56	−12.81	−79.86	−26.86	8.26	15.28	97.00
2004	−1.02	20.98	−34.91	125.60	−17.48	−9.93	−12.32	−28.29	8.05	−19.14
2005	3.52	38.10	−16.06	−36.03	16.62	96.08	−30.47	−13.55	−36.69	48.98
2006	−2.18	27.55	43.12	−11.86	23.30	−15.75	29.82	5.21	14.36	−0.99
2007	−3.09	5.55	8.14	55.29	39.35	275.48	−35.24	23.77	−15.42	1.01
2008	2.71	−50.66	−14.93	−17.90	19.49	617.87	−7.82	−10.40	−9.33	−11.24
2009	−0.08	17.07	2.06	−11.90	26.96	−44.24	14.85	−22.74	32.70	3.61
2010	0.58	−10.30	−37.09	62.81	−2.47	−56.35	−17.58	−70.52	−21.31	63.45

5.1.3　闽台水产品显示性比较优势指数比较

在评价一个国家(地区)的国际竞争力时,应该要将比较优势和竞争优势统一起来考察竞争力问题,竞争优势的确立离不开比较优势的发挥,发展中国家要建立自己的竞争优势只有充分依靠和发挥自己的比较优势(林毅夫和李永军,2003)。而判断一个产品比较优势强弱的指标主要为显示性比较优势

(revealed comparative advantage,RCA)指数。

显示性比较优势指数是指一个国家(地区)某类产品出口占其出口总值的份额与世界该类产品占世界出口份额的比率。一般认为,当 RCA≥2.5 时,表明该国(地区)的出口产品极具竞争力;当 1.25≤RCA<2.5 时,表明该国(地区)该产品具有较强的竞争力;当 0.8≤RCA<1.25 时,表明该国(地区)该类水产品具有中度的竞争力;当 RCA<0.8 时,则表明该类产品的竞争力较弱。用公式表示为

$$RCA_{ij} = \frac{X_{ij}/X_{it}}{X_{wj}/X_{wt}} \tag{5-3}$$

式中,RCA_{ij} 为 i 国(地区)j 类水产品的显示性比较优势指数;X_{ij} 为 i 国(地区)j 类水产品的出口总额;X_{it} 为 i 国(地区)所有产品的出口总额;X_{wj} 为世界 j 类水产品的出口总额;X_{wt} 为世界所有产品的出口总额。

5.1.3.1 闽台水产品显示性比较优势指数总体比较

总的来看,福建水产品在所有年份的 RCA 指数均大于 2.5(见图 5-3),表现出极强的竞争力;台湾该指数则在大多数年份介于 0.8 和 1.25 之间,表现为中度竞争力。

在变动趋势方面,2002 年以前,福建水产品 RCA 指数呈现下降趋势,从 1996 年的 8.92 下降到 2002 年的 3.78;2002 年后,该指数逐步攀升,2010 年攀升至 5.41。主要原因是 2006 年以前,福建商品出口总额快速上升,从 1996 年的 83.82 亿美元上升到 2006 年的 412.62 亿美元,而水产品出口增长率不及所有商品的出口增长率。台湾水产品显示性比较优势指数则呈现缓慢下降的走势,从 1996 年的 1.38 下降到 2010 年的 0.76,台湾水产品出口比较优势正逐步丧失。

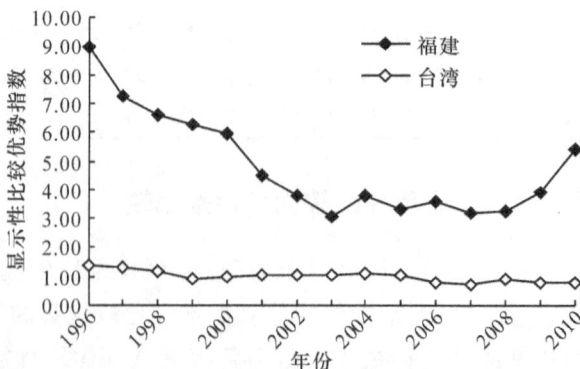

图 5-3　1996—2010 年闽台水产品显示性比较优势指数变动状况

5.1.3.2　闽台分种类水产品显示性比较优势指数比较

表 5-5 给出了 1996—2010 年福建分种类水产品 RCA 指数。

在生鲜产品方面,"鲜活冷藏冻鱼"的 RCA 指数在绝大多数年份均保持在 1.25～2.5,具有较强的竞争力;"鲜冷等甲壳软体类"该指数呈现先降后升的走势,但近两年急剧上升至 4.42,福建此类产品的比较优势正在恢复。

在加工品方面,福建水产品的初加工品"干熏腌鱼"的比较优势正在丧失,2000 年后该类产品的 RCA 指数大都维持在 0.8 以下。水产品深加工品"鱼制品""甲壳软体制品"和"水生植物及产品"的该指数在 2000 年后始终大于 2.5,具有极强的竞争力。

其他类产品,如"鱼油脂""鱼粉浆渣"等的该指数始终小于 0.8,竞争力极弱。

表 5-5　1996—2010 年福建分种类水产品显示性比较优势指数

年份	鲜活冷藏冻鱼	干熏腌鱼	鲜冷等甲壳软体类	鱼制品	甲壳软体制品	鱼油脂	鱼粉浆渣	珊瑚、贝壳和海绵	水生植物及产品	不可食用品
1996	2.64	2.81	3.25	56.85	1.13	0.00	0.10	0.48	6.09	0.02
1997	2.44	2.28	3.00	46.90	0.83	0.27	0.16	0.91	7.16	0.01
1998	1.84	1.50	2.40	46.13	1.03	0.10	0.11	0.39	6.00	0.06
1999	1.98	1.00	1.83	43.71	0.69	0.01	0.06	0.35	6.57	0.00
2000	1.73	0.97	2.00	45.25	1.29	0.09	0.15	0.34	4.53	0.41
2001	1.86	0.93	1.45	29.21	1.26	0.00	0.05	0.72	6.00	0.30
2002	1.69	1.64	1.19	21.85	3.76	0.00	0.02	0.25	4.91	0.01
2003	1.32	1.00	0.95	13.49	8.83	0.00	0.04	0.25	4.87	0.01
2004	1.39	0.53	0.86	18.06	11.12	0.02	0.08	0.41	4.77	0.02
2005	1.25	0.39	0.70	13.32	11.81	0.00	0.00	0.93	6.80	0.80
2006	1.78	0.35	0.83	11.87	12.16	0.00	0.42	1.35	8.57	2.10
2007	1.35	0.28	0.54	10.19	12.34	0.41	0.29	0.98	9.09	12.80
2008	1.68	0.36	0.49	6.70	15.34	0.40	0.15	0.50	7.07	32.65
2009	3.06	0.44	4.08	6.32	8.16	0.08	0.22	1.49	5.98	26.94
2010	4.31	0.77	4.42	9.05	15.73	0.29	0.06	1.05	7.71	0.23

表 5-6 给出了 1996—2010 年台湾分种类水产品 RCA 指数。从表 5-6 可以看出,台湾仅在"鲜活冷藏冻鱼"和"水生植物及产品"上具备比较优势,但该优势正逐步丧失,两类产品的 RCA 指数分别从 1996 年的 2.49 和 1.69 下降到 2010 年的 1.45 和 0.37。

表 5-6 1996—2010 年台湾分种类水产品显示性比较优势指数

年份	鲜活冷藏冻鱼	干熏腌鱼	鲜冷等甲壳软体类	鱼制品	甲壳软体制品	鱼油脂	鱼粉浆渣	珊瑚、贝壳和海绵	水生植物及产品	不可食用品
1996	2.49	0.13	0.39	1.52	0.14	0.22	0.12	0.66	1.69	0.11
1997	2.40	0.19	0.39	1.02	0.18	0.19	0.04	0.60	1.65	0.12
1998	2.27	0.11	0.38	0.55	0.16	0.13	0.04	0.88	1.53	0.10
1999	1.86	0.13	0.35	0.26	0.09	0.02	0.04	0.94	0.99	0.15
2000	1.90	0.11	0.24	1.00	0.08	0.03	0.02	0.57	0.59	0.17
2001	2.09	0.09	0.27	0.63	0.08	0.04	0.04	0.44	0.66	0.13
2002	2.13	0.12	0.30	0.46	0.08	0.02	0.06	0.59	0.54	0.11
2003	2.21	0.09	0.28	0.28	0.08	0.01	0.04	0.61	0.66	0.21
2004	2.24	0.10	0.22	0.60	0.06	0.00	0.04	0.50	0.74	0.20
2005	2.11	0.14	0.19	0.35	0.07	0.01	0.04	0.36	0.45	0.33
2006	1.52	0.14	0.22	0.21	0.06	0.00	0.02	0.29	0.39	0.24
2007	1.40	0.14	0.23	0.30	0.08	0.00	0.02	0.42	0.34	0.18
2008	1.84	0.11	0.29	0.30	0.13	0.08	0.02	0.53	0.37	0.20
2009	1.43	0.11	0.23	0.23	0.15	0.04	0.02	0.35	0.46	0.17
2010	1.45	0.10	0.16	0.36	0.13	0.02	0.01	0.12	0.37	0.29

其他类水产品则不具有比较优势,其中,"干熏腌鱼""鲜冷等甲壳软体类""甲壳软体制品"的 RCA 指数在样本期内的所有年份均小于 0.8,而"鱼制品"该指数在绝大多数年份小于 0.8。台湾在甲壳及软体类产品和鱼产品的深加工品上缺乏比较优势。

通过对闽台分种类水产品 RCA 指数的测算与分析得知:福建在生鲜水产品("鲜活冷藏冻鱼"和"鲜冷等甲壳软体类")表现出较强的竞争力,在水产品的深加工品("鱼制品""甲壳软体制品"以及"水生植物及产品")具备很强的比较优势,而水产品的初加工品"干熏腌鱼"的比较优势正在丧失。台湾仅在新鲜鱼产品方面拥有比较优势,但该优势正在丧失。

5.2　净出口情况反映的水产品国际竞争力

根据第 3 章的分析框架,下面将利用贸易竞争指数和显示性竞争优势指数评测净出口情况反映的闽台水产品国际竞争力。

5.2.1 闽台水产品贸易竞争指数比较

贸易竞争(trade competitiveness,TC)指数表示一个国家(地区)进出口贸易差额占进出口贸易总额的比重,即某一产业或产品的净出口额与其进出口总额之比。这个指标的优点是作为与贸易总额的相对值,它剔除了通货膨胀、经济膨胀等宏观总量方面波动的影响,即无论进出口的绝对量是多少,它均介于一1和1之间,用公式表示为

$$TC_{ij} = \frac{X_{ij} - M_{ij}}{X_{ij} + M_{ij}} \tag{5-4}$$

式中:TC_{ij} 表示 i 国(地区)j 类水产品的贸易竞争指数;X_{ij} 表示 i 国(地区)对 j 类水产品的出口额;M_{ij} 表示 i 国(地区)j 类水产品的进口额。如果 $TC_{ij} > 0$,表示 i 国(地区)的 j 类水产品的生产效率高于国际水平,对于世界市场而言,i 国(地区)是 j 类水产品的净供应国,具有较强的出口竞争力;TC 指数为 1 时,j 类水产品只出口不进口,居于完全优势地位,越接近于 1 表示该类水产品竞争力越强。如果 $TC_{ij} < 0$,表示 i 国(地区)j 类水产品的生产效率低于国际水平,出口竞争力较弱;该指数为一1 时,j 类产品只进口不出口,居于完全劣势地位,越接近于一1 表示竞争力越弱。如果 $TC_{ij} = 0$,表示 i 国(地区)j 类水产品的生产效率和国际水平相当,其进出口纯属在国际进行品种交换。

5.2.1.1 闽台水产品贸易竞争指数总体比较

图 5-4 给出了 1996—2010 年闽台水产品 TC 指数变动趋势。由图 5-4 可以看出,在样本期内,闽台水产品的 TC 均为正值,表明闽台水产品在国际市场上均具竞争优势。从变化趋势上分析,福建水产品 TC 指数的走势可分为三个阶段:第一阶段为下降阶段,时间从 1996 年至 1999 年,TC 指数从 0.68 到 0.44;第二阶段为相对平稳阶段,时间从 1999 年到 2005 年,TC 指数从 0.44 到 0.39;第三阶段为回升阶段,时间从 2005 年到 2010 年,TC 指数从 0.39 到 0.61。台湾水产品的 TC 指数的变化趋势可分为两个阶段:第一阶段为 1996 年到 2004 年,指数由 0.32 到 0.49,为上升阶段;第二阶段从 2004 年到 2010 年,TC 指数由 0.49 到 0.20,为下降阶段。

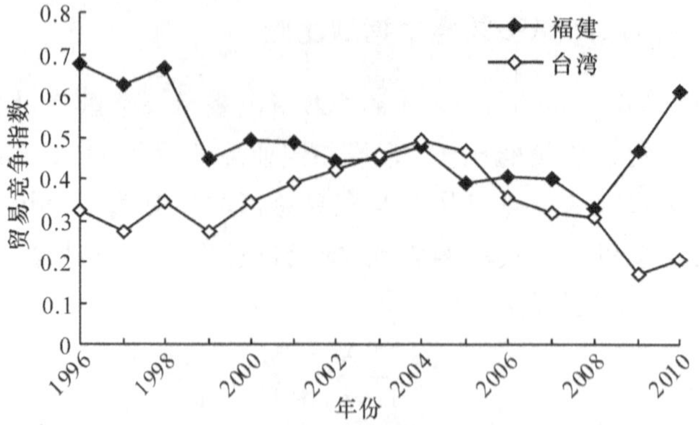

图 5-4　1996—2010 年闽台水产品贸易竞争指数变动状况

5.2.1.2　闽台分种类水产品贸易竞争指数比较

表 5-7 给出了 1996—2010 年福建分种类水产品的 TC 指数。从表 5-7 可以看出,福建在主要水产品"鲜活冷藏冻鱼""干熏腌鱼""鲜冷等甲壳软体类""鱼制品""甲壳软体制品"和"水生植物及产品"的 TC 指数在样本期内的所有年份均为正值(2008 年的"鲜冷等甲壳软体类"除外),在国际市场上具备竞争优势。

表 5-7　1996—2010 年福建分种类水产品贸易竞争指数

年份	鲜活冷藏冻鱼	干熏腌鱼	鲜冷等甲壳软体类	鱼制品	甲壳软体制品	鱼油脂	鱼粉浆渣	珊瑚、贝壳和海绵	水生植物及产品	不可食用品
1996	0.62	0.98	0.74	1.00	1.00	−1.00	−1.00	−0.41	0.98	−0.87
1997	0.51	0.82	0.69	1.00	1.00	−0.64	−0.99	−0.18	0.97	1.00
1998	0.57	0.77	0.72	1.00	1.00	−0.51	−0.99	−0.53	0.94	1.00
1999	0.06	0.83	0.55	1.00	1.00	−0.98	−1.00	−0.62	0.96	−0.58
2000	0.59	0.82	0.45	1.00	0.99	−0.94	−0.99	−0.36	0.84	0.54
2001	0.84	0.76	0.46	1.00	1.00	−1.00	−1.00	−0.16	0.81	0.85
2002	0.91	0.87	0.59	1.00	0.99	−1.00	−1.00	−0.65	0.72	−0.94
2003	0.89	0.80	0.61	1.00	1.00	−1.00	−1.00	−0.80	0.50	1.00
2004	0.79	0.75	0.51	1.00	1.00	−0.98	−1.00	−0.67	0.47	1.00
2005	0.67	0.73	0.49	0.99	1.00	−0.99	−1.00	−0.53	0.54	0.63
2006	0.73	0.75	0.44	0.98	1.00	−1.00	−0.98	−0.08	0.54	0.28
2007	0.51	0.70	0.01	0.99	1.00	−0.65	−0.98	−0.31	0.54	0.88

续表

年份	鲜活冷藏冻鱼	干熏腌鱼	鲜冷等甲壳软体类	鱼制品	甲壳软体制品	鱼油脂	鱼粉浆渣	珊瑚、贝壳和海绵	水生植物及产品	不可食用品
2008	0.52	0.61	−0.13	1.00	1.00	−0.60	−0.99	−0.51	0.45	1.00
2009	0.77	0.74	0.84	1.00	1.00	−0.96	−0.98	0.08	0.92	1.00
2010	0.90	0.88	0.88	1.00	1.00	−0.85	−1.00	−0.14	0.03	0.89

在变动趋势方面,福建生鲜水产品"鲜活冷藏冻鱼"的 TC 指数大体表现为上升—下降—上升的变动趋势,先由 1996 年的 0.62 上升到 2002 年的 0.91,2007 年又回落到 0.51,2010 年重新上升到 0.90;"鲜冷等甲壳软体类"的 TC 指数表现为先下降后保持平稳的走势,先由 1996 年的 0.74 下降到 1999 年的 0.55,后该指数始终维持在 0.5 左右。水产品的初加工品"干熏腌鱼"的 TC 指数维持平稳,始终在 0.70~0.85 波动,该类产品在国际市场上具有很强的竞争优势。福建的深加工品在国际市场上同样具备很强的竞争优势,其中,"鱼制品"和"甲壳软体制品"在国际市场上的竞争力极强,两者的 TC 指数维持在 1 附近;"水生植物及产品"国际市场竞争力同样很强,其 TC 指数均在 0.5 以上。

其他类水产品,"鱼油脂""鱼粉浆渣"和"珊瑚、贝壳和海绵"的 TC 指数均为负值,在国际市场上缺乏竞争优势。

台湾有着发达的远洋捕捞业,因此,其在鱼类产品(见表 5-8)"鲜活冷藏冻鱼""干熏腌鱼"和"鱼制品"上具备竞争优势,但该优势正在减退。其中,"鲜活冷藏冻鱼"的 TC 值在 2008 年以前保持在 0.70 以上,2009 和 2010 年下降到 0.60 左右。鱼产品的初加工品"干熏腌鱼"的 TC 值在波动中下滑,从 1996 年的 0.58 下降到 2010 年的 −0.21,表明该产品正由竞争优势产品转变为竞争劣势产品。鱼产品的深加工品"鱼制品"的 TC 值同样表现为波动下滑,从 1996 年的 0.79 下降到 2010 年的 0.36,其竞争优势正在丧失。其他类产品的 TC 值在样本期内均为负值,表明这些水产品在国际市场上不具竞争优势。

表 5-8　1996—2010 年台湾分种类水产品贸易竞争指数

年份	鲜活冷藏冻鱼	干熏腌鱼	鲜冷等甲壳软体类	鱼制品	甲壳软体制品	鱼油脂	鱼粉浆渣	珊瑚、贝壳和海绵	水生植物及产品	不可食用品
1996	0.73	0.58	−0.16	0.79	−0.63	−0.59	−0.98	−0.61	−0.41	−0.73

续表

年份	鲜活冷藏冻鱼	干熏腌鱼	鲜冷等甲壳软体类	鱼制品	甲壳软体制品	鱼油脂	鱼粉浆渣	珊瑚、贝壳和海绵	水生植物及产品	不可食用品
1997	0.72	0.58	−0.36	0.66	−0.61	−0.69	−0.99	−0.72	−0.39	−0.72
1998	0.73	0.44	−0.29	0.55	−0.59	−0.49	−0.98	−0.38	−0.45	−0.66
1999	0.71	0.44	−0.26	0.32	−0.59	−0.95	−0.98	−0.36	−0.55	−0.46
2000	0.71	0.24	−0.32	0.80	−0.64	−0.91	−0.98	−0.54	−0.60	−0.38
2001	0.77	0.26	−0.23	0.73	−0.60	−0.88	−0.98	−0.66	−0.62	−0.52
2002	0.77	0.33	−0.12	0.67	−0.51	−0.92	−0.97	−0.63	−0.65	−0.63
2003	0.79	−0.01	−0.09	0.44	−0.60	−0.98	−0.98	−0.62	−0.57	−0.25
2004	0.83	0.11	−0.22	0.67	−0.62	−0.98	−0.98	−0.58	−0.53	−0.39
2005	0.82	0.17	−0.32	0.45	−0.66	−0.98	−0.98	−0.58	−0.73	−0.34
2006	0.78	0.33	−0.25	0.42	−0.62	−0.99	−0.98	−0.62	−0.74	−0.41
2007	0.73	0.05	−0.32	0.42	−0.48	−0.97	−0.99	−0.67	−0.81	−0.55
2008	0.72	−0.22	−0.46	0.29	−0.40	−0.84	−0.98	−0.81	−0.77	−0.52
2009	0.61	−0.21	−0.50	0.11	−0.34	−0.94	−0.98	−0.92	−0.76	−0.55
2010	0.64	−0.21	−0.59	0.36	−0.37	−0.97	−0.99	−0.97	−0.76	−0.47

由图 5-4、表 5-7 和表 5-8 可知，福建水产品的竞争优势要强于台湾。福建的主要种类水产品"鲜活冷藏冻鱼""干熏腌鱼""鲜冷等甲壳软体类""鱼制品""甲壳软体制品"和"水生植物及产品"等长期拥有国际竞争优势，而台湾仅在鱼类产品上较具竞争优势，且优势正在减退。可见，福建在具有竞争优势的产品种类上多于台湾。

5.2.2 闽台水产品显示性竞争优势指数比较

显示性竞争优势（competitive advantage，CA）指数是由显示性比较优势演化而来；它是从出口的比较优势中减去进口的比较优势，用公式表示为

$$CA_{ij} = RCA_{ij} - \frac{M_{ij}/M_{it}}{M_{wj}/M_{wt}} \qquad (5-5)$$

式中：CA_{ij} 表示 i 国（地区）j 类水产品的显示性竞争优势指数；RCA_{ij} 为 i 国（地区）j 类水产品的显示性比较优势指数；M_{ij} 表示 i 地 j 类水产品的进口总额；M_{it} 表示 i 地所有产品的进口总额；M_{wj} 表示世界 j 类水产品的进口总额；M_{wt} 表示世界所有产品的进口总额。CA 指数大于 0 表明该国（地区）在世界

市场具有竞争优势,该指数越大竞争力越强;该指数小于 0 表明该国(地区)在世界市场具有竞争劣势,该指数越小竞争力越弱。

5.2.2.1 闽台水产品显示性竞争优势指数总体比较

如图 5-5 所示,闽台水产品的 CA 指数在样本期内所有年份均大于 0,表明闽台水产品在国际市场上都具较强竞争力。总的来看,福建的 CA 指数要大于台湾,表明福建水产品的竞争优势要强于台湾。从变动趋势上分析,福建水产品的 CA 指数表现为先降后升的走势:先由 1996 年的 7.57 下降到 2008年的 0.16,之后出现明显的反弹,2010 年福建水产品的 CA 指数上升至 3.07。主要原因有两点:一是福建其他商品的出口额增长速度远大于水产品出口额增长速度,使水产品逐渐失去原有的比较优势;二是水产品进口额也不断上升。可见,随着经济的发展,福建进出口结构正在转型。台湾水产品的 CA 指数经历三个阶段:第一阶段为下降阶段,时间为从 1996 年到 1999 年,CA 指数由 0.84 下降到 0.43;第二阶段为保持平稳阶段,时间为从 2000 年到 2005 年,其 CA 值分别是 0.52 和 0.65;第三阶段为下降阶段,时间为从 2005 年至 2010年,CA 指数由 0.65 下降到 0.17。台湾水产品 CA 指数的下降主要是由于其水产品的出口额在保持平稳的同时其他商品的出口额上升。

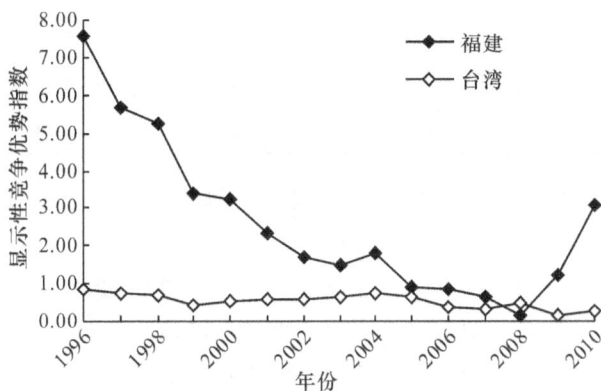

图 5-5　闽台水产品显示性竞争优势指数变动状况

5.2.2.2 闽台分种类水产品显示性竞争优势指数比较

表 5-9 给出了 1996—2010 年福建分种类水产品的 CA 指数。从表 5-9 可以看出,在生鲜产品方面,"鲜活冷藏冻鱼"的 CA 指数在绝大多数年份均维持在 0.5 和 2.5 之间,该类水产品具备较强的竞争优势;"鲜冷等甲壳软体类"的CA 指数表现为先降后升的走势,由 1996 年的 2.90 下降到 2008 年的 −0.65,

后反弹至 2010 年的 3.94,福建该类产品的竞争优势正在恢复。

表 5-9　1996—2010 年福建分种类水产品显示性竞争优势指数

年份	鲜活冷藏冻鱼	干熏腌鱼	鲜冷等甲壳软体类	鱼制品	甲壳软体制品	鱼油脂	鱼粉浆渣	珊瑚、贝壳和海绵	水生植物及产品	不可食用品
1996	2.13	2.78	2.90	56.85	1.13	−4.50	−25.80	−0.50	6.03	−0.39
1997	1.62	2.02	2.54	46.90	0.83	−0.72	−24.63	−0.34	7.04	0.01
1998	1.28	1.22	2.02	46.12	1.03	−0.27	−29.61	−0.81	5.76	0.06
1999	−0.01	0.87	1.23	43.71	0.69	−1.16	−61.95	−1.32	6.40	−0.01
2000	1.17	0.82	1.00	45.25	1.28	−3.85	−64.72	−0.70	3.91	0.29
2001	1.65	0.72	0.70	29.20	2.50	−1.27	−54.70	−0.55	4.97	0.28
2002	1.59	1.45	0.76	21.85	3.73	−1.30	−50.53	−1.34	3.56	−0.19
2003	1.22	0.82	0.64	13.48	8.82	−2.95	−44.70	−2.92	2.37	−0.01
2004	1.16	0.40	0.45	18.00	11.11	−3.54	−52.48	−2.55	1.99	0.02
2005	0.86	0.27	0.32	13.23	11.79	−3.96	−58.56	−4.52	3.11	0.60
2006	1.31	0.25	0.27	11.68	12.30	−9.24	−59.71	−1.52	3.49	0.82
2007	0.58	0.18	−0.42	10.08	12.30	−3.24	−53.25	−2.56	3.26	11.70
2008	0.75	0.17	−0.65	6.67	15.33	−2.90	−67.64	−2.77	0.51	32.58
2009	2.37	0.32	3.40	6.29	8.13	−7.11	−54.86	−1.04	−2.83	26.88
2010	3.95	0.68	3.94	9.02	15.72	−6.73	−44.59	−2.38	−5.14	0.21

　　水产品的初加工品"干熏腌鱼"在国际市场上具备一定的竞争优势,但该优势正逐步丧失,CA 指数从 1996 年的 2.78 下降到 2010 年的 0.68。深加工品"鱼制品""甲壳软体制品"的 CA 指数较大,特别是"鱼制品"在样本期内的 CA 指数均大于 6.20;"甲壳软体制品"的 CA 指数在 2000 年以后持续上扬,在 2010 年达到 15.72。可见,福建在水产品的深加工品上具有很强的竞争优势。另外,福建在"水生植物及产品"的 CA 指数虽在近两年小于 0,但其余年份始终大于 0,表现出较强的竞争优势。

　　"鱼油脂""鱼粉浆渣""珊瑚、贝壳和海绵"在样本期内的 CA 指数则始终小于 0,在国际市场上缺乏竞争力。

　　应用 CA 指数衡量台湾水产品国际竞争力,其他类产品("鲜活冷藏冻鱼""干熏腌鱼""鱼制品")仍然具备竞争优势,但该优势正在丧失(见表 5-10):"鲜活冷藏冻鱼"的 CA 指数由 1996 年的 2.18 持续下滑到 2010 年的 1.14;鱼产品的初加工品"干熏腌鱼"的 CA 指数在 2006 年后始终小于 0,该类产品正由竞争优势向竞争劣势转变;鱼产品的深加工品"鱼制品"的 CA 指数同样呈现波动下滑的趋势,从 1996 年的 1.37 下降到 2009 年的 0.01,该类产品在国际市场上已不具备竞争优势。

表 5-10　1996—2010 年台湾分种类水产品显示性竞争优势指数

年份	鲜活冷藏冻鱼	干熏腌鱼	鲜冷等甲壳软体类	鱼制品	甲壳软体制品	鱼油脂	鱼粉浆渣	珊瑚、贝壳和海绵	水生植物及产品	不可食用品
1996	2.18	0.10	0.01	1.37	−0.29	−0.26	−5.22	−1.62	−2.24	−0.70
1997	2.08	0.14	−0.16	0.86	−0.34	−0.48	−4.04	−2.27	−1.98	−0.48
1998	1.97	0.06	−0.13	0.42	−0.30	−0.23	−3.10	−0.54	−2.28	−0.31
1999	1.58	0.08	−0.17	0.13	−0.33	−0.63	−4.61	−0.79	−2.26	−0.18
2000	1.61	0.09	−0.19	0.95	−0.32	−0.54	−3.35	−1.35	−1.94	−0.09
2001	1.83	0.03	−0.16	0.52	−0.31	−0.54	−4.24	−1.53	−2.81	−0.19
2002	1.85	0.04	−0.12	0.36	−0.24	−0.59	−3.69	−2.16	−2.65	−0.24
2003	1.95	−0.02	−0.08	0.16	−0.30	−0.56	−3.97	−2.23	−2.24	−0.02
2004	2.04	0.00	−0.11	0.48	−0.27	−0.64	−3.50	−1.33	−1.85	−0.14
2005	1.91	0.02	−0.17	0.21	−0.30	−0.84	−3.16	−1.11	−2.70	−0.12
2006	1.34	0.06	−0.15	0.16	−0.30	−0.72	−3.27	−0.96	−2.54	−0.11
2007	1.19	−0.01	−0.23	0.16	−0.26	−0.96	−2.68	−1.82	−3.40	−0.27
2008	1.57	−0.43		0.11	−0.26	−0.91	−2.49	−5.24	−2.72	−0.32
2009	1.08	−0.07	−0.53	0.01	−0.25	−1.20	−3.10	−10.01	−3.28	−0.36
2010	1.14	−0.06	−0.48	0.17	−0.24	−1.24	−2.52	−9.47	−2.35	−0.33

台湾的其他种类水产品的 CA 指数在样本期内均为负值(1996 年的"鲜冷等甲壳软体类"除外),表明这些产品在国际市场上不具竞争优势。

以上分析表明,福建水产品的竞争优势要强于台湾。福建的"鲜活冷藏冻鱼""干熏腌鱼""鲜冷等甲壳软体类""鱼制品""甲壳软体制品""水生植物及产品"等水产品在国际市场上长期具备竞争优势。而台湾则在鱼类产品上较具竞争优势,且优势正逐步丧失。可见,在具有竞争优势的产品种类上,福建要多于台湾。

5.3 出口结构反映的水产品国际竞争力

一国(地区)水产品竞争力的变化,除了会反映在贸易份额和净出口的变化上,还会反映在出口产品结构与市场结构上,因此从出口结构角度衡量水产品国际竞争力也颇具意义。由第3章的分析可知,衡量出口结构的方法主要有出口分散度指数和结构变化指数。前者表示一国(地区)出口产品的分散程度,而后者主要用来衡量出口贸易结构的变动幅度。下面将利用这两个指数评测闽台水产品出口产品结构和出口市场结构的变化。

(1)出口分散度指数

出口分散度(EN)指数表示一国(地区)出口产品(种类)的分散程度,公式为

$$\mathrm{EN}^t = \frac{1}{\mathrm{HHI}^t}, \quad \mathrm{HHI}^t = \sum_{i=1}^{n} \left(\frac{X_{ij}^t}{X_{wj}^t} \right)^2 \tag{5-6}$$

式中:EN^t 为一国(地区)某类水产品的出口分散度指数;HHI^t 为赫芬达尔指数;X_{ij}^t 表示一国(地区)第 i 种水产品在时期 t 出口到市场 j 的金额;X_{wj}^t 表示一国(地区)全部水产品在时期 t 出口到市场 j 的金额(本书中 $n=10$,w 表示世界市场,EN^t 的取值范围为 $1 \sim 10$)。总体来说,分散度指数越大,说明一国(地区)出口水产品的多元化程度越高;反之,说明一国(地区)出口水产品种类较为集中,贸易风险较大。

(2)结构变化指数

结构变化指数也称作劳伦斯指数(Lawrence index,LI),主要用来衡量出口贸易结构的变动幅度,其计算公式为

$$\mathrm{LI}^t = 0.5 \times \sum_{i=1}^{n} \left| \frac{X_{ij}^t}{X_{wj}^t} - \frac{X_{ij}^{t-1}}{X_{wj}^{t-1}} \right| \tag{5-7}$$

式中:LI^t 表示一国(地区)的结构变化指数;X_{ij}^{t-1} 表示一国(地区)第 i 种水产品在时期$(t-1)$出口到市场 j 的金额;X_{wj}^{t-1} 表示一国(地区)全部水产品在时期$(t-1)$出口到市场 j 的金额;L 的变化范围为 $0 \sim 1$。该指数越接近 1 表示出口贸易商品结构变动幅度越大,越接近于 0 说明出口贸易商品结构变动幅度越不明显。

5.3.1 闽台水产品出口产品结构比较分析

5.3.1.1 闽台水产品出口产品分散度指数比较分析

经统计分析,闽台水产品出口产品分散度指数如图 5-6 所示。福建水产

品的出口产品分散度指数要高于台湾水产品,以 2009 年为例,福建水产品的出口产品分散度指数为 4.02,台湾水产品则为 1.33,意味着福建水产品出口大致可以折算成 4.02 种等值的产品,而台湾水产品则只有 1.33 种,可见福建水产品的贸易风险要小于台湾水产品。

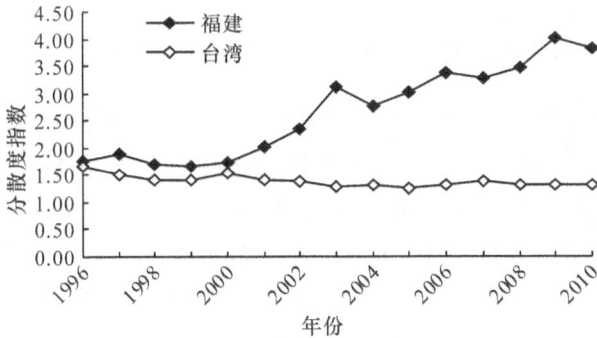

图 5-6 1996—2010 年闽台水产品出口分散度指数变动状况

在变化趋势方面,福建水产品的出口产品分散度指数保持着上升的趋势,由 1996 年的 1.78 上升到 2010 年的 3.84,出口产品结构多样化程度有了显著的提升。而台湾则略有下降,由 1996 年的 1.66 下降到 2010 年的 1.32,台湾水产品出口结构的过于集中不利于抵御国际市场的风险。

5.3.1.2 闽台水产品出口产品结构变化指数比较分析

图 5-7 给出了 1997—2010 年闽台水产品出口产品结构变化指数的变动情况。由图 5-7 可知,福建水产品的结构变化指数总体高于台湾水产品的结构变化指数。

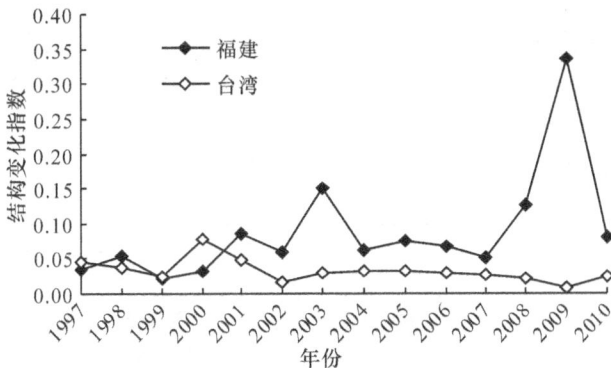

图 5-7 1997—2010 年闽台水产品出口产品结构变化指数变动状况

在变化趋势方面,福建的结构变化指数出现两次峰值,一次在 2003 年,为 0.15,另一次在 2009 年,为 0.34,说明福建水产品通过不断调整其水产品出口结构,使产品结构更加多样化,以适应世界市场的需要,而台湾在 2001 年以后的结构指数在 0.01 到 0.03 之间,表明台湾出口结构在 2001 年以后则日趋稳定。

5.3.2　闽台水产品出口市场结构比较分析

在市场结构方面,从总体上看,福建的主要出口市场集中在日本、美国、韩国、东盟、欧盟、南美洲、大洋洲、中国台湾、中国香港、其他市场;台湾的主要出口市场同样集中在日本、美国、韩国、加拿大、东盟、欧盟、南美洲、大洋洲、中国香港、其他市场。因此,下面将分别用出口市场分散度指数和结构变化指数衡量福建与台湾水产品对这几个市场的出口市场结构变动进行分析。

5.3.2.1　闽台水产品出口市场分散度指数比较分析

经统计分析,闽台水产品出口市场结构分散度指数如图 5-8 所示。闽台水产品出口市场分散度指数在样本期内均表现为上升趋势,但福建水产品上升速度要快于台湾,由 1996 年的 1.19 上升到 2010 年的 6.52,而台湾则由 1996 年的 2.05 上升到 2010 年的 4.32。福建水产品的该指数在 2003 年以前小于台湾,2003 年福建水产品的该指数为 2.68,超过台湾水产品。此后,福建水产品的出口市场分散度始终高于台湾水产品。由此可见,为了提升水产品国际竞争力,福建与台湾都在提高市场多元化程度,但福建的调整速度要明显快于台湾。

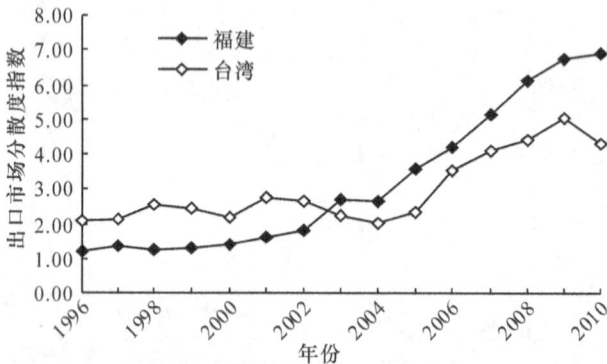

图 5-8　1996—2010 年闽台水产品出口市场分散度指数变动状况

5.3.2.2　闽台水产品出口市场结构变化指数比较分析

图 5-9 给出了 1997—2010 年闽台水产品出口市场结构变化指数变动状况。2003—2010 年福建水产品的该指数大于台湾水产品,表明福建水产品的出口市场结构变化幅度大于台湾水产品。

在变化趋势方面,在样本期内,福建的出口市场结构变化越来越剧烈,出口市场的结构变化指数先由 1997 年的 0.048 略下降到 1999 年的 0.024,后有所波动,2010 年为 0.049。结合市场分散度指数的计算结果可知,福建通过持续调整,使出口市场更加均匀与合理。同时,台湾也在不断调整水产品的出口市场结构,结构变化指数也在不断上升,但调整幅度不及福建,该指数由 1997年的 0.028 上升到 2010 年的 0.096。可见,台湾也正努力通过市场结构调整来提高水产品的市场多元化水平。

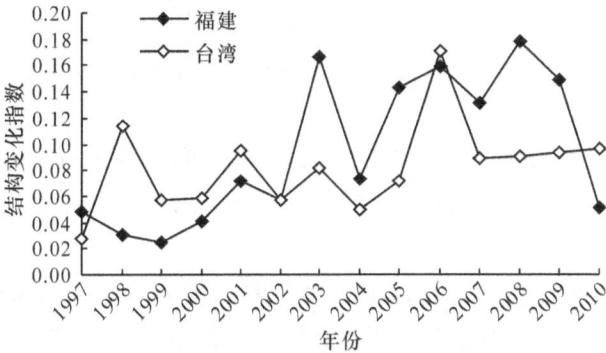

图 5-9　1997—2010 年闽台水产品出口市场结构变化指数变动状况

5.4　闽台水产品在主要出口市场的竞争力比较

根据第 4 章的分析可知,福建与台湾有着共同的主要出口目标市场,这些市场包括日本、美国、韩国、东盟、欧盟以及中国香港。本节将选择福建与台湾在这六大市场的市场占有率深入探析并比较福建与台湾在这六大出口市场的国际竞争力变动状况。

5.4.1　闽台水产品在日本的市场占有率比较

图 5-10 给出了 1996—2010 年闽台水产品在日本的市场占有率变动状况。可以看出,在样本期内的所有年份,台湾在日本的市场占有率都要高于福

建,表明台湾在日本市场的竞争力要强于福建。从变动趋势上看,福建的市场占有率由 1996 年的 3.13% 下降到 2008 年的 1.08%,后又逐渐上升到2010 年的 3.05%。台湾的市场占有率则表现为先升后降的状态,先由 1996 年的 5.03% 上升到 2004 年的 7.05%,后又逐步下降到 2010 年的 3.56%,可见台湾水产品在日本的市场份额同样不断萎缩。

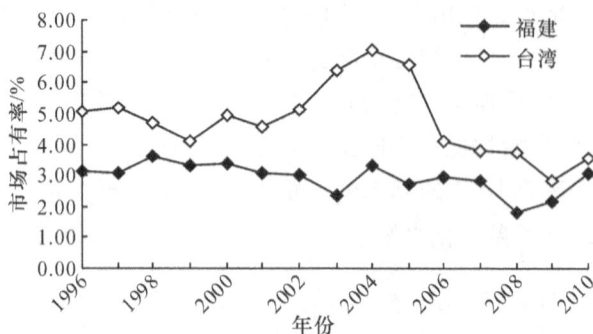

图 5-10　1996—2010 年闽台水产品在日本的市场占有率变动状况

　　为了更深入揭示福建与台湾水产品在日本的市场占有率变动状况,本书就闽台各类水产品在日本的市场占有率进行比较研究,结果见表 5-11 和表 5-12。

　　表 5-11 给出了 1996—2010 年福建分种类水产品在日本的市场占有率。由表 5-11 可以看出,福建在日本的市场占有率最高的产品是"鱼制品",2007 年以前该类产品在日本的市场占有率均在 20% 以上。另外,2001 年后市场占有率在 1.00% 以上的产品种类还有"甲壳软体制品",2010 年"鲜活冷藏冻鱼"占有率也在 1.00% 以上。此外,"水生植物及产品"在日本同样存在一定的市场占有率,而其他类产品的占有率接近于 0。可见,福建对日本出口的最大优势产品是"鱼制品",这主要得益于福建对日本大量出口烤鳗制品,然而,该类产品在日本的市场占有率从 2004 年的 24.39% 下降到 2009 年的 13.39%,2010 年有所回升,达到 19.30%,该类产品在日本的市场份额萎缩是福建水产品在该市场占有率下降的主要原因,这主要是由于受日本"肯定列表制度"的影响,福建对日本出口烤鳗数量大大萎缩。其他类水产品市场占有率则有所攀升,其中表现最为明显的是"甲壳软体制品",占有率由 1996 年的 0.12% 攀升至 2010 年的 4.65%,另外,"鲜活冷藏冻鱼"在 2010 年的市场占有率达 1.25%。

表 5-11　1996—2010 年福建分种类水产品在日本的市场占有率

单位：%

年份	鲜活冷藏冻鱼	干熏腌鱼	鲜冷等甲壳软体类	鱼制品	甲壳软体制品	鱼油脂	鱼粉浆渣	珊瑚、贝壳和海绵	水生植物及产品	不可食用品
1996	0.84	2.11	0.62	26.44	0.12	0.00	0.00	0.03	1.01	0.00
1997	0.85	1.75	0.61	23.75	0.09	0.00	0.02	0.17	1.30	0.00
1998	0.81	2.11	0.62	32.13	0.12	0.00	0.04	0.07	0.37	0.00
1999	0.61	1.19	0.56	32.00	0.24	0.00	0.00	0.27	0.30	0.01
2000	0.45	1.00	0.60	29.25	0.41	0.00	0.27	0.34	0.22	0.50
2001	0.65	1.36	0.55	26.95	1.01	0.00	0.02	0.89	0.67	0.03
2002	0.64	2.99	0.59	24.58	1.91	0.00	0.00	0.31	0.93	0.01
2003	0.55	1.58	0.35	20.09	2.86	0.00	0.01	0.17	0.49	0.00
2004	0.67	0.86	0.31	24.39	4.99	0.00	0.01	0.16	0.40	0.00
2005	0.58	1.00	0.25	20.69	4.63	0.00	0.06	0.34	2.11	0.00
2006	0.90	0.92	0.23	20.36	4.88	0.00	0.00	0.21	0.86	0.00
2007	0.64	0.30	0.20	19.37	5.66	0.00	0.00	0.29	0.61	0.00
2008	0.77	0.41	0.14	11.41	4.98	0.00	0.00	0.06	0.37	0.00
2009	0.86	0.33	0.95	13.39	2.88	0.00	0.00	0.13	0.39	0.00
2010	1.25	1.40	0.77	19.30	4.65	0.00	0.00	0.12	0.59	0.00

表 5-12 给出了 1996—2010 年台湾分种类水产品在日本的市场占有率。台湾有 5 类水产品在日本的市场占有率较高，分别是"鲜活冷藏冻鱼""鱼制品""珊瑚、贝壳和海绵""水生植物及产品"以及"不可食用品"。在大部分年份，这 5 类水产品的市场占有率维持在 1% 以上，可见台湾水产品在日本市场占有率高的种类要多于福建水产品。其中，市场占有率最高的是"鲜活冷藏冻鱼"，在样本期内都在 5% 以上，其次是"鱼制品"和"珊瑚、贝壳和海绵"，绝大多数年份在 2% 以上，再次是"水生植物及产品"以及"不可食用品"。从变化趋势上看，近乎所有种类水产品的市场占有率都在逐步衰退，表现最明显的是"鲜活冷藏冻鱼"和"鱼制品"，分别从 1996 年的 9.42% 和 9.15% 下降到 2010 年的 6.41% 和 2.90%。

表 5-12 1996—2010 年台湾分种类水产品在日本的市场占有率

单位:%

年份	鲜活冷藏冻鱼	干熏腌鱼	鲜冷等甲壳软体类	鱼制品	甲壳软体制品	鱼油脂	鱼粉浆渣	珊瑚、贝壳和海绵	水生植物及产品	不可食用品
1996	9.42	0.75	0.59	9.15	0.16	0.02	0.01	2.26	2.74	1.57
1997	10.21	1.67	0.53	5.57	0.24	0.00	0.13	3.14	4.22	1.68
1998	9.70	1.63	0.59	3.54	0.22	3.07	0.19	7.19	4.08	1.16
1999	7.99	1.70	0.54	1.63	0.07	0.00	0.20	8.09	2.82	1.18
2000	9.26	1.12	0.42	7.16	0.02	0.19	0.19	6.46	1.99	0.99
2001	8.87	0.80	0.38	4.06	0.01	0.00	0.04	3.83	2.08	0.70
2002	10.27	1.24	0.53	2.92	0.03	0.00	0.08	4.40	1.80	1.01
2003	12.87	0.82	0.54	2.02	0.06	0.00	0.06	7.66	2.52	1.93
2004	13.55	1.45	0.45	4.93	0.06	0.00	0.08	5.83	2.75	2.74
2005	12.65	0.63	0.41	2.58	0.09	0.00	0.05	5.66	1.43	1.93
2006	8.23	0.35	0.41	1.34	0.05	0.00	0.02	4.01	1.19	1.60
2007	7.24	0.77	0.41	2.46	0.08	0.43	0.03	2.92	1.02	0.65
2008	6.49	0.26	0.51	2.83	0.15	2.17	0.04	3.28	1.15	0.94
2009	5.25	0.48	0.42	0.93	0.10	1.05	0.04	3.03	1.60	0.82
2010	6.41	0.70	0.40	2.90	0.13	0.97	0.02	0.21	1.75	0.72

5.4.2　闽台水产品在美国的市场占有率比较

图 5-11 给出了 1996—2010 年闽台水产品在美国的市场占有率变动状况。从图 5-11 可以看出,无论是福建还是台湾,在样本期内的绝大多数年份,在美国的市场占有率都低于 2.50%。从变化趋势上看,福建水产品在美国的市场占有率呈现持续增长的状态,由 1996 年的 0.06% 上升至 2010 年的 2.15%,年均增长率高达 29.13%。相反,台湾水产品在美国的市场占有率由 1996 年的 2.37% 下降到 2010 年的 0.87%,年均下降 6.91%。可见,福建水产品在美国的市场竞争力日益增强,而台湾水产品则不断减弱。

为了进一步探析福建与台湾水产品在美国的市场占有状况,本书就闽台各类水产品在美国的市场占有率进行比较研究,结果见表 5-13 和表 5-14。

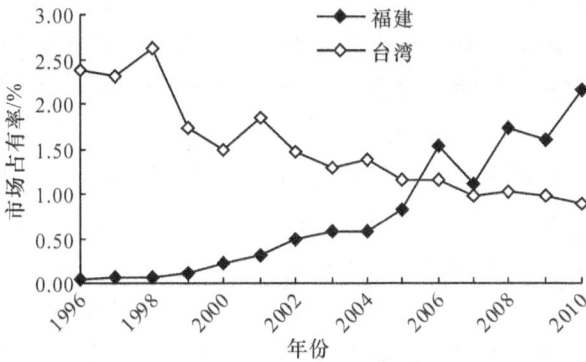

图 5-11　1996—2010 年闽台水产品在美国的市场占有率变动状况

表 5-13　1996—2010 年福建分种类水产品在美国的市场占有率

单位:%

年份	鲜活冷藏冻鱼	干熏腌鱼	鲜冷等甲壳软体类	鱼制品	甲壳软体制品	鱼油脂	鱼粉浆渣	珊瑚、贝壳和海绵	水生植物及产品	不可食用品
1996	0.03	0.01	0.07	0.02	0.10	0.00	0.00	0.43	0.15	0.00
1997	0.00	0.00	0.11	0.20	0.05	0.00	0.00	0.00	0.21	0.00
1998	0.02	0.00	0.06	0.06	0.26	0.00	0.00	0.00	0.16	0.13
1999	0.07	0.00	0.05	0.66	0.13	0.00	0.00	0.00	0.27	0.00
2000	0.09	0.00	0.13	1.35	0.42	0.00	0.00	0.00	0.31	0.00
2001	0.11	0.03	0.15	1.32	0.93	0.00	0.00	0.00	0.36	0.00
2002	0.24	0.00	0.24	1.38	1.50	0.00	0.00	0.00	0.42	0.00
2003	0.20	0.03	0.34	1.13	2.27	0.00	0.00	0.07	0.27	0.00
2004	0.14	0.00	0.35	1.08	2.24	0.00	0.00	0.54	0.45	0.00
2005	0.11	0.00	0.34	1.35	4.12	0.00	0.00	1.54	0.33	0.00
2006	0.33	0.00	0.39	1.59	8.10	0.00	0.00	1.82	0.67	0.00
2007	0.12	0.02	0.15	2.26	6.43	0.00	0.00	1.34	1.19	0.00
2008	0.14	0.01	0.06	3.12	10.54	0.05	0.00	0.74	0.70	0.00
2009	0.26	0.24	1.29	2.93	5.74	0.26	0.00	3.97	1.00	0.00
2010	0.52	0.29	1.80	1.24	8.82	0.22	0.00	3.98	1.41	0.00

　　表 5-13 给出了 1996—2010 年福建分种类水产品在美国的市场占有率。从静态角度来看,"甲壳软体制品"在美国的市场占有率最高,2006—2010 年的平均市场占有率高达 7.93%。其次是"鱼制品"以及"珊瑚、贝壳和海绵",

这两类水产品 2006—2010 年的平均市场占有率分别是 2.23% 和 2.37%。福建水产品在美国市场占有率较高的还有"鲜冷等甲壳软体类"和"水生植物及产品",2009 年这两类产品在美国的市场占有率分别是 1.29% 和 1.00%。从时间序列角度分析,除了"鱼粉浆渣"和"不可食用品"外,福建其他类水产品在美国的市场占有率都表现为上升趋势,如"甲壳软体制品""鱼制品""珊瑚、贝壳和海绵""鲜冷等甲壳软体类"和"水生植物及产品"在美国的市场占有率分别从 1996 年的 0.10%、0.02%、0.43%、0.07% 和 0.15% 上升到 2010 年的 8.82%、1.24%、3.98%、1.80% 及 1.41%。可见,福建的软体动物类产品、水产品深加工品以及水生植物产品在美国市场的竞争力较强,并有进一步增强的趋势。

表 5-14 1996—2010 年台湾分种类水产品在美国的市场占有率

单位:%

年份	鲜活冷藏冻鱼	干熏腌鱼	鲜冷等甲壳软体类	鱼制品	甲壳软体制品	鱼油脂	鱼粉浆渣	珊瑚、贝壳和海绵	水生植物及产品	不可食用品
1996	5.20	0.01	0.69	2.15	0.71	0.01	0.04	0.50	1.90	0.06
1997	5.27	0.11	0.70	1.79	0.75	0.00	0.00	0.25	1.83	0.01
1998	6.53	0.02	0.55	1.17	0.59	0.00	0.00	0.34	1.55	0.01
1999	3.75	0.02	0.76	0.72	0.46	0.00	0.00	0.43	1.63	0.00
2000	3.24	0.03	0.56	1.70	0.39	0.00	0.03	0.13	1.27	0.00
2001	4.35	0.04	0.64	1.68	0.30	0.00	0.02	0.09	1.83	0.00
2002	3.13	0.09	0.67	1.34	0.26	0.00	0.01	0.01	1.67	0.01
2003	2.91	0.04	0.54	0.82	0.22	0.00	0.00	0.00	1.34	0.00
2004	3.15	0.05	0.55	0.82	0.20	0.00	0.01	0.32	1.27	0.00
2005	2.55	0.10	0.42	0.89	0.15	0.00	0.02	0.17	0.88	0.00
2006	2.61	0.09	0.37	0.52	0.13	0.00	0.01	0.01	1.13	0.01
2007	2.05	0.09	0.29	0.79	0.16	0.00	0.02	0.00	1.00	0.00
2008	2.25	0.08	0.26	0.65	0.16	0.00	0.01	0.01	1.07	0.04
2009	1.97	0.17	0.32	0.74	0.21	0.00	0.31	0.03	0.93	0.03
2010	1.85	0.19	0.24	0.70	0.20	0.00	0.42	0.07	0.80	0.00

表 5-14 给出了 1996—2010 年台湾分种类水产品在美国的市场占有率。从表 5-14 可以看出,台湾的"鲜活冷藏冻鱼"类水产品在美国的市场占有率最高,以 2008 年为例,该类产品在美国的市场占有率达到 2.25%,其次是"水生

植物及产品"类产品,2008 年该类产品在美国的市场占有率是 1.07%。另外，"鲜冷等甲壳软体类""甲壳软体制品"以及"珊瑚、贝壳和海绵"在美国的市场占有率也很高。从变化趋势上看,台湾近乎所有种类水产品在美国的市场占有率都表现为下降态势,如"鲜活冷藏冻鱼"的市场占有率由 1996 年的 5.20%下降到 2010 年的 1.85%,年均下降 7.12%;"水生植物及产品"由 1996 年的 1.90%下降到 2010 年的 0.80%,年均下降 5.99%;"鱼制品"由 1996 年的 2.15%下降到 2010 年的 0.70%,年均下降 7.70%;"鲜冷等甲壳软体类"由 1996 年的 0.69%下滑到 2010 年的 0.24%,年均下降 7.27%;"甲壳软体制品"则从 1996 年的 0.71%下降到 2010 年的 0.20%,年均下降 8.65%。总之,台湾的鱼产品和水生植物产品在美国市场具备较强的竞争力,但竞争力正在丧失。

5.4.3 闽台水产品在韩国的市场占有率比较

图 5-12 给出了 1996—2009 年闽台水产品在韩国的市场占有率变动状况。从总体上看,福建水产品在韩国市场占有率在样本期内均高于台湾,可见福建在韩国市场的竞争力要强于台湾。从变化趋势上看,福建水产品在韩国的市场占有率在样本期内始终保持明显的上升趋势,由 1996 年的 1.46%上升到 2010 年的 4.83%。台湾水产品的变动状态较为复杂,总体上表现为波动上升的走势,从 1996 年的 0.87%上升到 2009 年的 2.01%。

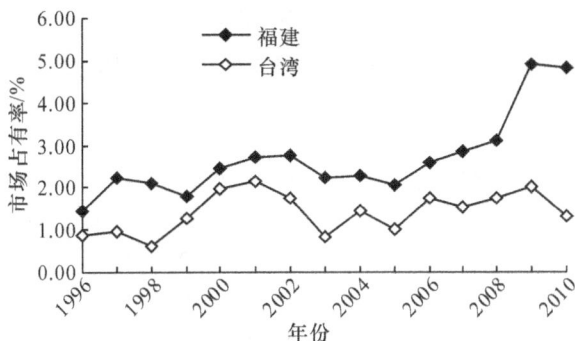

图 5-12　1996—2010 年闽台水产品在韩国市场的市场占有率变动状况

为了更深入了解闽台水产品在韩国的市场占有状况,本书就闽台分种类水产品在韩国的市场占有率进行比较研究,结果见表 5-15 和表 5-16。

表 5-15 给出了 1996—2009 年福建分种类水产品在韩国的市场占有率。

从总体上看,福建水产品在韩国的市场占有率最高的 3 类水产品分别是"鱼制品""甲壳软体制品"和"鲜活冷藏冻鱼"。其中,"鱼制品"的市场占有率最高,2006—2010 年的平均市场占有率高达 11.27%。其次是"甲壳软体制品"和"鲜活冷藏冻鱼",2006—2010 年的平均市场占有率分别达 5.95% 和 4.52%。另外,"水生植物及产品"的市场占有率也较高,2006—2010 年的平均市场占有率达 1.74%。此外,"干熏腌鱼"在某些年份的市场占有率也较高,如 2002 年和 2003 年该类产品在韩国的市场占有率分别高达 12.85% 和 13.98%。从变化趋势上看,福建各类水产品在韩国的市场占有率都呈上升趋势,如"鲜活冷藏冻鱼"从 1996 年的 1.22% 上升到 2010 年的 7.04%,"鱼制品"由 1996 年的 0.00% 上升到 2009 年的 18.27%,"甲壳软体制品"从 1996 年的 0.12% 上升到 2009 年的 7.62%,"水生植物及产品"则由 1996 年的 0.00% 上升到 2010 年的 3.47%。综上所述,福建水产品在韩国的市场占有率最高的是鱼类产品及其制品,且市场占有率不断增长,可见福建水产品在韩国市场的竞争力不断增强。

表 5-15　1996—2010 年福建分种类水产品在韩国的市场占有率

单位:%

年份	鲜活冷藏冻鱼	干熏腌鱼	鲜冷等甲壳软体类	鱼制品	甲壳软体制品	鱼油脂	鱼粉浆渣	珊瑚、贝壳和海绵	水生植物及产品	不可食用品
1996	1.22	0.26	3.19	0.00	0.12	0.00	0.00	0.00	0.00	0.00
1997	3.00	2.07	1.94	0.01	0.03	0.00	0.00	0.32	0.10	0.00
1998	2.88	0.00	0.89	1.54	0.04	0.00	0.00	0.00	0.02	0.00
1999	2.33	3.02	0.36	1.39	0.00	0.10	0.00	0.00	0.00	0.00
2000	2.95	3.00	1.74	3.18	0.11	0.00	0.00	0.00	0.12	0.00
2001	3.50	0.44	0.40	8.89	0.09	0.00	0.00	0.00	0.27	1.47
2002	3.32	12.85	0.37	12.62	0.08	0.00	0.00	0.23	0.35	0.00
2003	2.48	13.98	0.58	13.93	0.56	0.00	0.00	0.08	0.11	0.00
2004	2.66	3.18	0.62	9.80	1.57	0.00	0.00	0.00	0.00	0.00
2005	2.69	0.32	0.52	6.66	0.73	0.00	0.00	0.00	0.90	0.00
2006	3.24	0.18	0.71	7.84	3.59	0.00	0.00	0.00	1.74	0.00
2007	2.79	0.21	0.45	11.96	10.37	0.00	0.00	0.00	1.20	0.00
2008	3.62	0.57	0.45	17.27	4.79	0.00	0.00	0.00	1.20	0.00
2009	5.92	0.01	1.60	18.27	7.62	0.00	0.00	0.00	1.11	0.00
2010	7.04	0.19	2.07	0.99	3.39	0.00	0.00	0.00	3.47	0.00

　　表 5-16 给出了 1996—2009 年台湾分种类水产品在韩国的市场占有率。

从表 5-16 可以看出,台湾在韩国市场占有率最高的水产品种类是"鲜活冷藏冻鱼",2006—2010 年的平均市场占有率达 2.77%,其次是"鱼制品",这 5 年该类产品在韩国的平均市场占有率是 2.18%,另一类在韩国的市场占有率较高的产品是"干熏腌鱼",这 5 年的年均占有率达 0.59%。从变动的角度分析,台湾对韩国出口的主要水产品"鲜活冷藏冻鱼"的占有率呈现上升趋势,由 1996 年的 1.46% 上升到 2009 年的 3.38%,"鱼制品"则表现为先降后升的趋势,先由 1996 年的 3.01% 下降到 1998 年的 0.00%,后又逐步上升到 2010 年的 3.95%。可见,台湾鱼类产品在韩国市场的占有率较高,竞争力较强,且呈现逐步增强的态势。

表 5-16　1996—2010 年台湾分种类水产品在韩国的市场占有率

单位:%

年份	鲜活冷藏冻鱼	干熏腌鱼	鲜冷等甲壳软体类	鱼制品	甲壳软体制品	鱼油脂	鱼粉浆渣	珊瑚、贝壳和海绵	水生植物及产品	不可食用品
1996	1.46	0.00	0.00	3.01	0.12	0.00	0.04	0.04	1.00	0.00
1997	1.53	3.47	0.04	0.60	0.15	0.00	0.00	0.00	2.62	0.00
1998	0.79	0.00	0.46	0.00	0.13	0.00	0.00	0.00	0.13	0.00
1999	1.69	2.18	0.17	0.02	0.23	0.00	0.00	0.00	0.00	0.00
2000	2.79	1.58	0.22	0.46	0.00	0.00	0.00	0.00	0.00	0.00
2001	2.99	0.53	0.32	1.08	0.02	0.26	0.00	0.00	0.13	0.17
2002	2.61	0.70	0.16	0.58	0.00	0.86	0.00	0.00	0.27	0.00
2003	1.21	0.40	0.17	0.04	0.01	0.00	0.00	0.00	0.04	0.00
2004	2.43	0.24	0.08	0.06	0.07	0.00	0.00	0.00	0.18	0.00
2005	1.65	0.89	0.05	0.41	0.00	0.41	0.00	0.03	0.13	1.62
2006	3.01	1.37	0.04	0.92	0.13	0.00	0.00	0.00	0.22	0.20
2007	2.58	0.86	0.04	2.05	0.07	0.00	0.00	0.00	0.22	0.12
2008	2.85	0.65	0.10	2.19	0.14	0.00	0.00	0.07	0.00	0.04
2009	3.38	0.08	0.08	1.78	0.26	0.00	0.00	0.00	0.22	0.61
2010	2.04	0.00	0.12	3.95	0.26	0.00	0.00	0.00	0.26	0.49

5.4.4　闽台水产品在东盟的市场占有率比较

图 5-13 给出了 2000—2009 年闽台水产品在东盟的市场占有率变动状态。在样本期内的绝大多数年份,台湾水产品在东盟的市场占有率都要大于

福建水产品,可见,台湾水产品在东盟市场的竞争力要高于福建水产品。从变化趋势上看,闽台水产品在东盟的市场占有率均表现为上升趋势,但福建水产品的上升幅度要大于台湾水产品,2000年福建水产品在东盟的市场占有率为0.50%,到2009年达7.44%,增长了6.94百分点;而台湾水产品2000年在东盟的市场占有率已达4.94%,到2009年达6.32%,仅增长1.38百分点。

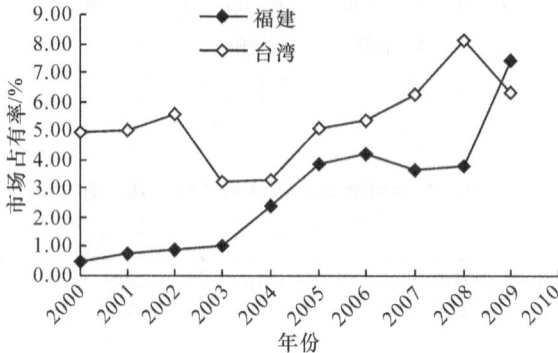

图 5-13　2000—2009 年闽台水产品在东盟的市场占有率变动状况

本书就2000—2009年闽台分种类水产品在东盟的市场占有率进行比较研究,结果见表5-17和表5-18。

如表5-17所示,福建水产品中在东盟市场占有率最高的是"甲壳软体制品",2000—2009年的平均占有率高达22.36%,其次是"水生植物及产品"和"鱼制品",2000—2009年的平均占有率分别达7.39%和7.23%。另外,2007年后占有率较高的水产品种类还有"鲜活冷藏冻鱼"和"鲜冷等甲壳软体类",2009年这两类水产品在东盟的市场占有率分别达6.56%和6.12%。从总的变化趋势来看,福建大多数种类水产品在东盟的市场占有率都呈现不断上升的走势,并在"甲壳软体制品"上别具竞争优势,某些年份甚至处于垄断地位。

表 5-17　2000—2009 年福建分种类水产品在东盟的市场占有率

单位:%

年份	鲜活冷藏冻鱼	干熏腌鱼	鲜冷等甲壳软体类	鱼制品	甲壳软体制品	鱼油脂	鱼粉浆渣	珊瑚、贝壳和海绵	水生植物及产品	不可食用品
2000	0.25	0.01	0.94	0.30	0.22	0.44	0.00	0.00	5.99	0.00
2001	0.37	0.02	1.38	1.44	0.36	0.00	0.05	0.00	8.12	0.00
2002	0.79	0.40	1.00	1.59	1.12	0.00	0.00	0.28	6.83	0.00
2003	1.00	0.22	1.01	2.11	0.30	0.00	0.00	0.29	8.91	0.01

年份	鲜活冷藏冻鱼	干熏腌鱼	鲜冷等甲壳软体类	鱼制品	甲壳软体制品	鱼油脂	鱼粉浆渣	珊瑚、贝壳和海绵	水生植物及产品	不可食用品
2004	2.04	1.06	0.91	3.97	26.53	0.02	0.00	0.13	6.65	0.02
2005	2.11	0.51	0.39	13.18	61.21	0.00	0.01	0.32	4.32	0.00
2006	3.45	0.00	0.71	27.56	19.34	0.00	0.00	0.09	11.12	0.00
2007	2.36	0.00	0.84	11.49	42.85	0.11	0.01	0.70	9.87	0.00
2008	2.46	0.10	1.09	4.55	51.28	0.00	0.00	0.90	5.70	0.00
2009	6.56	1.14	12.98	6.12	20.37	0.00	0.01	0.85	6.36	0.00

如表 5-18 所示,台湾水产品在东盟的市场占有率最高的产品是"鲜活冷藏冻鱼",2000—2009 年平均占有率高达 8.44%,且变化趋于平稳。其他类水产品在东盟的市场占有率很低,但呈现不断上升的趋势,如"鱼制品"和"甲壳软体制品"的市场占有率分别从 2000 年的 0.96% 和 0.02% 上升到 2009 年的 5.99% 和 1.93%。

表 5-18　2000—2009 年台湾分种类水产品在东盟的市场占有率

单位:%

年份	鲜活冷藏冻鱼	干熏腌鱼	鲜冷等甲壳软体类	鱼制品	甲壳软体制品	鱼油脂	鱼粉浆渣	珊瑚、贝壳和海绵	水生植物及产品	不可食用品
2000	8.96	0.25	1.64	0.96	0.02	0.52	0.34	2.18	2.64	0.91
2001	8.47	0.28	1.27	1.00	0.09	1.18	0.54	0.04	2.25	0.35
2002	9.68	0.13	0.83	1.52	0.97	0.35	0.53	0.27	1.65	0.31
2003	5.38	0.06	0.77	0.73	0.62	0.18	0.76	0.42	1.31	0.04
2004	5.62	0.04	0.38	0.54	0.81	0.16	0.71	1.59	0.94	0.02
2005	8.22	0.15	0.24	1.04	1.25	0.00	0.26	0.05	1.13	0.05
2006	8.31	0.34	0.66	0.87	1.33	0.06	0.31	0.13	0.79	0.43
2007	9.29	0.61	0.90	1.27	2.21	0.07	0.16	0.08	0.83	1.24
2008	11.62	0.66	1.17	3.48	1.44	0.08	0.06	0.06	0.45	0.25
2009	8.87	0.58	1.10	5.99	1.93	0.01	0.17	0.04	0.79	0.39

由以上分析可知,福建水产品在东盟的市场占有率较高的种类较台湾水产品多。

5.4.5 闽台水产品在欧盟的市场占有率比较

图 5-14 给出了 2000—2010 年闽台水产品在欧盟的市场占有率变动状况。从总体上看,福建与台湾水产品在欧盟的市场占有率在样本期内的所有年份均小于 0.5%,可见闽台在欧盟的市场占有率极低。另外,在样本期内的前 7 年台湾水产品的市场占有率要大于福建,但福建水产品的市场占有率在 2002 年到达 0.004% 的低点以后迅速上升,2010 年上升到 0.49%。可见,福建对欧盟市场的竞争力不断增强。台湾在欧盟的市场占有率在 2002 年到达 0.39% 的高点后持续下降,2010 年下降到 0.09%,跌破 0.10%,可见台湾在欧盟市场的竞争力不断下降。

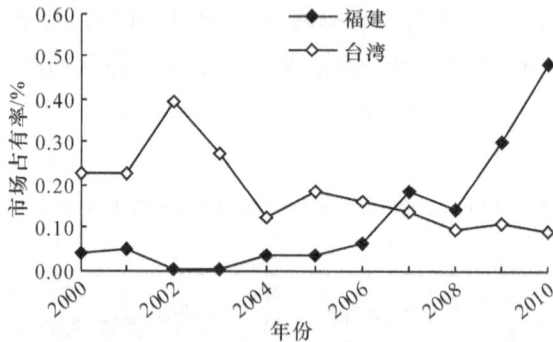

图 5-14 2000—2010 年闽台水产品在欧盟的市场占有率变动状况

为了进一步揭示福建与台湾分种类水产品在欧盟市场的竞争力,本书就闽台分种类水产品在欧盟的市场占有率进行比较研究,结果见表 5-19 和表 5-20。

如表 5-19 所示,2000—2010 年福建的"鲜活冷藏冻鱼""鲜冷等甲壳软体类""鱼制品""甲壳软体制品"和"水生植物及产品"这 5 类水产品在欧盟的市场占有率不断提高。其中"水生植物及产品"的市场占有率最高,增长最为迅速,2010 年该类产品在欧盟的市场占有率达 5.40%。另外,"鲜冷等甲壳软体类"和"甲壳软体制品"的市场占有率也较高,2010 年分别达 1.11% 和 1.14%。此外,福建的"鱼制品"在欧盟的市场占有率也有所提高,2006—2010 年该类产品在欧盟的平均市场占有率达 0.36%。可见,福建各类水产品在欧盟的市场占有率都在提高,竞争力不断提升,其中以"水生植物及产品"表现最为明显。

表 5-19　2000—2010 年福建分种类水产品在欧盟的市场占有率

单位：%

年份	鲜活冷藏冻鱼	干熏腌鱼	鲜冷等甲壳软体类	鱼制品	甲壳软体制品	鱼油脂	鱼粉浆渣	珊瑚、贝壳和海绵	水生植物及产品	不可食用品
2000	0.02	0.00	0.10	0.02	0.01	0.00	0.00	0.00	0.10	0.00
2001	0.04	0.00	0.08	0.05	0.01	0.00	0.00	0.00	0.62	0.00
2002	0.00	0.00	0.00	0.00	0.00	0.00	0.00	0.00	0.52	0.00
2003	0.00	0.01	0.00	0.00	0.00	0.00	0.00	0.00	0.71	0.00
2004	0.00	0.00	0.00	0.01	0.50	0.00	0.00	0.00	1.62	0.00
2005	0.01	0.00	0.00	0.05	0.33	0.00	0.00	0.02	1.80	0.00
2006	0.05	0.00	0.01	0.18	0.07	0.00	0.00	0.00	3.22	0.00
2007	0.06	0.00	0.04	0.73	1.09	0.00	0.00	0.00	1.56	0.00
2008	0.03	0.00	0.03	0.35	1.23	0.00	0.00	0.00	1.59	0.00
2009	0.10	0.01	0.71	0.38	0.45	0.00	0.00	0.00	2.25	0.00
2010	0.19	0.04	1.11	0.18	1.14	0.00	0.00	0.07	5.40	0.00

　　如表 5-20 所示，台湾水产品在欧盟市场占有率较高的水产品种类是"鲜活冷藏冻鱼""鲜冷等甲壳软体类""鱼制品""珊瑚、贝壳和海绵"和"水生植物及产品"。其中，市场占有率最高的是"珊瑚、贝壳和海绵"，2000—2010 年的平均占有率达 0.57%。其次是"水生植物及产品"，样本期内的年均占有率达 0.33%，但占有率在逐步降低，从 2000 年的 0.42%下降到 2010 年的 0.17%。另外，"鲜冷等甲壳软体类"和"鲜活冷藏冻鱼"的市场占有率也较高，年均占有率达 0.30%和 0.20%，变动趋势表现为波动下降，分别从 2000 年的 0.22%和 0.38%下降到 2010 年的 0.19%和 0.05%。而"鱼制品"则表现为上升走势，市场占有率由 2000 年的 0.06%上升到 2010 年的 0.19%，年均占有率达 0.11%。可见台湾大部分种类水产品在欧盟的市场占有率都呈现不同程度的下降，仅"鱼制品"和"珊瑚、贝壳和海绵"的市场占有率不断上升或保持恒定。

表 5-20　2000—2010 年台湾分种类水产品在欧盟的市场占有率

单位：%

年份	鲜活冷藏冻鱼	干熏腌鱼	鲜冷等甲壳软体类	鱼制品	甲壳软体制品	鱼油脂	鱼粉浆渣	珊瑚、贝壳和海绵	水生植物及产品	不可食用品
2000	0.38	0.00	0.22	0.06	0.01	0.00	0.00	0.13	0.42	0.00
2001	0.34	0.00	0.26	0.05	0.01	0.00	0.00	0.03	0.34	0.00

续表

年份	鲜活冷藏冻鱼	干熏腌鱼	鲜冷等甲壳软体类	鱼制品	甲壳软体制品	鱼油脂	鱼粉浆渣	珊瑚、贝壳和海绵	水生植物及产品	不可食用品
2002	0.43	0.00	0.72	0.08	0.02	0.00	0.00	0.67	0.35	0.00
2003	0.29	0.00	0.49	0.07	0.01	0.00	0.00	0.68	0.32	0.00
2004	0.08	0.00	0.26	0.10	0.01	0.00	0.00	0.02	0.34	0.00
2005	0.22	0.01	0.25	0.12	0.01	0.00	0.00	0.48	0.38	0.00
2006	0.20	0.00	0.18	0.17	0.01	0.00	0.00	0.24	0.40	0.00
2007	0.12	0.06	0.22	0.15	0.01	0.00	0.00	0.81	0.34	0.01
2008	0.06	0.00	0.21	0.14	0.01	0.00	0.00	1.42	0.31	0.01
2009	0.05	0.00	0.31	0.13	0.00	0.00	0.00	1.14	0.29	0.00
2010	0.05	0.01	0.19	0.19	0.00	0.00	0.00	0.62	0.17	0.01

5.4.6 闽台水产品在中国香港的市场占有率比较

图 5-15 给出了 1996—2010 年闽台水产品在香港的市场占有率变动状况。从图 5-15 可以看出,在大多数年份中台湾水产品在香港的市场占有率要高于福建水产品。但在 2003 年、2004 年和 2005 年,福建水产品在香港的市场占有率迅速攀升,主要原因可能是在这段时期内,福建选择香港这个国际开放性市场作为转口贸易的中转站以逐步适应国际市场新规则。从总体变化趋势上看,福建水产品在香港的市场占有率呈现波动上升的走势,由 1996 年的 0.50% 上升至 2010 年的 4.98%。而台湾水产品在香港的市场占有率则表现为逐步上升的状态,由 1996 年的 1.23% 上升到 2010 年的 2.21%。可见,闽台水产品在香港的市场占有率均表现为上升趋势,福建水产品占有率的波动

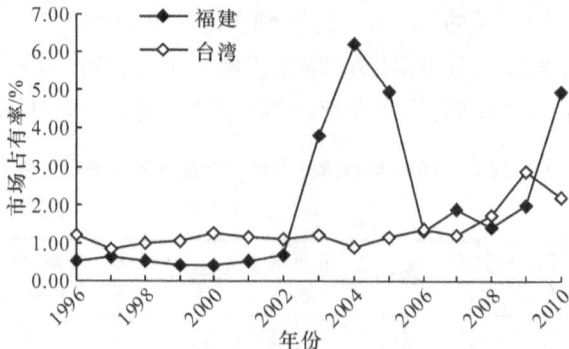

图 5-15　1996—2010 年闽台水产品在香港的市场占有率变动状况

较台湾水产品大。

从细分种类的角度考察(见表 5-21),福建在香港的市场占有率最高的产品是"鱼制品",1996—2010 年的平均占有率高达 16.92％,其次是"甲壳软体制品",平均占有率达 15.03％,再次是"水生植物及产品",平均占有率达 6.69％。福建其他类水产品在香港的市场占有率在大多数年份不超过 1％,市场占有率很低。

表 5-21　1996—2010 年福建分种类水产品在香港的市场占有率

单位:％

年份	鲜活冷藏冻鱼	干熏腌鱼	鲜冷等甲壳软体类	鱼制品	甲壳软体制品	鱼油脂	鱼粉浆渣	珊瑚、贝壳和海绵	水生植物及产品	不可食用品
1996	0.15	0.81	0.23	2.99	0.12	0.00	0.63	0.71	4.82	0.00
1997	0.17	1.36	0.31	3.88	0.46	9.44	0.99	0.25	10.13	0.00
1998	0.14	1.01	0.15	4.82	0.12	0.00	1.18	0.27	7.52	0.00
1999	0.18	0.57	0.17	4.31	0.03	0.00	1.18	0.00	4.21	0.00
2000	0.04	0.43	0.23	5.87	0.21	0.00	0.05	0.02	2.68	0.05
2001	0.15	0.68	0.16	6.18	0.32	0.00	0.00	0.00	4.28	0.00
2002	0.30	0.51	0.17	9.81	0.72	0.00	0.00	0.00	4.96	0.00
2003	0.68	0.55	0.21	13.50	43.03	0.00	0.00	0.00	5.92	0.00
2004	0.89	0.47	0.17	60.83	55.86	1.45	0.00	0.00	16.53	0.00
2005	0.83	0.35	0.24	61.85	43.86	7.40	0.00	0.00	19.53	0.00
2006	0.51	0.42	0.26	20.48	6.77	0.00	0.00	0.02	7.73	0.00
2007	1.37	0.55	0.15	34.60	5.57	0.00	0.00	0.00	1.65	0.00
2008	0.75	0.77	0.06	16.62	5.98	0.00	0.00	0.00	3.56	0.00
2009	2.23	1.15	1.02	7.95	8.38	0.00	0.00	0.00	4.87	0.00
2010	4.49	1.09	1.60	0.14	54.07	0.00	0.00	0.00	1.93	0.00

表 5-22 是台湾分种类水产品在香港的市场占有率。从表 5-22 可以看出,台湾水产品在香港的市场占有率最高的产品是"鱼油脂",1996—2010 年的平均占有率高达 24.01％,1997 年甚至达 68.94％,可见台湾是香港该类水产品的重要进口来源市场。另外,2006—2010 年台湾水产品在香港的市场占有率较高的种类还有"鱼制品""甲壳软体制品"和"鲜活冷藏冻鱼",2006—2010 年这 3 类水产品在香港市场的平均占有率分别达 9.14％、4.79％和 3.70％。

表 5-22   1996—2010 年台湾分种类水产品在香港的市场占有率

单位:%

年份	鲜活冷藏冻鱼	干熏腌鱼	鲜冷等甲壳软体类	鱼制品	甲壳软体制品	鱼油脂	鱼粉浆渣	珊瑚、贝壳和海绵	水生植物及产品	不可食用品
1996	1.17	1.36	0.80	0.72	1.06	31.12	2.16	2.95	19.12	0.81
1997	0.38	1.24	0.82	0.51	1.37	68.94	3.91	1.04	9.47	1.74
1998	0.65	0.90	0.96	1.49	1.13	26.85	2.71	0.39	12.17	2.11
1999	1.06	0.98	0.61	3.90	2.44	56.31	2.92	0.62	3.29	2.57
2000	1.51	0.77	0.83	7.35	2.29	4.98	4.84	0.82	4.75	2.17
2001	0.95	0.75	0.73	7.43	2.89	15.02	13.07	2.32	3.47	3.17
2002	0.81	0.86	0.59	7.58	2.31	7.97	8.42	6.08	1.91	0.27
2003	1.04	0.71	0.81	7.42	2.06	2.75	1.68	1.47	1.66	5.24
2004	0.78	0.74	0.37	7.38	1.68	0.81	0.03	0.88	3.55	0.60
2005	0.90	1.49	0.35	9.70	2.47	9.14	0.68	0.73	2.53	1.37
2006	1.53	1.88	0.41	10.83	2.60	9.62	4.00	0.32	1.92	1.49
2007	0.81	1.34	0.38	10.75	3.54	15.50	26.35	2.25	1.53	0.81
2008	2.98	1.12	0.26	8.03	5.59	64.92	1.49	6.62	1.94	0.51
2009	8.08	1.32	0.27	8.36	6.38	32.51	0.00	0.50	4.14	0.36
2010	5.12	1.29	0.30	7.74	5.83	13.66	4.86	0.07	3.74	5.96

从总体上看,闽台水产品在香港的市场占有率较高的水产品种类数量相当,且各具特色,福建水产品主要为"鱼制品""甲壳软体制品"和"水生植物及产品",而台湾水产品则为"鱼油脂""鱼制品""甲壳软体制品"和"鲜活冷藏冻鱼"。

5.5   本章主要结论

本章从竞争业绩角度考察闽台水产品竞争力状况,得出以下五个主要结论:

(1)从市场份额反映的水产品国际竞争力角度考察,总的来看,闽台水产品国际市场占有率都较低,福建水产品国际市场占有率表现为上升趋势,而台湾水产品国际市场占有率则不断下降。从贸易变差角度分析,2008—2010 年福建水产品出口增速快于福建农产品出口增速,而台湾水产品出口则慢于其农产品出口增速。从显示性比较优势考察,福建水产品总体表现为极强的竞争力,而台湾水产品的竞争力则逐步下降。

从分种类角度来看,福建水产品国际市场占有率较高的是水产品的深加工品,而台湾则以鱼类和水生植物产品为主;生鲜水产品成为拉动闽台水产品增长的主要动力;福建在生鲜水产品和深加工品上具有比较优势,而初加工品的比较优势正在丧失。

(2)从净出口情况反映的水产品国际竞争力考察,闽台都具备竞争优势。从分种类角度来看,福建在大多数水产品种类上都具有竞争优势,而台湾仅在鱼类产品上表现出竞争优势。

(3)福建水产品出口产品结构日趋分散,台湾则高度集中于"鲜活冷藏冻鱼"类产品。闽台水产品出口市场结构都表现为日趋多元化的特征,但福建市场多元化进程要快于台湾。福建水产品规避市场风险的能力要强于台湾水产品。

(4)无论从哪个角度分析,福建水产品国际市场竞争力均表现为上升趋势,具备竞争力的水产品种类越来越多,而台湾水产品的竞争力则有所下降,且具备竞争力的水产品种类较少,主要集中在鱼类产品上。

(5)从细分市场考察,福建在日本的市场占有率表现为下降态势,而在其他五大出口市场的占有率均表现为上升走势。福建在日本的市场占有率下降的主要原因是鳗鱼制品在"鱼制品"类水产品中比重逐渐下滑,致使"鱼制品"类水产品占有率的下降,从而导致整个水产品占有率的下滑。台湾在韩国、东盟和中国香港的市场占有率表现为上升走势,而在日本、美国和欧盟的市场占有率表现为下降趋势。

第6章 影响闽台水产品国际竞争力的直接因素分析：竞争实力

从第3章的理论分析可知影响水产品的直接因素，即竞争实力（strength）可以归结为两个方面：一是水产品价格，二是水产品差异性。本章将围绕这两个方面考察影响闽台水产品国际竞争力的直接因素。

6.1 价格因素

在评价水产品价格优势时常采用价格比较法，即用一个国家（地区）的出口价格与世界出口均价进行直接比较。另外，鉴于水产品出口市场的差异性，本书将在研究国际市场均价的同时，考察闽台水产品在六大出口市场的价格变动状况。

6.1.1 闽台水产品出口价格总体比较

6.1.1.1 闽台水产品价格因素的总体比较

图 6-1 给出了 1996—2010 年福建、台湾与世界水产品出口平均价格变动状况。由图 6-1 可知，世界水产品的出口平均价格呈现不断上升走势，由1996年的 2.62 美元/千克上升到 2010 年的 3.41 美元/千克。福建水产品出口平均价格在这 15 年的绝大多数年份要大大高于世界水产品出口平均价格，主要原因是福建大量出口均价偏高的烤鳗。除去烤鳗，福建水产品出口平均价格在绝大多数年份要略低于世界水产品的出口平均价格，价格变动表现为先降后升的趋势，从 1997 年的 2.83 美元/千克下降到 1999 年的 1.58 美元/千克，后又逐步上升到 2010 年的 4.56 美元/千克，超过世界市场平均价格。从总体上看，福建对世界水产品出口具备价格优势，但这种优势正在减退。2005 年

以前,台湾水产品的出口平均价格在绝大多数年份要高于世界平均出口价格,但 2005 年后出口均价逐步下滑,台湾水产品的出口均价要低于世界水平。可见,台湾水产品在世界市场上越来越表现出价格竞争优势。关于福建鳗鱼制品的竞争实力本书将在第 6.3 节中进行专题论述。

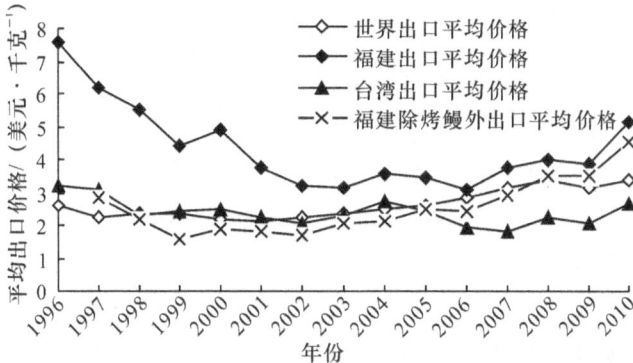

图 6-1 1996—2010 年福建、台湾与世界水产品出口平均价格变动状况

6.1.1.2 闽台分种类水产品价格因素比较

表 6-1 给出了 1996—2010 年世界分种类水产品出口价格。从表 6-1 可以看出,世界市场价格最高的水产品种类是"甲壳软体制品",其次是"鲜冷等甲壳软体类"和"干熏腌鱼",2010 年这 3 类水产品在国际市场的价格分别为 7.72 美元/千克、5.72 美元/千克和 5.50 美元/千克。另外,价格水平较高的水产品种类还有"鱼制品""鲜活冷藏冻鱼"及"水生植物及产品",2010 年这 3 类水产品在国际市场的价格分别达 3.74 美元/千克、2.93 美元/千克及 2.22 美元/千克。其他类水产品的国际市场价格较低。从变化趋势上看,几乎所有种类水产品的出口均价总体都表现为上升的趋势,如"甲壳软体制品"从 1996 年的 7.23 美元/千克上升到 2010 年的 7.72 美元/千克,"鲜冷等甲壳软体类"由 1996 年的 4.59 美元/千克上升到 2010 年的 5.72 美元/千克,"干熏腌鱼"从 1996 年的 4.69 美元/千克上升到 2010 年的 5.50 美元/千克。可见,世界水产品均价的上涨主要是各类水产品单价同步上涨引起的。

表 6-1　1996—2010 年世界分种类水产品出口价格

单位:美元/千克

年份	鲜活冷藏冻鱼	干熏腌鱼	鲜冷等甲壳软体类	鱼制品	甲壳软体制品	鱼油脂	鱼粉浆渣	珊瑚、贝壳和海绵	水生植物及产品	不可食用品
1996	2.07	4.69	4.59	3.94	7.23	0.64	0.63	1.21	2.49	0.38
1997	1.86	4.04	4.29	3.03	6.86	0.67	0.61	1.32	1.95	0.36
1998	2.01	4.69	4.43	3.12	6.90	0.82	0.71	0.92	2.08	0.36
1999	2.03	4.57	4.46	2.77	7.14	0.41	0.54	0.99	1.69	0.49
2000	1.93	4.25	4.48	2.56	6.63	0.32	0.42	0.92	1.74	0.34
2001	1.89	4.02	4.30	2.47	5.97	0.31	0.48	0.71	1.89	0.34
2002	1.95	4.13	4.14	2.60	6.19	0.67	0.59	0.66	1.92	0.33
2003	2.04	4.34	4.60	2.64	6.06	0.69	0.60	0.90	1.73	0.27
2004	2.21	4.51	4.68	2.87	5.76	0.80	0.62	1.12	1.68	0.32
2005	2.38	4.89	4.69	2.97	5.79	0.87	0.62	0.78	1.90	0.37
2006	2.55	5.22	4.72	3.12	5.72	1.01	0.89	0.84	2.06	0.47
2007	2.83	5.92	5.02	3.42	6.09	1.15	0.96	0.79	2.17	0.56
2008	3.05	6.32	5.47	3.96	6.50	2.05	0.95	0.95	2.40	0.61
2009	2.85	5.84	5.00	3.70	6.63	1.19	0.99	1.31	2.29	0.69
2010	2.93	5.50	5.72	3.74	7.72	1.44	1.44	1.50	2.22	0.77

　　表 6-2 给出了 1996—2010 年福建分种类水产品出口价格。从表 6-2 中获悉,福建出口水产品中,"鱼制品"的价格较高,远远高于其他类水产品,1996—2010 年的出口平均价格高达 9.45 美元/千克,这主要是由于烤鳗在该类产品的比重较大。另外,"甲壳软体制品""干熏腌鱼"和"水生植物及产品"的单价也较高,1996—2010 年的出口平均价格分别达 5.82 美元/千克、5.48 美元/千克和 3.99 美元/千克。从与国际市场水产品价格的比较看,"鲜冷等甲壳软体类""鱼粉浆渣"和"鲜活冷藏冻鱼"在绝大多数年份的价格小于国际市场的同类产品的价格,具备价格优势;"干熏腌鱼""甲壳软体制品"和"珊瑚、贝壳和海绵"在国际市场同样具备较强的优势,但这种优势正在衰退。而"鱼制品"和"水生植物及产品"类产品在样本期内的每个年度均大于国际市场同类产品的价格,在价格层面上缺乏优势。

表 6-2　1996—2010 年福建分种类水产品出口价格

单位:美元/千克

年份	鲜活冷藏冻鱼	干熏腌鱼	鲜冷等甲壳软体类	鱼制品	甲壳软体制品	鱼油脂	鱼粉浆渣	珊瑚、贝壳和海绵	水生植物及产品	不可食用品
1996	2.42	5.60	**3.15**	19.09	3.58	NA	**0.46**	**0.47**	5.28	0.40
1997	2.17	5.58	**3.10**	15.38	**3.37**	7.13	**0.26**	**1.07**	4.41	**0.29**
1998	**1.60**	**4.50**	2.96	11.56	**4.07**	5.50	**0.49**	1.96	4.12	0.91
1999	**1.13**	**4.52**	2.56	10.80	**3.95**	1.93	**0.53**	2.80	3.96	25.00
2000	**1.33**	**2.28**	2.93	10.70	**4.68**	2.32	0.58	**0.47**	2.15	4.02
2001	**1.42**	5.09	2.24	7.60	**4.36**	NA	**0.43**	0.83	3.16	**0.28**
2002	**1.18**	4.93	**1.91**	7.94	**4.16**	NA	**0.40**	0.29	3.19	0.86
2003	**1.10**	**3.60**	2.14	7.13	**5.60**	NA	**0.48**	0.63	2.74	**0.24**
2004	**1.14**	**2.53**	2.08	9.23	**5.10**	1.81	**0.48**	**1.08**	2.26	**0.22**
2005	**1.31**	**3.10**	1.95	6.72	**5.38**	8.18	0.75	0.99	3.04	0.84
2006	**1.31**	**5.07**	1.94	6.68	5.85	NA	**0.63**	3.81	4.30	0.93
2007	**1.66**	6.87	**1.97**	7.03	6.59	**0.83**	**0.74**	1.68	5.09	0.93
2008	**2.15**	10.78	**2.96**	6.00	8.98	**0.85**	**0.79**	1.79	4.94	1.10
2009	**2.35**	9.11	7.38	6.38	9.83	2.06	**0.85**	2.35	4.91	1.20
2010	**2.90**	8.71	7.63	9.49	11.81	**1.16**	**0.96**	3.84	6.29	1.61

注:NA 表示当年没有贸易发生,黑体字表示该价格低于国际市场价格。

表 6-3 给出了 1996—2010 年台湾分种类水产品出口价格。从表 6-3 可以看出,台湾水产品出口价格最高的种类是"珊瑚、贝壳和海绵",这 15 年的出口平均价格达 19.58 美元/千克,其次是"水生植物及产品",出口平均价格达 13.63 美元/千克。出口平均价格较高的水产品种类还有"鱼制品""甲壳软体制品"及"干熏腌鱼",这几类水产品的出口平均价格分别达 9.97 美元/千克、7.29 美元/千克和 7.15 美元/千克。而其他类水产品的出口价格较低,占台湾水产品出口比重最高的"鲜活冷藏冻鱼"的出口平均价格是 2.29 美元/千克。从与国际市场水产品价格的比较看,"鲜冷等甲壳软体类"在样本期内的出口平均价格均低于世界该类产品出口平均价格,具备价格优势。另外,"鲜活冷藏冻鱼"2005 年后和"甲壳软体制品"2002 年后的出口平均价格也低于世界平均价格,在国际市场具有一定优势。而其他类水产品在国际市场缺乏该优势。

表 6-3　1996—2010 年台湾分种类水产品出口价格

单位:美元/千克

年份	鲜活冷藏冻鱼	干熏腌鱼	鲜冷等甲壳软体类	鱼制品	甲壳软体制品	鱼油脂	鱼粉浆渣	珊瑚、贝壳和海绵	水生植物及产品	不可食用品
1996	2.78	9.13	**3.17**	19.74	10.62	2.30	0.79	12.58	17.06	3.73
1997	2.80	8.69	**3.20**	16.86	11.68	18.02	0.80	6.20	15.95	2.64
1998	2.27	4.81	**1.46**	12.12	9.82	**1.00**	0.56	43.00	15.34	3.31
1999	2.47	**4.39**	**1.72**	9.74	8.62	**7.29**	0.54	18.34	15.57	4.98
2000	2.33	5.25	1.70	9.94	7.75	2.35	0.59	15.17	15.34	4.56
2001	2.12	4.25	**1.88**	7.25	7.03	0.99	0.57	9.04	12.94	4.15
2002	1.97	4.80	**2.29**	7.23	**6.05**	0.77	0.79	8.54	14.25	3.35
2003	2.23	4.09	**2.09**	7.15	**5.56**	0.84	0.68	7.09	13.64	4.22
2004	2.58	4.85	**2.80**	10.09	**5.48**	0.84	0.67	2.20	12.01	4.61
2005	**2.29**	8.21	**3.72**	9.61	**5.59**	3.40	0.69	6.54	12.99	3.41
2006	**1.93**	9.39	**1.50**	7.57	**5.05**	1.72	0.73	6.89	11.43	2.65
2007	**1.86**	9.34	**1.03**	8.12	**5.56**	7.91	0.84	5.03	10.43	1.92
2008	**2.26**	9.95	**1.38**	8.85	6.70	**16.92**	0.77	20.38	11.01	2.21
2009	**2.00**	10.08	**1.58**	6.34	**6.51**	14.71	1.05	15.11	11.91	2.48
2010	**2.49**	9.99	**2.45**	8.99	**7.26**	13.49	1.82	117.61	14.53	4.80

注:黑体字表示该价格低于国际市场价格,下划线表示该价格低于福建该类产品出口价格。

从闽台水产品出口价格比较来看,台湾在主要水产品"鲜冷等甲壳软体类""鱼制品"和"甲壳软体制品"上较福建有价格优势。

总的来看,虽然福建较台湾具备价格优势的水产品种类要多,但在主要水产品上较台湾缺乏价格优势。同时,福建的一些水产品的价格优势正逐步丧失,而台湾则在不断增强。无论从总体还是分种类考察,台湾水产品较福建水产品都具备价格优势。

6.1.2　闽台水产品在主要出口市场的价格比较

以上的总体评价并不能准确反映闽台水产品在国际市场上的价格状况,还需对其进行细分市场的考察,以期更深入揭示其价格因素变动状况。

6.1.2.1　闽台水产品在日本市场的价格比较

图 6-2 给出了 1996—2010 年闽台水产品对日本市场的出口平均价格和

日本市场水产品进口平均价格的变动状况。福建水产品对日本出口平均价格在样本期内均大大高于日本水产品进口均价,2010 年福建水产品对日本出口平均价格达 7.25 美元/千克。由上文分析可知,福建水产品对日本市场出口平均价格偏高是由于福建向日本出口了大量的"鳗鱼制品",因此排除"鳗鱼制品"的干扰,福建水产品对日本的出口平均价格要大大降低,低于日本市场进口平均价格,但 2000 年后呈现逐步上升走势,从 2000 年的 0.99 美元/千克上升到 2009 年的 4.10 美元/千克。从总体上看,福建水产品在日本市场拥有价格优势。台湾水产品对日本出口的平均价格在样本期内的所有年份都要略高于日本水产品的进口价格,且台湾水产品对日本出口平均价格和日本市场进口平均价格呈现同步波动的态势,两者的相关系数达 0.85。从总体上看,台湾水产品在日本市场缺乏价格优势。

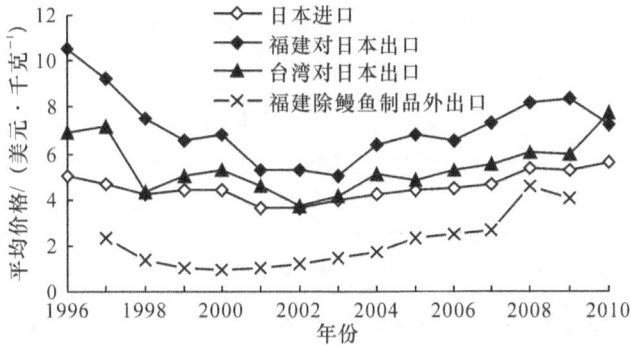

图 6-2　1996—2010 年闽台水产品在日本市场平均价格变动状况

为了深入探析闽台水产品在日本市场的价格竞争力,本书将进一步分析闽台分种类水产品在日本市场的价格竞争状况,结果见表 6-4～表 6-6。

如表 6-4 所示,在日本市场上价格最高的水产品种类是"干熏腌鱼",其次是"鲜冷等甲壳软体类""甲壳软体制品"和"鱼制品",2009 年这 4 类水产品的日本市场进口价格分别为 14.76 美元/千克、7.29 美元/千克、7.25 美元/千克和 6.56 美元/千克。另外,价格水平较高的水产品种类还包括"鲜活冷藏冻鱼"和"水生植物及产品",2009 年这两类水产品在日本市场的进口价格分别为 5.10 美元/千克和 3.82 美元/千克。从变化趋势上看,大多数产品价格均呈现上升趋势,如"鲜活冷藏冻鱼""干熏腌鱼""鱼油脂"和"水生植物及产品"的价格分别从 1997 年的 3.79 美元/千克、12.08 美元/千克、0.62 美元/千克和 2.68 美元/千克上升到 2009 年 5.10 美元/千克、14.76 美元/千克、1.57 美元/千克和 3.82 美元/千克。

表 6-4　1997—2009 年日本市场分种类水产品进口价格

单位:美元/千克

年份	鲜活冷藏冻鱼	干熏腌鱼	鲜冷等甲壳软体类	鱼制品	甲壳软体制品	鱼油脂	鱼粉浆渣	珊瑚、贝壳和海绵	水生植物及产品	不可食用品
1997	3.79	12.08	7.75	9.53	7.74	0.62	0.69	2.10	2.68	1.46
1998	3.34	10.86	6.78	7.69	7.35	0.89	0.77	1.41	2.31	1.35
1999	3.71	13.18	6.72	7.70	7.47	0.76	0.61	1.50	2.37	1.46
2000	3.59	13.59	7.16	7.77	7.80	0.41	0.54	1.50	2.40	1.51
2001	3.08	12.39	6.39	6.16	7.11	0.51	0.57	1.15	2.32	0.91
2002	3.06	11.73	6.39	6.02	6.45	0.72	0.64	0.86	2.31	0.55
2003	3.51	11.78	6.60	5.60	6.81	0.89	0.65	0.91	2.60	0.64
2004	3.84	11.44	6.61	6.42	6.77	0.87	0.71	0.82	2.36	0.99
2005	4.13	11.26	6.66	6.35	6.80	0.86	0.69	0.94	2.79	1.08
2006	4.33	10.95	6.69	6.42	6.37	0.91	0.98	1.08	3.09	0.99
2007	4.39	12.87	7.04	6.27	6.36	1.52	1.07	1.01	3.06	0.87
2008	5.20	14.50	7.81	6.67	7.29	2.29	1.02	0.97	3.97	0.99
2009	5.10	14.76	7.29	6.56	7.25	1.57	1.00	0.84	3.82	1.11

　　表 6-5 给出了 1997—2009 年福建分种类水产品对日本市场出口价格。为了排除"鳗鱼制品"对水产品均价的影响,"鱼制品"类水产品将不包含该产品。从表 6-5 可知,福建对日本出口水产品中,"水生植物及产品"的价格最高,2005—2009 年更是增长迅速,5 年的平均价格高达 11.70 美元/千克。另外,前 5 类水产品的对日本出口价格也较高,2009 年分别为 5.69 美元/千克、6.26 美元/千克、9.51 美元/千克、6.02 美元/千克和 5.70 美元/千克。从变动趋势上看,2000—2009 年福建对日本出口水产品的价格总体都表现为上升趋势,其中价格上涨较快的产品种类是"鲜活冷藏冻鱼""干熏腌鱼"和"水生植物及产品",价格分别从 2000 年的 1.44 美元/千克、1.38 美元/千克和 3.79 美元/千克上升到 2009 年的 5.69 美元/千克、6.26 美元/千克和 12.70 美元/千克。与日本市场的水产品均价相比,福建在除"水生植物及产品"外的种类均具价格优势,但某些产品的优势正逐步消失,具备价格优势的产品种类由 1997 年的 5 类下降到 2008 年的 3 类。

表 6-5　1997—2009 年福建分种类水产品对日本市场出口价格

单位:美元/千克

年份	鲜活冷藏冻鱼	干熏腌鱼	鲜冷等甲壳软体类	鱼制品	甲壳软体制品	鱼油脂	鱼粉浆渣	珊瑚、贝壳和海绵	水生植物及产品	不可食用品
1997	**3.26**	**4.79**	**4.38**	11.01	**5.84**	NA	**0.15**	3.74	8.95	NA
1998	**2.32**	**3.58**	**3.85**	**3.18**	**4.79**	NA	**0.33**	**1.38**	4.54	NA
1999	**1.53**	**3.86**	**3.46**	**4.01**	**4.27**	NA	**0.26**	5.31	**2.35**	25.00
2000	**1.44**	**1.38**	**3.71**	**3.35**	**4.61**	NA	0.84	**0.52**	3.79	4.05
2001	**1.58**	**4.54**	**3.88**	**2.51**	**3.73**	NA	1.24	**0.83**	5.38	12.32
2002	**1.50**	**6.85**	**3.92**	**3.32**	**3.88**	NA	NA	**0.68**	5.38	0.86
2003	**1.59**	**4.79**	**4.57**	**3.52**	**4.33**	NA	0.87	**0.79**	3.22	NA
2004	**1.75**	**4.76**	**3.59**	**3.63**	**4.61**	NA	0.95	**0.35**	2.81	NA
2005	**2.26**	**5.65**	**4.05**	**3.59**	**4.52**	NA	0.94	**0.87**	8.71	NA
2006	**2.83**	**7.46**	**4.38**	**3.71**	**4.90**	NA	NA	1.75	13.50	NA
2007	**2.91**	**4.39**	**6.98**	**4.65**	**5.94**	NA	NA	1.16	11.85	NA
2008	6.15	**6.60**	8.57	**5.04**	**6.73**	NA	NA	1.42	11.72	NA
2009	5.69	**6.26**	9.51	**6.02**	**5.70**	NA	NA	**0.37**	12.70	NA

注:NA 表示当年没有贸易发生,黑体字表示该价格低于日本市场价格。

　　表 6-6 给出了 1997—2009 年台湾分种类水产品对日本市场出口价格。由表 6-6 可知,"珊瑚、贝壳和海绵"对日本市场的出口价格最高,2009 年该类产品价格高达 481.15 美元/千克,其次是"水生植物及产品",2009 年为 25.56 美元/千克。另外,台湾对日本市场出口价格较高的种类还有"鱼制品"和"鱼油脂",2009 年的价格分别达到 15.69 美元/千克和 12.98 美元/千克。从变化趋势上看,台湾大多数种类产品对日本市场出口价格都表现为先降后升的趋势,如"鲜活冷藏冻鱼"和"鱼制品",价格分别由 1997 年的 6.55 美元/千克和 17.92 美元/千克下降到 2002 年的 3.59 美元/千克和 9.17 美元/千克,后又上升到 2009 年的 5.95 美元/千克和 15.69 美元/千克。从与日本市场价格的比较看,台湾在日本市场具备价格优势的水产品种类越来越丰富,从 1996 年的 2 种上升到 2009 年的 4 种。

表 6-6   1997—2009 年台湾分种类水产品对日本市场出口价格

单位：美元/千克

年份	鲜活冷藏冻鱼	干熏腌鱼	鲜冷等甲壳软体类	鱼制品	甲壳软体制品	鱼油脂	鱼粉浆渣	珊瑚、贝壳和海绵	水生植物及产品	不可食用品
1997	6.55	**8.81**	9.86	17.92	29.02	NA	**0.62**	320.15	18.14	2.97
1998	4.59	**4.58**	**1.48**	13.64	15.67	0.84	**0.52**	697.52	18.37	3.33
1999	5.02	**5.11**	**3.21**	14.02	18.62	NA	**0.50**	593.29	16.84	4.38
2000	4.85	6.69	4.44	10.95	18.98	2.84	0.54	520.73	16.23	5.72
2001	4.34	**7.25**	7.27	8.09	8.24	2.53	0.62	178.83	15.56	4.55
2002	3.59	**7.41**	**3.50**	9.17	7.93	NA	**0.56**	63.81	56.61	3.33
2003	4.17	4.92	**2.46**	10.83	11.29	NA	**0.53**	30.27	22.61	3.73
2004	4.85	**5.23**	**3.81**	13.30	10.02	NA	**0.67**	306.18	16.62	4.57
2005	4.60	**6.08**	10.65	17.49	12.04	NA	**0.59**	234.29	21.09	6.24
2006	5.10	**6.55**	**5.63**	15.20	10.44	NA	**0.61**	254.29	26.48	7.70
2007	5.37	**7.26**	**3.69**	14.37	10.85	21.01	**0.74**	140.16	22.29	9.74
2008	5.79	**7.73**	**5.14**	18.28	9.59	18.69	**0.57**	187.25	24.70	6.17
2009	5.95	**8.08**	**4.14**	15.69	**7.22**	12.98	**0.57**	481.15	25.56	4.92

注：NA 表示当年没有贸易发生，黑体字表示该价格低于日本市场价格，下划线表示该价格低于福建该类产品对日出口价格。

　　从闽台水产品对日本出口价格比较来看，台湾仅在"鲜冷等甲壳软体类"上较福建具备价格优势外，其余产品在日本市场较福建均缺乏价格优势。

　　总的来看，在日本市场，福建较台湾具备价格优势的水产品种类要多，但水产品的价格优势正逐步丧失。

6.1.2.2   闽台水产品在美国市场的价格比较

　　图 6-3 给出了 1996—2010 年闽台水产品对美国市场的出口平均价格和美国市场水产品进口平均价格的变动状况。美国市场水产品进口平均价格呈现平稳增长的态势，从 1996 年的 4.67 美元/千克上升到 2010 年的 6.29 美元/千克，年均增长率为 2.15%。福建水产品对美国市场的出口平均价格在样本期内增长迅速，由 1996 年的 3.75 美元/千克上升到 2010 年的 8.66 美元/千克，年均增长率高达 6.16%，并在 2008 年后高于美国市场平均价格，2010 年福建水产品对美出口均价达 8.66 美元/千克。台湾水产品在美国市场的出口平均价格在样本期内的所有年份都低于美国市场平均价格，且

增长缓慢，年均增长率仅为 0.53%，2010 年台湾对美国市场水产品出口平均价格是 2.59 美元/千克。

可见，闽台水产品在很长一段时间在美国均具价格优势，但福建水产品的优势正在丧失，而台湾水产品则进一步保持。总的来看，台湾水产品在美国市场的价格优势要强于福建水产品。

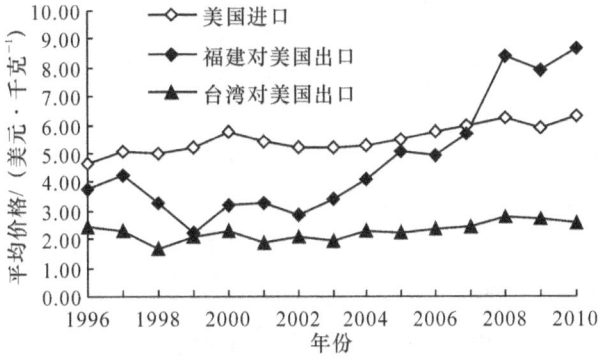

图 6-3　1996—2010 年闽台水产品在美国市场平均价格变动状况

为了深入探析闽台水产品在美国市场的价格变动状况，本书将进一步分析闽台分种类水产品在美国市场的价格竞争状况，结果见表 6-7～表 6-9。

如表 6-7 所示，美国市场上价格最高的水产品种类是"鲜冷等甲壳软体类"和"甲壳软体制品"，2010 年这两类水产品的进口价格均达 8.41 美元/千克。其次是"干熏腌鱼"和"鱼油脂"，2010 年的进口价格分别达 7.03 美元/千克和 4.77 美元/千克。另外，"鱼制品"和"水生植物及产品"的价格也较高，2010 年的进口价格分别为 3.80 美元/千克和 3.42 美元/千克。从变动趋势上看，多数种类保持平稳增长趋势，如"鲜活冷藏冻鱼""干熏腌鱼""鱼油脂"和"水生植物及产品"的进口价格分别从 1996 年的 3.46 美元/千克、4.56 美元/千克、1.25 美元/千克和 1.33 美元/千克上涨到 2010 年的 5.80 美元/千克、7.03 美元/千克、4.77 美元/千克和 3.42 美元/千克。而有些种类的进口价格则基本维持不变，如"鲜冷等甲壳软体类"和"甲壳软体制品"等。

表 6-7　1996—2010 年美国市场分种类水产品进口价格

单位：美元/千克

年份	鲜活冷藏冻鱼	干熏腌鱼	鲜冷等甲壳软体类	鱼制品	甲壳软体制品	鱼油脂	鱼粉浆渣	珊瑚、贝壳和海绵	水生植物及产品	不可食用品
1996	3.46	4.56	8.65	2.96	9.77	1.25	0.59	3.09	1.33	0.32

续表

年份	鲜活冷藏冻鱼	干熏腌鱼	鲜冷等甲壳软体类	鱼制品	甲壳软体制品	鱼油脂	鱼粉浆渣	珊瑚、贝壳和海绵	水生植物及产品	不可食用品
1997	3.73	4.49	9.13	3.03	10.31	2.11	0.59	3.18	1.20	0.34
1998	3.69	4.62	8.80	2.95	9.47	1.87	0.62	3.11	2.06	0.41
1999	4.12	5.15	8.77	2.65	9.18	1.40	0.55	3.65	1.16	0.47
2000	4.37	5.00	9.86	2.49	9.97	1.64	0.56	3.32	1.68	0.56
2001	4.22	5.14	8.72	2.82	8.85	1.68	0.56	2.67	1.33	0.49
2002	4.24	5.22	8.13	2.70	8.31	1.52	0.62	3.22	1.34	0.43
2003	4.42	5.23	7.96	2.61	7.84	1.88	0.62	3.02	1.59	0.52
2004	4.52	5.54	7.84	2.87	7.75	1.72	0.65	3.19	1.72	0.52
2005	4.76	5.79	7.96	3.03	7.61	1.59	0.71	3.74	2.88	0.55
2006	5.23	6.04	7.86	3.25	7.64	3.05	0.74	5.88	2.97	0.55
2007	5.42	6.60	8.10	3.45	7.94	2.94	0.87	3.87	3.31	0.63
2008	6.03	7.38	8.15	3.18	7.99	5.03	1.03	3.21	3.62	3.49
2009	5.48	7.06	7.52	3.68	7.92	5.93	0.90	3.23	3.62	0.68
2010	5.80	7.03	8.41	3.80	8.41	4.77	1.52	2.76	3.42	0.70

表 6-8 给出了 1996—2010 年福建分种类水产品对美国市场出口价格。从表 6-8 可知,福建对美国出口产品中以"甲壳软体制品"的价格最高,2010 年该类水产品对美国出口价格高达 14.44 美元/千克。其次是"珊瑚、贝壳和海绵"和"干熏腌鱼"类产品,2010 年的出口价格分别达 11.04 美元/千克和 9.21 美元/千克。另外,"鲜冷等甲壳软体类"和"水生植物及产品"的出口价格也较高,2010 年分别达 7.22 美元/千克和 7.70 美元/千克。而鱼类产品"鲜活冷藏冻鱼"和"鱼制品"的出口价格较低,2010 年分别为 3.82 美元/千克和 4.97 美元/千克。从变动趋势上分析,除"鱼制品"外的其他类产品的出口价格都表现为上升趋势,如"干熏腌鱼""鲜冷等甲壳软体类""甲壳软体制品"和"水生植物及产品"这 4 类水产品的出口价格分别从 1996 年的 2.63 美元/千克、3.63 美元/千克、4.77 美元/千克和 1.37 美元/千克上升到 2010 年的 9.21 美元/千克、7.22 美元/千克、14.44 美元/千克和 7.70 美元/千克。从与美国市场水产品价格的比较看,福建仅在生鲜水产品"鲜活冷藏冻鱼"和"鲜冷等甲壳软体类"上具备价格优势,而原先具备价格优势的"甲壳软体制品"产品从 2004 年以后该优势逐步消失。福建其他类水产品在美国市场不具价格优势。

表 6-8　1996—2010 年福建分种类水产品对美国市场出口价格

单位:美元/千克

年份	鲜活冷藏冻鱼	干熏腌鱼	鲜冷等甲壳软体类	鱼制品	甲壳软体制品	鱼油脂	鱼粉浆渣	珊瑚、贝壳和海绵	水生植物及产品	不可食用品
1996	3.76	2.63	3.63	17.59	4.77	NA	NA	7.38	1.37	NA
1997	0.27	6.16	3.62	15.02	5.22	NA	NA	NA	2.21	NA
1998	0.85	6.76	4.02	14.06	5.74	NA	NA	NA	2.28	0.91
1999	0.73	NA	2.06	12.52	6.35	NA	NA	NA	1.76	NA
2000	0.79	NA	3.73	11.94	7.03	NA	NA	NA	0.99	NA
2001	0.91	2.34	2.42	8.34	7.79	NA	NA	NA	1.62	NA
2002	1.17	3.49	2.16	5.47	6.18	NA	NA	NA	1.40	NA
2003	1.18	5.09	2.84	3.33	7.61	NA	NA	4.80	1.86	NA
2004	1.61	NA	3.76	2.29	8.97	NA	NA	2.74	2.19	NA
2005	1.78	NA	4.40	2.21	9.18	NA	NA	4.05	2.15	NA
2006	1.58	NA	3.87	4.57	6.83	NA	NA	7.23	4.33	NA
2007	1.31	20.00	3.42	4.37	7.94	NA	NA	6.71	7.97	NA
2008	1.86	11.60	2.37	6.40	10.94	2.00	NA	10.83	7.24	NA
2009	3.08	9.10	6.23	7.04	13.69	2.42	NA	8.34	7.99	NA
2010	3.82	9.21	7.22	4.97	14.44	2.24	NA	11.04	7.70	NA

注:NA 表示当年没有贸易发生,黑体字表示该价格低于美国市场价格。

表 6-9 给出了 1996—2010 年台湾分种类水产品对美国市场出口价格。从表 6-9 可知,台湾对美出口水产品中,"珊瑚、贝壳和海绵"的价格最高,2010年该类水产品对美国市场出口价格高达 1140.00 美元/千克。其次是"鱼制品""甲壳软体制品"和"水生植物及产品",2010 年这 3 类水产品对美国市场的出口价格分别为 7.71 美元/千克、6.59 美元/千克和 6.53 美元/千克。从变动趋势上看,"鲜活冷藏冻鱼"对美国市场的出口价格从 1996 年的 2.03 美元/千克上升到 2010 年的 2.33 美元/千克,"干熏腌鱼""鱼制品""甲壳软体制品"和"水生植物及产品"的出口价格分别由 1996 年的 9.33 美元/千克、15.19 美元/千克、10.36 美元/千克和 14.56 美元/千克下降到 2010 年的 3.87 美元/千克、7.71 美元/千克、6.59 美元/千克和 6.53 美元/千克。从与美国市场水产品价格的比较看,台湾在"鲜活冷藏冻鱼""鲜冷等甲壳软体类"和"甲壳软体制品"这 3 类主要水产品上拥有价格优势。

表 6-9　1996—2010 年台湾分种类水产品对美国市场出口价格

单位:美元/千克

年份	鲜活冷藏冻鱼	干熏腌鱼	鲜冷等甲壳软体类	鱼制品	甲壳软体制品	鱼油脂	鱼粉浆渣	珊瑚、贝壳和海绵	水生植物及产品	不可食用品
1996	**2.03**	9.33	4.49	<u>15.19</u>	10.36	**1.09**	2.45	57.82	14.56	1.90
1997	**1.96**	9.04	**4.02**	<u>12.82</u>	10.86	NA	NA	26.70	18.59	0.61
1998	**1.51**	<u>4.67</u>	**2.75**	9.43	**9.33**	NA	NA	17.13	13.51	<u>0.78</u>
1999	**1.88**	5.97	**2.71**	<u>7.88</u>	**8.29**	NA	NA	16.38	16.11	NA
2000	**1.99**	9.78	**3.01**	8.70	**7.65**	NA	6.00	**2.44**	18.35	NA
2001	**1.61**	5.86	**3.17**	7.06	**8.12**	NA	6.60	10.06	11.43	1.54
2002	**1.71**	**5.19**	**3.69**	6.53	**6.61**	NA	2.65	NA	7.28	1.39
2003	**1.65**	**4.75**	**3.28**	6.51	**6.14**	NA	3.15	5.00	6.49	NA
2004	**1.95**	6.49	**4.17**	6.88	**5.68**	NA	3.15	51.92	5.95	NA
2005	**1.92**	6.28	**4.33**	8.48	**5.95**	NA	3.45	223.75	5.67	26.67
2006	**2.18**	5.57	**3.44**	6.62	**5.60**	NA	NA	460.00	4.96	25.00
2007	**2.27**	<u>7.28</u>	**2.61**	7.68	**5.38**	NA	6.10	31.71	<u>4.97</u>	6.67
2008	**2.63**	<u>8.45</u>	2.82	7.99	**6.62**	NA	NA	53.33	<u>5.50</u>	180.00
2009	**2.52**	7.42	2.36	7.46	**6.31**	NA	5.39	NA	<u>5.63</u>	9.37
2010	**2.33**	**3.87**	**3.11**	7.71	**6.59**	NA	4.43	1140.00	6.53	NA

注:NA 表示当年没有贸易发生,黑体字表示该价格低于美国市场价格,下划线表示该价格低于福建该类产品对美出口价格。

从闽台水产品对美出口价格比较来看,福建对美出口水产品价格的上涨导致福建较台湾在美国市场逐步失去了原有优势,台湾较福建在"鲜活冷藏冻鱼""干熏腌鱼""鲜冷等甲壳软体类""甲壳软体制品"和"水生植物及产品"的价格优势逐渐显现。

从水产品种类层面分析,在美国市场台湾水产品出口价格低于该市场进口价格的种类要多于福建,且价格低于福建的产品种类也越来越多,台湾水产品较福建水产品拥有价格优势。

6.1.2.3　闽台水产品在韩国市场的价格比较

图 6-4 给出了 1996—2010 年闽台水产品对韩国市场的出口平均价格和韩国市场水产品进口平均价格的变动状况。由图 6-4 可看出,韩国水产品进口平均价格变动较为平稳,1996 年进口平均价格为 2.01 美元/千克,2009 年仍为

2.31 美元/千克。福建水产品对韩国出口平均价格在样本期内呈现先下降后上升的走势,从 1996 年的 3.34 美元/千克下降到 2003 年的 1.84 美元/千克,后又迅速上升,2010 年达 4.82 美元/千克。福建水产品的出口平均价格在样本期内都要高于韩国市场进口平均价格。可见,福建水产品在韩国市场不具价格竞争优势。台湾水产品在样本期内的绝大多数年份的平均价格要低于韩国市场均价,1999 年后持续在 0.8~2 美元/千克波动。从总体上看,台湾水产品在韩国市场拥有较强的价格优势,2006 年以后表现尤为明显。

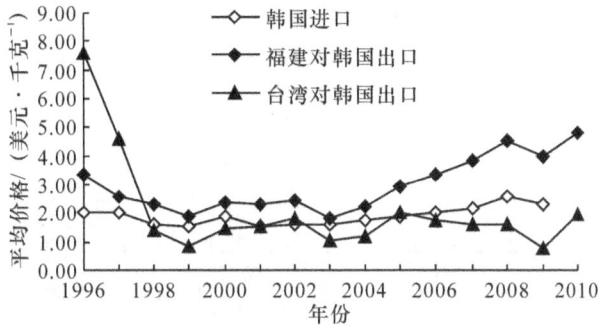

图 6-4 1996—2010 年闽台水产品在韩国市场平均价格变动状况

为了深入考察闽台水产品在韩国市场的价格竞争力,本书将进一步分析闽台分种类水产品在韩国市场的价格竞争状况,结果见表 6-10~表 6-12。

如表 6-10 所示,在韩国市场上价格最高的水产品种类是两类鱼产品的加工品——"干熏腌鱼"和"鱼制品",2010 年这两类产品在韩国市场的进口价格分别达 7.77 美元/千克和 10.67 美元/千克,其次是"不可食用品",2010 年价格为 3.22 美元/千克。另外,在韩国市场进口价格较高的水产品还有"甲壳软体制品"和"鲜冷等甲壳软体类"。从变化趋势上看,大多数水产品处于稳中有升的变动状态,1996—2009 年的价格变动不明显,如"鲜活冷藏冻鱼"的进口价格缓慢增长,从 1996 年的 1.85 美元/千克上涨到 2009 年 2.02 美元/千克。

表 6-10 1996—2010 年韩国市场分种类水产品进口价格

单位:美元/千克

年份	鲜活冷藏冻鱼	干熏腌鱼	鲜冷等甲壳软体类	鱼制品	甲壳软体制品	鱼油脂	鱼粉浆渣	珊瑚、贝壳和海绵	水生植物及产品	不可食用品
1996	1.85	7.77	2.97	10.67	3.12	1.09	0.71	0.85	1.48	3.22
1997	1.88	5.98	3.03	9.45	2.76	0.99	0.70	0.83	1.27	1.72

续表

年份	鲜活冷藏冻鱼	干熏腌鱼	鲜冷等甲壳软体类	鱼制品	甲壳软体制品	鱼油脂	鱼粉浆渣	珊瑚、贝壳和海绵	水生植物及产品	不可食用品
1998	1.54	4.67	1.94	5.35	3.37	1.03	0.76	0.66	0.91	1.75
1999	1.49	2.19	1.86	5.81	3.13	1.05	0.61	0.55	1.16	1.83
2000	1.77	4.51	2.49	5.09	2.96	0.92	0.56	0.38	1.21	1.88
2001	1.40	3.71	2.40	5.11	3.30	1.11	0.59	0.24	0.79	1.96
2002	1.40	3.26	2.30	4.97	2.89	1.14	0.69	0.35	0.77	0.84
2003	1.36	3.47	2.32	5.20	3.05	1.60	0.69	0.46	0.88	1.00
2004	1.49	4.36	2.41	5.63	3.02	1.16	0.79	0.35	0.88	1.17
2005	1.59	4.55	2.59	6.06	3.35	1.22	0.78	0.33	1.08	1.60
2006	1.67	4.62	2.65	5.10	3.40	1.36	1.10	0.34	1.43	2.85
2007	1.81	4.62	3.00	5.11	3.85	1.90	1.21	0.33	1.11	3.12
2008	2.26	5.37	3.20	5.82	3.99	2.69	1.14	0.30	1.50	4.56
2009	2.02	5.20	3.07	5.50	3.71	1.56	1.13	0.24	1.38	4.49
2010	1.85	7.77	2.97	10.67	3.12	1.09	0.71	0.85	1.48	3.22

表 6-11 给出了 1996—2010 年福建分种类水产品对韩国市场出口价格。从表 6-11 可知,福建的"水生植物及产品"类水产品对韩国出口价格最高,2009 年高达 12.58 美元/千克。此外,"干熏腌鱼""鲜冷等甲壳软体类""鱼制品"和"甲壳软体制品"的出口价格也较高,2009 年分别达 10.45 美元/千克、6.40 美元/千克、5.20 美元/千克和 6.79 美元/千克。从变化趋势上看,除"鱼制品"表现为下降趋势外,其他类水产品大多保持上升势头,如"鲜活冷藏冻鱼"和"干熏腌鱼"的出口价格分别由 1996 年 3.16 美元/千克和 2.44 美元/千克上升到 2009 年的 3.42 美元/千克和 10.45 美元/千克。从与韩国市场水产品价格的比较看,福建仅在 2008 年和 2009 年的"鱼制品"对韩国出口有微弱的价格优势,而其他类产品均不具备价格优势。另外,原先具备较强价格优势的"干熏腌鱼"和"甲壳软体制品"的优势正逐步消失,2006 年以后不具价格优势。

表 6-11　1996—2010 福建分种类水产品对韩国市场出口价格

单位:美元/千克

年份	鲜活冷藏冻鱼	干熏腌鱼	鲜冷等甲壳软体类	鱼制品	甲壳软体制品	鱼油脂	鱼粉浆渣	珊瑚、贝壳和海绵	水生植物及产品	不可食用品
1996	3.16	**2.44**	3.66	NA	**1.26**	NA	NA	NA	NA	NA
1997	2.31	**3.41**	4.79	13.95	**1.03**	NA	NA	**0.28**	14.63	NA
1998	2.20	NA	6.64	**3.94**	**0.70**	NA	NA	NA	0.48	NA
1999	1.88	3.66	**1.25**	10.27	NA	NA	0.97	NA	NA	NA
2000	2.37	**3.80**	**2.24**	11.15	**0.58**	NA	NA	NA	7.29	NA
2001	2.21	**2.82**	**2.24**	8.08	**1.89**	NA	NA	NA	6.00	**0.26**
2002	2.16	7.93	**2.15**	8.29	**0.99**	NA	NA	**0.07**	**0.67**	NA
2003	1.46	4.47	2.49	7.42	**2.11**	NA	NA	**0.20**	**0.52**	NA
2004	1.85	**4.15**	2.53	5.76	**2.93**	NA	NA	NA	NA	NA
2005	2.61	**2.93**	4.36	**4.85**	**3.30**	NA	NA	NA	10.00	NA
2006	2.93	5.40	3.55	5.25	5.42	NA	NA	NA	12.34	NA
2007	3.14	**3.55**	3.81	5.31	5.27	NA	NA	NA	11.27	NA
2008	4.14	10.00	3.97	**5.58**	5.61	NA	NA	NA	11.65	NA
2009	3.42	10.45	6.40	**5.20**	6.79	NA	NA	NA	12.58	NA
2010	3.16	**2.44**	3.66	NA	**1.26**	NA	NA	NA	NA	NA

注:NA 表示当年没有贸易发生,黑体字表示该价格低于韩国市场价格。

表 6-12 给出了 1996—2009 年台湾分种类水产品对韩国市场出口价格。从表 6-12 可知,台湾对韩国出口的水产品中,以"甲壳软体制品"的出口价格最高,2009 年高达 38.91 美元/千克。另外,台湾对韩国出口价格较高的水产品种类还包括"干熏腌鱼""鱼制品"和"水生植物及产品",2009 年这 3 类水产品的出口价格分别达 9.21、10.09 和 7.35 美元/千克。从变动趋势上看,各类水产品的价格波动较大,但总体上表现为下降趋势,如"鲜活冷藏冻鱼""鱼制品""甲壳软体制品"和"水生植物及产品"的出口价格分别从 1996 年的 7.51 美元/千克、22.46 美元/千克、87.22 美元/千克和 52.75 美元/千克下降到 2009 年的 0.77 美元/千克、10.09 美元/千克、38.91 美元/千克和 7.35 美元/千克。从与韩国市场价格的比较看,台湾在生鲜水产品("鲜活冷藏冻鱼"和"鲜冷等甲壳软体类")较具价格优势。

表 6-12 1996—2009 年台湾各类水产品对韩国市场出口价格

单位:美元/千克

年份	鲜活冷藏冻鱼	干熏腌鱼	鲜冷等甲壳软体类	鱼制品	甲壳软体制品	鱼油脂	鱼粉浆渣	珊瑚、贝壳和海绵	水生植物及产品	不可食用品
1996	7.51	NA	NA	22.46	87.22	NA	**0.50**	23.00	52.75	NA
1997	4.32	9.02	19.05	<u>12.81</u>	27.19	NA	NA	NA	33.32	NA
1998	<u>1.74</u>	NA	**0.59**	NA	76.10	NA	NA	NA	33.61	NA
1999	**0.86**	5.45	**0.45**	<u>2.88</u>	84.56	NA	NA	NA	NA	NA
2000	**1.42**	7.98	18.33	<u>7.64</u>	65.00	NA	NA	NA	9.19	NA
2001	1.47	5.52	6.35	8.74	71.60	**0.52**	NA	NA	11.39	1550.0
2002	1.78	10.39	**1.99**	8.47	NA	**0.51**	NA	NA	1.19	NA
2003	**1.01**	6.51	**1.55**	<u>7.23</u>	14.32	NA	NA	NA	48.33	NA
2004	**1.18**	6.33	**1.86**	**5.05**	36.45	NA	NA	NA	6.81	NA
2005	1.97	6.17	11.94	6.53	NA	42.33	NA	12.31	3.97	2.80
2006	**1.65**	6.97	**3.33**	10.62	43.91	NA	NA	NA	<u>5.94</u>	**1.53**
2007	**1.52**	7.06	**3.59**	12.21	17.36	NA	NA	NA	<u>6.60</u>	5.28
2008	**1.53**	8.39	**1.02**	13.18	25.17	NA	NA	NA	<u>6.93</u>	**1.08**
2009	**0.77**	9.21	**0.77**	10.09	38.91	NA	NA	NA	<u>7.35</u>	14.43

注:NA 表示当年没有贸易发生,黑体字表示该价格低于韩国市场价格,下划线表示该价格低于福建该类产品对韩国市场出口价格。

从闽台水产品对韩国市场出口价格比较来看,台湾的多类产品在韩国市场较福建具有价格优势,这些种类包括"鲜活冷藏冻鱼""干熏腌鱼""鲜冷等甲壳软体类"以及"水生植物及产品"。其中"鲜活冷藏冻鱼"从 1998 年以后具备价格优势,而其他类产品在样本期后面几年的出口价格逐渐低于福建,价格优势开始显现。

总的来看,从水产品种类层面上分析,在韩国市场,台湾水产品平均出口价格低于韩国市场平均价格的种类要多于福建,台湾水产品较福建水产品有价格优势。

6.1.2.4 闽台水产品在东盟市场的价格比较

图 6-5 给出了 2000—2010 年闽台水产品对东盟市场的出口平均价格及东盟市场水产品进口平均价格的变动状况。福建仅在 2002 年、2003 年和 2004 年水产品的出口平均价格低于东盟市场进口均价,而台湾水产品对东盟

市场的出口平均价格则在所有年份均低于东盟市场进口均价,可见,在东盟市场,福建水产品缺乏价格优势而台湾水产品则拥有该优势。

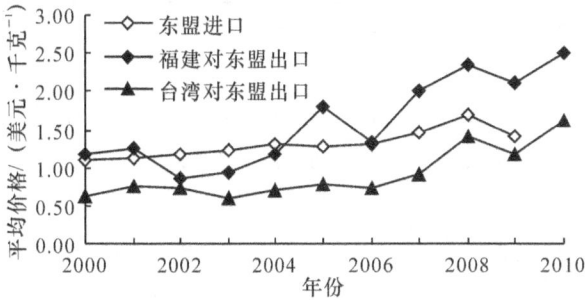

图 6-5　2000—2010 年闽台水产品在东盟市场平均价格变动状况

　　为了进一步考察闽台水产品在东盟市场的价格竞争优势,本书将进一步分析闽台各类水产品在东盟市场的价格竞争状况,结果见表 6-13～表 6-15。

　　如表 6-13 所示,东盟市场水产品的进口价格明显低于其他市场,其中价格最高的水产品种类是"甲壳软体制品",2009 年进口价格达 5.40 美元/千克,其次为"鲜冷等甲壳软体类"和"鱼制品",2009 年的平均价格分别达 2.34 美元/千克和 2.44 美元/千克。在东盟进口水产品中,"鲜活冷藏冻鱼""鱼制品"和"鱼油脂"等种类的进口价格表现为上升趋势,分别从 2000 年的 0.85 美元/千克、1.86 美元/千克和 0.57 美元/千克上升到 2009 年的 1.25 美元/千克、2.44 美元/千克和 1.13 美元/千克。2003—2009 年,"甲壳软体制品"进口价格也表现为上升走势,2009 年其进口价格达 5.40 美元/千克。而"干熏腌鱼""鲜冷等甲壳软体类""水生植物及产品"和"不可食用品"4 类水产品价格呈现下滑走势,分别从 2000 年的 2.04 美元/千克、3.00 美元/千克、6.42 美元/千克和 5.01 美元/千克下降到 2009 年的 1.28 美元/千克、2.34 美元/千克、1.80 美元/千克和 2.02 美元/千克。

表 6-13　2000—2009 年东盟市场分种类水产品进口价格

单位:美元/千克

年份	鲜活冷藏冻鱼	干熏腌鱼	鲜冷等甲壳软体类	鱼制品	甲壳软体制品	鱼油脂	鱼粉浆渣	珊瑚、贝壳和海绵	水生植物及产品	不可食用品
2000	0.85	2.04	3.00	1.86	6.44	0.57	0.45	1.40	6.42	5.01
2001	0.95	1.67	2.47	1.83	3.90	0.72	0.50	0.81	4.36	4.03

续表

年份	鲜活冷藏冻鱼	干熏腌鱼	鲜冷等甲壳软体类	鱼制品	甲壳软体制品	鱼油脂	鱼粉浆渣	珊瑚、贝壳和海绵	水生植物及产品	不可食用品
2002	0.87	1.86	3.11	1.91	5.04	0.93	0.55	1.21	4.01	2.12
2003	0.92	2.25	3.07	1.91	3.96	1.17	0.58	1.23	3.02	2.45
2004	0.99	2.22	3.39	1.97	4.50	1.55	0.63	1.38	1.95	1.32
2005	1.04	1.99	3.02	2.12	3.59	1.32	0.67	1.44	1.84	1.42
2006	1.08	2.16	2.96	2.18	3.63	1.17	0.86	0.93	1.84	1.54
2007	1.25	1.98	2.81	2.44	5.32	1.28	0.91	1.45	1.72	1.56
2008	1.51	1.81	2.91	2.81	5.79	1.98	0.99	1.76	2.47	2.00
2009	1.25	1.28	2.34	2.44	5.40	1.13	0.96	1.56	1.80	2.02

表 6-14 给出了 2000—2009 年福建分种类水产品对东盟市场出口价格。福建对东盟市场出口水产品中以"干熏腌鱼""鲜冷等甲壳软体类"和"甲壳软体制品"3 类水产品的出口价格较高,2009 年分别达 8.91 美元/千克、7.64 美元/千克和 11.51 美元/千克。从变化趋势上看,福建对东盟出口水产品种类中,除了"水生植物及产品"保持下降趋势外,其他类水产品的出口价格均保持上升趋势,其中增长率最高的是"甲壳软体制品",从 2000 年的 2.57 美元/千克上升到 2009 年的 11.51 美元/千克,年均增长率高达 18.13%。从与东盟市场水产品价格比较看,福建的"鲜活冷藏冻鱼""干熏腌鱼""鱼粉浆渣"和"珊瑚、贝壳和海绵"4 类水产品的出口价格低于东盟市场水产品的平均价格,具备一定的价格优势,但"鲜活冷藏冻鱼"和"干熏腌鱼"类水产品的优势不断丧失。

表 6-14　2000—2009 年福建分种类水产品对东盟市场出口价格

单位:美元/千克

年份	鲜活冷藏冻鱼	干熏腌鱼	鲜冷等甲壳软体类	鱼制品	甲壳软体制品	鱼油脂	鱼粉浆渣	珊瑚、贝壳和海绵	水生植物及产品	不可食用品
2000	**0.37**	**3.30**	3.16	5.90	**2.57**	2.32	NA	NA	6.63	NA
2001	**0.48**	**0.40**	3.28	3.15	**2.46**	NA	**0.42**	NA	5.12	NA
2002	**0.47**	**0.37**	3.30	5.37	**3.83**	NA	NA	**0.36**	4.59	NA
2003	**0.59**	**0.26**	3.31	2.23	**3.11**	NA	NA	**0.31**	3.68	**0.24**
2004	**0.69**	**0.54**	2.15	1.32	6.25	**0.30**	NA	**0.28**	3.14	**0.20**
2005	**0.89**	**0.58**	1.50	2.32	5.13	NA	**0.51**	0.15	2.40	NA

年份	鲜活冷藏冻鱼	干熏腌鱼	鲜冷等甲壳软体类	鱼制品	甲壳软体制品	鱼油脂	鱼粉浆渣	珊瑚、贝壳和海绵	水生植物及产品	不可食用品
2006	**0.83**	NA	**2.65**	3.32	5.08	NA	NA	**0.17**	5.01	NA
2007	**1.06**	NA	2.82	5.28	6.61	**0.54**	**0.54**	**0.38**	5.35	NA
2008	**1.24**	10.31	3.88	4.60	9.04	NA	NA	**0.81**	5.69	NA
2009	1.37	8.91	7.64	5.07	11.51	NA	**0.61**	**0.35**	4.52	NA

注:NA 表示当年没有贸易发生,黑体字表示该价格低于东盟市场价格。

表 6-15 给出了 2000—2009 年台湾分种类水产品对东盟市场出口价格。台湾对东盟出口的水产品中,以"干熏腌鱼""鱼制品"及"水生植物及产品"的出口价格较高,2008 年这 3 类产品对东盟市场的出口价格分别达 14.27 美元/千克、15.63 美元/千克和 13.60 美元/千克。从变动趋势层面分析,4 类水产品的出口价格表现为上升趋势,分别是"鲜活冷藏冻鱼""鱼制品""鱼油脂"和"鱼粉浆渣",出口价格分别由 2000 年的 0.62 美元/千克、8.01 美元/千克、1.18 美元/千克和 0.48 美元/千克上升到 2009 年的 1.14 美元/千克、17.14 美元/千克、13.55 美元/千克和 0.68 美元/千克。而"干熏腌鱼"和"甲壳软体制品"均价则呈现下降走势,分别由 2000 年的 17.16 美元/千克、7.54 美元/千克下降到 2009 年的 9.55 美元/千克和 4.18 美元/千克。其他类水产品价格在样本期内变动不大。从与东盟市场水产品价格比较看,"鲜活冷藏冻鱼""干熏腌鱼"和"鱼粉浆渣"这 3 类产品的出口价格低于东盟水产品市场价格,另外,2008 年和 2009 年"甲壳软体制品"和"不可食用品"的出口价格也低于东盟市场水产品平均价格,表现出一定的价格优势。

表 6-15　2000—2009 年台湾分种类水产品对东盟市场出口价格

单位:美元/千克

年份	鲜活冷藏冻鱼	干熏腌鱼	鲜冷等甲壳软体类	鱼制品	甲壳软体制品	鱼油脂	鱼粉浆渣	珊瑚、贝壳和海绵	水生植物及产品	不可食用品
2000	**0.62**	17.16	**0.65**	8.01	7.54	1.18	0.48	3.04	13.09	**4.42**
2001	**0.74**	7.93	**0.68**	8.91	**3.47**	0.79	**0.46**	1.69	11.36	**3.29**
2002	**0.72**	3.54	**0.79**	7.63	8.10	**0.86**	**0.48**	**1.18**	8.02	3.27
2003	**0.59**	1.99	**0.63**	5.61	6.26	**0.75**	**0.49**	4.23	10.42	**1.94**
2004	**0.68**	2.75	**0.96**	7.33	**5.50**	**0.58**	**0.54**	**0.91**	10.19	1.56
2005	**0.77**	2.33	**1.08**	8.39	**5.33**	**1.05**	**0.52**	8.71	8.65	**0.66**

续表

年份	鲜活冷藏冻鱼	干熏腌鱼	鲜冷等甲壳软体类	鱼制品	甲壳软体制品	鱼油脂	鱼粉浆渣	珊瑚、贝壳和海绵	水生植物及产品	不可食用品
2006	**0.73**	5.08	**0.58**	9.55	<u>4.50</u>	**0.80**	**0.57**	4.58	8.98	1.70
2007	**0.90**	13.27	**0.59**	6.55	<u>6.40</u>	**1.10**	**<u>0.52</u>**	**<u>0.15</u>**	9.75	1.58
2008	**<u>1.40</u>**	14.27	**0.73**	15.63	**3.92**	2.53	**0.73**	**<u>0.41</u>**	13.60	**1.85**
2009	**1.14**	9.55	**0.61**	17.14	**<u>4.18</u>**	13.55	**0.68**	20.00	10.76	**1.30**

注:黑体字表示该价格低于东盟市场价格,下划线表示该价格低于福建该类产品对东盟市场出口价格。

从闽台水产品对东盟市场出口价格比较来看,台湾对东盟市场出口水产品较福建具有价格优势的种类包括"鲜活冷藏冻鱼""鲜冷等甲壳软体类"以及"甲壳软体制品",这几类水产品均为闽台出口到东盟的主要水产品。而福建在"干熏腌鱼"和"鱼制品"以及"水生植物及产品"上较台湾有价格优势。

总的来看,从水产品种类层面上分析,在东盟市场,台湾水产品平均出口价格低于东盟市场进口价格的水产品种类要多于福建,且台湾在主要水产品的出口价格要低于福建,台湾水产品较福建水产品具备价格优势。

6.1.2.5 闽台水产品在欧盟市场的价格比较

图 6-6 给出了 2000—2010 年闽台水产品对欧盟市场的出口平均价格及欧盟市场水产品进口平均价格的变动状况。由图 6-6 可见,欧盟水产品进口价格在样本期内保持平稳增长势头,从 2000 年的 2.27 美元/千克上升到 2010 年的 4.04 美元/千克,年均增长 5.93%。同时,福建水产品对东盟出口价格也在波动中上升,由 2000 年的 3.34 美元/千克上升到 2010 年的 6.13 美元/千克,年均增长率达 6.26%。福建水产品对欧盟出口平均价格在绝大多数年份高于欧盟进口平均价格,从总体上看,福建水产品在欧盟市场缺乏价格优势。另外,台湾水产品在欧盟市场的出口平均价格同样平稳上涨,从 2000 年的 1.49 美元/千克上涨到 2010 年的 3.23 美元/千克,但台湾水产品对欧盟的出口平均价格均低于欧盟市场价格,台湾水产品在欧盟市场具备价格优势。

为了深入考察闽台水产品在欧盟市场的价格竞争力,本书将进一步分析闽台分种类水产品在欧盟市场的价格竞争状况,结果见表 6-16~表 6-19。

如表 6-16 所示,欧盟市场上主要水产品进口价格较为均衡,以 2010 年为例,前 5 类产品的进口价格分别达 4.06 美元/千克、6.13 美元/千克、5.37 美元/千克、4.08 美元/千克和 6.53 美元/千克。从变化趋势上看,

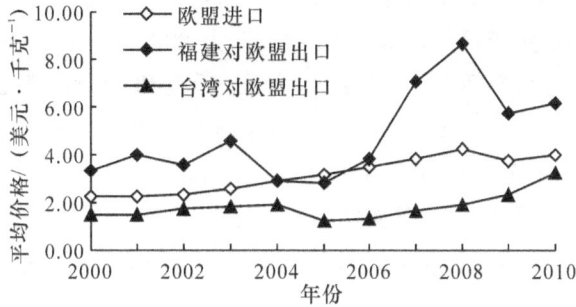

图 6-6　2000—2010 年闽台水产品在欧盟市场平均价格变动状况

2000—2010 年欧盟分种类水产品进口价格均平稳上涨,如"鲜活冷藏冻鱼"和"鱼制品"的进口价格从 2000 年的 2.38 美元/千克和 2.40 美元/千克上涨到 2010 年的 4.06 美元/千克和 4.08 美元/千克,年均增长率分别为 5.49% 和 5.45%。

表 6-16　2000—2010 年欧盟市场分种类水产品进口价格

单位:美元/千克

年份	鲜活冷藏冻鱼	干熏腌鱼	鲜冷等甲壳软体类	鱼制品	甲壳软体制品	鱼油脂	鱼粉浆渣	珊瑚、贝壳和海绵	水生植物及产品	不可食用品
2000	2.38	4.51	4.19	2.40	5.72	0.34	0.44	2.04	1.50	0.19
2001	2.34	4.84	3.86	2.43	5.25	0.46	0.50	1.34	1.28	0.18
2002	2.46	4.83	3.87	2.66	5.09	0.68	0.64	0.71	1.35	0.17
2003	2.68	5.37	4.44	2.83	5.31	0.74	0.67	0.61	1.31	0.17
2004	2.94	5.84	4.58	2.95	5.74	0.77	0.69	0.91	1.58	0.20
2005	3.29	6.02	4.67	3.09	5.86	0.89	0.69	1.61	1.74	0.21
2006	3.67	6.61	4.81	3.26	5.92	1.02	0.99	1.46	2.13	0.26
2007	4.01	7.72	5.03	3.80	6.30	1.15	1.18	1.00	2.22	0.35
2008	4.17	8.13	5.50	4.62	6.78	1.95	1.06	1.79	2.24	0.37
2009	3.85	6.21	4.85	4.24	6.60	1.03	1.03	0.89	2.25	0.37
2010	4.06	6.13	5.37	4.08	6.53	1.29	1.46	1.81	2.25	0.38

　　表 6-17 给出了 2000—2010 年福建分种类水产品对欧盟市场出口价格。在欧盟市场,福建出口水产品价格较高的种类为"水生植物及产品""甲壳软体制品"和"干熏腌鱼",2010 年这 3 类水产品的出口价格是 11.85 美元/千克、9.05 美元/千克和 10.59 美元/千克。从变动趋势上看,除了"鱼制品"外,在

其他类水产品上福建对欧盟市场出口价格都呈现增长的趋势,以"鲜活冷藏冻鱼"和"水生植物及产品"为例,价格分别从 2000 年的 1.84 美元/千克和 5.18 美元/千克上涨到 2010 年的 4.30 美元/千克和 11.85 美元/千克,年均增长率分别达 8.86%和 8.63%。从与欧盟市场水产品价格的比较看,福建各类水产品的出口价格均高于欧盟市场平均价格,且原先拥有价格优势的种类("鲜冷等甲壳软体类"和"甲壳软体制品")也逐步失去了优势。

表 6-17 2000—2010 年福建分种类水产品对欧盟市场出口价格

单位:美元/千克

年份	鲜活冷藏冻鱼	干熏腌鱼	鲜冷等甲壳软体类	鱼制品	甲壳软体制品	鱼油脂	鱼粉浆渣	珊瑚、贝壳和海绵	水生植物及产品	不可食用品
2000	**1.84**	NA	**4.17**	10.87	**5.11**	NA	NA	NA	5.18	NA
2001	3.93	NA	**3.68**	7.05	**3.83**	NA	NA	NA	3.80	NA
2002	3.10	**2.00**	NA	NA	NA	NA	NA	NA	4.07	NA
2003	3.96	**2.74**	NA	NA	NA	NA	NA	NA	5.26	NA
2004	8.50	**2.74**	NA	4.01	**2.77**	NA	NA	NA	3.15	NA
2005	**2.45**	NA	**3.81**	1.57	**3.12**	NA	NA	0.37	4.69	NA
2006	**2.87**	NA	**2.47**	3.86	**3.19**	NA	NA	NA	12.04	NA
2007	6.37	10.00	**3.46**	8.50	6.77	NA	NA	NA	10.54	NA
2008	7.51	NA	**4.53**	9.93	8.95	NA	NA	NA	9.31	NA
2009	**3.71**	6.91	5.75	6.80	10.57	14.34	NA	NA	11.55	NA
2010	4.30	10.59	6.52	4.20	9.05	NA	NA	0.38	11.85	NA

注:NA 表示当年没有贸易发生,黑体字表示该价格低于欧盟市场价格,下划线表示该价格低于福建该类产品对欧盟出口价格。

表 6-18 给出了 2000—2010 年台湾分种类水产品对欧盟市场出口价格。在欧盟市场,台湾出口水产品价格最高的种类为"珊瑚、贝壳和海绵",2010 年出口价格高达 447.04 美元/千克;其次是"水生植物及产品"和"不可食用品",2010 年这两类水产品出口价格达 38.42 美元/千克和 31.11 美元/千克;此外,两类鱼产品的加工品"干熏腌鱼"和"鱼制品"的出口价格也较高,2010 年分别达 9.37 美元/千克和 17.60 美元/千克。从变化趋势上看,台湾有 3 类水产品对欧盟出口价格呈现明显的上升趋势,分别是"鲜冷等甲壳软体类""鱼制品"和"水生植物及产品",出口价格从 2000 年的 1.37 美元/千克、12.38 美元/千克和 20.77 美元/千克上涨到 2010 年的 3.67 美元/千克、17.60 美元/千克和 38.42 美元/千克。而"干熏腌鱼""甲壳软体制品"和"珊

瑚、贝壳和海绵"价格则表现为明显下降趋势,分别由 2000 年的 23.21 美元/千克、15.72 美元/千克和 2760.00 美元/千克下降到 2010 年的 9.37 美元/千克、6.96 美元/千克和 447.04 美元/千克。从与欧盟市场水产品平均价格的比较看,台湾在"鲜活冷藏冻鱼"和"鱼制品"产品保持着价格优势,而其他类产品不具价格优势。

表 6-18　2000—2010 年台湾分种类水产品对欧盟市场出口价格

单位:美元/千克

年份	鲜活冷藏冻鱼	干熏腌鱼	鲜冷等甲壳软体类	鱼制品	甲壳软体制品	鱼油脂	鱼粉浆渣	珊瑚、贝壳和海绵	水生植物及产品	不可食用品
2000	**1.46**	23.21	**1.37**	12.38	15.72	NA	NA	2760.00	20.77	NA
2001	**1.32**	7.78	**1.68**	10.75	18.40	NA	NA	NA	20.73	NA
2002	**1.19**	7.00	**2.63**	10.14	14.63	NA	NA	2372.00	20.01	20.00
2003	**1.41**	NA	**2.30**	11.27	6.66	NA	NA	1333.00	21.01	NA
2004	**1.32**	**3.46**	**2.08**	14.16	10.70	NA	NA	20.50	17.77	NA
2005	**0.83**	6.63	**2.76**	15.21	8.81	NA	NA	154.74	13.99	NA
2006	**0.96**	**3.78**	**2.20**	14.67	9.64	NA	NA	659.00	14.02	NA
2007	**1.11**	17.47	**1.87**	14.14	**6.04**	NA	NA	684.14	20.62	47.69
2008	**1.42**	**7.33**	**1.64**	14.30	**7.33**	NA	NA	176.70	23.42	43.85
2009	**1.45**	**4.40**	**2.22**	14.51	**5.15**	NA	NA	110.05	32.74	NA
2010	**1.55**	9.37	**3.67**	17.60	**6.96**	NA	NA	447.04	38.42	31.11

　　注:NA 表示当年没有贸易发生,黑体字表示该价格低于欧盟市场价格,下划线表示该价格低于台湾该类产生对欧盟出口价格。

　　从闽台水产品对欧盟市场出口价格比较来看,台湾在欧盟市场较福建具价格优势的种类包括其对欧出口的主要水产品"鲜活冷藏冻鱼"和"鱼制品",2007—2010 年台湾在"鲜冷等甲壳软体类"和"甲壳软体制品"两类产品上较福建表现出价格优势。而福建在两类鱼加工品"干熏腌鱼"和"鱼制品"以及"水生植物及产品"较台湾有优势。

　　总的来看,从水产品种类层面上分析,在欧盟市场,台湾水产品出口价格低于欧盟市场水产品平均价格的种类要多于福建,且台湾主要水产品的出口价格要低于福建,台湾水产品较福建水产品具备价格优势。

　　6.1.2.6　闽台水产品在中国香港市场的价格比较

　　图 6-7 给出了 1996—2010 年闽台水产品对香港市场的出口平均价格和

香港市场水产品进口平均价格的变动状况。从图 6-7 可以看出,2006 年以前,福建水产品对香港市场的出口价格有 6 年低于香港市场进口价格,显示出一定的价格优势,但 2007 年以后出口价格开始上涨,从 2006 年的 4.14 美元/千克激增至 2010 年的 13.96 美元/千克,2007 年以后福建水产品在香港市场已无价格优势。而台湾对香港市场出口价格在 2006 年后逐步上涨,2010 年上升到 6.19 美元/千克。另外,1996—2010 年台湾水产品对香港市场出口平均价格均低于香港进口价格,可见,台湾水产品在香港市场具备较强的价格优势。

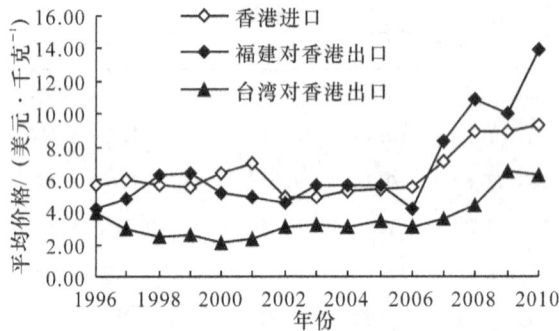

图 6-7　1996—2010 年闽台水产品在香港市场平均价格变动状况

　　为了深入探析闽台水产品在香港市场的价格竞争力,本书将进一步分析闽台分种类水产品在香港市场的价格竞争状况,结果见表 6-19～表 6-21。

　　如表 6-19 所示,在香港市场上进口价格最高的水产品是"干熏腌鱼",2010 年的进口价格高达 23.89 美元/千克。另外,市场价格较高的水产品还包括"鲜冷等甲壳软体类"和"甲壳软体制品",2010 年的进口价格分别达 12.49 美元/千克和 8.47 美元/千克。从变动趋势上看,"甲壳软体制品"进口价格总体表现为下降趋势,从 1996 年的 14.47 美元/千克下降到 2010 年的 8.47 美元/千克;而"鱼制品"价格在波动中维持恒定,1996 年和 2010 年该类产品进口价格分别为 3.72 美元/千克和 3.50 美元/千克。其他类水产品均价都表现为上升或先降后升的走势,其中"鲜冷等甲壳软体类"表现得尤为明显,价格从 1996 年的 8.33 美元/千克上升到 2010 年的 12.49 美元/千克,年均增长率达 2.94%。

表 6-19   1996—2010 年香港市场分种类水产品进口价格

单位:美元/千克

年份	鲜活冷藏冻鱼	干熏腌鱼	鲜冷等甲壳软体类	鱼制品	甲壳软体制品	鱼油脂	鱼粉浆渣	珊瑚、贝壳和海绵	水生植物及产品	不可食用品
1996	3.50	18.38	8.33	3.72	14.47	0.74	0.73	1.17	1.50	3.51
1997	3.82	19.12	9.17	4.25	17.29	1.19	0.74	2.00	0.95	3.17
1998	3.12	17.57	8.58	2.99	13.00	1.15	0.80	1.53	0.92	2.14
1999	2.86	17.05	7.99	2.60	14.44	1.38	0.65	1.81	0.83	1.91
2000	3.28	22.18	8.46	2.70	12.69	5.20	0.63	2.32	0.70	2.31
2001	5.08	17.60	8.00	2.64	12.35	5.18	0.65	1.56	0.71	1.86
2002	2.42	16.99	7.63	2.25	9.67	4.00	0.72	1.63	0.53	2.12
2003	2.26	16.95	7.84	2.25	8.86	2.85	0.81	1.94	0.46	1.83
2004	2.36	19.55	8.27	2.35	9.99	8.24	0.80	2.98	0.39	1.98
2005	2.36	20.06	8.64	2.68	8.43	4.22	0.81	3.72	0.46	3.33
2006	2.50	18.28	8.96	2.77	7.77	9.65	0.92	4.53	0.46	2.49
2007	3.98	18.77	10.12	2.69	7.47	5.03	0.83	6.74	0.46	2.06
2008	5.93	22.80	11.44	3.25	7.42	2.69	1.11	4.31	1.20	2.25
2009	6.31	20.40	11.32	3.50	6.44	1.42	1.04	1.69	2.17	3.53
2010	5.77	23.89	12.49	3.50	8.47	15.61	1.51	19.03	2.89	3.23

表 6-20 给出了 1996—2010 年福建分种类水产品对香港市场出口价格。从表 6-20 可知,福建对香港出口水产品中,"甲壳软体制品"的价格最高,2010 年出口价格高达 22.31 美元/千克,其次为"鲜活冷藏冻鱼""干熏腌鱼"和"鲜冷等甲壳软体类",2010 年的出口价格分别达 8.27 美元/千克、10.71 美元/千克和9.91 美元/千克。从变动趋势上看,除"鱼制品"的出口价格表现为波动下降外,其他类水产品出口价格在样本期内虽有波动,但总体表现为上升走势,其中表现最为明显的是"甲壳软体制品",出口价格从 1996 年的 1.14 美元/千克上升到2010 年的 22.31 美元/千克,年均增长率高达 23.67%。福建的"干熏腌鱼"和"鲜冷等甲壳软体类"这两类水产品在香港市场具备长期价格优势。而原先拥有价格优势的"鲜活冷藏冻鱼"和"甲壳软体制品"两类产品则在 2007 年后逐步失去该优势。其他类产品,如"鱼制品"和"水生植物及产品"等在香港市场不具备价格优势。

表 6-20   1996—2010 年福建分种类水产品对香港市场出口价格

单位:美元/千克

年份	鲜活冷藏冻鱼	干熏腌鱼	鲜冷等甲壳软体类	鱼制品	甲壳软体制品	鱼油脂	鱼粉浆渣	珊瑚、贝壳和海绵	水生植物及产品	不可食用品
1996	3.94	**4.62**	**3.21**	19.50	**1.14**	NA	**0.46**	**0.18**	2.62	NA
1997	5.14	**7.13**	**2.61**	15.53	**2.76**	7.15	**0.30**	**0.29**	2.85	NA
1998	14.94	**7.57**	**4.18**	9.99	**1.55**	NA	NA	3.13	2.50	NA
1999	58.49	**7.10**	**4.51**	8.35	**1.07**	NA	0.72	NA	4.06	NA
2000	4.68	**7.40**	2.90	9.88	**2.13**	NA	0.72	**0.06**	3.07	**2.00**
2001	**1.75**	7.57	**3.16**	8.28	**1.73**	NA	NA	NA	3.94	NA
2002	**1.31**	6.92	**3.14**	8.94	**3.83**	NA	NA	NA	3.75	NA
2003	**1.78**	7.12	**2.86**	6.35	**6.35**	NA	NA	NA	2.11	NA
2004	**1.69**	7.23	**3.52**	10.92	**4.99**	**7.96**	NA	NA	1.73	NA
2005	**2.20**	5.27	**2.81**	9.64	**5.02**	8.18	NA	NA	1.66	NA
2006	**2.32**	6.93	2.27	4.54	**6.35**	NA	NA	**0.60**	1.84	NA
2007	6.06	**8.49**	**2.04**	12.73	7.84	NA	NA	NA	2.66	NA
2008	8.13	**11.96**	**4.62**	14.34	9.03	NA	NA	NA	3.96	NA
2009	6.60	**12.23**	**8.58**	12.94	22.03	NA	NA	NA	6.91	NA
2010	8.27	**10.71**	**9.91**	5.16	22.31	NA	NA	NA	5.26	NA

注:NA 表示当年没有贸易发生,黑体字表示该价格低于香港市场价格。

表 6-20 给出了 1996—2009 年台湾分种类水产品对香港市场出口价格。从表 6-20 可知,台湾对香港市场出口价格最高的产品种类是"鱼油脂",2010 年这类水产品的出口价格达 48.27 美元/千克,其次是"珊瑚、贝壳和海绵""干熏腌鱼""鲜冷等甲壳软体类"和"甲壳软体制品",2010 年的出口价格分别达 27.20 美元/千克、12.55 美元/千克、14.47 美元/千克和 8.63 美元/千克。另外,"鲜活冷藏冻鱼"和"水生植物及产品"的出口价格也较高,2010 年分别为 6.04 美元/千克和 7.47 美元/千克。从变动趋势上看,除"鱼制品"出口价格表现为平稳下降的走势外,其他类水产品都呈现平稳上升或先降后升的走势,如"鲜活冷藏冻鱼"的单价由 1996 年的 2.57 美元/千克上升到 2010 年的 6.04 美元/千克。从与香港市场水产品进口价格的比较看,台湾的"鲜活冷藏冻鱼""干熏腌鱼""鲜冷等甲壳软体类""甲壳软体制品"和"鱼制品"5 类产品在绝大多数年份对香港的出口价格要小于香港市场进口价格,可见,在香港市

场,台湾在 5 类主要水产品上具备价格优势。

表 6-21　1996—2009 年台湾分种类水产品对香港市场出口价格

单位:美元/千克

年份	鲜活冷藏冻鱼	干熏腌鱼	鲜冷等甲壳软体类	鱼制品	甲壳软体制品	鱼油脂	鱼粉浆渣	珊瑚、贝壳和海绵	水生植物及产品	不可食用品
1996	**2.57**	11.09	**3.29**	6.44	**7.89**	1.75	2.12	1.19	18.21	13.56
1997	**0.97**	8.37	**3.16**	9.53	**8.42**	32.21	4.69	**0.56**	7.86	7.33
1998	**1.09**	5.14	**2.48**	4.58	**7.27**	6.18	1.05	**1.05**	8.12	4.05
1999	**1.61**	3.51	**2.50**	3.44	**7.76**	24.67	0.68	**0.55**	7.16	4.29
2000	**2.53**	4.59	**1.05**	3.47	**7.28**	11.88	2.29	**0.84**	10.45	**1.49**
2001	**1.81**	3.06	**1.67**	3.39	**5.85**	8.24	0.89	1.90	4.70	4.61
2002	**2.07**	3.43	**3.23**	3.09	**4.87**	7.38	3.77	5.26	3.33	5.04
2003	**1.54**	3.73	6.96	2.97	**4.31**	6.07	1.18	**1.39**	1.94	5.85
2004	**1.54**	4.44	8.10	2.90	**4.26**	**5.56**	0.15	20.26	3.29	5.99
2005	**1.43**	9.88	6.18	2.87	**4.26**	12.46	10.25	5.76	5.95	**2.63**
2006	**1.68**	11.02	3.99	**2.91**	**4.08**	18.76	7.30	3.56	6.25	**0.50**
2007	**1.93**	9.97	3.76	**2.86**	**4.71**	28.93	11.38	2357.00	5.23	**0.80**
2008	**3.78**	10.09	4.24	**3.06**	**6.90**	21.75	5.95	364.00	6.40	**1.83**
2009	7.29	**11.38**	6.92	**3.18**	7.24	38.47	NA	26.29	6.23	6.11
2010	6.04	**12.55**	14.47	**3.41**	8.63	48.27	NA	27.20	7.47	14.54

注:NA 表示当年没有贸易发生,黑体字表示该价格低于香港市场价格,下划线表示该价格低于福建该类产品对香港市场出口价格。

从闽台水产品对香港市场出口价格比较来看,台湾的主要水产品较福建水产品具备价格优势,包括"鲜活冷藏冻鱼""干熏腌鱼""鱼制品"以及"甲壳软体制品"。在 2000—2010 年的绝大多数年份,台湾这 4 类水产品对香港出口价格低于福建水产品,较福建水产品具备价格优势。

总的来看,从水产品种类层面上分析,台湾水产品平均出口价格低于香港市场进口价格的种类多于福建,且台湾主要水产品的出口价格低于福建水产品,台湾水产品较福建水产品有价格优势。

6.2　质量因素

同质水产品竞争力的直接影响因素为价格因素,而产品的质量差异性也是影响水产品国际竞争力的重要因素,本书用质量升级指数考察闽台水产品的质量优势。

质量升级(QC)指数是通过计算每单位水产品出口价格的变化,来间接反映出口水产品的质量变化,公式为

$$QC_{MWi} = \frac{E_{MWi}^t / X_{MWi}^t}{E_{MWi}^0 / X_{MWi}^0} \qquad (6\text{-}1)$$

式中,QC_{MWi}表示M国(地区)向W市场出口i产品的质量变化;E_{MWi}^t表示报告期M国(地区)向W市场出口i产品的总额;X_{MWi}^t表示报告期i产品的出口额;E_{MWi}^0表示基期i产品的出口总额;X_{MWi}^0表示基期i产品的出口额。式(6-1)中的E_{MWi}/X_{MWi}表示出口价格,因此式(6-1)也可写成

$$QC_{MWi} = \frac{P_{MWi}^t}{P_{MWi}^0} \qquad (6\text{-}2)$$

式中,P_{MWi}^0和P_{MWi}^t分别表示M国(地区)向W市场出口i产品在基期和报告期的出口价格。

该指数大于1表明报告期相对于基期质量上升,小于1表明质量下降,该指数越大表明报告期相对于基期的产品出口质量升级越快。该指数的优点在于简便,而缺点则是没有排除市场需求或通货膨胀等因素引起的水产品实际价格的变动,为此本书在将出口市场的报告期和基期价格相比的基础上再与进口市场的报告期和基期价格比值相比,试图弥补这一缺点,计算公式为

$$QC_{MWi} = \frac{P_{MWi}^t / P_{MWi}^0}{P_{Wi}^t / P_{Wi}^0} \qquad (6\text{-}3)$$

式中,P_{Wi}^t / P_{Wi}^0表示进口市场W在报告期和基期进口i产品的比值。

6.2.1 闽台水产品质量竞争力总体比较

本书选取2000年出口价格作为基期,以后各年作为报告期,根据公式(6-3)分别计算出2001—2010年福建与台湾在世界市场的质量升级指数,结果见图6-8。

从总体上看,福建水产品的质量升级指数在加入WTO的前几年相对于报告期有所下降,2005年以后开始大于1,之后一直处于上升状态,2010年质量升级指数达到1.52,而台湾则出现持续下滑的走势,2010年该指数仅为0.67。可见加入WTO以后福建水产品出口的质量优势有所提升,台湾则逐步失去质量优势。

为了进一步分析闽台水产品在国际市场上的质量竞争力,本书将分种类

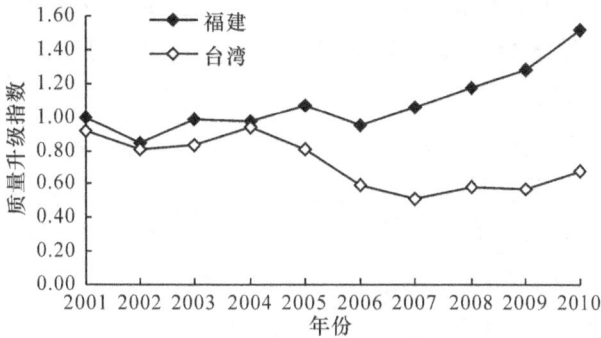

图 6-8　2001—2010 年闽台水产品在世界市场的质量升级指数变动状况

考察闽台水产品的质量优势,结果详见表 6-22 和表 6-23。

表 6-22 给出了福建分种类水产品的质量升级指数,除"不可食用品""鱼油脂""鱼粉浆渣"和"鱼制品"这 4 类非主要水产品外,福建的主要出口产品的质量竞争优势均有所上升,质量升级指数上升最显著的产品是"珊瑚、贝壳和海绵",2010 年该指数高达 4.97,其次是"干熏腌鱼""鲜冷等甲壳软体类""甲壳软体制品"和"水生植物及产品"这 4 类产品,2010 年的质量升级指数分别达到 2.95、2.03、2.17 和 2.29。

表 6-22　福建分种类水产品在世界市场的质量升级指数

年份	鲜活冷藏冻鱼	干熏腌鱼	鲜冷等甲壳软体类	鱼制品	甲壳软体制品	鱼油脂	鱼粉浆渣	珊瑚、贝壳和海绵	水生植物及产品	不可食用品
2001	1.09	2.36	0.80	0.71	1.04	NA	0.66	2.28	1.35	0.07
2002	0.87	2.23	0.70	0.64	0.95	NA	0.49	0.87	1.34	0.22
2003	0.78	1.55	0.71	0.62	1.31	NA	0.59	1.35	1.28	0.08
2004	0.75	1.05	0.68	0.57	1.25	0.31	0.57	1.88	1.09	0.06
2005	0.80	1.18	0.63	0.61	1.32	1.28	0.88	2.47	1.29	0.20
2006	0.74	1.81	0.63	0.73	1.45	NA	0.51	8.76	1.68	0.17
2007	0.85	2.16	0.60	0.68	1.53	0.10	0.56	4.10	1.89	0.14
2008	1.02	3.18	0.82	0.66	1.96	0.06	0.61	3.66	1.66	0.15
2009	1.19	2.91	2.25	0.71	2.10	0.23	0.63	3.47	1.73	0.15
2010	1.43	2.95	2.03	0.76	2.17	0.11	0.49	4.97	2.29	0.18

2001—2010 年台湾分种类水产品在世界市场的质量升级指数如表 6-23 所示。与福建相同,台湾水产品质量升级指数上升最快的产品种类是"珊瑚、

贝壳和海绵",2010年该指数高达4.74。2010年,质量升级指数大于1的产品种类还有"干熏腌鱼""鲜冷等甲壳软体类"和"鱼油脂",该指数分别达到1.47、1.13和1.26。

表6-23 台湾分种类水产品在世界市场的质量升级指数

年份	鲜活冷藏冻鱼	干熏腌鱼	鲜冷等甲壳软体类	鱼制品	甲壳软体制品	鱼油脂	鱼粉浆渣	珊瑚、贝壳和海绵	水生植物及产品	不可食用品
2001	0.93	0.86	1.15	0.75	1.01	0.42	0.85	0.77	0.78	0.92
2002	0.84	0.94	1.46	0.72	0.84	0.15	0.95	0.79	0.84	0.77
2003	0.90	0.76	1.20	0.70	0.79	0.16	0.81	0.47	0.89	1.18
2004	0.97	0.87	1.58	0.90	0.81	0.14	0.77	0.12	0.81	1.08
2005	0.80	1.36	2.10	0.83	0.83	0.52	0.79	0.51	0.78	0.70
2006	0.63	1.46	0.84	0.62	0.76	0.23	0.58	0.49	0.63	0.43
2007	0.54	1.28	0.54	0.61	0.78	0.92	0.63	0.38	0.54	0.26
2008	0.61	1.28	0.67	0.58	0.88	1.10	0.58	1.30	0.52	0.27
2009	0.58	1.40	0.84	0.44	0.84	1.65	0.76	0.70	0.59	0.27
2010	0.70	1.47	1.13	0.62	0.80	1.26	0.90	4.74	0.74	0.47

总的来看,福建在国际市场上质量竞争力有所提升的水产品种类要多于台湾,质量提升的速度也快于台湾,福建水产品在国际市场上较台湾水产品拥有更强的质量竞争优势。

6.2.2 闽台水产品在主要出口市场的质量竞争力比较

为了进一步分析闽台水产品的质量因素的变动状况,本书从细分市场的角度出发,考察福建和台湾在日本、美国、韩国、东盟、欧盟以及中国香港这六大主要出口市场的质量升级指数的变动情况。

6.2.2.1 闽台水产品在日本市场的质量竞争力比较

考虑到"鳗鱼制品"对福建水产品对日本出口总体价格的影响,因此,在对日本市场的质量竞争力的研究中,没有包含该产品。图6-9给出了2001—2010年闽台水产品在日本市场的质量升级指数。从图6-9可以看出,加入WTO以后,福建水产品质量升级指数不断上升,2010年该指数高达3.54。而台湾则始终在1左右徘徊,2010年台湾对日该指数是1.17。可见,福建水产品在日本市场的质量竞争力不断增强,而台湾水产品则变化不大。

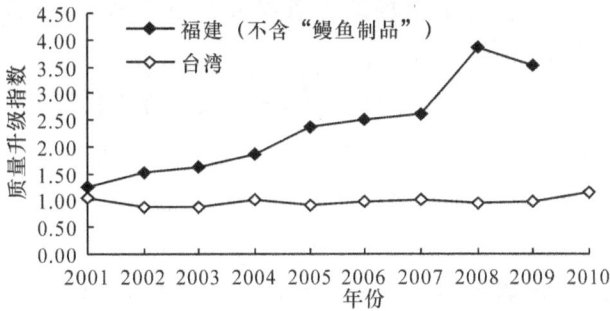

图 6-9　2001—2010 年闽台水产品在日本市场的质量升级指数变动状况

　　为了深入揭示闽台水产品在日本市场上的质量竞争力变动状况,本书将分种类考察闽台水产品的质量竞争力,结果详见表 6-24。

表 6-24　2001—2009 年闽台主要出口水产品种类在日本市场的质量升级指数

年份	福　建						台　湾					
	鲜活冷藏冻鱼	干熏腌鱼	鲜冷等甲壳软体类	鱼制品(不含"鳗鱼制品")	甲壳软体制品	水生植物及产品	鲜活冷藏冻鱼	干熏腌鱼	鲜冷等甲壳软体类	鱼制品	甲壳软体制品	水生植物及产品
2001	1.27	3.60	1.17	0.94	0.89	1.47	1.04	1.19	1.84	0.93	0.48	0.99
2002	1.22	5.73	1.18	1.28	1.02	1.48	0.87	1.28	0.88	1.08	0.50	3.63
2003	1.13	3.99	1.33	1.46	1.08	0.79	0.88	0.85	0.60	1.37	0.68	1.29
2004	1.13	4.09	1.04	1.31	1.15	0.75	0.93	0.93	0.93	1.47	0.61	1.04
2005	1.37	4.92	1.17	1.31	1.13	1.98	0.82	1.10	2.58	1.96	0.73	1.12
2006	1.63	6.69	1.26	1.34	1.30	2.78	0.87	1.22	1.36	1.68	0.67	1.27
2007	1.65	3.35	1.91	1.72	1.58	2.46	0.91	1.15	0.85	1.63	0.70	1.08
2008	2.95	4.46	2.11	1.75	1.56	1.88	0.82	1.08	1.06	1.94	0.54	0.92
2009	2.78	4.16	2.51	2.13	1.33	2.11	0.86	1.11	0.92	1.70	0.41	0.99

　　表 6-24 给出了福建与台湾主要出口水产品在日本市场的质量升级指数。从表 6-24 可以看出,福建主要出口水产品在日本市场的质量升级指数在样本期内均表现为上升的趋势,其中上升最快的是"干熏腌鱼",2009 年上升到 4.16。其他类水产品的质量升级指数也较高,2009 年除"甲壳软体制品"外,其他类水产品的质量升级指数均在 2 以上。台湾"鱼制品"的质量升级指数保持上升走势,2009 年该指数达 1.70;而"甲壳软体制品"则呈现下降走势,2009 年该指数为 0.41。其他类水产品的质量升级指数在 1 左右徘徊。可见

福建主要出口水产品在日本市场的质量优势在不断增强,而台湾仅有"鱼制品"的质量优势不断提高。

6.2.2.2 闽台水产品在美国市场的质量竞争力比较

图 6-10 给出了 2001—2010 年闽台水产品在美国市场的质量升级指数。从图 6-10 可以看出,与日本市场一致,加入 WTO 以后,福建水产品在美国市场的质量升级指数在不断上升,2010 年该指数高达 2.47。而台湾水产品在美国市场的质量升级指数则始终在 1 左右徘徊,2010 年该指数是 1.02。可见,福建水产品在美国市场的质量竞争优势不断增强,而台湾水产品在美国市场的质量竞争优势则变化不大。

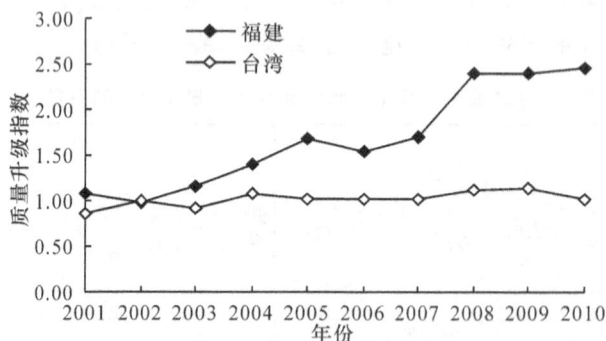

图 6-10　2001—2010 年闽台水产品对美国本市场的质量升级指数变动状况

为了深入了解闽台水产品在美国市场的质量竞争力变动状况,本书将分种类考察闽台水产品的质量竞争力,结果详见表 6-25。

表 6-25　2001—2010 年闽台主要出口水产品种类在美国市场的质量升级指数

年份	福　建						台　湾					
	鲜活冷藏冻鱼	干熏腌鱼	鲜冷等甲壳软体类	鱼制品	甲壳软体制品	水生植物及产品	鲜活冷藏冻鱼	干熏腌鱼	鲜冷等甲壳软体类	鱼制品	甲壳软体制品	水生植物及产品
2001	1.19	NA	0.73	0.62	1.25	2.07	0.84	0.58	1.19	0.72	1.20	0.79
2002	1.52	NA	0.70	0.42	1.05	1.76	0.88	0.51	1.49	0.69	1.04	0.50
2003	1.47	NA	0.94	0.27	1.38	1.98	0.82	0.46	1.35	0.71	1.02	0.37
2004	1.96	NA	1.27	0.17	1.64	2.15	0.95	0.60	1.74	0.69	0.96	0.32
2005	2.06	NA	1.46	0.15	1.71	1.26	0.89	0.55	1.78	0.80	1.02	0.18
2006	1.67	NA	1.30	0.29	1.27	2.46	0.91	0.47	1.43	0.58	0.95	0.15

续表

年份	福　建						台　湾					
	鲜活冷藏冻鱼	干熏腌鱼	鲜冷等甲壳软体类	鱼制品	甲壳软体制品	水生植物及产品	鲜活冷藏冻鱼	干熏腌鱼	鲜冷等甲壳软体类	鱼制品	甲壳软体制品	水生植物及产品
2007	1.33	NA	1.11	0.26	1.42	4.07	0.92	0.56	1.06	0.64	0.88	0.14
2008	1.70	NA	0.77	0.42	1.94	3.38	0.96	0.58	1.14	0.72	1.08	0.14
2009	3.10	NA	2.19	0.40	2.45	3.74	1.01	0.54	1.03	0.58	1.04	0.14
2010	3.62	NA	2.26	0.27	2.44	3.81	0.88	0.28	1.21	0.58	1.02	0.17

注:NA 表示当年没有贸易发生。

从表 6-25 可以看出,福建有 4 类水产品在美国市场的质量优势有较大幅度的提升,分别为"鲜活冷藏冻鱼""鲜冷等甲壳软体类""甲壳软体制品"以及"水生植物及产品",2010 年这 4 类水产品的质量升级指数分别达 3.62、2.26、2.44 和 3.81,而"鱼制品"则表现下降的走势,2010 年质量升级指数为 0.27。台湾则仅有"鲜冷等甲壳软体类"在美国市场的质量竞争优势有所提高,且提升幅度不大,2010 年该类水产品的质量升级指数仅达 1.21。"甲壳软体制品"的质量升级指数始终维持在 1 左右,质量变动不大。其他类水产品的质量升级指数都有较大幅下降,质量优势丧失严重。

6.2.2.3　闽台水产品在韩国市场的质量竞争力比较

从总体上看(见图 6-11),2001—2009 年福建水产品在韩国市场的质量升级指数呈现先下降后上升的走势,从 2001 年的 1.15 下降到 2003 年的低点后逐步上升到 2009 年的 1.32。而台湾则先出现两个峰值,分别是 2002 年和 2005 年的 1.42 和 1.37,后表现为下降趋势,2009 年该指数下降到 0.43。

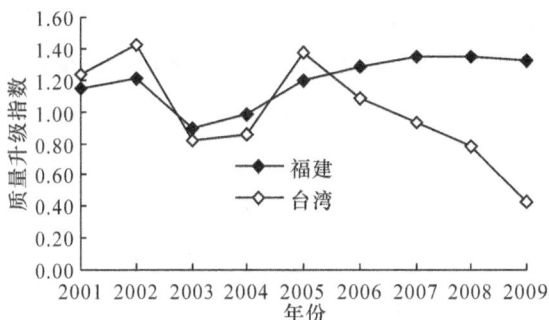

图 6-11　2001—2009 年闽台水产品在韩国市场的质量升级指数变动状况

为了进一步分析闽台水产品在韩国市场上的质量竞争力变动状况,本书将分种类考察闽台水产品的质量竞争力,结果详见表 6-26。由表 6-26 可知,福建除"鱼制品"在韩国市场质量竞争优势有所下降外,其他 5 类主要水产品质量竞争力都有所上升,其中质量升级指数上升最快的水产品种类是"甲壳软体制品",2009 年该类产品的质量升级指数达 9.41,其次是"干熏腌鱼"和"鲜冷等甲壳软体类",2009 年质量升级指数分别为 2.39 和 2.32。台湾除"鱼制品"质量竞争力有小幅上升外,其他类水产品都表现为下降趋势,下降幅度最大的是"鲜冷等甲壳软体类",2009 年质量升级指数仅为 0.03。

表 6-26   2001—2009 年闽台主要出口水产品种类在韩国市场的质量升级指数

年份	福　建						台　湾					
	鲜活冷藏冻鱼	干熏腌鱼	鲜冷等甲壳软体类	鱼制品	甲壳软体制品	水生植物及产品	鲜活冷藏冻鱼	干熏腌鱼	鲜冷等甲壳软体类	鱼制品	甲壳软体制品	水生植物及产品
2001	1.18	0.90	1.04	0.72	2.95	1.25	1.32	0.84	0.36	1.14	0.99	1.88
2002	1.15	2.89	1.04	0.76	1.76	0.14	1.59	1.80	0.12	1.13	NA	0.20
2003	0.80	1.53	1.19	0.65	3.56	0.10	0.92	1.06	0.09	0.93	0.21	7.19
2004	0.92	1.13	1.17	0.47	4.99	NA	0.99	0.82	0.10	0.60	0.55	1.01
2005	1.22	0.77	1.87	0.36	5.05	1.54	1.55	0.77	0.63	0.72	NA	0.48
2006	1.30	1.39	1.49	0.47	8.18	1.43	1.23	0.85	0.17	1.39	0.59	0.55
2007	1.29	0.91	1.41	0.47	7.02	1.67	1.05	0.87	0.16	1.59	0.21	0.78
2008	1.37	2.21	1.38	0.44	7.23	1.28	0.84	0.88	0.04	1.51	0.29	0.61
2009	1.26	2.39	2.32	0.43	9.41	1.51	0.48	1.00	0.03	1.22	0.48	0.70

注:NA 表示当年没有贸易发生。

无论从总体还是从分种类考察,2001—2009 年福建水产品在韩国市场的质量竞争优势呈现上升趋势,而台湾水产品的质量竞争优势则丧失比较严重。

6.2.2.4　闽台水产品在东盟市场的质量竞争力比较

从总体上看(见图 6-12),闽台水产品在东盟市场的质量升级指数都表现为先下降后上升的走势,分别从 2001 年的 1.06 和 1.16 下降到 2003 年的 0.73 和 0.86,后逐步上升到 2009 年的 1.41 和 1.45。可见,闽台水产品在东盟市场的质量竞争优势不断增强。

从分种类考察(见表 6-27),福建方面,除"干熏腌鱼"和"鱼制品"在东盟市场上的质量竞争优势有所下降外,其余 4 类水产品均表现为平稳上升,

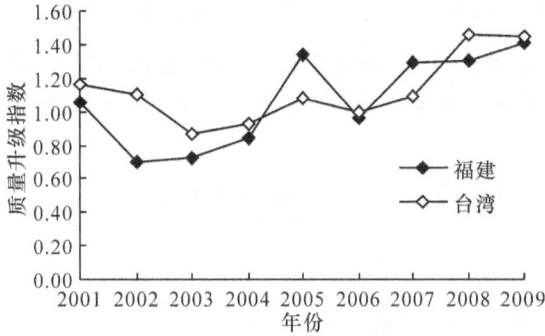

图 6-12　2001—2009 年闽台水产品在东盟市场的质量升级指数变动状况

2009 年这 4 类水产品的质量升级指数分别达到 2.55、3.09、5.34 和 2.43。台湾方面,"干熏腌鱼"和"甲壳软体制品"的质量优势呈现下降走势,2009 年的质量升级指数分别为 0.89 和 0.66;另外,出口额最大的"鲜活冷藏冻鱼"质量升级指数维持恒定,在 1 附近变动。其他 3 类水产品,"鲜冷等甲壳软体类""鱼制品"和"水生植物及产品"则表现平稳上升走势,2009 年质量升级指数分别为 1.20、1.63 和 2.92。

可见,闽台水产品在东盟市场的质量优势呈现平稳提升的态势。

表 6-27　2001—2009 年闽台主要出口水产品种类在东盟市场的质量升级指数

年份	福 建						台 湾					
	鲜活冷藏冻鱼	干熏腌鱼	鲜冷等甲壳软体类	鱼制品	甲壳软体制品	水生植物及产品	鲜活冷藏冻鱼	干熏腌鱼	鲜冷等甲壳软体类	鱼制品	甲壳软体制品	水生植物及产品
2001	1.16	0.15	1.26	0.54	1.58	1.14	1.07	0.56	1.28	1.13	0.76	1.28
2002	1.24	0.12	1.00	0.88	1.90	1.11	1.14	0.23	1.17	0.92	1.37	0.98
2003	1.49	0.07	1.02	0.37	1.96	1.18	0.88	0.11	0.95	0.68	1.35	1.69
2004	1.61	0.15	0.60	0.21	3.48	1.56	0.94	0.15	1.31	0.86	1.04	2.56
2005	1.97	0.18	0.47	0.34	3.57	1.26	1.01	0.14	1.65	0.91	1.27	2.30
2006	1.76	NA	0.85	0.48	3.51	2.63	0.93	0.28	0.91	1.02	1.06	2.39
2007	1.95	NA	0.95	0.68	3.11	3.01	0.99	0.79	0.98	0.62	1.03	2.79
2008	1.90	3.53	1.26	0.51	3.91	2.23	1.28	0.94	1.15	1.29	0.58	2.70
2009	2.55	4.30	3.09	0.65	5.34	2.43	1.26	0.89	1.20	1.63	0.66	2.92

注:NA 表示当年没有贸易发生。

6.2.2.5 闽台水产品在欧盟市场的质量竞争力比较

从总体上看(见图 6-13),闽台水产品在欧盟市场的质量升级指数总体都表现为先下降后上升的走势,分别从 2001 年的 1.10 和 1.06 下降到 2005 年的低点后逐步上升到 2010 年的 1.03 和 1.22。可见,从长期看,加入 TWO 对闽台在欧盟市场的质量竞争力的提升是有利的。

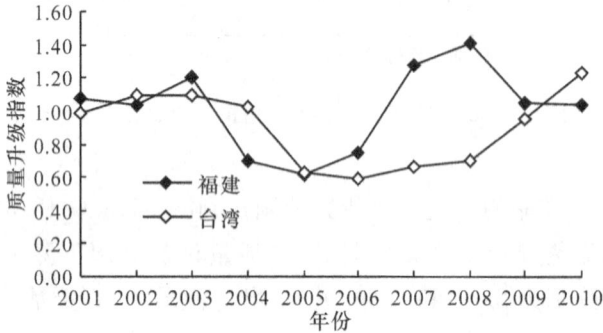

图 6-13 2001—2010 年闽台水产品在欧盟市场的质量升级指数变动状况

从分种类考察(见表 6-28),福建的"鱼制品"在欧盟市场的质量竞争优势丧失较严重,2010 年质量升级指数为 0.23;"鲜活冷藏冻鱼""鲜冷等甲壳软体类""甲壳软体制品"和"水生植物及产品"的质量升级指数则平稳上升,2010 年分别达 1.37、1.22、1.55 和 1.52。而台湾仅在"鲜冷等甲壳软体类"和"水生植物及产品"类产品的质量竞争优势有明显的提升,2010 年这两类水产品的质量升级指数分别达 2.10 和 1.23,其他类产品的质量优势有明显的丧失。

表 6-28　2001—2010 年闽台主要出口水产品种类在欧盟市场的质量升级指数

年份	福　建						台　湾					
	鲜活冷藏冻鱼	干熏腌鱼	鲜冷等甲壳软体类	鱼制品	甲壳软体制品	水生植物及产品	鲜活冷藏冻鱼	干熏腌鱼	鲜冷等甲壳软体类	鱼制品	甲壳软体制品	水生植物及产品
2001	2.18	NA	0.96	0.64	0.82	0.86	0.92	0.31	1.34	0.85	1.27	1.16
2002	1.64	NA	NA	NA	NA	0.87	0.79	0.28	2.09	0.74	1.05	1.07
2003	1.91	NA	NA	NA	NA	1.16	0.86	NA	1.59	0.77	0.46	1.16
2004	3.74	NA	NA	0.30	0.54	0.58	0.74	0.12	1.39	0.93	0.68	0.81
2005	0.96	NA	0.82	0.11	0.60	0.78	0.41	0.21	1.81	0.95	0.55	0.58
2006	1.02	NA	0.52	0.26	0.60	1.63	0.43	0.11	1.41	0.87	0.59	0.47
2007	2.06	NA	0.69	0.49	1.20	1.37	0.45	0.44	1.14	0.72	0.35	0.67

续表

年份	福　建						台　湾					
	鲜活冷藏冻鱼	干熏腌鱼	鲜冷等甲壳软体类	鱼制品	甲壳软体制品	水生植物及产品	鲜活冷藏冻鱼	干熏腌鱼	鲜冷等甲壳软体类	鱼制品	甲壳软体制品	水生植物及产品
2008	2.33	NA	0.83	0.47	1.48	1.20	0.56	0.18	0.92	0.60	0.39	0.75
2009	1.25	NA	1.19	0.35	1.79	1.48	0.62	0.14	1.40	0.66	0.28	1.05
2010	1.37	NA	1.22	0.23	1.55	1.52	0.62	0.30	2.10	0.83	0.39	1.23

注:NA 表示当年没有贸易发生。

因此,从分种类角度分析,福建水产品在欧盟市场质量竞争优势显著提升的水产品种类要多于台湾,质量竞争力强于台湾水产品。

6.2.2.6　闽台水产品在中国香港市场的质量竞争力比较

从总体上看(见图 6-14),2001—2010 年闽台水产品在香港市场的质量升级指数都有较大的提升,但台湾水产品该指数的提升幅度要大于福建水产品,2010 年两者该指数分别达 1.86 和 2.07。

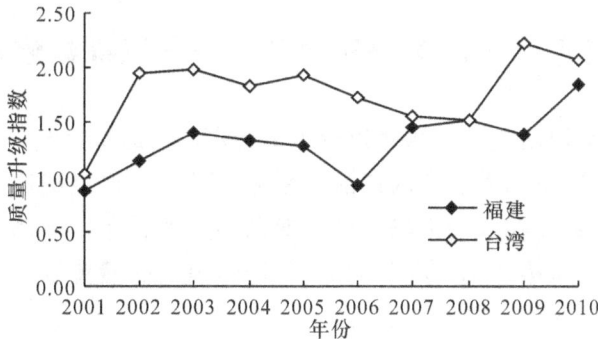

图 6-14　2001—2009 年闽台水产品在香港市场的质量升级指数变动状况

从分种类考察(见表 6-29),福建的"鱼制品"和"水生植物及产品"在香港市场上的质量竞争优势丧失比较严重,2010 年的质量升级指数分别为 0.40 和 0.41,而其他 4 类水产品的质量升级指数有大幅度的提升,其中"甲壳软体制品"的提升幅度最大,2010 年该指数达 15.68。台湾则除"鱼制品"和"水生植物及产品"质量升级指数有大幅下降外,其他 4 类水产品均表现为上升走势,最为显著的是"鲜冷等甲壳软体类",2010 年该类产品的质量升级指数高达 9.29。

以上分析结果表明,闽台水产品在香港市场的质量优势均在大幅提升。

表 6-29　2001—2010 年闽台主要出口水产品在香港市场的质量升级指数

年份	福建						台湾					
	鲜活冷藏冻鱼	干熏腌鱼	鲜冷等甲壳软体类	鱼制品	甲壳软体制品	水生植物及产品	鲜活冷藏冻鱼	干熏腌鱼	鲜冷等甲壳软体类	鱼制品	甲壳软体制品	水生植物及产品
2001	0.24	1.29	1.15	0.86	0.84	1.26	0.46	0.84	1.68	1.00	0.83	0.44
2002	0.38	1.22	1.20	1.09	2.36	1.62	1.11	0.97	3.40	1.07	0.88	0.42
2003	0.55	1.26	1.06	0.77	4.26	1.03	0.88	1.06	7.13	1.02	0.85	0.28
2004	0.50	1.11	1.24	1.27	2.97	1.01	0.85	1.10	7.85	0.96	0.74	0.57
2005	0.65	0.79	0.95	0.98	3.54	0.81	0.79	2.38	5.74	0.83	0.88	0.86
2006	0.65	1.14	0.74	0.38	4.86	0.85	0.87	2.91	3.57	0.69	0.91	0.85
2007	1.07	1.36	0.59	1.30	6.24	1.32	0.63	2.56	2.98	0.83	1.10	0.77
2008	0.96	1.57	1.18	1.21	7.24	0.75	0.83	2.14	2.97	0.73	1.62	0.36
2009	0.73	1.80	2.21	1.01	20.34	0.72	1.50	2.69	4.90	0.71	1.96	0.19
2010	1.00	1.34	2.31	0.40	15.68	0.41	1.36	2.54	9.29	0.76	1.78	0.17

6.3　闽台特色水产品竞争实力分析——以福建鳗鱼制品为例

第 6.2 节采用质量升级指数讨论了闽台水产品的垂直差异性。从第 3 章的分析可知,由区位因素引起的产品水平差异性是水产品提高其国际市场占有率的重要源泉,而在国际市场上处于垄断地位的特色水产品正是这种差异性的集中体现。从第 6.1.1 小节的分析可知,福建的鳗鱼制品对福建水产品平均价格产生巨大的影响,这主要由于一方面鳗鱼制品的出口价格较高,另一方面福建该产品的出口额很大,2008 年福建鳗鱼制品出口额达到 1.955 亿美元,占我国大陆该产品出口总额的 54.21%,国际市场占有率达 48.16%,福建该产品在国际市场上享有垄断地位。为此,本书以福建鳗鱼制品为例研究这一特色水产品在国际市场上的价格形成机制具有重要的理论和现实意义。

6.3.1　福建鳗鱼制品出口变动特征

从图 6-15 可以看出,福建鳗鱼制品出口额在 1997—2009 年虽有震荡,但总的来看呈现不断下降的趋势,从 1997 年的 36731 万美元下降到 2009 年的 20643 万美元。由于受到 2003 年的"恩诺沙星"与 2005 年的"孔雀石绿"事件以及 2006 年日本的"肯定列表制度"等因素的影响,福建鳗鱼制品出口额从

2001 年的 36591 万美元下降到 2009 年的 20643 万美元。但 2010 年则出现明显的反弹,出口额达 40824 万美元,这主要是由于长期受技术性贸易措施的影响,福建鳗鱼制品生产企业为适应国际市场产需求、转变发展方式,不断提高产品质量和技术水平,在国际市场上重新获得很强的竞争优势。

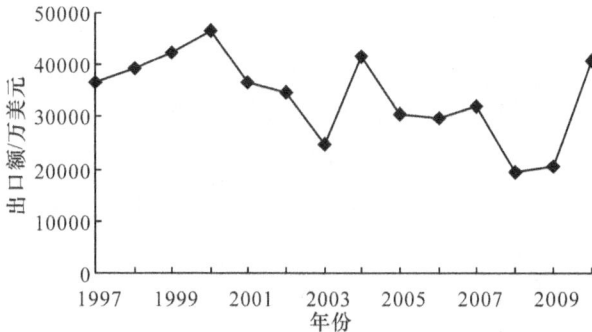

图 6-15 1997—2010 年福建鳗鱼制品出口额变动状况

(资料来源:根据《中国海关统计年鉴》整理。)

福建鳗鱼制品出口无论以中国该类产品出口、国际市场占有率还是福建水产品出口为考察对象,其贸易地位都十分重要。如表 6-30 所示,福建是中国鳗鱼制品出口的主要省份,并在国际市场上享有垄断地位:在样本期内福建该产品出口比重都占全国的 50% 以上;另外,福建鳗鱼制品的国际市场占有率在样本期内的绝大多数年份达 50% 以上,福建该产品在国际市场具备垄断地位。此外,福建鳗鱼制品在福建水产品出口额占有相当比重,特别是在1997—2002 年,该产品年均占福建水产品出口总额的 69.42%,但 2002 年以后比重出现明显下滑的趋势,2008 年该产品仅占福建水产品出口额的16.75%。与此同时,鳗鱼制品是福建"鱼制品"出口的主要产品,1997—2004年一直占据该类产品的 90% 以上,2000 年甚至占 99.36%,但 2005—2008 年该产品在"鱼制品"中的出口比重出现明显下滑,但仍是其出口的主要水产品。

表 6-30　1997—2008 年福建鳗鱼制品在各类水产品出口中的比重

单位:%

年份	占福建水产品出口比重	占福建"鱼制品"的出口比重	占中国该产品出口比重	占世界该产品出口比重(福建国际市场占有率)	中国该产品出口占世界比重(中国国际市场占有率)
1997	66.02	94.56	50.44	44.45	88.12
1998	74.21	99.12	63.58	58.94	92.70
1999	74.89	98.90	66.71	64.09	96.07
2000	74.00	99.36	61.96	53.43	86.23
2001	66.58	99.17	59.49	53.23	89.46
2002	60.84	98.92	59.24	54.66	92.28
2003	45.85	95.37	52.79	49.61	93.98
2004	49.01	93.31	57.19	51.52	90.08
2005	35.79	77.99	53.01	49.02	92.47
2006	28.68	73.13	50.96	48.70	95.56
2007	30.30	76.20	56.14	52.05	92.72
2008	16.75	59.06	54.21	48.16	88.84

资料来源:根据《中国海关统计年鉴》、FAO 统计数据库整理。

　　另外,从出口市场结构变动上看(见表 6-31),日本是福建该产品的主要出口市场,市场集中度平均高达 87.30%,但出口比重却呈现持续下滑的走势,从 1997 年的 98.21% 下滑到 2009 年的 71.59%,同时,美国、欧盟和韩国逐渐成为福建鳗鱼制品出口的重要目标市场,1997 年这三大市场仅分别占福建鳗鱼制品出口的 0.29%、0.00% 和 0.00%,但到 2009 年则分别占该产品出口的 10.05%、3.95% 和 3.83%。尽管如此,日本市场仍然是福建鳗鱼制品的主要出口市场,但市场多样化程度有了显著的提升。

表 6-31　1997—2009 年福建鳗鱼制品在各类水产品中的主要出口市场结构

单位:%

年份	日本	美国	韩国	东盟	欧盟	中国台湾	中国香港	其他市场
1997	98.21	0.29	0.00	0.05	0.00	0.00	0.97	0.48
1998	98.53	0.10	0.01	0.09	0.00	0.17	0.77	0.34
1999	97.81	1.15	0.04	0.05	0.01	0.00	0.58	0.37

续表

年份	日本	美国	韩国	东盟	欧盟	中国台湾	中国香港	其他市场
2000	96.83	1.85	0.18	0.04	0.05	0.00	0.72	0.32
2001	94.16	2.57	1.01	0.23	0.18	0.00	1.02	0.83
2002	92.72	2.78	1.94	0.39	0.00	0.00	1.85	0.32
2003	89.53	2.94	3.16	0.51	0.00	0.00	3.42	0.44
2004	86.07	1.37	1.55	0.12	0.03	0.01	10.09	0.75
2005	86.51	1.13	0.66	0.13	0.00	0.00	10.99	0.57
2006	87.61	2.19	0.60	5.23	0.31	0.00	1.73	2.34
2007	75.29	3.44	1.69	3.39	5.28	0.00	7.32	3.58
2008	59.99	13.00	4.80	1.47	5.50	5.41	6.19	3.63
2009	71.59	10.05	3.83	0.95	3.95	1.65	2.76	5.22

6.3.2　福建鳗鱼制品的出口价格变动特征及其与世界市场价格变动的关系——基于协整分析

由于日本市场为福建鳗鱼制品的主要出口目标市场,同时也是世界该产品的主要进口市场,据 FAO 的统计,2006 年日本该类产品的进口总额占到世界的 77.16%。为此,本书将福建鳗鱼制品的出口价格与国际市场的出口价格以及日本市场该类产品的进口价格进行比较分析,以便深入探析国际市场该产品价格波动与福建出口价格变动的关系,寻求国际市场该产品价格形成机制。

从图 6-16 可以看出,1997—2009 年福建鳗鱼制品出口价格变动表现为先下降后上升的走势,先从 1997 年的 15.73 美元/千克下降到 2001 年的 7.76 美元/千克,后又逐步上升,到 2008 年福建鳗鱼制品出口价格(记为 P_{fex})达 12.90 美元/千克。2001 年以前福建鳗鱼制品出口价格的下降是由于该产品在国际市场具有垄断地位和高额的利润空间,这引起了福建省厂商加大对该产业的投入,致使内部市场的激烈竞争,从而导致出口价格的下降。2003 年价格上升主要是由于主要进口市场——日本市场加大对该产品的检验力度,致使福建鳗鱼制品企业大量倒闭,国际市场供给小于需求,引起该产品出口价格上涨。

另外,从图 6-16 可以看出,世界鳗鱼制品的出口价格(记为 P_{wex})和日本市场的进口价格(记为 P_{jim})呈现同步波动的趋势,分别从 1997 年的

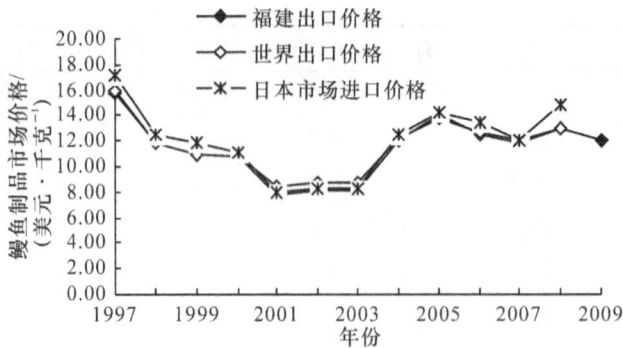

图 6-16　1996—2010 年福建鳗鱼制品出口价格与世界市场鳗鱼制品价格变动状况
（资料来源：根据《中国海关统计年鉴》、FAO 统计数据库整理。）

15.86 美元/千克和 17.25 美元/千克下降到 2001 年的 8.45 美元/千克和 7.89 美元/千克，后又逐步上升到 2008 年的 12.94 美元/千克和 14.91 美元/千克。因此，为了更深入研究福建鳗鱼制品的出口价格（P_{fex}）、世界鳗鱼制品的出口价格（P_{wex}）以及日本市场的进口价格（P_{jim}）的动态变化关系，本书将对以上变量进行协整检验，建立误差修正（ECM）模型，最后通过 Granger 因果关系检验考察它们之间的因果关系，探讨其国际市场价格形成机制。

6.3.2.1　变量的平稳性检验

变量时间序列的平稳性是计量经济分析的基本要求之一。判断一个时间序列是否平稳，标准的检验方法是单位根检验，一般有三种，即 DF（dickey-fuller）检验、ADF（augmented dickey-fuller）检验以及 PP（phillips-perron）检验。本书采用 ADF 法并根据 AIC 准则选择滞后阶数对时间序列进行平稳性检验。

从图 6-16 可以看出，福建鳗鱼制品出口价格与世界市场鳗鱼制品价格都呈现先下降后上升的走势，表现出一种不平稳的特征，为此有必要对其进行平稳性检验，结果见表 6-32。

从检验结果看，序列 P_{fex}、P_{wex} 和 P_{jim} 及其一阶差分序列 ∇P_{fex}、∇P_{wex} 和 ∇P_{jim} 在 10% 的水平上都为非平稳序列，而其二阶差分序列 $\nabla^2 P_{\text{fex}}$、$\nabla^2 P_{\text{wex}}$ 和 $\nabla^2 P_{\text{jim}}$ 在 5% 的水平上都为平稳序列，因此，三个变量均为二阶单整序列，即为 $I(2)$ 序列。因此，可进一步检验变量之间的协整关系。

表 6-32　各变量平稳性检验结果

变　量	ADF 检验值	检验形式(C,T,K)	5％水平临界值	是否平稳
P_{fex}	-2.253	$(C,T,2)$	-3.175	不平稳
P_{wex}	-1.761	$(C,T,2)$	-4.008	不平稳
P_{jim}	-2.393	$(C,T,2)$	-3.933	不平稳
∇P_{fex}	-2.690	$(C,T,2)$	-4.008	不平稳
∇P_{wex}	-2.738	$(C,T,2)$	-4.008	不平稳
∇P_{jim}	-2.893	$(C,T,2)$	-4.008	不平稳
$\nabla^2 P_{fex}$	$-3.718**$	$(C,N,2)$	-3.260	平稳
$\nabla^2 P_{wex}$	$-3.593**$	$(C,N,2)$	-3.260	平稳
$\nabla^2 P_{jim}$	$-3.469**$	$(C,N,2)$	-3.260	平稳

注:*表示在 10％的水平显著,**表示在 5％的水平显著,***表示在 1％的水平显著。

6.3.2.2　变量的协整检验

近年来,协整理论成为分析非平稳时间序列的有力工具,具体的方法有两种:一种为基于回归残差的 ADF 检验(EG 两步法),适用于小样本两个变量间的协整检验;另一种为基于 VAR 的协整系统检验(Johansen 检验),适用于多个样本间的协整检验。本书分别考察两个变量之间的协整关系,故采用 EG 两步法对解释变量和被解释变量进行协整检验。

本书采用 EG 两步法研究 1997—2008 年世界鳗鱼制品的出口价格(P_{wex})与福建鳗鱼制品的出口价格(P_{fex})以及日本市场的进口价格(P_{jim})与福建鳗鱼制品的出口价格(P_{fex})间的协整关系。首先分别对两组变量进行协整回归,回归结果见表 6-33。

表 6-33　协整回归结果

变量	C	β	R^2	调整后的 R^2	DW	F	Pro(F 统计量)
P_{wex}、P_{fex}	1.354	0.895	0.991	0.990	1.506	1108.623	0.000
P_{jim}、P_{fex}	-1.051	1.145	0.969	0.966	1.881	312.011	0.000

从回归方程的各项检验指标来看,F 统计量分别为 11008.623 和 312.011,通过在 1％水平上的显著性检验,调整后的 R^2 分别达到 0.990 和 0.966,模型回归效果很好。另外,DW 值分别为 1.506 和 1.881,通过检验,表明模型的残差序列不存在自相关,模型较稳健。进而对回归模型的残差序列

进行 ADF 检验,检验结果如表 6-34 所示。

表 6-34　回归方程残差平稳性检验

残　差	ADF 检验值	检验形式(C,T,K)	5%临界值	P 值
$\mu(P_{\text{fex}}、P_{\text{wex}})$	-4.317	$(N,N,2)$	-3.260	0.012
$\mu(P_{\text{fex}}、P_{\text{jim}})$	-3.286	$(N,N,2)$	-3.175	0.042

从表 6-34 可以看出,在 5%的显著水平下,回归方程的残差单位根检验拒绝原假设,即残差序列是平稳的。因此,可认为上述两个回归方程的自变量与因变量之间具有长期均衡关系,即协整关系,回归方程为

$$P_{\text{wex}} = 0.895P_{\text{fex}} + 1.354 \tag{6-4}$$

$$P_{\text{jim}} = 1.145P_{\text{fex}} - 1.051 \tag{6-5}$$

这两个方程表明世界鳗鱼制品的出口价格(P_{wex})和日本市场的进口价格(P_{jim})与福建鳗鱼制品的出口价格(P_{fex})存在长期稳定的关系。

6.3.2.3　ECM 模型

协整关系说明了变量之间的长期均衡关系,这种关系使得变量之间在偏离长期均衡关系时系统会自动向长期均衡点收敛。根据 Granger 定理,一组具有协整关系的变量必然存在一个误差修正机制,防止这种长期均衡关系出现较大的误差。

由于变量和解释变量之间的残差通过协整检验,因此可以建立误差修正模型来对福建鳗鱼制品的出口价格(P_{fex})与世界鳗鱼制品的出口价格(P_{wex})以及日本市场的进口价格(P_{jim})的短期波动和长期均衡进行直观的描述。由于各变量在二阶差分的条件下是平稳序列,因此,用 ECM 表示协整方程的残差序列,并将滞后一期的 ECM 作为解释变量引入由原始变量的二阶差分序列组成的模型,模型回归的结果见表 6-35 和表 6-36。

福建鳗鱼制品的出口价格(P_{fex})与世界鳗鱼制品的出口价格(P_{wex})ECM模型的回归结果如表 6-35 所示,由表 6-35 可以看出,F 统计量为 401.731,通过在 1%水平上的显著性检验,调整后的 R^2 达到 0.989,模型回归效果很好。另外,DW 值为 2.593,通过检验,表明模型的残差序列不存在自相关,模型较稳健。$\nabla^2 P_{\text{fex}}$ 系数值的 t 检验统计量为 22.718,通过在 1%水平上的显著性检验;ECM_{t-1} 的 t 值是 -2.267,通过在 10%水平上的显著性检验,可见模型回归效果较好。

表 6-35　福建鳗鱼制品的出口价格与世界鳗鱼制品的出口价格 ECM 模型的回归结果

解释变量	$\nabla^2 P_{wex}$			
	β	Std. E	t 值	P 值
$\nabla^2 P_{fex}$	0.864	0.051	22.718	0.000
ECM_{t-1}	−1.331	0.630	−2.267	0.058
C	0.013	0.098	0.156	0.881
R^2	0.991	F 统计量		401.731
调整后的 R^2	0.989	Pro(F 统计量)		0.000
		DW		2.593

日本市场的进口价格(P_{jim})与福建鳗鱼制品的出口价格(P_{fex})ECM 模型各项指标的检验结果如表 6-36 所示,F 统计量为 73.014,通过在 1‰ 水平上的显著性检验,调整后的 R^2 达到 0.941,模型回归效果很好。另外,DW 值为 1.713,通过检验,模型的残差序列不存在自相关,模型较稳健。$\nabla^2 P_{fex}$ 和 ECM_{t-1} 系数值的 t 检验统计量分别为 11.228 和 −3.659,通过在 1‰ 水平上的显著性检验,可见模型回归效果很好。

表 6-36　福建鳗鱼制品的出口价格与日本市场的进口价格 ECM 模型回归结果

解释变量	$\nabla^2 P_{jim}$			
	β	Std. E	t 值	P 值
$\nabla^2 P_{fex}$	1.271	0.113	11.228	0.000
ECM_{t-1}	−3.352	0.916	−3.659	0.008
C	−0.358	0.287	−1.250	0.251
R^2	0.954	F 统计量		73.014
调整后的 R^2	0.941	Pro(F 统计量)		0.000
		DW		1.713

通过以上检验可知,方程具有统计学意义上的显著性。因此,本书得到与协整方程对应的误差修正模型方程,即

$$\nabla^2 P_{wex} = 0.864 \nabla^2 P_{fex} - 1.331 ECM_{t-1} + 0.013 \qquad (6-6)$$

$$\nabla^2 P_{jim} = 1.271 \nabla^2 P_{fex} - 3.352 ECM_{t-1} - 0.358 \qquad (6-7)$$

从式(6-6)和式(6-7)可以看出,两个模型的 ECM 项系数分别为 −1.331 和 −3.352,均为负值,符合反向修正机制,即当解释变量偏离长期均衡时系统会自动向长期均衡点趋同,其系数大小反映调控的速度。$\nabla^2 P_{fex}$、$\nabla^2 P_{wex}$ 和

$\nabla^2 P_{jim}$代表各指标进出口价格增长率的变动速率。从方程可知,福建鳗鱼制品的出口价格增长率的变动速率每增加 0.864% 和 1.271% 都会引起世界该产品出口价格增长率的变动速率和日本该产品变动速率增加 1%;上一年度的非均衡误差分别以 1.331 和 3.352 的比率对世界鳗鱼制品出口价格增长率的变动速率和日本该产品进口价格增长率的变动速率做出修正。

6.3.2.4 Granger 因果关系检验

协整检验的结果仅表明变量之间的长期均衡关系,但这种关系是否构成因果关系还需要进行 Granger 因果关系检验,即判断出是福建出口价格的变动引起世界鳗鱼制品价格的变动还是世界市场该产品价格的变动引起福建鳗鱼制品出口价格的变动。

由于$\nabla^2 P_{fex}$、$\nabla^2 P_{wex}$和$\nabla^2 P_{jim}$都为平稳的时间序列,为此本书应用 Granger 因果检验考察$\nabla^2 P_{fex}$与$\nabla^2 P_{wex}$以及$\nabla^2 P_{fex}$与$\nabla^2 P_{jim}$是否存在因果关系。滞后阶数的选择根据 AIC 准则进行,检验结果如表 6-37 所示。

表 6-37 Granger 因果检验结果

零假设	滞后期	F 统计量	伴随概率	结论
$\nabla^2 P_{fex}$不是$\nabla^2 P_{wex}$的 Granger 原因	2	0.9046	0.4927	接受
$\nabla^2 P_{wex}$不是$\nabla^2 P_{fex}$的 Granger 原因	2	1.2253	0.4083	接受
$\nabla^2 P_{fex}$不是$\nabla^2 P_{jim}$的 Granger 原因	2	0.15965	0.8592	接受
$\nabla^2 P_{jim}$不是$\nabla^2 P_{fex}$的 Granger 原因	2	0.18924	0.8368	接受

可以看出,各变量间的检验结果都不能拒绝零假设,即表明福建鳗鱼制品出口价格与世界该产品进口价格以及日本市场进口价格之间都不存在单向和双向的因果关系。根据国际贸易理论,国际市场价格是由供给方和需求市场共同决定的(张锡锻,2006)。另有研究表明,日本的技术性贸易措施对国际市场鳗鱼价格起到至关重要的作用,日本政府通过贸易壁垒形成对中国鳗鱼制品出口的数量和价格控制机制,导致日本市场上中国鳗鱼的价格比同等规格日本鳗鱼的价格低 15%~20%(樊海平和刘兆钧,2011;于爱芝,2005)。

从以上分析可知,福建鳗鱼出口在国际上具有垄断地位,即卖方垄断;而同时,日本和欧美市场是该产品的主要进口市场,具有买方垄断地位。福建出口价格、日本进口价格与世界水产品价格之间不存在因果关系,也进一步表明该产品的国际市场价格是由双方在博弈过程中形成的均衡价格,即虽然福建是鳗鱼制品的主要出口市场,但对该产品国际市场价格并没有决定权,日本和欧美国家的市场需求和技术性贸易措施对福建该产品出口价格影响巨大。

6.4 本章主要结论

通过对闽台水产品价格竞争力和质量竞争力的研究,本章得出以下四个主要结论:

(1)从闽台水产品对世界市场的出口可以看出,福建与台湾水产品出口的总体平均价格均低于世界市场价格,表明从总体上考察,闽台水产品在世界市场上具备价格优势。从分种类角度分析,福建较台湾拥有价格优势的产品种类多,然而,福建水产品的价格优势正在丧失,而台湾水产品则在不断增强。

(2)从细分市场考察,福建仅在日本市场上表现出价格优势,且该优势正在丧失,而在其他市场的价格优势均已丧失。在样本期内,无论从水产品总体平均价格还是从分种类水产品价格考察,台湾在各大市场的出口价格越来越低,表现出越来越强的价格优势。

(3)质量竞争力方面,从整体国际市场考察,无论从水产品总体还是分种类水产品分析,福建水产品的质量优势均有所上升,而台湾则开始下降,可见福建的质量竞争优势正在提升,而台湾则在下降。从细分市场考察,福建在六大市场的质量升级指数都表现为上升趋势,而台湾除在东盟和欧盟市场的质量升级指数表现为上升走势外,在其他市场均表现为下降态势。主要原因是,福建以水产养殖业为主要生产方式,满足了发达国家对水产品风味和多元化的需求,而台湾是以远洋捕捞为主的渔业生产方式,无法满足世界市场对水产品多元化的需求。

(4)协整检验、构建 ECM 模型和 Granger 因果关系检验的结果表明:福建鳗鱼制品在国际市场上处于垄断地位,但其出口目标市场主要集中在日本市场,因此,该产品国际市场价格是由买方和卖方共同决定的均衡价格,内部市场的激烈竞争和外部市场需求与贸易壁垒均会影响该产品的国际市场价格,这导致福建缺乏对该产品国际市场的定价权。此外,协整检验的结果也表明该产品在国际市场上处于供需平衡状态,基本不存在产品的差异性。

第7章　闽台水产品国际竞争力的内部产业因素分析：竞争潜力

第 5 章和第 6 章对水产品国际竞争力的竞争业绩和竞争实力进行了考察。然而，产品的国际竞争力是产业发展水平和产业国际竞争力的具体体现。因此，本章将上升到闽台渔业产业的高度，利用波特的"国家钻石模型"，从生产要素、内部需求条件、产业结构以及相关与支持性产业这四个关系到产业发展水平的要素考察福建与台湾水产品国际竞争力的内部产业因素，正如波特所说"四个要素是分析竞争优势必备的工具和视点"。

渔业又称水产业，有狭义和广义之分。狭义的渔业是指利用各种可利用的水域或开发潜在水域（包括低洼地、废坑、古河道、坑塘、沼泽地、滩涂等），以采集、栽培、捕捞、增殖、养殖具有经济价值的鱼类或其他水生动植物产品的行业，包括采集水生动植物资源的水产捕捞业和养殖水生动植物资源的水产养殖业两部分。广义的渔业还包括水产品的贮藏、加工、综合利用、运输和销售等产后部门，渔具、渔船、渔业机械、渔用仪器及其他生产资料的制造、维修、供应等产前部门以及渔港的建设等辅助部门，它们与捕捞、养殖和加工部门一起，构成统一的生产体系。本章分析的渔业是指狭义渔业（捕捞和养殖渔业）和水产加工业，即渔业的第一产业和第二产业。

7.1　闽台渔业生产要素比较

根据波特理论，影响产业竞争力的生产要素条件分为初级生产要素和高级生产要素。在渔业中，初级生产要素包括：自然资源，如淡水资源、海岸线长度、平均气温、海洋滩涂面积、水产养殖面积等；劳动力供给，包括渔业劳动力数量及在总劳动力中占的比重；生产资料，如饲料供给、鱼虾苗供给等。高级生产要素包括：基础设施，如渔船供给、水产加工设施等；人力资本，包括专业技术和管理人员在渔业人口中占的比重；技术水平，包括单位渔船捕捞量、养殖单产、劳动生产率、全要素生产率等。本节将围绕以上几个方面探讨生产要素对闽台水产品国际竞争力的影响。根据波特理论，生产要素不是一成不变的，因此，本书应用 1996—2010 年的数据对生产要素对闽台水产品国际竞争力的影响进行动态考察。

7.1.1 闽台渔业初级生产要素比较

7.1.1.1 闽台渔业自然资源比较

(1)闽台自然资源总体比较

福建与台湾都是渔业强省，地处中国的东南沿海，为亚热带季风气候，年均温度分别为 19.7℃ 和 22℃。两者都有丰富的水资源和海洋资源（见表 7-1）。福建土地面积 12.14 万平方公里，海岸线长度为 3752 公里，居全国第二位；海洋滩涂面积达 1007.6 平方公里。另外，福建陆域水系密布，为发展淡水渔业提供了良好条件：全省共有 29 个内河水系，663 条河流，河流总长 1.4 万公里，内陆水域面积达 816.34 平方公里，水资源总量达 1036.93 亿立方米，人均水资源量达 2877 立方米。台湾四面环海，海岸线全长 1566.34 公里，此外还有小岛 70 余处，海洋滩涂面积达 38.85 平方公里，土地面积 3.6 万平方公里。台湾全年降雨量充沛，年均降水量 1089 亿立方米，内陆水域面积达 2097 平方公里，全年河川径流量达 784.82 亿立方米，水资源总量为 835.32 亿立方米，人均水资源量为 3641 立方米。与福建相比，台湾的海岸线长度仅为福建的 42%，海洋滩涂面积仅为福建的 3.9%，海岸线和海洋滩涂面积较小不利于其发展海水养殖业。

表 7-1　2009 年闽台自然资源比较

自然资源	福建	台湾
土地面积/万平方公里	12.14	3.6
海岸线长度/公里	3752	1566.34
海洋滩涂面积/平方公里	1007.6	38.85
河川年径流量/亿立方米	1168	784.82
内陆水域面积/平方公里	816.34	2097
水资源总量/亿立方米	1036.93	835.32
人均水资源量/立方米	2877	3641

资源禀赋系数（resource endowment index of labor force，EF）是国际上通

常采用的反映一个国家(地区)某种资源相对丰富程度的计量指标,其定义为一个国家(地区)某种资源在世界或某国的份额与该国(地区)国(区域)内生产总值在世界或某国国内生产总值中的份额之比。它所揭示的是一个国家(地区)的资源领域竞争优势,其计算公式为

$$EF = \frac{V_t / V_{wt}}{Y / Y_w}$$
(7-1)

式中,V_t 为一个国家(地区)拥有的 t 资源;V_{wt} 为世界或全国拥有的 t 资源;Y 为该国(地区)国(区域)内生产总值;Y_w 为世界或全国国内生产总值。如果 EF 大于 1,该国(地区)在该产品的生产上具有比较优势;如果 EF 小于 1,则不具有比较优势。

从自然资源禀赋方面看(见表 7-2),相对于全国,福建在海岸线长度、海洋滩涂面积、水资源总量以及人均水资源量等方面有比较优势,而台湾仅在人均水资源量方面有比较优势。相对于世界,福建与台湾仅在人均水资源占有量上有比较优势。闽台渔业资源相对于世界是较匮乏的,福建渔业自然资源相对于台湾更丰富。

表 7-2   2009 年闽台自然资源禀赋系数比较

自然资源	相对于全国		相对于世界	
	福建	台湾	福建	台湾
土地面积	0.38	0.05	0.26	0.04
海岸线长度	3.51	0.70	0.74	0.15
海洋滩涂面积	1.39	0.03	—	—
河川年径流量	1.29	0.41	0.87	0.28
内陆水域面积	0.14	0.17	—	—
水资源总量	1.11	0.42	0.62	0.24
人均水资源量	39.15	23.51	110.51	66.36

另外,福建与台湾都有着丰富的渔业资源。福建已知的海洋鱼类有745 种,贝、藻、鱼、虾种类的数量居全国前列。台湾的海洋生物种类更为丰富,目前在台湾所发现的海洋生物种类大约占全球物种的 1/10,共有海藻500 种以上,螺、贝、章鱼、乌贼等软体动物 2500～3000 种,螃蟹约 300 种,虾类约 270 种,鱼类 2600 种以上。目前台湾的鱼类种数约占全世界海洋鱼类所有种数的1/10。其中,海水鱼约有 2500 种,淡水鱼约有 230 种,80 余种是纯淡水鱼,140 余种是生活在河海交接处的河口地带与受海水涨退潮影响的河段,因此台湾可以说是鱼类的宝库。

（2）闽台水产养殖面积比较

水产养殖业是渔业的重要产业之一,水产养殖面积是渔业自然资源的反映,优良的养殖产地是建立在丰裕的海洋滩涂面积基础上的。因此,水产养殖面积的变动是渔业自然资源变动的重要指标。图 7-1 反映了 1996—2010 年闽台水产品养殖面积变动趋势。

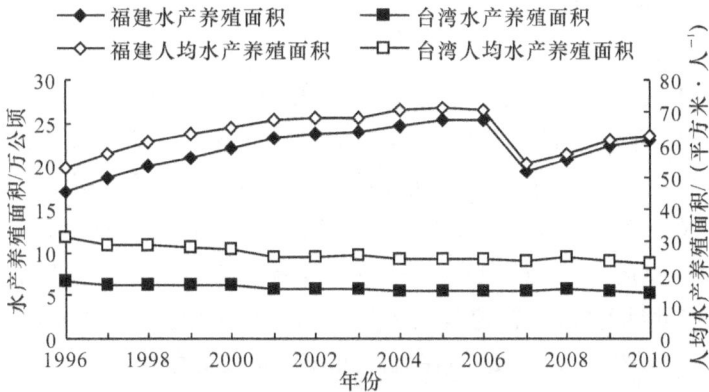

图 7-1　1996—2010 年闽台水产品养殖面积变动趋势

由图 7-1 可见,福建水产养殖面积要远大于台湾,2009 年福建水产养殖面积为 22.40 万公顷,台湾仅有 5.54 万公顷,福建是台湾的近 4 倍。从变动趋势上看,福建水产养殖面积呈现上升趋势(2007 年除外),由 1996 年的 17.16 万公顷上升到 2010 年的 23.14 万公顷(2007 年水产养殖面积的突然下滑,可能是统计方法的改进造成的)。台湾水产养殖面积则出现缓慢下滑的趋势,1996 年其水产养殖面积为 6.76 万公顷,后持续缓慢下滑至 2010 年的 5.39 万公顷,仅为 1996 年的 79.75%。人均水产养殖的变动趋势和总面积的变动基本相同,福建的人均水产养殖面积由 1996 年的 52.63 平方米上升到 2010 年的 62.68 平方米,是 1996 年的 1.2 倍,而台湾则从 1996 年的 31.49 平方米逐步下滑到 2010 年的 24.02 平方米,后者仅是前者的 73.93%。

从以上分析可知,福建适合于水产养殖的自然资源和环境条件较台湾丰裕。

7.1.1.2　闽台劳动力资源比较

劳动力资源是影响水产业发展的重要因素,波特将生产要素分为通用要素(generalized factor)和专用要素(specialized factor),与渔业劳动力相关的通用要素包括人口资源与劳动力资源,而专用要素包括渔业劳动力资源。以下将从通用要素和专用要素两方面对闽台渔业劳动力资源进行比较分析。

（1）闽台劳动力资源总体比较

劳动力资源禀赋系数是衡量一个国家（地区）劳动力资源丰富程度的常用指标。劳动力资源禀赋系数的计算方法和自然资源禀赋系数的计算方法一致，计算出的劳动力资源禀赋系数大于1，说明该国（地区）的劳动力资源在俄林-赫克歇尔模型意义上是丰富的，如果该系数小于1，则说明该国（地区）的劳动力资源是贫乏的。

如表7-3所示，1996—2009年福建人口总数和劳动力数均在不断增长，分别由1996年的3261万人和1594.37万人增长到2009年的3627万人和2168.86万人，年均增长率分别约为0.82%和2.40%。可见，福建劳动力增长速度快于人口增长速度，劳动力数占总人口数的比重也由1996年的48.89%增长到2009年的59.80%，增长了近11百分点，劳动力占总人口的比重上升说明劳动供给量在不断上升。同时，福建劳动力资源禀赋系数始终大于1，说明在世界范围内，福建有较大的劳动力数量优势。低廉的劳动力价格使得福建水产品生产成本较低，在国际市场上具备竞争优势。

表7-3 1996—2009年闽台人口与劳动力资源

年份	福建				台湾			
	人口数/万人	劳动力数/万人	劳动力占人口比重/%	劳动力资源禀赋系数	人口数/万人	劳动力数/万人	劳动力占人口比重/%	劳动力资源禀赋系数
1996	3261	1594.37	48.89	6.30	2147.1	931	43.36	0.38
1997	3282	1613.41	49.16	5.39	2168.3	943.2	43.50	0.36
1998	3299	1621.87	49.16	4.82	2187.1	954.6	43.65	0.39
1999	3316	1630.85	49.18	4.57	2203.4	966.8	43.88	0.37
2000	3410	1660.19	48.69	4.29	2221.6	978.4	44.04	0.35
2001	3440	1677.79	48.77	3.93	2234	983.2	44.01	0.38
2002	3466	1711.32	49.37	3.74	2245.3	996.9	44.40	0.39
2003	3488	1756.71	50.36	3.82	2253.5	1007.6	44.71	0.42
2004	3511	1814.03	51.67	3.78	2261.5	1024	45.28	0.43
2005	3535	1868.5	52.86	3.61	2269	1037.1	45.71	0.44
2006	3558	1949.58	54.79	3.36	2279	1052.2	46.17	0.46
2009	3627	2168.86	59.80	2.24	2301.6	1091.7	47.43	0.53

在样本期内，台湾人口总数和劳动力数量同样表现为持续增长，分别从

1996 年的 2147.1 万人和 931 万人增长到 2009 年的 2301.6 万人和 1091.7 万人,年均增长率分别达 0.54％和 1.23％;同时,劳动力数占总人口数的比重也由 1996 年的 43.36％增长到 2009 年的 47.43％,增长了约 4 百分点,说明台湾劳动供给量也在不断上升,但上升速度明显慢于福建。台湾劳动力资源禀赋系数始终小于 1,说明在国际市场上,台湾缺乏劳动力数量优势,这也是台湾水产品在世界市场缺乏竞争力的重要原因之一。但其资源禀赋系数却在上升,由 1996 年的 0.38 上升到 2009 年的 0.53,表明台湾劳动力资源贫乏的状况有所缓解。

(2) 闽台渔业劳动力资源比较

劳动力资源包括劳动力数量和劳动力质量,下面将从这两个方面对闽台渔业劳动力资源进行比较研究。

如图 7-2 所示,福建的渔业劳动力数量和比重在样本期内始终高于台湾,劳动力数量由 1990 年的 70.58 万人上升到 2009 年的 91.50 万人,但渔业劳动力在福建总劳动力的比重却在下降,由 1990 年的 5.23％下降到 2009 年的 4.22％。台湾渔业劳动力数量保持稳定,比重略有下降:1990 年台湾渔业劳动力数量是 32.59 万人,到 2010 年为 33.02 万人,比重从 1990 年的 3.87％缓慢下降到 2010 年的 2.98％。

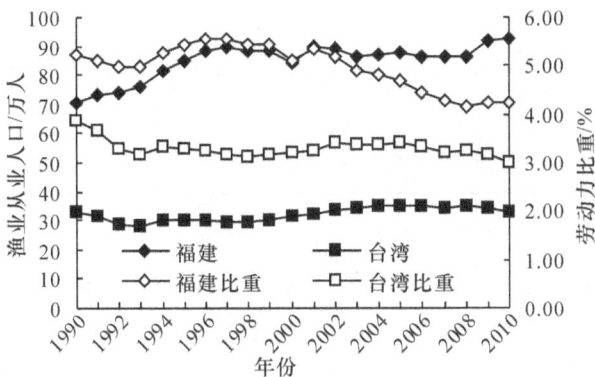

图 7-2　1990—2010 年闽台渔业从业人口及其比重变动状况

可见,福建渔业劳动力数量保持上升走势,但增长速率正逐步下降,而台湾渔业劳动力数量则保持稳定,在总体劳动力中的比重却在下降,台湾逐渐出现渔业劳动力数量匮乏的现象。

渔业劳动力专业化程度是度量一个地区渔业劳动力质量的重要指标。专业化分工有利于提高渔业劳动者的熟练程度,从而提高生产效率。表 7-4 给出的是 1990—2010 年闽台渔业专业劳动力在渔业劳动力中的比重。

表 7-4　1990—2010 年闽台渔业专业劳动力在渔业劳动力中的比重

单位:%

年份	福建	台湾
1990	46.43	67.13
1995	50.51	61.61
1996	50.07	60.49
1997	54.17	62.55
1998	54.60	63.80
1999	54.88	63.97
2000	56.14	64.75
2001	55.39	67.29
2002	56.17	68.87
2003	59.87	65.12
2004	61.15	67.10
2005	62.20	65.51
2006	61.44	66.10
2007	62.04	73.40
2008	61.69	74.95
2009	60.76	74.73
2010	54.21	75.39

从表 7-4 可见,台湾的渔业专业化程度要高于福建,2010 年台湾专业劳动力比重为 75.39%,而福建仅为 54.21%。可见,台湾在渔业劳动力质量上要优于福建。此外,闽台渔业劳动力都有趋于专业化的倾向,福建和台湾的专业劳动力比重分别从 1995 年的 50.51% 和 61.61% 上升到 2010 年的 54.21% 和 75.39%。专业化分工是未来闽台渔业的发展方向。

7.1.1.3　闽台渔业生产资料供给比较

水产种苗是水产养殖业的重要生产要素,水产种苗的供给状况从某种程度上决定水产养殖业的发展。以下将重点讨论福建与台湾水产种苗的生产状况。

鱼虾苗产量是水产种苗产量中最为主要的部分,因此我们以鱼虾苗为例比较分析闽台水产种苗产量变动状况。如图 7-3 所示,2000 年以后福建鱼虾苗的产量迅速增加,由 2000 年的 187.27 亿尾激增至 2009 年的 3239.48 亿尾,年均增长率高达 37.26%,并超过台湾,这与其水产养殖业的迅猛发展有直接关系。而台湾鱼虾苗产量呈现波动下滑的趋势,由 1996 年的 47.37 亿尾下滑到 2010 年的 9.66 亿尾,后者仅为前者的 20%。台湾鱼虾苗产量的下降与台湾水产养殖业发展停滞不前有密切关系。

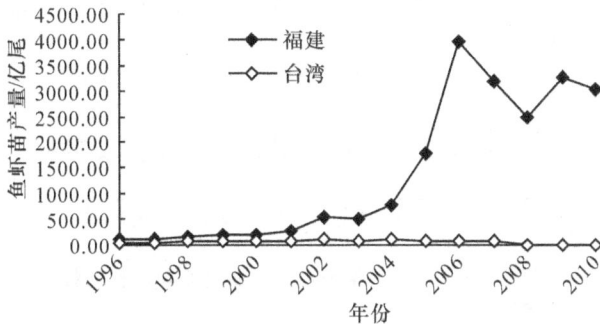

图 7-3　1996—2010 年闽台鱼虾苗产量变动状况

7.1.2　闽台渔业高级生产要素比较

7.1.2.1　闽台渔业基础设施比较

作为高级生产要素的渔业基础设施主要包括渔船拥有状况和水产品的加工设施。以下将围绕这两个方面展开探讨。

(1)闽台渔船比较

渔船是水产品生产,特别是捕捞业生产的重要生产资料,下面将结合统计资料对闽台的这一重要生产要素进行比较分析。

①闽台渔船拥有量总体比较

图 7-4 给出了 1996—2010 年闽台年末渔船拥有量变动状况。从总体上看,福建不论是在年末渔船拥有量上还是在年末人均渔船拥有量上都要大于台湾,2010 年福建的年末渔船拥有量和年末人均渔船拥有量分别为 6.72 万艘和 18.18 艘/万人,台湾的则分别为 1.29 万艘和 5.58 艘/万人。然而,福建年末渔船拥有量和年末人均渔船拥有量均表现为逐步下滑的趋势,分别由 1996 年的 7.58 万艘和 23.25 艘/万人下降到 2010 年的 6.72 万艘和 18.18 艘/万人。台湾的渔船拥有量同样表现为下降趋势,其年末渔船拥有量和年末

人均渔船拥有量都表现为缓慢下滑的趋势,分别由 1996 年的 1.41 万艘和 6.57 艘/万人缓慢下滑至 2010 年 1.29 万艘和 5.58 艘/万人。

　　渔船拥有量高仅表明在基础设施数量上存在优势,还不能说明其在质量上存在优势。因此,还需进一步比较研究两者在此要素上的质量差异。

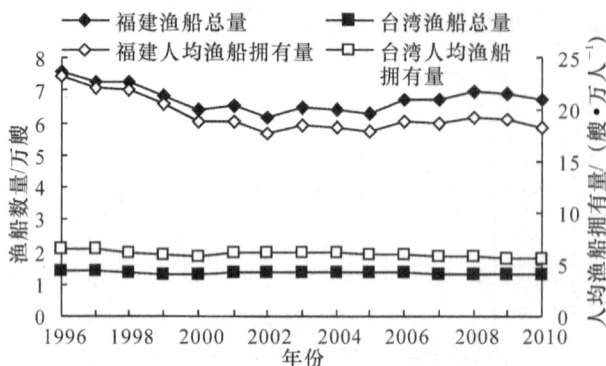

图 7-4　1996—2010 年闽台年末渔船拥有数变动状况

　　②闽台渔船现代化水平比较

　　可以从平均吨位数角度衡量闽台在渔业现代化水平上的差距(见图 7-5)。福建渔船的平均吨位要远小于台湾,以 2009 年为例,福建渔船平均吨位为 12.10 吨/艘,而台湾则达 51.79 吨/艘,台湾是福建的 4.28 倍。从变动趋势上看,福建渔船平均吨位呈上升趋势,从 1996 年的 8.42 吨/艘上升到 2009 年的 12.10 吨/艘,而台湾则表现为下降趋势,从 1996 年的 62.85 吨/艘下降到 2010 年的 52.79 吨/艘。这主要是台湾远洋渔业的萎缩造成的。总的来看,台湾渔船的现代化水平要高于福建,福建渔船的现代化步伐要快于台湾。

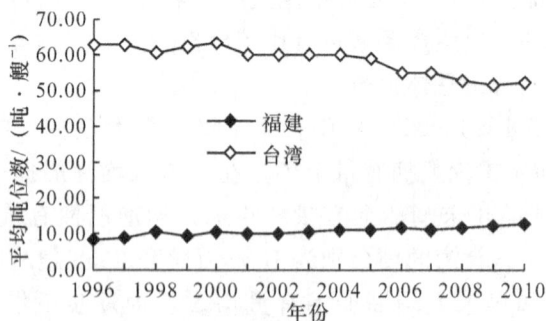

图 7-5　1996—2010 年闽台渔船平均吨位变动状况

(2)闽台水产加工设施比较

由于国际市场对水产品的风味和保鲜的要求越来越高,因此一个国家(地区)的水产加工业的基础设施状况,如速冻和保鲜能力,是该国(地区)水产品国际竞争力的表现。表 7-5 给出了 1996—2010 年闽台水产加工设施变化情况比较。从表 7-5 可以看出,福建水产加工厂和冷冻厂都呈现迅速增长的趋势,分别从 1996 年的 306 个和 442 个增长到 2010 年的 1156 个和 728 个,同时,其冻结、冷藏和制冰能力也表现为同步增长趋势,分别由 1996 年的 0.54 万吨/日、7.96 万吨/次和 0.47 万吨/日上升到 2010 年的 1.42 万吨/日、35.21 万吨/次和 1.63 万吨/日。台湾的水产加工厂和冷冻厂则趋于减少,从 1996 年的 723 个和 428 个下降到 2010 年的 681 个和 211 个,其冻结和冷藏能力却有一定程度的提升,特别是冻结能力,从 1996 年的 4.00 万吨/日上升到 2010 年的 11.07 万吨/日。

表 7-5 1996—2010 年闽台水产加工设施变化情况比较

年份	福 建					台 湾				
	水产加工厂/个	冷冻厂数/个	冻结能力/(万吨·日$^{-1}$)	冷藏能力/(万吨·次$^{-1}$)	制冰能力/(万吨·日$^{-1}$)	水产加工厂/个	冷冻厂数/个	冻结能力/(万吨·日$^{-1}$)	冷藏能力/(万吨·次$^{-1}$)	制冰能力/(万吨·日$^{-1}$)
1996	306	442	0.54	7.96	0.47	723	428	4.00	23.73	0.39
1997	630	444	0.52	7.62	0.60	783	410	2.71	26.86	0.39
1998	640	451	0.66	8.29	0.64	787	425	2.76	24.26	0.40
1999	816	510	0.74	12.00	0.73	617	364	10.51	19.83	0.41
2000	1240	516	0.74	13.50	0.80	635	353	12.13	18.15	0.34
2001	1347	540	0.93	14.39	0.84	591	323	10.48	15.72	0.35
2002	1326	539	0.92	14.32	0.68	695	316	14.88	15.09	0.36
2003	1287	529	0.96	14.78	0.87	700	325	15.92	16.74	0.36
2004	1448	579	1.10	14.81	1.27	699	293	16.40	24.87	0.34
2005	1475	613	1.15	18.32	1.40	706	308	11.77	27.29	0.52
2006	1366	656	1.28	21.71	1.33	736	293	12.18	32.04	0.39
2007	1249	662	2.43	21.52	1.89	756	269	11.95	35.99	0.44
2008	1227	803	1.42	28.30	1.49	617	245	12.01	34.12	0.26
2009	1202	667	1.40	28.42	1.56	690	223	10.74	28.98	0.22
2010	1156	728	1.42	35.21	1.63	681	211	11.07	28.92	0.20

从闽台的比较来看,虽然福建水产加工厂和冷冻加工厂数量上要多于台湾,但总体的加工能力却和台湾相差不大,说明福建单个水产加工厂的加工规模和加工水平不及台湾。

7.1.2.2　闽台渔业人力资本比较

人力资本(human capital management,HCM)理论的创立者是美国经济学家舒尔茨(T. W. Schultz)和贝克尔(Stanley Becker),该理论的核心内容包括:

(1)人力资源是一切资源中最主要的资源,表现为知识、技能、健康状况等。

(2)人力资本投资是经济增长的源泉,在经济增长中,人力资本的作用大于物质资本的作用。

(3)人力资本投资是效益最佳的投资,教育投资是人力投资的主要部分。

(4)教育投资应以市场供求关系为依据,以人力价格的浮动为衡量符号。

舒尔茨和贝克尔的研究在经济界引起轰动,并影响深远,两人分别在1979年和1992年获得诺贝尔经济学奖。

在渔业领域,人力资本主要是指渔业生产经营活动的管理者和参与渔业技术推广的技术人员。鉴于闽台渔业经营活动和技术推广的方式和结构不同,福建人力资本主要体现在渔业推广人员的数量及其在渔业劳动力中的比重上,而台湾人力资本则体现在乙类会员数量及其在渔业劳动力中的比重上。

表7-6给出了1996—2010年闽台渔业的人力资本。从表7-6可以看出,无论是人力资本绝对数量还是相对数量,福建都要远小于台湾,以2009年为例,福建技术推广人数是1173人,而台湾的乙类会员数量达18596人,福建仅为台湾的6.28%,福建占渔业劳动力的比重仅为0.13%,而台湾则为5.63%。虽然由于统计方法和组织管理制度上的差别,这只是一个大致的横向比较结果,但足以说明福建在渔业人力资本上比台湾匮乏。

表7-6　1996—2010年闽台渔业的人力资本

年份	福　建		台　湾	
	技术推广人数/人	占渔业劳动力比重/%	乙类会员数量/人	占渔业劳动力比重/%
1996	1351	0.15	22681	7.48
1997	1191	0.13	22054	7.41
1998	1370	0.16	23185	7.80
1999	1391	0.16	22735	7.47

年份	福 建		台 湾	
	技术推广人数/人	占渔业劳动力比重/%	乙类会员数量/人	占渔业劳动力比重/%
2000	1431	0.17	21523	6.85
2001	1516	0.17	21538	6.73
2002	1365	0.15	18836	5.56
2003	1342	0.16	18507	5.42
2004	1353	0.16	18309	5.29
2005	1369	0.16	18221	5.18
2006	1231	0.14	18513	5.30
2007	1041	0.12	18766	5.47
2008	1184	0.14	18942	5.39
2009	1173	0.13	18677	5.42
2010	1168	0.13	18596	5.63

注:福建的技术推广人员以实际人数为标准。

从变动趋势上看,福建与台湾人力资本的绝对数量和相对数量都在减少,福建技术推广人数从 1996 年的 1351 人下降到 2010 年的 1168 人,比重从 1996 年的 0.15% 下降到 2010 年的 0.13%。而台湾乙类会员数量由 1996 年的 22681 人下降到 2010 年的 18596 人,比重从 7.48% 下降到 5.63%。可见,由于渔业生产条件和工作性质较为辛苦,很多有知识、有技术的年轻人不愿意从事渔业,导致渔业劳动力中高技术人员总数和比重下滑,这是闽台渔业未来发展面临的共同挑战。

7.1.2.3　闽台渔业技术水平比较

技术优势对一个国家(地区)水产品国际竞争力发展水平起着重要作用,特别是在渔业资源和劳动力增长缓慢甚至开始下降的今天,技术优势在一个国家(地区)水产品国际竞争力中扮演的角色越来越重要。度量渔业技术水平的主要指标有单位渔船捕捞量、养殖单产、渔业劳动生产率以及全要素劳动生产率,下面将从这几个方面考察闽台渔业技术水平的差距。

(1)闽台单位渔船捕捞量比较

单位渔船捕捞量是衡量一个国家(地区)捕捞渔业技术水平的重要指标,一个国家(地区)的单位渔船捕捞量越大表明其捕捞技术越先进。

图 7-6 给出了 1996—2010 年闽台单位渔船捕捞量变动状况。从图 7-6 可

知,福建的单位渔船捕捞量呈现先上升后略微下降的走势,从 1996 年的 24.35 吨/艘上升到 2005 年 39.43 吨/艘,后又下降到 2010 年的 32.33 吨/艘。前期的上升是由于福建捕捞技术的进步,而后期的下降则是福建水产养殖业迅速发展所产生的替代效应以及休渔政策所致。台湾的单位渔船捕捞量起伏较大,但总体呈下降趋势,从 1996 年的 68.59 吨/艘下降到 2010 年的 65.82 吨/艘,这主要是因为台湾的捕捞渔业以远洋捕捞为主,远洋捕捞具有较大的不确定性,加上公海管理日趋严格,导致台湾单位渔船捕捞量波动较大,且总体表现为下降趋势。从闽台单位渔船捕捞量比较上看,在样本期的所有年份,福建的单位渔船捕捞量都要远小于台湾。可见台湾在捕捞技术上要优于福建。

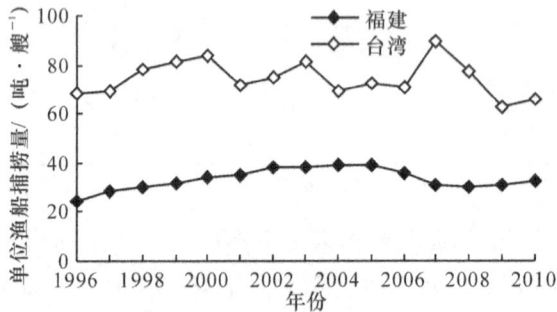

图 7-6　1996—2010 年闽台单位渔船捕捞量变动状况

(2)闽台养殖单产比较

养殖单产是衡量一个国家(地区)养殖渔业技术水平的重要指标,一个国家(地区)的养殖单产越高表明其养殖技术越先进。

图 7-7 给出了 1996—2010 年闽台养殖单产变动状况。福建与台湾的养

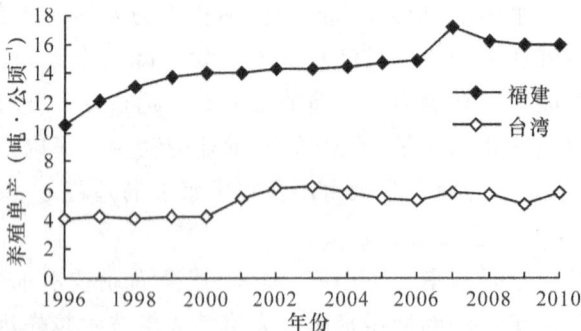

图 7-7　1996—2010 年闽台养殖单产变动状况

殖单产在这 15 年均保持上升走势,分别从 1996 年的 10.44 吨/公顷和 4.03 吨/公顷上升到 2010 年的 15.98 吨/公顷和 5.85 吨/公顷,可见闽台水产养殖技术均在不断进步。从闽台养殖单产的比较上分析,在样本期内的所有年份福建的养殖单产都要高于台湾,表明福建在水产养殖技术上要优于台湾。

(3)闽台渔业劳动生产率比较

渔业劳动生产率是衡量渔业劳动者生产效率的主要指标,指平均每个渔业劳动者在单位时间内生产的渔产品量值或产值,或生产单位渔产品消耗的劳动时间。渔业劳动生产率越高表明渔业劳动者的技术水平、渔业机械化水平越高。1996—2010 年闽台渔业劳动生产率变动状况如图 7-8 所示。

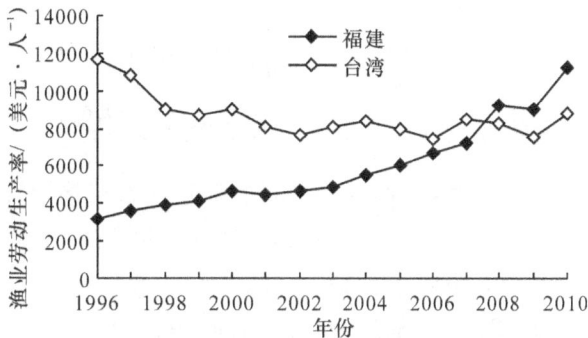

图 7-8   1996—2010 年闽台渔业劳动生产率变动状况

从图 7-8 可以看出,1996—2010 年福建渔业劳动生产率呈现逐步提升的趋势,从 1996 年的 3202.56 美元/人上升到 2010 年的 11197.47 美元/人,后者是前者的 3.50 倍。而台湾的劳动生产率则呈现下滑的走势,由 1996 年的 11705.04 美元/人下滑到 2010 年的 8853.56 美元/人,后者仅是前者的 75.64%。可见,福建的渔业劳动生产率在不断提升,而台湾则在下降。这主要是由于福建加大了对水产养殖业的科技投入力度,使养殖技术水平不断提升,而台湾远洋捕捞产量的不断下降导致了渔业劳动生产率的下滑。从福建与台湾的比较来看,福建在 1996—2007 年渔业劳动生产率要低于台湾,但 2008—2010 年福建该指标超过台湾。

(4)闽台渔业全要素生产率比较

以上对渔业生产技术水平的度量只是停留在单一因素的比较静态分析,如果要综合、多因数、动态地阐述福建与台湾渔业技术水平的变化特征,则需要运用全要素生产率(TFP)来反映闽台渔业技术的进步。

目前,被广泛使用的典型的生产率指数是数据包络分析-曼奎斯特指数

(DEA-Malmquist index),该指数反映了要素投入在经济活动中的利用效率随时间动态变化的大小和趋势。该指数引入时间动态 t 的概念,把单个生产决策单位(decision making unit,DMU)的实际生产点与生产前沿面上的映射点比较,该指数测度了在 t 时期技术条件下,从 t 到 $t+1$ 时期整体生产率的变化。Malmquist 指数可以从产出导向和投入导向来定义,投入导向的生产率测度了在既定产出条件下要素投入可缩减的水平。Färe 等(1994)定义基于投入的 Malmquist 生产指数为

$$M_0(x_t,y_t,x_{t+1},y_{t+1})=\left[\frac{D_0^{t+1}(x_{t+1},y_{t+1}\mid\mathrm{CRS})}{D_0^{t+1}(x_t,y_t\mid\mathrm{CRS})}\times\frac{D_0^t(x_{t+1},y_{t+1}\mid\mathrm{CRS})}{D_0^t(x_t,y_t\mid\mathrm{CRS})}\right]^{1/2}$$

$$(7\text{-}2)$$

式中,D_0 表示函数截距;$\dfrac{D_0^{t+1}(x_{t+1},y_{t+1}\mid\mathrm{CRS})}{D_0^{t+1}(x_t,y_t\mid\mathrm{CRS})}$ 表示在 t 时期技术水平下,t 时期到 $t+1$ 时期闽台渔业投入产出效率的变化程度;$\dfrac{D_0^t(x_{t+1},y_{t+1}\mid\mathrm{CRS})}{D_0^t(x_t,y_t\mid\mathrm{CRS})}$ 表示在 $t+1$ 期技术水平下,t 时期到 $t+1$ 时期的福建与台湾渔业资源利用效率的变化。如果 $M_0(x_t,y_t,x_{t+1},y_{t+1})$ 大于 1,说明从 t 时期到 $t+1$ 时期的 TFP 增长了;反之,则说明 TFP 下降了。

本书利用 1995—2010 年福建和台湾的渔业投入(包括鱼虾苗产量、水产养殖面积、渔船数目和渔业劳动力)和产出(渔业总产量)数据,将福建和台湾分别作为一个生产决策单位置于相同的技术结构下,运用 DEA-Malmquist 方法来计算 1995—2010 年福建与台湾渔业的全要素生产率指数。

使用 DEAP 2.1 软件计算的 1995—2010 年闽台渔业全要素生产率指数如表 7-7 所示。

表 7-7　1995—2010 年闽台渔业全要素生产率指数

地区	1995—1996 年	1996—1997 年	1997—1998 年	1998—1999 年	1999—2000 年	2000—2001 年	2001—2002 年	2002—2003 年
福建	1.10	1.09	0.97	0.96	1.05	0.87	0.84	1.05
台湾	0.85	1.06	0.98	1.02	0.96	0.94	1.00	1.08

地区	2003—2004 年	2004—2005 年	2005—2006 年	2006—2007 年	2007—2008 年	2008—2009 年	2009—2010 年
福建	0.89	0.86	0.85	0.93	1.01	0.96	1.03
台湾	0.86	1.14	0.97	1.22	2.02	1.04	1.08

从表 7-7 可以看出,将福建和台湾分别作为一个生产决策单位,福建渔业

全要素生产年指数由 1.10 下降至 1.03，台湾渔业全要素生产率指数由 0.85 上升至 1.08。主要原因是虽然福建渔业产量不断提高、劳动生产率不断提升，但资源投入过大导致其全要素生产率指数下降，如福建在养殖过程中的种苗存活率过低，导致鱼虾苗投入量过大。而台湾主要以远洋捕捞业为主，这有利于减小劳动力资源的投入。另外，由于受到自然资源限制，适于养殖的面积有限，台湾主要养殖附加值较高的石斑鱼、鲍鱼以及虱目鱼等，从而提高收益率。从时间截面上分析，福建在 1995—1996 年、1996—1997 年、1999—2001 年、2002—2003 年、2007—2008 年以及 2009—2010 年的渔业全要素生产率指数上升，而其余年份则下降。台湾则在 1995—1996 年、1997—1998 年、1999—2000 年、2000—2001 年、2003—2004 年、2005—2006 年的渔业全要素生产率指数下降，而其余年份则上升。

通过分析可知，虽然福建在渔业生产技术上不断进步，但相对于台湾而言其技术进步率还是较低，在水产品生产上主要为投入过大的高消耗型的增长模式。

7.2 闽台水产品内部需求条件比较

内部市场需求是"国家钻石模型"的四个主要影响因素之一。波特认为，在需求条件较高的环境下成长的企业具有较强的竞争力。因此，本书将围绕闽台内部市场的总体消费规模和水产品的消费量展开讨论，以深入探讨内部市场需求对闽台水产品国际竞争力的影响。

7.2.1 闽台消费规模比较

根据消费经济学的理论，影响消费的因素有收入水平、产品价格、替代品或互补品价格、前期消费、消费偏好、人口和市场发展程度等。本书旨在研究消费需求对闽台水产品国际竞争力的影响，因此重点关注与水产品有直接关系的消费需求条件并展开讨论，主要包括人口数量、GDP、人均 GDP、居民人均年收入和人均消费水平几个方面。

7.2.1.1 闽台人口数量比较

人口数量的增加能促进消费市场容量与市场规模的扩大。虽然不能说有多少人口就有多少水产品消费者，但庞大的人口总量及人口增长速度蕴藏着巨大的潜在水产品消费市场。

如图 7-9 所示，1996—2010 年福建人口总数在不断增长，由 1996 年的

3261万人增长到2010年的3693万人,年均增长率为0.89%;同时,台湾人口总数也在持续增长,由1996年的2147.1万人增长到2010年的2316.2万人,年均增长率达0.54%。从总体上看,台湾的人口总数是福建的2/3左右,在年增长率上也低于福建。因此,单从人口数量上看,福建水产品的消费动力要强于台湾。

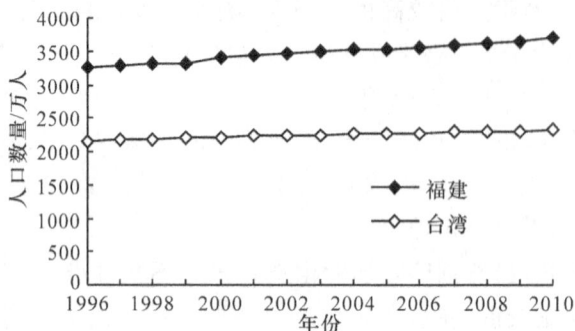

图7-9 1996—2010年闽台人口数量变动状况

7.2.1.2 闽台GDP与人均GDP比较

一个国家(地区)的水产品消费规模取决于该国(地区)的人口数量,更取决于该国(地区)的经济发展水平,因此经济发展水平也是水产品消费的重要影响因素。

如图7-10所示,无论是GDP还是人均GDP,在样本期内的所有年份,台湾均远大于福建。以2009年为例,福建的GDP和人均GDP分别为1791.32亿美元和4938.86美元,而台湾的GDP和人均GDP则为3786.04亿美元和16449.62美元。

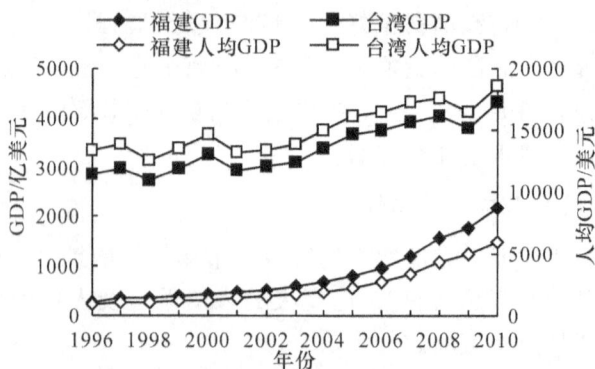

图7-10 1996—2010年闽台GDP与人均GDP变动状况

从变化趋势上看,福建经济增长较为迅速,其 GDP 和人均 GDP 呈现指数增长态势,分别从 1996 年的 298.80 亿美元和 916.27 美元增长到 2010 年的 2176.73 亿美元和 5894.21 美元,年均增长率分别高达 15.24% 和 14.22%。而台湾的 GDP 和人均 GDP 增长幅度并不大,1996 年台湾的 GDP 和人均 GDP 分别为 2879.38 亿美元和 13410.54 美元,到了 2010 年增长为 4299.15 亿美元和 18561.13 美元,年均增长率为 2.90% 和 2.35%。

台湾的 GDP 和人均 GDP 的优势使得台湾水产品的消费量始终大于福建水产品的消费量。

7.2.1.3 闽台居民人均年收入和居民人均消费水平比较

一个市场的水产品消费规模除了与该市场的人口数量和 GDP 水平有关以外,还与居民人均年收入和居民人均消费水平有直接关系。

如图 7-11 所示,无论是人均年收入还是人均消费水平,台湾在样本期内均远大于福建。2009 年福建居民的人均年收入和人均消费水平分别为 1948.18 美元和 1602.99 美元,台湾则为 8040.97 美元和 6392.96 美元。台湾居民在人均年收入和人均消费水平上高于福建,使得台湾水产品消费量远大于福建水产品消费量。

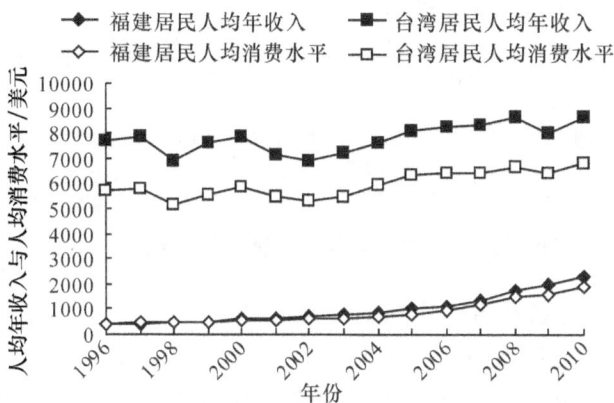

图 7-11 1996—2010 年闽台居民人均年收入与人均消费水平变动状况

从变化趋势上看,福建人均年收入和人均消费水平都呈现快速上升趋势,分别从 1996 年的 370.75 美元和 414.47 美元上升到 2010 年 2307.36 美元和 1901.10 美元。1996—2010 年福建人均年收入和人均消费水平得到了显著的提升,而台湾则在这 15 年中变动较为平稳,1996 年其人均年收入和人均消费水平分别是 7677.79 美元和 5708.57 美元,到 2010 年分为 8648.16 美元和

6829.16 美元。

7.2.2 闽台水产品消费量比较

随着经济的发展和水产品产量的不断增长,福建水产品的人均消费量也呈现不断增长的趋势。如图 7-12 所示,福建水产品年人均消费量由 1996 年的 10.45 千克上升到 2010 年的 18.11 千克,增长了 75.15%,但与其水产品占有量相比却偏低。以 2009 年为例,福建水产品的人均消费量仅占其人均占有量的 11.94%。台湾水产品的年人均消费量较高,并且呈现波动下降趋势,1996 年台湾水产品的年人均消费量为 44.71 千克,到 2009 年其人均消费量达到 32.93 千克,下降了 26.34%。可见,福建水产品的消费需求还有很大的增长空间,而台湾水产品的消费需求增长空间较小。

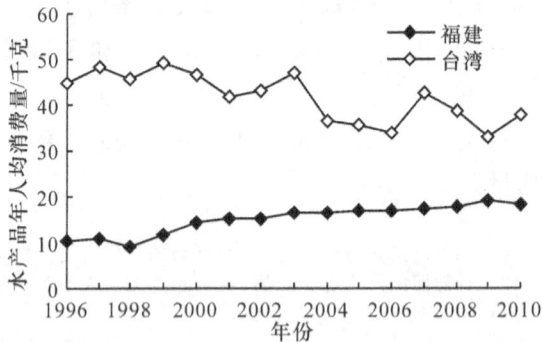

图 7-12　1996—2010 年闽台水产品人均消费量变动状况

7.2.3 闽台水产品消费量与消费规模的关系

为了进一步分析闽台水产品消费量与消费规模的关系,将福建与台湾水产品年消费量作为因变量,将人口数量、GDP、人均 GDP、人均年收入和人均消费水平作为自变量,考察消费量与消费规模的相关系数(见表 7-8)。

表 7-8　闽台水产品消费量与消费规模的相关系数

自变量	福　建		台　湾	
	r	P 值	r	P 值
人口数量	0.976***	0.000	−0.628**	0.012
GDP	0.797***	0.000	−0.611**	0.016
人均 GDP	0.797***	0.000	−0.593**	0.020

续表

自变量	福　建		台　湾	
	r	P 值	r	P 值
人均年收入	0.843***	0.000	−0.451*	0.091
人均消费水平	0.802***	0.000	−0.621	0.130

注:r 和 P 值分别表示相关系数和显著水平,* 表示在 10% 的水平显著,** 表示在 5% 的水平显著,*** 表示在 1% 的水平显著。

从相关性分析的结果看,福建水产品消费量与消费规模(人口数量、GDP、人均 GDP、人均年收入和人均消费水平)存在显著正相关关系,均维持在 1% 的显著水平上。而台湾的水产品消费量与各指标之间存在负相关关系,其中与人口数量、GDP 和人均 GDP 的负相关关系在 5% 水平上显著,与人均年收入的负相关在 10% 水平上显著。

福建与台湾水产品消费量与消费规模之间的关系表现出如此相反的状况,主要是两地经济发展水平和人民生活水平的差距所引起的。

联合国根据恩格尔系数的大小对世界各国(地区)的生活水平有一个划分标准,即一个国家(地区)的平均家庭恩格尔系数大于 60% 为贫穷;50%～60% 为温饱;40%～50% 为小康;30%～40% 属于相对富裕;20%～30% 为富裕;20% 以下为极其富裕。

从恩格尔系数的分析可知(见图 7-13),1996 年福建城镇和乡村居民的恩格尔系数分别为 59.90% 和 60.10%,还处在贫困阶段,1999 年达 51.45% 和 51.47%,仅在温饱阶段,2000—2008 年恩格尔系数维持在 40%～50%,达到小康水平。2009 年福建城镇居民恩格尔系数为 39.67%,才刚刚达到相对富裕水平。因此,福建居民更加注重水产品的消费量,消费规模越大,水产品消

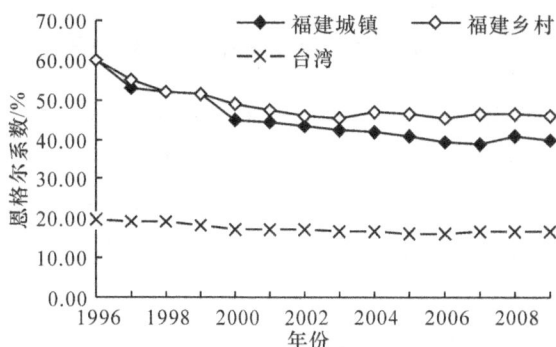

图 7-13　1996—2009 年闽台恩格尔系数变动状况

费量就越大。而台湾1996—2009年的恩格尔系数均在20％以下,达到极富裕阶段,因此台湾居民更加关注食品的风味和质量,以远洋捕捞业为主的台湾渔业无法满足台湾人民对水产品多样化的需求,从而导致台湾水产品消费量的下降。

7.3 闽台渔业产业结构比较

从第3章的理论分析可知,渔业产业结构将极大影响水产品国际竞争力。本节将比较分析闽台渔业第一产业和第二产业的产业结构,探析其对闽台水产品国际竞争力的影响。

7.3.1 闽台渔业第一产业和第二产业产值比较

如图7-14所示,福建渔业总产值在1996—2010年保持快速增长势头,从1996年的28.27亿美元上升到2009年的82.80亿美元,后者是前者的2.93倍。而台湾渔业总产值则出现缓慢下滑的走势,由1996年的35.48亿美元下降到2010年的29.23亿美元。福建渔业总产值从1998年开始超过台湾,该年闽台渔业总产值分别达34.29亿美元和26.97亿美元。

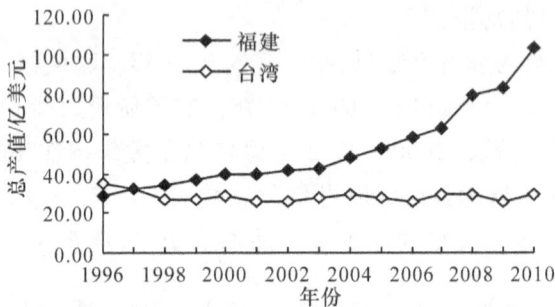

图7-14 1996—2010年闽台渔业总产值变动状况

图7-15给出了1996—2010年闽台水产加工业总产值变动状况。由图7-15可知,在样本期内福建水产加工业总产值表现为迅速上升的走势,由1996年的5.35亿美元上升到2009年的40.42亿美元,后者是前者的7.56倍。而台湾则维持稳定,1996年其加工业总产值是4.89亿美元,2010年仍维持在4.25亿美元。

可见,福建渔业(渔业第一产业)和水产加工业(渔业第二产业)都保持快速增长的势头,而台湾则发展到了一定的瓶颈期。

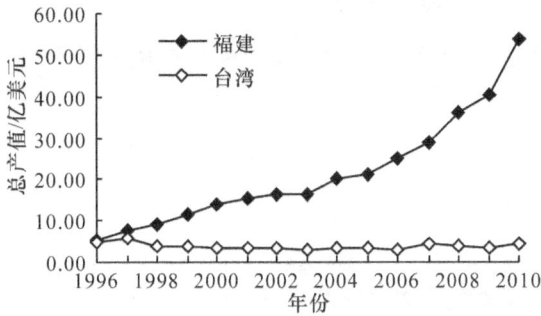

图 7-15　1996—2010 年闽台水产加工业总产值变动状况

　　水产加工业占整个渔业第一产业和第二产业的比重可以反映一个国家(地区)渔业的发达程度。从图 7-16 可以看出,福建该比重在样本期内迅速上升,1996 年仅为 15.90%,2010 年达到 34.10%,可见福建的水产加工业在渔业中的地位越来越重要,水产品的附加值越来越高。台湾该比重基本维持在 13.00% 上下,1996 年该比重为 12.12%,而到 2010 年为 12.70%。

　　总之,1996—2010 年福建不断进行产业结构调整,在渔业第一产业和第二产业迅速发展的同时,产业结构也趋于完善,水产品的附加值不断提高。而台湾虽然有发达的水产品精深加工技术,但由于缺乏加工原料,其水产加工业发展受阻。

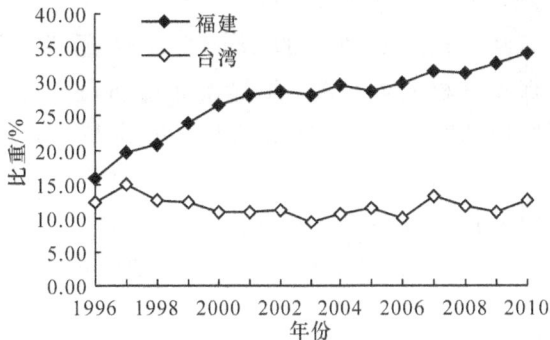

图 7-16　1996—2010 年闽台水产加工业占渔业第一产业和第二产业的比重变动状况

7.3.2　闽台渔业第一产业的产业结构比较

　　渔业第一产业,即狭义渔业,按作业方式可分为远洋渔业、近海捕捞渔业和养殖渔业。福建与台湾均是渔业强省,在中国渔业生产中占据着重要地位,但两者的渔业产业结构却存在显著的差别。下面将从闽台渔业各作业方式的产量角度,考察两者的产业结构变动状况。

7.3.2.1 福建渔业产业结构分析:水产养殖业是福建渔业的主要组成部分

图 7-17 给出了 1990—2010 年福建渔业各生产作业方式产量及其占总产量比重的变动状况。

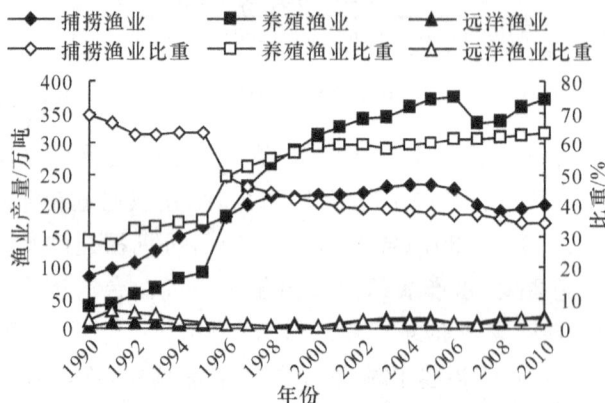

图 7-17 1990—2010 年福建渔业各生产作业方式产量及其占总产量比重变动状况

由图 7-17 可知,福建捕捞渔业(不包括远洋渔业)在 1990—2010 年呈现先上升后保持平稳,再下降的趋势。1990—2003 年为增长阶段,其产量由 1990 年的 84.30 万吨上升到 2003 年的 229.62 万吨,后者是前者的 2.72 倍;2003—2006 年为保持平稳阶段,2006 年福建捕捞渔业产量是 225.69 万吨,2006 年后为下降阶段,2010 年福建捕捞渔业产量是 199.04 万吨,为 2006 年的 88.19%。比重变动方面,捕捞渔业占福建渔业总产量比重从 1990 年的 69.05% 下降到 2010 年的 33.91%,下降近 35 百分点。2006 年后,福建捕捞渔业总产量和比重不断下滑的主要原因是养殖渔业的迅速发展以及休渔期的限制。

福建渔业之所以迅速发展,主要得益于水产养殖业的迅猛发展,1990—2010 年,福建养殖渔业产量保持持续上升走势,特别是 1995—2000 年福建养殖渔业发展迅速,年均增长率达 27.77%;2000 年以后其增速减缓,2000—2010 年的年均增长率仅为 1.55%。虽然 2000 年以后福建水产养殖业增速减缓,但由于福建省积极推广良种,水产品品质大大提高,养殖的淡水产品有江黄颡鱼、淡水鲨、斑点叉尾鮰、建鲤新品系、虎纹蛙等,海水产品有大黄鱼、梭子蟹、东方鲀、东星斑、褐昌鲉、坛紫菜、海带新品系"大连一号"鲍鱼等,效果良好,提高了市场价格,养殖渔业的总产值仍然保持着快速增长势头。福建养殖渔业产量比重1990年仅为28.12%,2010年上升到63.01%,提高了34.89百分点,可见水产养殖业已在福建渔业中扮演着不可替代的作用,是福建渔业的主要组成部分。

随着福建船舶制造业的发展以及保鲜冷藏技术的进步,福建远洋渔业得到了长足的进步,其产量从1990年的3.46万吨增长为2010年的18.05万吨,增长了4.22倍。当然,远洋渔业始终不是福建渔业的主要组成部分,只占福建渔业总产量的5%以下。如何提高远洋渔业的产量、保护福建的渔业资源,成为福建渔业下一步发展重点考虑的问题之一。

7.3.2.2　台湾渔业产业结构分析:远洋捕捞业是台湾渔业的主要组成部分

图7-18给出了1990—2010年台湾渔业各生产作业方式产量及其占总产量比重的变动状况。由于环境恶化和渔业资源枯竭,台湾沿、近海捕捞渔业1990—2010年呈现缓慢下滑趋势,从1990年的34.42万吨下降到2010年的16.31万吨,后者仅是前者的47.39%;同时,捕捞渔业占渔业总产量的比重也在下降,由1990年的23.65%下降到2010年的13.97%,下降了近10百分点。

1990—2010年台湾养殖渔业下滑趋势明显,1990年台湾养殖渔业总产量是34.43万吨,2010年下滑至31.57万吨,仅为1990年的91.70%。养殖渔业的比重始终维持在20%～30%,较为稳定,但2007年后比重有所上升,由2007年的21.62%上升到2010年的31.57%,上升了近10百分点。台湾养殖产量的下降主要是水产养殖面积的下降所致,而其比重在2007年后有所上升是因为远洋渔业产量的下降所致。

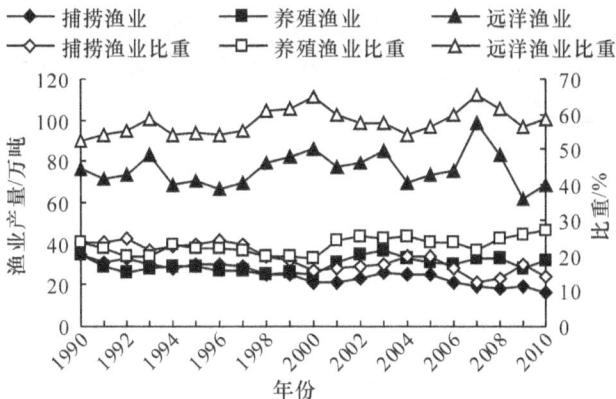

图7-18　1990—2010年台湾渔业各生产作业方式产量及其占总产量比重变动状况

由于船舶制造业和机械制造业的发达,台湾远洋渔业在 20 世纪 80 年代和 90 年代有过辉煌的历程。1990—2000 年台湾远洋渔业仍在不断发展,产量从 1990 年的 76.70 万吨增长到 2000 年的 86.35 万吨,年均增长 1.19%。2000 年以后开始波动下滑,特别是 2007 年后,其产量开始直线下降,2010 年产量降至 68.83 万吨,仅为 2000 年的 79.71%。远洋捕捞业是台湾渔业的支柱产业,其比重在 20 世纪 90 年代不断上升,从 1990 的 52.70% 逐步上升到 2000 年的 64.75%,而 2000 年以后该比重逐步下滑,2010 年台远洋渔业产量比重降至 58.98%,下降了 5.77 百分点。随着 200 海里专属经济区的建立,公海渔业的管理和限制日趋严格。这一变化使台湾远洋渔业面临着新的挑战,例如,2001—2006 年,台湾远洋渔业受到大西洋鲔鱼保育委员会(ICCAT)的严厉制裁,大目鲔的配额由 2001 年的 16500 吨被缩减为 2006 年的 4600 吨,这使台湾大目鲔产量减少了 72.12%。

7.3.3　闽台渔业第二产业的产业结构比较

发达的水产加工业可延长水产品的保鲜期、增强水产品的风味以及提高水产品的品质,使水产品更具竞争力。下面将深入讨论闽台水产加工品的产业结构,考察其对水产品国际竞争力的影响。

表 7-9 给出了闽台各类水产加工品的产量比重。从表 7-9 可知,在福建水产加工品中,所占比重较大的水产加工品为"冷冻品""干腌熏制品"和"鱼饲料",2008 年这 3 类水产加工品的产量比重分别为 36.44%、22.80% 和 22.75%;另外,"鱼糜制品"的比重也较高,2008 年达 8.79%。比重变动方面,"冷冻品"和"干腌熏制品"比重呈现下降趋势,分别从 1996 年的 57.23% 和 30.66% 下降到 2010 年的 48.64% 和 8.80%。而"鱼糜制品"和"鱼饲料"比重表现为上升走势,特别是"鱼饲料"上升趋势尤为明显,从 1996 年的 3.36% 上升到 2009 年的 20.65%。可见,随着福建水产养殖业的迅速发展,水产加工业的产业结构也随之发生变化。

表 7-9　1996—2010 年闽台各类水产加工品的产量比重

单位:%

年份	福 建						台 湾					
	冷冻品	干腌熏制品	鱼糜制品	罐制品	鱼饲料	其他加工品	冷冻品	干腌熏制品	鱼糜制品	罐制品	鱼饲料	其他加工品
1996	57.23	30.66	1.19	0.26	3.36	7.30	69.32	7.35	3.35	5.05	14.52	0.40
1997	48.72	32.01	1.34	0.16	3.31	14.46	65.94	8.78	2.96	8.10	12.99	1.23
1998	42.55	30.06	1.70	0.08	3.04	22.58	74.16	6.86	2.89	2.66	12.63	0.80
1999	48.16	30.34	1.35	0.14	4.25	15.75	71.23	6.43	2.75	2.71	15.96	0.92
2000	43.29	28.92	1.36	0.07	18.37	7.99	69.62	5.61	3.33	3.16	17.33	0.94
2001	36.17	32.98	1.42	0.55	20.25	8.62	83.45	3.54	1.74	1.94	8.68	0.65
2002	35.22	28.56	1.87	0.45	2.72	31.19	83.19	4.26	2.53	2.13	7.14	0.74
2003	42.33	19.59	2.82	0.47	30.35	4.44	89.10	4.56	0.03	3.04	1.88	1.39
2004	41.11	17.94	2.45	0.36	32.45	5.68	90.46	3.59	1.60	2.20	1.54	0.60
2005	44.86	19.23	3.78	0.70	26.67	4.75	81.85	5.75	2.33	5.24	4.00	0.83
2006	50.29	19.84	3.21	0.95	19.60	6.11	83.99	3.64	2.60	5.03	4.01	0.72
2007	37.75	20.60	6.42	0.87	29.34	5.02	87.56	2.72	1.45	5.37	2.50	0.40
2008	36.44	22.80	8.79	1.42	22.75	7.80	88.33	3.69	1.45	3.63	2.62	0.29
2009	36.61	10.21	10.47	1.25	20.65	20.81	81.05	7.64	2.60	7.95	0.49	0.27
2010	48.64	8.80	10.39	1.63	11.30	19.24	78.30	6.09	2.69	7.72	4.75	0.45

　　在台湾水产加工品中,"冷冻品"占据着绝大多数,2010 年该类产品的比重是 78.30%。另外 3 类比重较大的水产加工品是"干腌熏制品""罐制品"和"鱼饲料",2010 年这 3 类水产加工品的产量比重分别为 6.09%、7.72% 和4.75%。从变动趋势上看,台湾水产加工品越来越集中于"冷冻品",该类产品的比重从 1996 年的 69.32% 上升到 2010 年的 78.30%。而"鱼饲料"的比重却在下降,从 1996 年的 14.52% 下降到 2010 年的 4.75%。可见,台湾在水产品保鲜技术方面有其独特的优势。

　　从闽台比较看,"冷冻品"在两者水产加工品的产业结构中占据着重要的地位,这是保鲜技术的进步以及国际市场和内部市场的需求导向引起的。随着水产养殖业的迅速发展,福建的鱼饲料业发展迅速,在水产加工品中的比重不断上升。台湾在"罐制品"的比重较高,说明台湾的水产品深加工技术较福建发达,而福建在初加工品"干腌熏制品"上更具比较优势。

7.4　闽台渔业相关与支持性产业比较

形成国家竞争优势的另一个关键要素是相关与支持性产业的竞争力,波特认为某一特定产业的上下游产业的竞争力状况会影响该产业的国际竞争力。渔业的相关产业包括上游的动物饲料业、渔网制造业和下游的包装业、冷冻设备产业。

7.4.1　闽台饲料产业国际竞争力比较

7.4.1.1　闽台饲料业国际竞争力状况分析

1996—2010 年,福建与台湾动物饲料业均得到了一定的发展。但从国际竞争力的角度看(见图 7-19),福建的 TC 指数 1997 年以后为正值,表明福建的动物饲料产业在国际市场上具备竞争优势,而台湾则始终为负值,说明台湾该产业在国际上缺乏竞争优势。从变化趋势上看,福建表现为先上升后下降再上升的走势,从 1996 年的 -0.19 上升到 2000 年的 0.94,后下降到 2004 年的 0.26,之后又逐步回升到 2010 年的 0.90。可见福建动物饲料业(特别是 2004 年以后)的国际竞争力不断加强,具有极强的竞争优势。台湾同样表现为先上升后下降再上升的过程,从 1996 年的 -0.14 上升到 2001 年的 -0.21,之后逐步下降到 2007 年的 -0.52,又回升至 2010 年的 -0.34。台湾的动物饲料业不具备竞争优势,但 TC 指数有所回升。

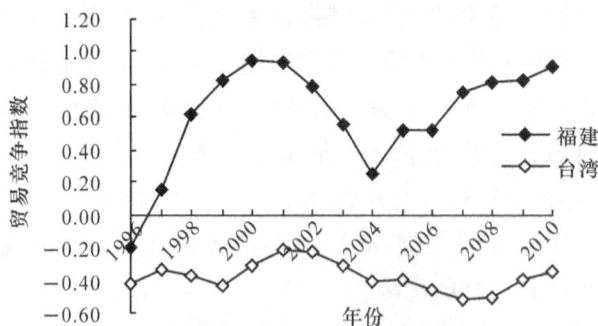

图 7-19　1996—2010 年闽台动物饲料业贸易竞争指数变动状况

7.4.1.2　闽台鱼饲料产业发展状况比较分析

鱼饲料是渔业生产,特别是水产养殖业生产的重要生产资料之一,它的供给状况直接影响水产养殖业的生产状况。下面将根据统计年鉴的数据对该问题进行探讨。

图 7-20 给出了 1996—2010 年闽台鱼饲料产量变动状况。

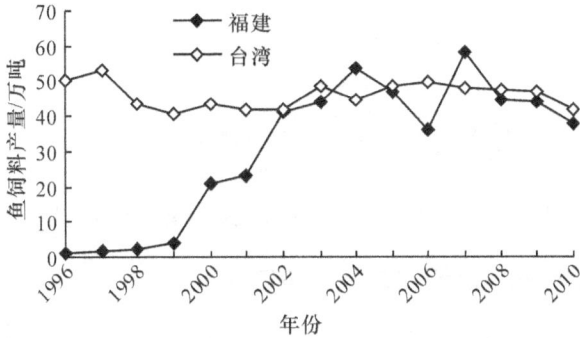

图 7-20　1996—2010 年闽台鱼饲料产量变动状况

由图 7-20 可知,福建鱼饲料产量在 2005 年以前呈现上升走势,特别是 1998 年以后更是呈现指数形式的迅猛增长,从 1998 年的 2.20 万吨迅猛上升到 2004 年的 53.61 万吨,是 1998 年的 24.37 倍。但 2010 年产量下降到 38.04 万吨,主要原因有两点:一是福建鱼饲料业受到中国其他省份供给的冲击;二是加入 WTO 的关税调整使得福建可从海外大量进口廉价鱼饲料,以 2010 年为例,福建"鱼粉浆渣"等的进口额达 5.2 亿美元。这两个方面的影响使得福建本土的鱼饲料产业向其他省份转移。

台湾鱼饲料产量在样本期内虽有波动,但总的来看是保持平稳的,2003 年以前呈现先降后升走势,先由 1996 年的 50.10 万吨下降到 1999 年的 40.38 万吨,后又上升到 2003 年的 48.39 万吨,之后产量始终维持在 45 万吨和 50 万吨之间。可见台湾的鱼饲料供给已比较稳定。

7.4.2　闽台渔网制造业国际竞争力比较

渔网是捕捞渔业乃至网箱养殖业重要的生产工具,发达渔网制造业为一个国家(地区)渔业的发展提供有力的支持。1996—2010 年福建与台湾的渔网制造业在国际市场上始终保持着竞争优势(见图 7-21)。福建渔网的 TC 指数始终维持在 0.85 以上,有绝对的竞争优势。而台湾的 TC 指数则表现为下降走势,从 1996 年的 0.82 下降到 2010 年的 0.45。可见台湾渔网制造业虽有很强的国际竞争优势,但该优势正逐步丧失。

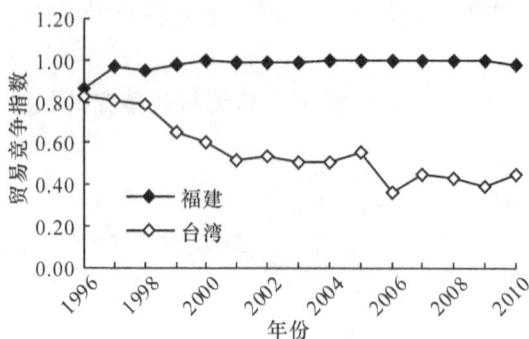

图 7-21　1996—2010 年闽台渔网制造业贸易竞争指数变动状况

7.4.3　闽台包装袋产业国际竞争力比较

　　包装袋产业的发展水平直接关系到水产品的产后销售,对于水产品的保鲜、运输起到至关重要的作用,一个国家(地区)包装袋产业的发展水平直接影响该国(地区)水产品的国际竞争力。图 7-22 给出了 1996—2010 年闽台包装袋产业的 TC 指数变动状况。福建包装袋的 TC 指数始终维持在 0.85 以上,有极强的竞争优势。而台湾则由竞争优势转化为竞争劣势,TC 指数从 1996 年的 0.30 下降到 2010 年的－0.71。可见,福建发达的包装袋产业为水产业的发展提供支持,而台湾则逐步丧失此优势。

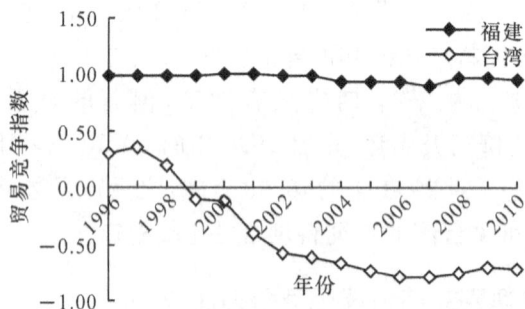

图 7-22　1996—2010 年闽台包装袋产业贸易竞争指数变动状况

7.4.4　闽台冷冻设备产业国际竞争力比较

　　随着国际市场对生鲜水产品的需求不断增长,一个国家(地区)发达的冷冻、冷藏和保鲜能力是提升该国(地区)水产品国际竞争力的有力保障。制冷产业是一个国家(地区)的冷冻、冷藏和保鲜能力的具体反映。福建冷冻设备

由竞争劣势产业逐步转化为竞争优势产业，再成长为有绝对优势的产业，其
TC 指数从 1996 年的 －0.98 上升到 2003 年的 0.36，再上升到 2010 年 0.81
（见图 7-23）。福建制冷产业的发展为生鲜水产品的国际竞争力提供强有力的
支持。台湾的制冷业的 TC 指数虽在不断上升，但始终小于 0，这必将增加水
产品的保鲜成本。

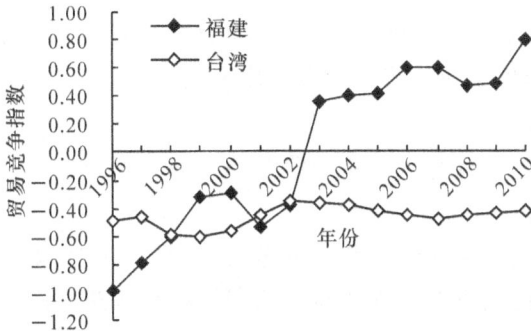

图 7-23　1996—2010 年闽台冷冻设备产业贸易竞争指数变动状况

7.5　闽台水产品国际竞争力的内部影响因素的计量分析——基于主成分回归

以上研究依据波特的"国家钻石模型"考察了四个关键因素，即生产要素、
内部需求条件、产业结构以及相关与支持性产业对闽台水产品国际竞争力的
影响。根据波特理论，"钻石体系中的每个关键要素都是相互依赖的。因为任
何一项效果都是建立在其他条件的配合上的"（波特，2007）。因此，各因素的
影响是综合的。然而，这些因素对闽台水产品国际竞争力的影响到底如何？
这需要应用计量经济学模型加以考察，本书采用主成分回归的研究方法定量
分析各内部因素对闽台水产品国际竞争力的影响。

7.5.1　代理变量的选择

代理变量选择的原则是：①变量不可过多。根据回归分析的原则，变量数
不得超过样本数，因此变量数不得过多。②尽量选择可量化并随时间变化的
影响因素。有些因素诸如海岸线长度为不随时间变化的因素，无法纳入计量
模型。③尽量选择代表范围较广的因素，如在技术水平的影响因素中应选择
全要素生产率指数为代理变量。④应尽量选择专用要素为代理变量。根据波

特理论,要素根据其专业程度又可分为通用要素和专用要素,其中专用要素将对水产品国际竞争力产生直接的影响。

根据以上原则,本书选择以下代理变量构建计量模型:

(1) 生产要素

本书所涉及的渔业生产要素的代理变量包括:水产养殖面积(代表自然资源)、渔业劳动力数量(代表劳动力资源)、鱼虾苗产量(代表供给条件)、渔船吨位数(代表基础设施)、人力资本(福建为渔业技术推广人数与渔业劳动力的比值,台湾为乙类会员在渔业劳动力中的比重)、全要素生产率(代表技术水平)。

(2) 内部需求条件

本书选取福建与台湾水产品的消费总量为代理变量。

(3) 产业结构

鉴于水产加工业和水产养殖业的重要地位,本书选取水产加工业与渔业第一产业总产值的比值以及养殖渔业总产量在渔业总产量中的比重作为代理变量。

(4) 相关与支持性产业

本书选取福建与台湾鱼饲料的总产量、渔网的出口额、包装袋的出口额以及冷冻设备的出口额作为闽台渔业相关产业的代理变量。

因此,本书建立模型所需的因变量是闽台水产品出口总额(Y);13 个自变量是水产养殖面积(X_1)、渔业劳动力(X_2)、鱼虾苗产量(X_3)、渔船吨位数(X_4)、人力资本(X_5)、技术水平(X_6)、消费总量(X_7)、水产加工产值与渔业第一产业总产值的比值(X_8)、水产养殖产量在渔业第一产业中的比重(X_9)、鱼饲料产量(X_{10})、渔网出口额(X_{11})、包装袋出口额(X_{12})、冷冻设备出口额(X_{13})。

7.5.2 计量模型的选择

实际问题的研究往往涉及众多相关的变量,虽然各自变量对因变量都具有意义,但是某些自变量间的多重共线性会给应用计量方法分析和解决经济问题带来困难。主成分分析(principal components analysis)的基本方法是通过构造原变量的线性组合来产生一系列互不相关的新变量,并从中选出少数几个尽可能多的带有原变量信息的新变量,从而用这几个新变量代替原变量对现实问题进行科学的研究与分析。可见,利用主成分回归(principal components regression)可以很好地解决回归分析中多重共线性问题。本书采用主成分回归分析方法建立模型。主成分回归的原理是用主成分分析提取的主成分与因变量回归建模。由于主成分间具有不相关性,并且能较好地反映原来众多相关性指标的综合信息,因此,用主成分作为新的自变量进行回归分析使得回归方程及参数估计更加可靠。主成分回归分析方法具体步骤为:

(1)对上文所提到的 13 个自变量(为排除异方差的影响分别对因变量和自变量取对数)做主成分分析,得到 13 个主成分,$Factor_1$、$Factor_2$、$Factor_3$···$Factor_{13}$,根据选定的累计贡献率选定前 m 个主成分。

(2)采用普通最小二乘法做前 m 个主成分对因变量的多元回归分析。

(3)如果有主成分没有通过检验,则应用逐步回归剔除影响不显著的主成分。

(4)由于每个主成分 F_1、F_2、F_3···F_{13} 均是自变量 X_1、X_2、X_3···X_{13} 的线性组合,因此经转化可得最终的线性回归方程。

7.5.3 实证分析

7.5.3.1 相关性分析

对闽台国际竞争力研究的因变量和所有自变量做相关性分析,相关系数矩阵见表 7-10 和表 7-11。

表 7-10　福建各变量的相关系数矩阵

变量	$\ln Y$	$\ln X_1$	$\ln X_2$	$\ln X_3$	$\ln X_4$	$\ln X_5$	$\ln X_6$	$\ln X_7$	$\ln X_8$	$\ln X_9$	$\ln X_{10}$	$\ln X_{11}$	$\ln X_{12}$	$\ln X_{13}$
$\ln Y$	1													
$\ln X_1$	0.85	1												
$\ln X_2$	0.42	0.24	1											
$\ln X_3$	0.82	0.91	0.09	1										
$\ln X_4$	0.86	0.76	0.24	0.75	1									
$\ln X_5$	−0.72	−0.48	−0.38	−0.62	−0.65	1								
$\ln X_6$	−0.02	−0.33	0.02	−0.42	0.04	−0.17	1							
$\ln X_7$	0.70	0.93	0.02	0.88	0.55	−0.38	−0.39	1						
$\ln X_8$	0.68	0.94	0.06	0.85	0.61	−0.35	−0.46	0.94	1					
$\ln X_9$	0.67	0.93	0.04	0.85	0.64	−0.34	−0.48	0.90	0.99	1				
$\ln X_{10}$	0.51	0.85	−0.14	0.80	0.41	−0.18	−0.53	0.95	0.93	0.89	1			
$\ln X_{11}$	0.87	0.93	0.23	0.90	0.81	−0.60	−0.22	0.84	0.83	0.84	0.72	1		
$\ln X_{12}$	0.90	0.81	0.31	0.81	0.89	−0.78	0.09	0.64	0.62	0.62	0.48	0.87	1	
$\ln X_{13}$	0.75	0.91	0.07	0.90	0.78	−0.53	−0.37	0.84	0.93	0.94	0.80	0.83	0.75	1

由表 7-10 可知,福建水产品的出口总额除了与自变量渔业劳动力(X_2)和技术水平(X_6)的相关性不强以外,与其他自变量的相关性很强。另外,从自变量之间的相关关系可以看出,各自变量之间存在很强的相关关系,如鱼虾苗产量(X_3)与除渔业劳动力(X_2)外的各自变量都存在显著的相关关系。这样,在建立模型时容易出现严重的多重共线性。因此有必要对其进行多重共线性的检验。

由表 7-11 可知,台湾的情况与福建有所不同,其水产品的出口总额除了与冷冻设备出口额(X_{13})的相关性较强以外,与其他自变量的相关性不强。因此,内部产业因数对台湾水产品出口的影响不大。另外,从自变量之间的相关关系可以看出,各自变量之间存在较强的相关关系,且相关关系较为复杂,有正相关也有负相关。在建立模型时同样容易出现严重的多重共线性,因此同样有必要对其进行多重共线性的检验。

表 7-11　台湾各变量的相关系数矩阵

变量	$\ln Y$	$\ln X_1$	$\ln X_2$	$\ln X_3$	$\ln X_4$	$\ln X_5$	$\ln X_6$	$\ln X_7$	$\ln X_8$	$\ln X_9$	$\ln X_{10}$	$\ln X_{11}$	$\ln X_{12}$	$\ln X_{13}$
$\ln Y$	1													
$\ln X_1$	-0.42	1												
$\ln X_2$	0.58	-0.84	1											
$\ln X_3$	-0.20	0.19	-0.08	1										
$\ln X_4$	-0.19	0.69	-0.58	0.69	1									
$\ln X_5$	-0.41	0.28	-0.47	-0.49	-0.30	1								
$\ln X_6$	0.34	-0.29	0.40	-0.43	-0.51	0.18	1							
$\ln X_7$	-0.45	0.61	-0.67	0.36	0.56	0.12	-0.05	1						
$\ln X_8$	-0.12	0.35	-0.55	-0.32	0.08	0.49	0.17	0.34	1					
$\ln X_9$	0.61	-0.72	0.70	-0.39	-0.46	-0.41	0.17	-0.63	-0.38	1				
$\ln X_{10}$	0.31	0.17	0.13	-0.07	0.11	-0.29	0.18	-0.19	0.12	0.03	1			
$\ln X_{11}$	-0.25	0.72	-0.76	-0.31	0.21	0.58	0.01	0.43	0.77	-0.52	0.23	1		
$\ln X_{12}$	0.15	0.41	-0.48	-0.64	-0.06	0.46	0.00	0.07	0.61	-0.07	0.30	0.80	1	
$\ln X_{13}$	0.81	-0.69	0.74	-0.23	-0.40	-0.38	0.32	-0.64	-0.11	0.75	0.42	-0.34	0.03	1

7.5.3.2　多重共线性诊断

为验证自变量之间存在的多重共线性,本书应用方差扩大因子法(variance inflation factor,VIF)和特征根法(Eigenvalue)来诊断其共线性,如表 7-12 所示。

表 7-12 共线性诊断结果

福　建						台　湾					
方差扩大因子法			特征根法			方差扩大因子法			特征根法		
变量数	容许度	方差扩大因子	序号	条件指数	特征根	变量数	容许度	方差扩大因子	序号	条件指数	特征根
$\ln X_1$	0.002	420.467	1	1.000	12.550	$\ln X_1$	0.000	2131.403	1	1.000	12.957
$\ln X_2$	0.052	19.195	2	3.680	0.927	$\ln X_2$	0.001	802.570	2	3.729	0.932
$\ln X_3$	0.008	119.387	3	5.457	0.421	$\ln X_3$	0.001	989.049	3	12.320	0.085
$\ln X_4$	0.031	32.295	4	16.141	0.048	$\ln X_4$	0.001	815.210	4	28.318	0.016
$\ln X_5$	0.050	20.154	5	18.574	0.036	$\ln X_5$	0.004	229.380	5	47.996	0.006
$\ln X_6$	0.049	20.416	6	29.192	0.015	$\ln X_6$	0.007	143.615	6	96.105	0.001
$\ln X_7$	0.009	105.832	7	102.275	0.001	$\ln X_7$	0.012	85.213	7	110.993	0.001
$\ln X_8$	0.002	594.823	8	135.839	0.001	$\ln X_8$	0.056	17.865	8	132.467	0.001
$\ln X_9$	0.007	152.179	9	299.030	0.000	$\ln X_9$	0.002	410.998	9	194.307	0.000
$\ln X_{10}$	0.007	135.914	10	577.380	0.000	$\ln X_{10}$	0.006	157.894	10	298.019	0.000
$\ln X_{11}$	0.016	61.295	11	646.114	0.000	$\ln X_{11}$	0.007	139.158	11	492.006	0.000
$\ln X_{12}$	0.015	68.896	12	1516.344	0.000	$\ln X_{12}$	0.001	1420.040	12	1305.280	0.000
$\ln X_{13}$	0.005	183.035	13	2548.736	0.000	$\ln X_{13}$	0.000	3046.215	13	1401.749	0.000
			14	5054.483	0.000				14	12777.199	0.000

福建方面,从方差扩大因子法角度分析,所有变量的容许度都接近于 0,所有变量的方差扩大因子都大于 10,说明各变量之间存在严重的多重共线性。从特征根法判断,表 7-12 中有 11 个特征根接近于 0,最大的条件指数 $K_{14}=5054.483>100$。应用特征根法判断得出了与方差扩大因子法相同的结论,即福建各自变量存在严重的多重共线性。

台湾方面,从方差扩大因子法角度分析,所有变量的容许度都接近于 0,所有变量的方差扩大因子都大于 10,说明各变量之间存在严重的多重共线性。从特征根法判断,表 7-12 中有 11 个特征根接近于 0,最大的条件指数 $K_{14}=12777.199>100$。特征根法与方差扩大因子法的判断结论相同,即台湾各自变量存在严重的多重共线性。

由以上分析可知,福建与台湾各自变量之间都存在严重的多重共线性,并且这种严重的多重共线性会影响普通最小二乘估计。本书将应用主成分分析法消除多重共线性。

7.5.3.3 主成分分析

表 7-13 给出了 1996—2010 年闽台水产品出口总额各因素的主成分分析结果。从表 7-13 可以看出,福建方面,第一主成分的特征根为 8.798,解释了总变异的 67.674%;第二主成分的特征根是 2.092,解释了总变异的 16.092%。前 2 个特征根的累计贡献率达到 83.766%,说明前 2 个主成分已反映原来 13 个指标 83.766%的信息,因此确定选择前 2 个主成分建立回归模型。

表 7-13 1996—2010 年闽台水产品出口总额各因素的主成分分析结果

主成分	福　建			台　湾		
	特征根	贡献率/%	累计贡献率/%	特征根	贡献率/%	累计贡献率/%
1	8.798	67.674	67.674	5.392	41.476	41.476
2	2.092	16.092	83.766	3.218	24.751	66.227
3	0.909	6.995	90.760	1.657	12.746	78.973
4	0.461	3.548	94.308	1.043	8.021	86.994
5	0.355	2.728	97.036	0.624	4.797	91.791
6	0.214	1.648	98.684	0.483	3.713	95.504
7	0.083	0.641	99.325	0.211	1.622	97.127
8	0.049	0.374	99.698	0.182	1.403	98.529
9	0.026	0.198	99.897	0.087	0.673	99.202
10	0.005	0.040	99.937	0.069	0.532	99.735
11	0.005	0.037	99.974	0.031	0.236	99.971
12	0.002	0.019	99.993	0.004	0.029	99.999
13	0.001	0.007	100.000	0.000	0.001	100.000

台湾方面,第一主成分的特征根为 5.392,解释了总变异的 41.476%;第二主成分的特征根是 3.218,解释了总变异的 24.751%;第三主成分的特征根是 1.657,解释了总变异的 12.746%;第四主成分的特征根是 1.043,解释了总变异的 8.021%。前 4 个特征根的累计贡献率达到 86.994%,说明前 4 个主成分已反映原来 13 个指标 86.994%的信息,因此确定选择前 4 个主成分建立回归模型。

7.5.3.4 主成分回归模型

福建方面,提取前 2 个主成分与 13 个标准化后的自变量 $Z\ln X_n (n=1, 2, \cdots, 13)$ 进行回归分析,得到的线性方程为

$$Factor_1 = 0.111Z\ln X_1 + 0.018Z\ln X_2 + 0.109Z\ln X_3 + 0.089Z\ln X_4 -$$

$$0.065Z\ln X_5 - 0.041Z\ln X_6 + 0.105Z\ln X_7 + 0.107Z\ln X_8 +$$
$$0.107Z\ln X_9 + 0.097Z\ln X_{10} + 0.107Z\ln X_{11} + 0.094Z\ln X_{12} +$$
$$0.108Z\ln X_{13}$$

$$Factor_2 = -0.004Z\ln X_1 + 0.263Z\ln X_2 + 0.001Z\ln X_3 + 0.212Z\ln X_4 -$$
$$0.318Z\ln X_5 + 0.326Z\ln X_6 - 0.111Z\ln X_7 - 0.123Z\ln X_8 -$$
$$0.122Z\ln X_9 - 0.222Z\ln X_{10} + 0.078Z\ln X_{11} + 0.242Z\ln X_{12} -$$
$$0.023Z\ln X_{13}$$

台湾方面，提取前 4 个主成分与 13 个标准化后的自变量 $Z\ln X_n (n=1, 2, \cdots, 13)$ 进行回归分析，得到的线性方程为

$$Factor_1 = 0.168Z\ln X_1 - 0.179Z\ln X_2 + 0.024Z\ln X_3 + 0.107Z\ln X_4 +$$
$$0.089Z\ln X_5 - 0.052Z\ln X_6 + 0.136Z\ln X_7 + 0.109Z\ln X_8 -$$
$$0.152Z\ln X_9 - 0.007Z\ln X_{10} + 0.150Z\ln X_{11} + 0.086Z\ln X_{12} -$$
$$0.139Z\ln X_{13}$$

$$Factor_2 = -0.035Z\ln X_1 + 0.001Z\ln X_2 - 0.284Z\ln X_3 - 0.196Z\ln X_4 +$$
$$0.181Z\ln X_5 + 159Z\ln X_6 - 0.088Z\ln X_7 + 0.171Z\ln X_8 +$$
$$0.066Z\ln X_9 + 0.070Z\ln X_{10} + 0.158Z\ln X_{11} + 0.227Z\ln X_{12} +$$
$$0.098Z\ln X_{13}$$

$$Factor_3 = 0.132Z\ln X_1 + 0.025Z\ln X_2 + 0.086Z\ln X_3 + 0.249Z\ln X_4 -$$
$$0.320Z\ln X_5 - 0.055Z\ln X_6 - 0.056Z\ln X_7 + 0.067Z\ln X_8 +$$
$$0.076Z\ln X_9 + 0.526Z\ln X_{10} + 0.117Z\ln X_{11} + 0.180Z\ln X_{12} +$$
$$274Z\ln X_{13}$$

$$Factor_4 = -0.024Z\ln X_1 + 0.178Z\ln X_2 + 0.164Z\ln X_3 - 0.039Z\ln X_4 -$$
$$0.028Z\ln X_5 + 0.735Z\ln X_6 + 0.357Z\ln X_7 + 0.165Z\ln X_8 -$$
$$0.269Z\ln X_9 + 0.198Z\ln X_{10} - 0.006Z\ln X_{11} - 0.300Z\ln X_{12} +$$
$$0.021Z\ln X_{13}$$

用 $Z\ln Y$ 表示标准化后的因变量（闽台水产品出口总额），对福建前 2 个主成分 $Factor_1$ 和 $Factor_2$ 做多元回归分析；而台湾方面则对前 4 个主成分 $Factor_1$、$Factor_2$、$Factor_3$ 和 $Factor_4$ 做多元回归分析，回归结果如表 7-14 所示。

表 7-14　主成分回归结果

福　建				台　湾				
自变量	系数	标准差	t 值	P 值	自变量	系数	标准差	t 值	P 值
Factor$_1$	0.842	0.097	8.642***	0.000	Factor$_1$	−0.558	0.205	−2.716**	0.022
Factor$_2$	0.420	0.097	4.307***	0.001	Factor$_2$	0.245	0.205	1.192	0.261
					Factor$_3$	0.453	0.205	2.205*	0.052
					Factor$_4$	0.033	0.205	0.160	0.876
R^2	0.941	F 统计量		46.621	R^2	0.760	F 统计量		3.422
DW	1.694	Pro(F 统计量)		0.000	DW	2.485	Pro(F 统计量)		0.052

注：* 表示在 10% 的水平显著，** 表示在 5% 的水平显著。

从回归的结果看,福建方面,决定系数 R^2 为 0.941,说明拟合回归的效果非常好,且 F 统计量为 46.621,伴随概率 $P=0.000$,t 值分别为 8.642($P=0.000$)和 4.307($P=0.001$),都顺利通过检验,说明模型设定有意义。建立回归模型为

$$ZlnY = 0.842Factor_1 + 0.420Factor_2$$

台湾方面,决定系数 R^2 为 0.760,说明拟合回归的效果一般,且 F 统计量为 3.422,伴随概率 $P=0.052$,没有通过 5% 水平检验;t 值分别为 −2.716($P=0.022$)、1.192($P=0.261$)、2.205($P=0.052$)和 0.160($P=0.876$),可见仅有 Factor$_1$ 通过 5% 水平的检验,而其余主成分均未通过检验。为此,可初步判定台湾水产品国际竞争力受内部产业因数影响不大,同时表明该模型不是最优的拟合方程。本书进一步以 $ZlnY$ 为因变量,对前 4 个主成分 Factor$_1$、Factor$_2$、Factor$_3$ 和 Factor$_4$ 做逐步回归分析,结果如表 7-15 所示。

表 7-15　台湾主成分逐步回归结果

自变量	系数	标准差	t 值	P 值
Factor$_1$	−0.558	0.201	−2.781**	0.017
Factor$_3$	0.453	0.201	2.258**	0.043
R^2	0.719	F 统计量	5.882	
DW	2.538	Pro(F 统计量)	0.031	

注：** 表示在 5% 的水平显著。

从回归的结果看,决定系数 R^2 为 0.719,说明拟合回归的效果较好,且 F 统计量为 5.882,伴随概率 $P=0.031$,在 5% 水平下显著;另外,t 值分别为

$-2.781(P=0.017)$和$2.258(P=0.043)$,都顺利通过 5% 水平检验,说明方程较为稳健,拟合效果较好。回归模型为

$$ZlnY = -0.558Factor_1 + 0.453Factor_3$$

7.5.3.5 求解标准化自变量回归模型中的系数

用标准化自变量表示的回归方程为

$$ZlnY_{mt} = \beta_1 ZlnX_1 + \beta_2 ZlnX_2 + \beta_3 ZlnX_3 + \beta_4 ZlnX_4 + \beta_5 ZlnX_5 + \beta_6 ZlnX_6 + \beta_7 ZlnX_7 + \beta_8 ZlnX_8 + \beta_9 ZlnX_9 + \beta_{10} ZlnX_{10} + \beta_{11} ZlnX_{11} + \beta_{12} ZlnX_{12} + \beta_{13} ZlnX_{13}$$

根据主成分与自变量的系数向量以及因变量与主成分的回归系数向量,还原后的标准化的回归方程为

福建方面:

$$ZlnY_m = 0.092ZlnX_1 + 0.126ZlnX_2 + 0.092ZlnX_3 + 0.164ZlnX_4 - 0.188ZlnX_5 + 0.102ZlnX_6 + 0.042ZlnX_7 + 0.038ZlnX_8 + 0.039ZlnX_9 - 0.012ZlnX_{10} + 0.123ZlnX_{11} + 0.181ZlnX_{12} + 0.081ZlnX_{13}$$

台湾方面:

$$ZlnY_m = -0.034ZlnX_1 + 0.111ZlnX_2 + 0.026ZlnX_3 + 0.053ZlnX_4 - 0.195ZlnX_5 + 0.004ZlnX_6 - 0.101ZlnX_7 - 0.030ZlnX_8 + 0.019ZlnX_9 + 0.242ZlnX_{10} - 0.031ZlnX_{11} + 0.034ZlnX_{12} + 0.202ZlnX_{13}$$

7.5.4 计量分析主要结论

7.5.4.1 福建水产品国际竞争力影响因素分析

从总体来看,大多数指标对福建水产品国际竞争力有促进作用。各项指标对福建水产品国际竞争力的正向效应按从大到小排列如下:包装袋出口额(X_{12})>渔船吨位数(X_4)>渔业劳动力(X_2)>渔网出口额(X_{11})>技术水平(X_6)>水产养殖面积(X_1)=鱼虾苗产量(X_3)>冷冻设备出口额(X_{13})>消费总量(X_7)>水产加工产值与渔业第一产业总产值的比值(X_8)>水产养殖产量在渔业第一产业中的比重(X_9)。

包装袋产业对福建水产品国际竞争力的促进作用是最大的,正向效应达$0.181(X_{12})$,由于世界水产消费水平的不断提升,人们对水产品的卫生标准和品牌意识越来越重视,为此包装袋产业的发展对水产品出口竞争力的拉动

作用是显著的。渔业的其他两个重要相关行业渔网制造业和冷冻设备制造业对福建水产品出口竞争力的拉动作用也是显而易见的,正向效应分别达 $0.123(X_{11})$ 和 $0.081(X_{13})$。渔网的种类多种多样,既是捕捞渔业的主要生产要素,也是养殖渔业(特别是网箱和围网养殖)的重要生产资料,因此,福建渔网制造业国际竞争力的不断上升拉动了福建渔业的发展和水产品国际竞争力的提升。同时,随着世界对生鲜水产品的需求与日俱增,水产品的保鲜技术成为水产品国际竞争力的重要影响因素,因此,福建冷冻设备制造业的发展有力地拉动了福建水产品国际竞争力的提升。另外,渔业劳动力(X_2)、水产养殖面积(X_1)和鱼虾苗产量(X_3)等渔业初级生产要素对水产品出口竞争力的拉动作用也较为显著,正向效应分别达 0.126、0.092 和 0.092,可见作为大农业一部分的渔业,初级要素在水产品国际竞争力的作用是很大的。渔业高级生产要素基础设施渔船吨位数(X_4)和技术水平(X_6)对福建水产品国际竞争力的促进作用也很大,正向效应分别达 0.164 和 0.102。此外,福建内部市场需求对国际竞争力的正向效应达 0.042,有效地拉动了福建水产品国际竞争力的提升。水产加工业和水产养殖业的发展水平是现代渔业的标志,一个国家(地区)水产加工业和养殖业的比重越大,说明其渔业对自然环境的依赖程度就越低。1996—2010 年福建这两个指标(X_8 和 X_9)越来越高,并且对福建水产品国际竞争力有促进的作用,正向效应分别达 0.038 和 0.039,有效地促进了水产品国际竞争力的提升。

人力资本(X_5)和鱼饲料产量(X_{10})则对福建水产品国际竞争力有阻碍的作用。其中人力资本的负向效应最大,达 −0.188,进一步验证了第 7.1.2.2 小节的分析结果,即随着经济的发展和技术的进步,人才资本向有高附加值的产业(如计算机、金融等行业)流动,从事渔业的技术人员越来越少,人力资本的萎缩阻碍了福建水产品国际竞争力进一步提升。鱼饲料是生产养殖业的重要原材料,理论上,鱼饲料业的发展可有力推动渔业的发展,但福建的鱼饲料产量由 2004 年的 53.61 万吨下降到 2010 年的 38.04 万吨,这主要是福建鱼饲料的产量受到中国其他省份的供给冲击所致。另外,中国加入 WTO 的关税调整使得福建可从海外大量进口廉价鱼饲料,以 2010 年为例,福建"鱼粉浆渣等"的进口额达到 5.2 亿美元,这使得福建本土的鱼饲料产业向其他省份转移。

7.5.4.2 台湾水产品国际竞争力影响因素分析

从对主成分逐步回归的结果看,模型剔除了第 2 和第 4 主成分,能顺利通过检验的有第 1 和第 3 主成分,仅包含原始变量 53.222% 的信息,表明内部因素对台湾水产品出口的影响远不及福建。台湾水产品贸易已经跻身中等贸易依存度地区行列,即贸易依存度集中在 $30\%\sim100\%$。可见外部环境(国际市场环境)对台湾水产品国际竞争力的影响是显而易见的,这一问题将在第8章予以进一步的考察,本章仅探讨内部产业因素对台湾水产品国际竞争力的影响。

从模型回归结果看,仅有8项指标对台湾水产品国际竞争力有促进作用。各项指标对台湾水产品国际竞争力的正向效应按从大到小排列如下:鱼饲料产量(X_{10})>冷冻设备出口额(X_{13})>水产养殖产量在渔业第一产业中的比重(X_9)>渔业劳动力(X_2)>渔船吨位数(X_4)>包装袋出口额(X_{12})>鱼虾苗产量(X_3)>技术水平(X_6)。

渔业相关产业对台湾水产品的出口促进作用是最大的,鱼饲料产量(X_{10})、冷冻设备出口额(X_{13})和包装袋出口额(X_{12})这3项指标对台湾水产品出口的正向效应分别达0.242、0.202和0.034。台湾地区拥有发达的制造业,在国际市场上有较强的竞争优势,这些产业的发展对提升台湾水产品国际竞争力起至关重要的作用。另外,虽然台湾水产业主要以远洋捕捞业为主,但随着公海渔业的管理和限制日趋严格,台湾远洋渔业面临着新的挑战,模型的结果验证了台湾水产养殖产量在渔业第一产业中的比重(X_9)成为拉动台湾水产品国际竞争力提升的新动力,正向效应达0.119。此外,渔业生产要素条件:渔业劳动力(X_2)、鱼虾苗产量(X_3)、渔船吨位数(X_4)和技术水平(X_6)对台湾水产品国际竞争力的提升也起到一定的作用,正向效应分别达0.111、0.026、0.053和0.004,可见,生产要素中劳动力供给在台湾水产品竞争力提升的促进作用最大,生产原料鱼虾苗产量也扮演着重要的作用;高级生产要素中渔船吨位数对台湾水产品国际竞争力有较大的提升作用,台湾的远洋捕捞业世界闻名,造船水平成为该产业的重要支撑。技术水平对水产品虽有促进作用,但促进作用很小,这主要是由于台湾渔业自然资源枯竭导致其技术优势难以有效发挥。

水产养殖面积(X_1)、人力资本(X_5)、消费总量(X_7)、水产加工产值与渔业第一产业总产值的比值(X_8)和渔网出口额(X_{11})对台湾水产品国际竞争力的提升起到负向作用。其中,人力资本对台湾水产品国际竞争力的负向效应最为显著,城市化水平不断提升,越来越少的年轻人愿意从事渔业这项艰苦的产业,进一步验证了第7.1.2.2小节的研究结论。另外,消费水平对台湾水产品国际竞争力的提升起到负向作用:台湾水产品消费量出现下降趋势,正如第7.2.3小节的分析,由于台湾恩格尔系数较高,达到极富裕阶段,人们对食品的质量安全更加关注,直接导致了水产品消费量下降,使得台湾水产品由内销转为出口。内需的匮乏在一定程度上影响了水产品国际竞争力的提升。以水产养殖面积为代表的渔业自然资源的恶化也是阻碍台湾水产品国际竞争力进一步提升的重要原因,负向效应达－0.034,这与赵玉榕(2006)的研究结果相一致。因为台湾渔业产业结构是以远洋捕捞业为主,所以其水产品以速冻产品为主,对产品深加工技术的要求不高,这使得水产加工业发展停滞不前,1996 年其加工业总产值是 4.89 亿美元,2010 年仍维持在 4.25 亿美元。深加工原料的缺乏导致台湾先进的水产加工技术难以有效发挥。另外,台湾渔网制造业国际竞争力的下降也间接影响水产品国际竞争力的提升,负向效应达－0.031。

7.5.4.3 闽台水产品国际竞争力影响因素比较分析

(1) 生产要素

水产养殖面积$(\beta_{m_1} > \beta_{t_1})$:福建该要素对水产品国际竞争力的作用为正向,而台湾则为负向。可见台湾面临渔业自然资源枯竭的现状,福建则较为充裕。

渔业劳动力$(\beta_{m_2} > \beta_{t_2})$:虽然对两者均为促进作用,但对福建的促进作用大于台湾。

鱼虾苗产量$(\beta_{m_3} > \beta_{t_3})$:该要素对福建的促进作用要大于台湾,主要是由于福建的产业结构以生产养殖业为主。

渔船吨位数$(\beta_{m_4} > \beta_{t_4})$:虽然台湾有发达的远洋捕捞渔业,渔船吨位数大于福建,但由于公海渔业的管理和限制日趋严格,台湾该项基础设施的优势无法得到体现。

人力资本$(\beta_{m_5} > \beta_{t_5})$:该要素阻碍了福建与台湾水产品国际竞争力的提升,但由于福建的自然资源和劳动力资源相对于台湾更丰富,因此该要素对福建的阻碍作用小于台湾。

技术水平$(\beta_{m_6} > \beta_{t_6})$:虽然总体上台湾的全要素劳动生产率高于福建,但由于台湾受渔业自然资源的限制,此要素对台湾水产品国际竞争力的促进作用不及福建。

(2) 内部需求条件

消费总量$(\beta_{m_7} > \beta_{t_7})$:台湾内部市场的萎靡阻碍了其水产品国际竞争力的提升,而福建该因素则起到拉动作用。

(3) 产业结构

水产加工产值与渔业第一产业总产值的比值$(\beta_{m_8} > \beta_{t_8})$:养殖渔业是福建

渔业的主要生产方式，有利于发挥其水产加工业的技术优势，而以远洋捕捞业为主的渔业生产模式不利于发挥此优势。

水产养殖产量在渔业第一产业中的比重（$\beta_{m_8} < \beta_{t_8}$）：台湾的水产养殖业在渔业中的比重越来越大，有力地促进了台湾水产品国际竞争力的提升，且提升效应高于福建。

（4）相关与支持性产业

鱼饲料产业（$\beta_{m_{10}} < \beta_{t_{10}}$）：由于福建鱼饲料主要由外部市场供给，福建该产业向外转移，而台湾该产业的发展，则有效拉动了台湾水产养殖业的发展，从而间接促进水产品国际竞争力的提升。

渔网制造业（$\beta_{m_{11}} > \beta_{t_{11}}$）：该产业是水产养殖业和捕捞业重要上游相关产业，福建发达的渔网制造业促进了水产品国际竞争力的提升，而台湾该产业对其竞争力提升有负向效应。

包装袋产业（$\beta_{m_{12}} > \beta_{t_{12}}$）：该产业是水产业重要的下游产业，该产业的发展有力促进了闽台水产品国际竞争力的提升，但对福建的提升效应大于台湾。

冷冻设备制造业（$\beta_{m_{13}} < \beta_{t_{13}}$）：该产业也是水产业重要的下游产业。由于台湾以远洋捕捞为主，导致其对水产品的速冻和保鲜要求极高，发达的冷冻设备制造业对台湾水产品产业的促进作用是较大的。

7.6 本章主要结论

本章根据波特的"国家钻石模型"，考察了四个主要内部因素对闽台水产品国际竞争力的影响，得出以下三个主要结论：

（1）从闽台水产品内部影响因素比较的结果看，福建在渔业初级生产要素上较台湾具有优势，而在高级生产要素上台湾较福建有优势。从水产品内部市场需求上分析，福建消费者更加注重水产品消费数量，而台湾消费者则注重质量，福建水产品消费量表现为逐步上升，而台湾水产品消费量则不断下降。从渔业产业结构方面考察，福建渔业主要以水产养殖业为主，而台湾渔业则以远洋捕捞业为主，另外，福建水产加工业的产值在渔业中的比重较台湾大。由于以远洋捕捞业为主的产业结构，台湾对产品的可控性相对较差，很难对市场需求结构的变化做出及时调整；此外，随着公海渔业管理和限制日趋严格，远洋渔业将面临新的挑战。产业结构问题是台湾渔业面临的重大问题，而初级要素的匮乏又制约了产业结构调整的力度。

（2）应用主成分回归对福建水产品内部影响因素计量分析的结果表明：相

关与支持性产业对福建水产品国际竞争力的拉动作用是最大的,其次是渔业初级生产要素,而后为内部市场需求,再次是产业结构(水产加工业和养殖业的比重)。而人力资本和鱼饲料产量对福建水产品国际竞争力的提升起阻碍作用,主要原因是人力资本往高附加值的产业流动,不愿从事渔业生产,而鱼饲料供给主要依赖于进口。

(3)从应用主成分回归对台湾水产品内部影响因素计量分析的结果看,仅有 8 项指标对台湾水产品国际竞争力有促进作用。可见,内部因素对台湾水产品国际竞争力的促进作用较少,内部因素不是提升台湾水产品国际竞争力的主要因素。与福建省的状况相同,相关与支持性产业对台湾水产品国际竞争力的促进作用最为显著,此外,初级生产要素中的渔业劳动力、鱼虾苗产量以及高级生产要素的代理变量如渔船吨位数和技术水平对台湾水产品国际竞争力的提升起到促进作用。而自然资源、人力资本和水产加工产值与渔业第一产业总产值的比值对台湾水产品国际竞争力的提升起到阻碍作用。从模型的回归结果看出,内部因素或多或少地阻碍了台湾水产品国际竞争力的提升。

第8章 闽台水产品国际竞争力的外部 环境因素分析:竞争环境

波特认为"机遇是一个重要角色……引发机遇的事件很重要,因为它会打破原本的状态,提供新的竞争空间",他还认为机遇包括传统技术出现断层、全球或区域市场需求剧增以及外国政府的重大决策等(波特,2007)。在经济全球化迅速发展的今天,内部市场与外部市场紧密结合,本章主要考察国际市场环境因素对闽台水产品国际竞争力的影响,包括加入 WTO、外部需求环境变化、出口目标市场的技术性贸易措施。另外,本书以出口受阻率最高的药物残留标准为例,比较闽台水产品限量标准对闽台水产品国际竞争力的影响。

8.1 加入 WTO 对闽台水产品国际竞争力 的影响——基于 CMS 模型

2001 年中国大陆和台湾同时加入 WTO,对闽台渔业这样具有高度外向型特征的产业而言,其影响是显著的(黄季焜等,2002)。在本节笔者将闽台水产品出口从时间上分为三个阶段:第一阶段(1996—2000 年)为闽台加入WTO 之前的阶段;第二阶段(2001—2005 年)为闽台加入 WTO 后的过渡阶段;第三阶段(2006—2010 年)为闽台加入 WTO 后较为稳定和成熟的阶段。下面借助 CMS 模型分析闽台水产品在这三个阶段的出口变化情况,进而探析加入 WTO 对闽台水产品国际竞争力的影响。

8.1.1 CMS 模型分析

恒定市场份额(constant market share, CMS)模型是国际上非常流行的贸易分析工具。该模型最初是由泰森斯基(Tyszynski)于 1951 年提出的,后经利墨(Leamer,1984)、捷普马(Jepma,1986)和米兰拉(Milana,1988)等的多次补充和完善,逐步成为研究分析国际市场贸易波动以及国际竞争力的重要方法之一。在国外,该模型还被广泛应用于贸易的学术性研究、国家(地区)出口政策研究、企业出口战略研究、国际组织的区域性研究以及全球市场研究,并取得了大量的研究成果。

该模型的基本思想是将一个国家(地区)的贸易增长分解为贸易景气(世界贸易的一般增长)、贸易结构(包括市场结构和商品结构)以及竞争力因素,具体内容包括以下几个方面:

(1)该国(地区)的出口主要集中在那些世界需求增长较快的产品或市场上(商品和市场需求结构因素);

(2)世界总需求的增长(贸易景气);

(3)该国(地区)能够同其他供给国(地区)进行有效的竞争(竞争力因素)。

捷普马根据前人的研究又对该模型进行了完善,将一个国家(地区)的出口进行两个层次的分解:在第一层次上被分解为需求结构效应、竞争效应和二阶效应;在第二层次上又进一步被分解为增长效应、市场效应、商品效应、交互效应、整体竞争效应、具体竞争效应、纯二阶效应和动态结构残差。通过分析不同效应在出口商品增长额中的贡献,可发现各因素在出口中的贡献份额。以下便是捷普马的 CMS 模型。

第一层次分解公式为

$$\Delta q_{mt} = \underbrace{\sum_i \sum_j s_{ij}^0 \Delta Q_{ij}}_{\text{需求结构效应}} + \underbrace{\sum_i \sum_j Q_{ij} \Delta s_{ij}}_{\text{竞争效应}} + \underbrace{\sum_i \sum_j \Delta s_{ij} \Delta Q_{ij}}_{\text{二阶效应}} \qquad (8\text{-}1)$$

公式(8-1)可进一步分解,第二层次分解公式为

$$\Delta q_{mt} = \underbrace{s^0 \Delta Q}_{\text{增长效应}} + \underbrace{\left(\sum_i \sum_j s_{ij}^0 \Delta Q_{ij} - \sum_i s_i^0 \Delta Q_i\right)}_{\text{市场效应}} + \underbrace{\left(\sum_i \sum_j s_{ij}^0 \Delta Q_j - \sum_j s_j^0 \Delta Q_j\right)}_{\text{商品效应}} +$$

$$\underbrace{\left[\left(\sum_i s_i^0 \Delta Q_i - s^0 \Delta Q\right) - \left(\sum_i \sum_j s_{ij}^0 \Delta Q_{ij} - \sum_j s_j^0 \Delta Q_j\right)\right]}_{\text{结构交互效应}} + \underbrace{\Delta s Q^0}_{\text{整体竞争效应}} +$$

$$\underbrace{\left(\sum_i \sum_j \Delta s_{ij} Q_{ij}^0 - \Delta s Q^0\right)}_{\text{特别竞争效应}} + \underbrace{(Q^1/Q^0 - 1)\sum_i \sum_j s_{ij} Q_{ij}^0}_{\text{净次结构效应}} +$$

$$\underbrace{\left[\sum_i \sum_j \Delta s_{ij} \Delta Q_{ij} - (Q^1/Q^0 - 1)\sum_i \sum_j \Delta s_{ij} Q_{ij}^0\right]}_{\text{动态结构效应}} \qquad (8\text{-}2)$$

式(8-1)和式(8-2)中变量的意义如下:

q_{mt} 表示闽台水产品出口总额;

s_i 表示闽台第 i 类水产品在目标市场全部 i 类水产品进口中的份额;

s_j 表示闽台水产品出口总额在目标市场 j 全部进口中的份额;

s_{ij} 表示闽台的第 i 类水产品在目标市场 j 全部 i 类水产品进口中的份额;

Q 表示所有目标市场水产品的进口总额;

Q_i 表示所有目标市场对第 i 类水产品的进口额;

Q_j 表示目标市场 j 的水产品进口总额;

Q_{ij} 表示目标市场 j 对第 i 类水产品的进口额;

Δ 表示两个时期之间水产品出口额的变化;

上角标 0 表示起始年份;

上角标 1 表示终止年份。

CMS 模型第一层次和第二层次分解效应的含义见表 8-1 和表 8-2。

表 8-1　CMS 模型第一层次分解效应的含义

组成部分	含　义
总效应	闽台在某一时期内水产品出口额的变化
需求结构效应	假定闽台水产品在所有目标市场中的出口份额不变,目标市场的进口规模和进口结构的变动导致的闽台水产品出口额的变化
竞争效应	产品竞争力的变动导致的闽台水产品出口额的变化。它反映福建与台湾能否在所有目标市场中的所有种类水产品保持其出口份额。正值表示闽台在全部出口市场中的竞争力提高了
二阶效应	闽台水产品竞争力的变动与目标市场进口需求变动的交互作用导致的闽台水产品出口额的变化

表 8-2　CMS 模型第二层次分解效应的含义

组成部分		含　义
总效应		闽台在某一时期内水产品出口额的变化
需求结构效应	增长效应	假定闽台水产品在所有目标市场中出口份额不变,整个世界市场的进口规模扩大导致的闽台水产品出口额的变化
	市场效应	出口市场结构效应导致的闽台出口额的变化。它反映福建与台湾水产品出口在那些需求增长较快(较慢)的市场的集中程度
需求结构效应	商品(种类)效应	出口水产品种类结构效应导致的闽台水产品出口额的变化。它反映闽台水产品出口在那些需求增长较快(较慢)的水产品种类上的集中程度
	结构交互效应	假定福建与台湾水产品在所有目标市场中的所有水产品种类上的出口份额以及在整个世界出口中的份额保持不变,特定种类水产品与出口市场效应的交互作用导致闽台水产品出口额的变化

续表

组成部分		含　义
竞争效应	整体竞争效应	假定世界市场水产品的总进口额不变,福建或台湾在世界总进口中的份额变动导致的其出口额的变化
	特别竞争效应	假定世界水产品进口结构不变,在特定市场中特定种类水产品的份额变动导致的福建或台湾水产品出口额的变化
二阶效应	净次结构效应	假定世界水产品进口结构不变,闽台出口水产品出口结构变动与世界进口规模变动的交互作用导致的闽台水产品出口额的变化。正值表明闽台水产品出口结构的变动能适应世界进口规模的变动
	动态结构效应	闽台水产品出口结构变动与世界进口结构变动的交互作用导致的闽台出口额的变化。正值表示闽台水产品在进口需求增长较快的市场上份额增长较快

8.1.2　数据说明

(1)数据来源

福建出口数据来源于历年《中国海关统计年鉴》,台湾出口数据来源于台湾"农委会"网站,世界各国(地区)进口数据来源于联合国贸易统计数据库(UN Comtrade)以及 FAO 统计数据库。

(2)出口市场选择

由本书第 4 章的分析可知,福建的主要出口市场包括日本、美国、韩国、东盟、欧盟以及中国香港。由于台湾市场逐渐成为福建水产品的又一重要出口市场,为此,本书将福建水产品分为七大出口市场,即日本、美国、韩国、东盟、欧盟以及中国台湾、中国香港市场,并把除此之外的国家和地区归并为其他市场,共八大市场。台湾水产品六大出口市场包括日本、美国、韩国、东盟、欧盟以及中国香港市场,同样把除此之外的所有国家和地区归并为其他市场,共七大市场。

(3)出口水产品种类结构

水产品可分为十大类,即"鲜活冷藏冻鱼""干熏腌鱼""鲜冷等甲壳软体类""鱼制品""甲壳软体制品""鱼油脂""鱼粉浆渣""珊瑚、贝壳和海绵""水生植物及产品"和"不可食用品"。

(4)数据的年限选择

由于本部分主要考察加入 WTO 对闽台水产品国际竞争力的影响，为此将分析时段分为三个时间段，即 1996—2000 年，2001—2005 年以及 2006—2010 年。

8.1.3 CMS 模型测算结果及分析

(1)第一层次分解

根据 CMS 模型的第一层次分解，得到的结果如表 8-3 所示。

表 8-3　CMS 模型第一层次分解结果

时间段	效应	福建		台湾	
		数值/万美元	比重/%	数值/万美元	比重/%
第一阶段 (1996—2000 年)	总效应	3828.73	100.00	−9464.04	−100.00
	需求结构效应	−2007.34	−52.43	14936.14	157.82
	竞争效应	4632.54	120.99	−15084.84	−159.39
	二阶效应	1203.53	31.43	−9315.33	−98.43
第二阶段 (2001—2005 年)	总效应	30481.14	100.00	38985.06	100.00
	需求结构效应	14983.40	49.16	31479.59	80.75
	竞争效应	8179.77	26.84	9291.79	23.83
	二阶效应	7317.96	24.01	−1786.32	−4.58
第三阶段 (2006—2010 年)	总效应	164239.72	100.00	25369.31	100.00
	需求结构效应	21488.40	13.08	27501.94	108.41
	竞争效应	102563.78	62.45	−4610.39	−18.17
	二阶效应	40187.54	24.47	2477.76	9.77

第一阶段(1996—2000 年)：福建水产品出口额增长了 3828.73 万美元，需求结构效应、竞争效应和二阶效应分别对福建水产品的出口增长贡献 −2007.34 万美元、4632.54 万美元和 1203.53 万美元，贡献比例分别为 −52.43%、120.99% 和 31.43%。模型分析结果表明，加入 WTO 前，福建水产品出口额增长主要是自身的竞争效应引起的。福建水产品生产总量从 1996 年的 363.74 万吨上升到 2000 年的 532.72 万吨，年均增长率达 10.01%。其中，养殖水产品产量由 179.15 万吨上升到 312.44 万吨，增长了近一倍。水产养殖业的迅速发展成为拉动福建水产品出口增长的主要动力。另外，外部需求结构效应为负值，这主要是由于该阶段福建水产品的出口市场

主要集中在日本市场,其他市场的需求对其出口增长的促进作用不大。

在该阶段,台湾水产品出口额减少了 9464.04 万美元,其中需求结构效应、竞争效应和二阶效应分别对出口额增长贡献 14936.14 万美元、－15084.84 万美元和－9315.33 万美元,贡献比分别为 157.82%、－159.39%和－98.43%。可见,第一阶段台湾水产品出口的下降主要是竞争效应引起的,使得国际需求的增长不足以弥补竞争力下降所带来的缺口。20 世纪90 年代末,受到渔业生产成本提高、养殖环境恶化等因素的影响,曾经作为台湾沿海地区主要经济产业之一的水产养殖业遭遇发展瓶颈,产量由 27.26 万吨下降到 25.64 万吨。另外,过度捕捞造成渔业资源的枯竭,使台湾沿、近海渔业发展同样面临着发展受限的困扰,产量从 1996 年的 29.77 万吨下降到 2010 年的 21.31 万吨。因此,该阶段台湾水产品出口的下降是自身竞争力水平下降引起的。

第二阶段(2001—2005 年):即加入 WTO 的过渡阶段,福建水产品出口额增长了 30481.14 万美元,年均增长率达 13.59%。需求结构效应、竞争效应和二阶效应分别对福建水产品的出口额增长贡献 14983.40 万美元、8179.77 万美元和 7317.96 万美元,贡献比分别为 49.16%、26.84%和 24.01%。其中,竞争效应贡献值比第一阶段有所增长,但贡献率却下降,仅占出口的 26.84%,这主要是由于需求结构效应和二阶效应的份额分别达 49.16%和 24.01%。该阶段世界水产品进口额从 2001 年的 606.03 亿美元增长到 2005 年的 828.73 亿美元,年均增长率达 8.14%。同时,福建水产品出口市场逐步分散(详见本书第 3 章分析结果),这迎合了世界水产品需求市场日益多元化的特征。可见,在加入 WTO 的过渡阶段,拉动福建水产品出口增长的主要动力不仅是自身竞争力的提升,国际市场需求和出口市场结构导向成为福建水产品出口增长的主要原因。

在该阶段,台湾水产品出口额增长了 38985.06 万美元,需求结构效应、竞争效应和二阶效应分别对于台湾水产品的出口额增长贡献 31479.59 万美元、9291.79 万美元和－1786.32 万美元,贡献比分别为 80.75%、23.83%和－4.58%。与第一阶段相同,该阶段台湾水产品的增长主要是需求结构效应引起的,所不同的是竞争效应起到促进作用,贡献出口额增长的 23.83%。这主要归功于台湾有完善的食品质量安全管理体系。世界水产品的主要进口市场为发达国家,对食品安全有着很高的要求,市场准入门槛的不断提高,势必导致其他出口市场的出口额下降,这对台湾水产品的出口竞争力的提升有促进作用。例如,2002 年日本食品标记制度的实施导致其水产品进口额从2000 年的 157.38 亿美元下降到 2003 年的 132.70 亿美元。台湾是世界上最早实施食品标签溯源制的地区之一,有着完善的食品标记制度。因此,台湾水产品对日出口额不降反升,从 2002 年的 7.1 亿美元上升到 2005 年的 9.6 亿美元。可见,加入 WTO 短期内提升了台湾水产品的出口竞争力。另外,二阶效应为负值,表明台湾水产品出口结构和世界水产品进口结构不太吻合,这主要是由于台湾还处于对国际市场新规则的适应阶段。

第三阶段(2006—2010 年):该阶段福建水产品出口额增长了 164239.72 万美元,需求结构效应、竞争效应和二阶效应分别对于福建水产品的出口额增长贡献 21488.40 万美元、102563.78 万美元和 40187.54 万美元,贡献比分别为 13.08%、62.45% 和 24.47%。其中,竞争效应的贡献率位居首位,二阶效应位居次席。随着进一步融入国际市场和渔业生产能力的不断提升,福建渔业表现出外向型的特征,出口额年均增长率高达 22.47%,出口依存度从 2006 年的 17.96% 上升到 2010 年的 25.93%,产品竞争力的提升成为促进出口的主力军。同时,出口目标市场进一步向东盟、欧盟等水产品需求增长较快的地区转移,迎合了世界水产品进口需求。福建水产品对台出口呈现快速增长的势头,2010 年达 4.64 亿美元,占福建水产品出口总额的 17.29%,台湾已成为福建第二大出口目标市场,这使得福建水产品出口市场结构更加优化。可见,在该阶段,拉动福建水产品出口的主要动力仍然是自身竞争力的提升以及对国际市场需求的吻合,而两岸政策在其间也起到重要的促进作用。

在该阶段,台湾水产品出口额增长了 25369.31 万美元,需求结构效应、竞争效应和二阶效应对台湾水产品的出口额贡献比例分别为 108.41%、−18.17% 和 9.77%。该时期台湾的出口波动情况类似于第一阶段,出口增长主要是外部市场的需求结构效应引起的。而竞争效应则起到负面影响,致使出口额下降 4610.39 万美元。自 20 世纪 90 年代,台湾水产养殖业和沿、近海渔业面临发展瓶颈,远洋渔业成为台湾渔业的支柱产业,一度占到台湾水产品总产量的 70% 左右,但随着 200 海里专属经济区的建立以及公海渔业管理和限制的日趋严格,台湾远洋捕捞产量迅速下滑,由 2003 年的 147.63 万吨下降到 2010 年的 116.71 万吨。二阶效应为正值,主要原因在于东盟等世界新兴水产品消费市场逐步形成,台湾水产品出口目标市场逐步分散,不再高度集中于日本市场,此外,随着两岸经贸关系的一系列历史突破举措的实施,特别是 2007 年大陆对台湾 8 种水产品实施进口零关税政策以后,大陆逐步成为台湾水产品的重要出口市场,这迎合了世界水产品进口需求。以上分析表明,内部产业问题是制约台湾渔业竞争力提升和出口增长的关键所在,而良好的两岸关系在台湾水产品出口中起到积极的作用。

(2)第二层次分解

根据 CMS 模型第二层次分解的结果,可进一步揭示加入 WTO 对两岸水产品出口波动影响的更深层次原因。第二层次分解的结果如表 8-4 所示。

①需求结构效应

需求结构效应在第二层次又可分为增长效应、市场效应、商品效应和结构交互效应。

福建在第一阶段 4 个效应的贡献比分别为 195.22%、-138.91%、59.85% 和 -168.59%,其中市场效应和结构交互效应为负值。在该阶段福建水产品出口主要集中在日本市场,其出口结构和世界水产品进口结构不吻合。到了第二阶段市场效应由负转正,而结构交互效应仍为负值,这可能是由于福建处在适应 WTO 规则阶段,通过香港市场作为其转口贸易的地区,福建水产品出口结构和世界水产品进口结构不太吻合。而第三阶段福建 4 个效应的贡献比例分别为 13.08%、-0.70%、3.59% 和 -2.90%。其中,结构交互效应仍然为负值,但其绝对值已大大降低,主要原因是福建向世界最大的水产品进口市场——欧盟市场的出口额大大增加,市场占有率从 2002 年的 0.004% 上升到 2010 年的 0.49%。可见,随着不断融入国际市场,福建水产品出口结构和世界水产品进口结构的吻合度越来越高,国际市场需求增长对福建水产品出口的长期拉动作用明显。

台湾的 4 个需求结构效应在前两个阶段分别为 171.47%、-31.35%、82.71%、-65.02% 和 102.24%、-39.04%、19.22%、-1.66%。其中,市场效应和结构交互效应均为负值,可见其出口结构和世界水产品进口结构同样存在不吻合的现象。这主要是由于台湾水产品的出口目标市场集中于日本市场,而疲软的日本经济导致其水产品进口减少。到了第三阶段其市场效应由负转正,贡献比为 0.61%。这主要得益于东盟市场水产品需求量的快速上升,台湾水产品的出口目标市场向东南亚国家转移,市场结构有所分散。可见,外部市场需求是拉动台湾水产品出口增长的源泉。

表 8-4　CMS 模型第二层次分解结果

时间段	效应	福建		台湾	
		数值/万美元	比重/%	数值/万美元	比重/%
第一阶段 (1996—2000 年)	总效应	3828.73	100.00	−9464.04	−100.00
	增长效应	7474.45	195.22	16228.20	171.47
	市场效应	−5318.38	−138.91	−2966.77	−31.35
	商品(种类)效应	2291.41	59.85	7828.15	82.71
	结构交互效应	−6454.83	−168.59	−6153.44	−65.02
	整体竞争效应	−3236.63	−84.54	−22809.27	−241.01
	特别竞争效应	7869.17	205.53	7724.43	81.62
	净次结构效应	585.53	15.29	−1906.64	−20.15
	动态结构效应	618.01	16.14	−7408.69	−78.28
第二阶段 (2001—2005 年)	总效应	30481.14	100.00	38985.06	100.00
	增长效应	19437.00	63.77	39858.27	102.24
	市场效应	4006.93	13.15	−15221.51	−39.04
	商品(种类)效应	775.92	2.55	7491.88	19.22
	结构交互效应	−16901.89	−55.45	−649.06	−1.66
	整体竞争效应	8158.73	26.77	−645.08	−1.65
	特别竞争效应	6824.67	22.39	9936.87	25.49
	净次结构效应	5299.01	17.38	3286.12	8.43
	动态结构效应	2880.77	9.45	−5072.44	−13.01
第三阶段 (2006—2010 年)	总效应	164239.72	100.00	25369.31	100.00
	增长效应	21484.38	13.08	24794.85	97.74
	市场效应	−1143.62	−0.70	155.20	0.61
	商品(种类)效应	5903.76	3.59	4509.10	17.77
	结构交互效应	−4756.12	−2.90	−1957.22	−7.71
	整体竞争效应	118397.09	72.09	476.44	1.88
	特别竞争效应	−15833.32	−9.64	−5086.83	−20.05
	净次结构效应	21100.80	12.85	−948.51	−3.74
	动态结构效应	19086.74	11.62	3426.27	13.51

②竞争效应

第一层次分解中的竞争效应在第二层次又可分为整体竞争效应和特别竞争效应。

福建在第一阶段的整体竞争效应和特别竞争效应对出口额增长的贡献比分别为-84.54%和205.53%,可见,整体竞争效应阻碍了福建水产品的出口增长,但具体产品的增长促进了其出口的增长,这主要是由于福建养殖渔业和水产加工业有所发展,"鱼制品"和"甲壳软体制品"这两类高附加值的水产深加工品迅速增长。到了第二阶段,福建水产品的整体竞争效应和特别竞争效应均为正值,表明随着外部市场更加开放,福建水产品无论从整体还是分种类考察,其竞争力都有不同程度的上升。第三阶段福建两个竞争效应的贡献比例分别为72.09%和-9.64%,其中整体竞争效应的比重上升,而特别竞争效应的比重下降为负值,表明福建能够敏锐把握世界市场对整体水产品的需求,迎合国际市场需求,但在具体产品上的竞争力有所下降,这可能与世界水产品需求偏好趋向于生鲜产品有关。总的来看,加入WTO有利于福建水产品出口竞争力的提升。

台湾在第一阶段和第二阶段两个竞争效应对出口额增长的贡献比分别为-241.01%、81.62%和1.65%、25.49%。在这两个阶段,整体竞争效应阻碍了台湾水产品出口的增长,但特定种类水产品的份额变动却促进了台湾水产品的出口增长,主要原因在于台湾生鲜水产品的出口比重进一步上升,适应了世界对生鲜水产品的进口需求。但到了第三阶段,台湾水产品两个效应无论在数值还是在比重方面都有所下降。可见,虽然世界市场对台湾的开放程度越来越高,但以远洋捕捞为主的产业结构致使台湾水产品出口种类高度集中于生鲜类水产品,无法有效满足国际市场多元化的需求。正如第一层次分解分析,自身产业发展面临困境是台湾水产品国际竞争力下降的主要原因。

③二阶效应

第一层次分解中的二阶效应可进一步分解为净次结构效应和动态结构效应。

纵观三个阶段,福建净次结构效应和动态结构效应对出口额增长的贡献值均表现为不断上升的走势,分别由第一阶段的585.53万美元和618.01万美元上升到第二阶段的5299.01万美元和2880.77万美元,进而上升到第三阶段的21100.80万美元和19086.74万美元。可见,福建水产品出口在进口需求增长较快的市场上份额增长较快。中国加入WTO后,福建水产品更加融入国际市场,其出口结构变动与世界进口的需求规模变动的吻合程度越来越高。

与福建的情况不同,在第一阶段台湾这两个效应的贡献均为负值,表明其水产品出口结构的变化不能适应世界需求结构的变化。但到第二阶段这两个效应贡献比分别上升到 8.43% 和 -13.10%。其中,净次结构效应变为正值,表明台湾与世界市场联系更加紧密,其出口规模变动与世界进口规模变动吻合。但动态结构效应仍为负值,究其原因还是出口市场高度集中于日本市场。在第三阶段,这两个效应的贡献比分别为 -3.47% 和 13.51%。其中净次结构效应变为负值,而动态结构效应转化为正值,表明该阶段台湾水产品的出口规模与世界进口规模的吻合度不高,但两者进出口结构的吻合度越来越高。这主要是由于:一方面,台湾的产业结构以远洋捕捞为主,台湾水产品出口越来越高度集中于生鲜类产品(详见本书第 5.3.1 小节的研究),出口产品结构的失衡导致台湾净次结构效应为负值;另一方面,随着大陆市场逐步对台开放以及东盟各国对水产品需求的与日俱增,台湾水产品的出口导向也随之发生了转移,这迎合了世界水产品需求结构的变动。

8.1.4 CMS 模型分析的主要结论

CMS 模型分析的主要结论有四个。

(1)第一层次分解表明,加入 WTO 对福建水产品出口有促进作用,其中对出口竞争力提升的贡献最大。台湾方面,出口增长主要靠世界水产品需求拉动。加入 WTO 对台湾水产品出口有短期拉动作用,但从长期看,这种拉动作用有限。另外,两岸关系的积极变化对双方水产品出口均有促进作用。

(2)第二层次分解表明,国际市场需求效应对闽台水产品出口均表现出长期的拉动作用。出口竞争力在福建水产品出口中起决定性的作用,加入WTO 使得这一作用得到增强;内部产业问题是制约台湾水产品出口增长的主要原因。从二阶效应的分析结果可知,福建与台湾均通过不断调整出口结构来适应国际市场需求,但台湾在出口产品结构上的调整能力有限。总的来看,加入 WTO 对福建水产品出口的拉动作用要大于对台湾水产品的拉动作用。

(3)加入 WTO 对福建水产品出口的拉动作用之所以大于对台湾水产品的拉动作用,主要是由于两者产业结构的不同:水产养殖业是福建主要的渔业生产方式,而台湾则以远洋捕捞业为主。水产养殖业较远洋捕捞渔业在生产上的可控性更强,品种选择更为丰富,特别在甲壳软体类产品的生产上具独特优势。同时,养殖业也便于水产品的深加工,使产品更为多样化。因此,养殖业能根据市场需求即时有效地调整产品结构。而渔业资源的匮乏致使台湾水产养殖业发展受阻,技术优势难以发挥,台湾渔业产业结构调整面临困境。

(4)总的来看,无论是需求结构效应、竞争效应还是二阶效应,福建水产品都呈现不断增长的趋势,表明加入 WTO 对福建水产品的国际竞争力有促进作用。而台湾水产品出口增长主要靠需求结构效应的拉动,竞争效应在第一阶段为负值,在第二阶段为正值,在第三阶段同样为负值。可见,加入 WTO 对台湾水产品的国际竞争力有短期拉动作用,但从长期来看,这种拉动作用是有限的。

8.2 国际市场需求变动对闽台水产品国际竞争力的影响

波特认为全球或区域市场需求的剧增是一个引发机遇的重要情形,因此,国际市场需求量和需求结构的变化将会影响产业的国际竞争力,特别是对于水产品这样一种易腐坏的产品而言。此外,由于闽台水产品具有很强的外向型特征,出口依存度很高,因此,国际市场需求对闽台水产品国际竞争力会产生很大的影响。下面就这一问题展开深入的探讨。

8.2.1 国际市场水产品需求变动概况

总的来看,世界水产品的进口需求在 1996—2010 年不断增长(见图 8-1),进口总额从 1996 年的 522.32 亿美元上升到 2008 年的 1064.21 亿美元,此后的两年世界水产品进口出现平稳下滑的走势,2010 年世界水产品进口额回落到 1047.76 亿美元。可见,世界水产品需求开始趋于平稳,这很可能是由于世界经济增长缓慢,且西方国家爆发金融危机,消费能力有所下降。福建水产品出口额增长快于世界需求,而台湾水产品出口额增长慢于世界需求。

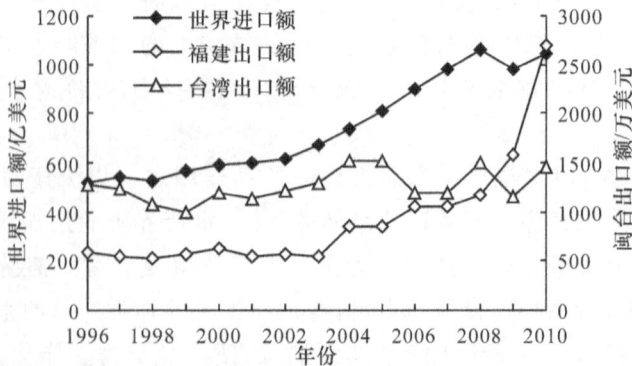

图 8-1 1996—2010 年世界水产品进口额与闽台水产品出口额变动状况

如图 8-2 所示,从闽台六大水产品出口目标市场——日本、美国、韩国、东盟、欧盟以及中国香港市场的需求看,一度为水产品进口大国的日本的水产品进口额在样本期内出现持续下滑的走势,从 1996 年的 172.72 亿美元下降到 2010 年的 151.82 亿美元。而其他市场的进口额都表现为上升的趋势:美国水产品进口额从 1996 年的 71.66 亿美元上升到 2010 年的 156.42 亿美元,后者是前者的 2.18 倍;韩国水产品进口额则由 1996 年的 10.81 亿美元上升到 2009 年的 27.12 亿美元,后者是前者的 2.51 倍;东盟和欧盟市场水产品进口额也增长很快,分别从 2000 年的 19.56 亿美元和 11.62 亿美元上升到 2010 年的 43.71 亿美元和 237.39 亿美元,后者分别是前者的 2.23 倍和 2.13 倍;中国香港市场水产品进口额从 1996 年的 19.56 亿美元上升到 2010 年的 30.71 亿美元,后者是前者的 1.57 倍。

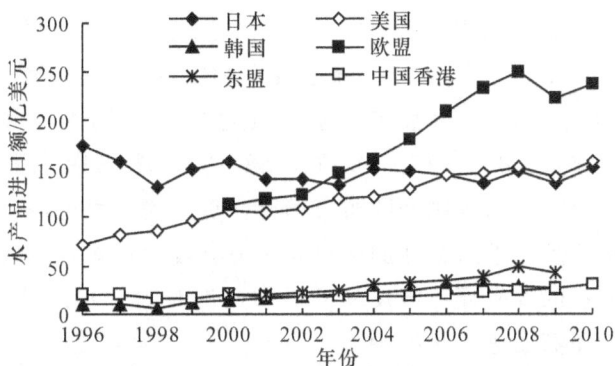

图 8-2　1996—2010 年闽台主要出口目标市场的水产品进口额变动状况

8.2.2　国际市场需求额变动对闽台水产品出口的影响

表 8-5 给出了 1996—2010 年世界和主要水产品进口市场的进口额增长率及闽台对各大市场的出口额增长率(东盟和欧盟为 2000—2010 年)。从表 8-5 可知,这 15 年世界市场的年均进口增长率为 5.10%,而福建与台湾对世界的出口额增长率分别为 11.42% 和 0.92%,福建的出口额增长要快于世界,而台湾的出口额增长则较世界慢。日本市场的年均进口额增长率为 -0.92%,而闽台对日水产品出口额年均增长率分别为 -6.88% 和 -3.34%,可见日本需求的下降是导致闽台对其出口额下降的因素之一,但该影响较小。对于其他出口市场,福建的出口额增速都要大大快于其进口额增速,而台湾则在韩国、东盟以及中国香港市场的出口额增长率大于其进口额增长率。在美国和欧盟出现负增长,说明这两个市场的需求对台湾水产品出口竞争力的影响不大。

表 8-5　1996—2010 年世界水产品需求与闽台水产品出口额年均增长率

单位:%

市场	进口额增长率	福建出口额增长率	台湾出口额增长率
世界市场	5.10	11.42	0.92
日本市场	-0.92	-6.88	-3.34
美国市场	5.73	37.31	-1.43
韩国市场	7.33	17.80	14.44
东盟市场	9.35	47.46	12.37
欧盟市场	8.75	42.94	-1.47
中国香港市场	3.28	21.72	7.71

如表 8-6 所示,通过相关性分析可知,福建水产品出口额与世界、日本、美国、韩国、东盟、欧盟以及中国香港市场的进口额的相关系数分别达到 0.79、0.40、0.92、0.87、0.89、0.72、0.56,除了日本和中国香港市场,其他市场均达到 1% 的显著水平。而台湾水产品出口额对各大市场的相关系数分别为 0.47、0.42、-0.69、0.89、0.93、-0.34、0.88,达到 1% 显著水平的有韩国、东盟以及中国香港市场,对美国和欧盟市场存在负相关。可见,从单因素的检验结果看,世界水产品需求对福建的出口竞争力有较大影响,而对台湾的影响较小。当然,单因素的检验还不能反映外需求条件对闽台水产品国际竞争力影响的实际情况,还需做进一步检验。

表 8-6　世界水产品进口额与闽台出口额的相关系数

市场	福建		台湾	
	r	P 值	r	P 值
世界市场	0.79***	0.00	0.47*	0.08
日本市场	0.40	0.14	0.42	0.12
美国市场	0.92***	0.00	**-0.69****	0.01
韩国市场	0.87***	0.00	0.89***	0.00
东盟市场	0.89***	0.00	0.93***	0.00
欧盟市场	0.72***	0.01	**-0.34**	0.30
中国香港市场	0.56**	0.03	0.88***	0.00

注:r 和 P 值分别表示相关系数和显著水平,* 表示在 10% 的水平显著,** 表示在 5% 的水平显著,*** 表示在 1% 的水平显著,黑体字表示负相关。

8.2.3　国际市场需求结构变动对闽台水产品出口的影响

为了明确世界需求变动对闽台水产品出口结构变动的动态影响,本书使用需求反应度指数(index adapting to world demand,R^s)来衡量。该指数是用来度量一个国家(地区)的出口产品或市场结构对世界或某一市场需求的反应程度,即世界或某一市场需求结构的变动对该国(地区)出口结构的影响程度。斯皮尔曼(Spearman C)的次序相关系数是用来检验两组变量相关强度的一种手段(伯恩斯坦 S 和伯恩斯坦 R,2002)。

若两组变量分别为一个国家(地区)对于世界或某一特定市场在某段时期内的某一种水产品的出口增长率、该类水产品在世界或该市场这段时期内的进口增长率,则闽台水产品对世界或某一出口市场的需求反应度指数的计算公式为

$$R_{mt}^s = 1 - \left[\frac{6 \times \sum_{i}^{n}(d_{i1} - d_{i2})^2}{n \times (n^2 - 1)} \right] \tag{8-3}$$

式中,R_{mt}^s 为福建与台湾水产品的需求反应度指数;d_{i1} 和 d_{i2} 分别表示两组变量第 i 个观察值在整个序列的次序,即 $d_{i1} - d_{i2}$ 表示两组序列的位差;n 为种类序列的观察值个数。该指数在 -1 和 1 之间变动。指数为 1 时,表明福建或台湾出口水产品的种类或市场构成完全适应世界进口需求变动;指数为 -1 时,则表明福建或台湾出口水产品的种类或市场构成完全不适应世界进口需求变动。

由前面的分析可知,水产品出口结构可分为出口产品种类结构和出口市场结构,因此在考察闽台水产品出口结构变动时,应分别考察福建与台湾水产品出口的产品种类反应度指数和市场反应度指数,同样将水产品分为十大类,即"鲜活冷藏冻鱼""干熏腌鱼""鲜冷等甲壳软体类""鱼制品""甲壳软体制品""鱼油脂""鱼粉浆渣""珊瑚、贝壳和海绵""水生植物及产品"和"不可食用品";将出口市场分为七大出口市场,即日本、美国、韩国、东盟、欧盟、中国香港、其他市场。另外,同样将闽台对世界市场贸易分成三个阶段:1996—2000 年、2001—2005 年以及 2006—2010 年。

表 8-7 给出了 1996—2010 年闽台水产品对世界市场的需求反应度指数(R_{mt}^s)。从表 8-7 可以看出,闽台水产品的产品种类反应度指数在变动趋势上有所相似,第一阶段(1996—2000 年)福建和台湾对世界市场的产品种类反应度指数分别为 0.94 和 0.87,表明世界水产品需求结构的变动对福建与台湾

的影响较大。第二阶段(2001—2005 年)则分别为－0.31 和－0.54,闽台水产品出口产品种类变动不适应世界市场的产品种类结构变动。这可能是由于该阶段为刚加入 WTO 的过渡时期,闽台都需重新适应新的国际市场规则以调整出口产品种类结构。第三阶段(2006—2010 年)为加入 WTO 后较稳定的时期,闽台水产品对世界市场的产品种类反应度指数又为正值,分别达到0.22 和 0.30,可见福建与台湾已逐步适应新的市场规则,世界市场需求又开始对闽台水产品出口种类结构的变动起到正面的导向性作用。

表 8-7   1996—2010 年闽台水产品对世界市场的需求反应度指数

阶段	产品种类反应度指数		市场反应度指数	
	福建	台湾	福建	台湾
第一阶段 (1996—2000 年)	0.94	0.87	0.07	0.18
第二阶段 (2001—2005 年)	－0.31	－0.54	0.29	0.25
第三阶段 (2006—2010 年)	0.22	0.30	0.61	0.71

在市场反应度指数方面,闽台的 R_{mt}^s 指数在变动趋势上同样相似,表现为逐步增大的走势,分别从第一阶段的 0.07 和 0.18 上升到第二阶段的 0.29 和0.25,第三阶段又上升为 0.61 和 0.71。可见,随着福建与台湾加入 WTO,福建与台湾水产品出口市场构成对世界市场的进口构成适应性越来越强,即世界的市场需求结构对闽台水产品出口市场结构的影响越来越大。

8.2.4　国际市场需求变动对闽台水产品国际竞争力影响的计量分析——基于贸易引力模型

单因素检验不能真实反映外部需求条件对闽台水产品国际竞争力影响的实际情况,因为有可能需求在闽台水产品出口中起到至关重要的作用,但其他因素,如第 7 章所提到的内部产业因素,阻碍了水产品出口。因此,本书选取贸易引力模型(gravity model)来考察需求条件对闽台水产品出口竞争力的影响。

(1)引力模型简介

贸易引力模型兴起于 20 世纪 60 年代。该模型起源于牛顿力学的“万有引力定律”,即两个物体之间的引力与它们各自的质量呈正比,与它们间的距离呈反比。首先提出贸易引力模型的是 Tinbergen(1962)和 Poyhonen

(1963)，他们通过实证研究发现，两国(地区)的双边贸易规模与其各自的经济总量呈正比，与两者之间的距离呈反比。该模型的基本形式是

$$T_{ij} = \beta(\mathrm{GDP}_i \times \mathrm{GDP}_j \times \mathrm{Dis}_{ij}^{-1})$$

式中，T_{ij} 表示 i 国(地区)和 j 国(地区)的双边贸易额，即进出口总额；GDP_i 为 i 国(地区)的 GDP；GDP_j 为 j 国(地区)的 GDP；Dis_{ij} 表示 i 国家(地区)与 j 国(地区)之间的距离；β 是比例常数。

贸易引力模型被引入对贸易流量进行量化研究，开辟了国际贸易计量研究的新里程。之后，经过多位经济学家的努力，该模型得到了极大的丰富和完善。例如：Helpman(1987)的研究基于赫克歇尔-俄林的自然禀赋理论，考察了互补性对双边贸易的影响；Garman 等(1998)、Wall(1999)、Tamirisa(1999)和 Cerna(2002)研究了经济一体化、贸易保护、贸易管制等因素对双边贸易的影响。国内许多学者针对贸易引力模型实证研究了贸易流量结构的影响因素，如庄丽娟等(2007)、段辉娜和王巾英(2007)以及高颖和田维明(2008)等的研究。也有一些学者应用该模型对水产品贸易展开研究，如郭芳等(2007)、胡求光(2008)和董银果(2011)的研究。本书考察外部市场需求对闽台水产品出口的影响，需要解决的关键问题是：作为贸易影响因素之一的需求变动到底在多大程度上对闽台水产品的出口贸易产生了影响。因此，本书选择闽台对各国(地区)的出口额、出口对象国(地区)的 GDP(代表水产品进口方的进口需求能力，也即进口需求规模)、福建与台湾的渔业生产总值(代表闽台水产品生产供给能力)和闽台与各出口市场的距离作为解释变量，构建引力模型，据此了解在多因素的影响下，世界进口需求规模对闽台水产品出口竞争力的总体影响程度。

(2)分析模型的设计

为了考察各变量对出口的影响程度，将数据进行标准化，构建的闽台水产品出口贸易模型为

$$Z\ln X_{mti} = \beta_1 Z\ln \mathrm{GDP}_i + \beta_2 Z\ln \mathrm{Pro}_{mt} + \beta_3 Z\ln \mathrm{Dis}_{mti} \qquad (8\text{-}4)$$

式中，X_{mti} 表示闽台某时期对出口目标市场 i 的水产品出口额；GDP_i 表示某时期出口目标市场的国内生产总值，反映该市场的水产品进口需求能力，经济规模越大，潜在进口能力就越大，从而贸易流量越大，预期的 $\ln\mathrm{GDP}_i$ 的估计系数为正值。Pro_{mt} 表示闽台渔业生产总值，代表福建与台湾水产品的出口供给能力，Pro_{mt} 值越大，出口供给能力就越强，预期的 $\ln\mathrm{Pro}_{mt}$ 为正值。Dis_{mti} 表示闽台到某出口目标市场 i 的距离，距离远则语言、文化的差异性大、运输成本高，且对水产品这样易腐坏产品的保鲜技术的要求更高，因此，预期的 $\ln\mathrm{Dis}_{mti}$

为负值。实际距离最理想,但由于数据获取性问题,这里的距离变量的选取为福州和台北分别到日本东京、美国洛杉矶、韩国首尔、欧盟总部布鲁塞尔、中国香港的直线距离以及到 6 个主要东盟国家首都直线距离的平均值。

(3)数据选取及模型应用

模型在 Eview 软件中产生。数据为时间序列与截面混合数据(pooled times and cross-section data),时间跨度为 15 年(1996—2010 年),每个截面上有 6 个国家(地区):日本、美国、韩国、东盟、欧盟以及中国香港。因此,该模型为合成数据模型(panel data model)。模型应用随机系数效应(random effects)和可变截距模型,模型参数估计所采用的方法为广义最小二乘法(GLS)。

(4)模型分析结果与讨论

利用引力模型分别考察外部市场需求对福建与台湾水产品国际竞争力的影响,其模型回归结果如表 8-8 所示。

表 8-8 外部市场需求对闽台水产品国际竞争力影响的模型回归结果

福　　建					台　　湾				
变量	系数	标准差	t 值	P 值	变量	系数	标准差	t 值	P 值
$Z\ln GDP_i$	1.817	0.395	4.596	0.000	$Z\ln GDP_i$	1.235	0.179	6.903	0.000
$Z\ln Pro_{mt}$	0.287	0.070	4.124	0.000	$Z\ln Pro_{mt}$	−0.032	0.03	−1.073	0.286
$Z\ln Dis_{mti}$	−1.839	0.460	−3.995	0.000	$Z\ln Dis_{mti}$	−0.955	0.462	−2.067	0.042
R^2	0.732	F 统计量		49.228	R^2	0.467	F 统计量		16.615
		Pro(F 统计量)		0.000			Pro(F 统计量)		0.000

从回归模型的检验结果可以看出,福建方面,决定系数 R^2 为 0.732,说明拟合回归的效果一般,且 F 统计量为 49.228,伴随概率 $P=0.000$,通过了 1% 水平检验;自变量 $Z\ln GDP_i$、$Z\ln Pro_{mt}$ 和 $Z\ln Dis_{mti}$ 的 t 值分别为 4.596($P=0.000$)、4.124($P=0.000$)和 −3.995($P=0.000$),都通过了 1% 水平检验,说明模型回归效果较好,但拟合效果一般。建立的拟合回归方程为

$$Z\ln X_m = 1.817 Z\ln GDP_i + 0.287 Z\ln Pro_m - 1.839 Z\ln Dis_{mt}$$

从回归模型可知,$Z\ln GDP_i$、$Z\ln Pro_m$ 和 $Z\ln Dis_{mt}$ 的回归系数分别为 1.817、0.287 以及 −1.839,各系数符号都符合预期。外部需求对福建水产品出口的拉动作用最为显著,另外,福建渔业总产值也对福建水产品出口起拉动作用,而空间距离阻隔因素则起到阻碍作用。可见,外部需求因素对福建水产品国际竞争力的促进作用明显。

台湾方面,决定系数 R^2 为 0.467,说明拟合效果不好,且 F 统计量为 16.615,伴随概率 $P=0.000$,通过了 1% 水平检验;自变量 $Z\ln GDP_i$、$Z\ln Pro_{mt}$ 和 $Z\ln Dis_{mti}$ 的 t 值分别为 6.903($P=0.000$)、-1.073($P=0.286$)和 -2.067 ($P=0.042$);其中 $Z\ln GDP_i$ 通过了 1% 水平检验,$Z\ln Dis_{mti}$ 通过了 5% 水平检验,而 $Z\ln Pro_{mt}$ 则没有通过检验,说明模型回归一般,且拟合效果不好。建立的拟合回归方程为

$$Z\ln X_t = 1.235 Z\ln GDP_i - 0.032 Z\ln Pro_t - 0.955 Z\ln Dis_{ti}$$

台湾的情况较为特殊,外部需求对其水产品出口起到促进作用,且促进作用较大,系数达 1.235。空间距离阻隔因素则起到阻碍作用,但阻碍作用较福建小,系数达 -0.955。台湾的渔业总产值对台湾的水产品出口起阻碍作用,系数为 -0.032,但作用不显著,也正是该因素的影响,导致引力模型回归效果不好。这进一步验证了第 7 章的分析结果:台湾的内部自身产业因素阻碍了台湾水产品国际竞争力的提升。通过模型分析可知,外部需求对台湾水产品国际竞争力的提升起到至关重要的促进作用。

从引力模型的分析可知,外部市场需求对闽台水产品国际竞争力的提升起到关键作用。

8.3 技术性贸易措施对闽台水产品国际竞争力的影响

随着经济的发展,国内外消费者对食品安全的要求不断提高,学者们就食品安全标准对贸易的影响进行了相关研究。大部分学者认为发达国家过于苛刻的食品安全标准对发展中国家不利,其中最具代表的是 Otsuki 等(2001)以及 Anders 和 Caswell(2009)的研究。前者以黄曲霉素标准为例,研究欧盟食品安全标准对非洲出口食品的影响,结果表明,欧盟的严苛标准以非洲食品出口量下降 64% 为代价来换取欧盟居民每年降低 0.00000014% 的健康风险;而后者则通过构建 1990 年至 2004 年 33 个国家(地区)的面板模型考察了 1997 年美国实行的 HACCP 食品安全标准对国内和进口水产品的影响,结果表明,无论是从短期还是长期看,标准的提高对出口小国(地区)是不利的,而对出口大国(地区)是有利的。也有学者认为,虽然食品标准会增加出口国(地区)的生产成本,但同时也会促使出口国(地区)提高其食品安全的监管能力,从而提高农产品的国际市场竞争力(Henson 和 Jaffee,2006)。

波特认为外国政府的最大决策是形成机遇的一种形式,而进口国(地区)的技术性贸易措施无疑会对水产品国际竞争力产生影响,下面从这方面重点

分析其对闽台水产品国际竞争力的影响。

8.3.1 技术性贸易措施对水产品国际竞争力影响的机制分析

(1)出口成本增加,导致对出口国(地区)的出口水产品数量减少

技术性贸易措施会导致跨境供应成本增加,出口国(地区)水产品竞争力相对下降(主要表现为价格竞争力的下降),起到限制进口的作用。成本增加主要涉及两方面内容:一是一次性的初始成本的增加,即为达到技术法规与标准的要求而在生产、检疫等环节进行技术改造或努力所导致的水产品生产成本的增加;二是持续成本的增加,即水产品进入市场后的长期质量控制的成本的增加(Calvin 和 Krissoff,1998)。

(2)引发市场转移效应

出口方遭遇进口方的技术性贸易措施时,出口方的水产品在目标市场的市场份额会迅速缩小,竞争力会下降,甚至被迫退出该目标市场。除此以外,有些技术性贸易措施还可能给出口方对其他目标市场的水产品出口带来恶性影响,主要表现在两个方面:一是影响该产品声誉,从而导致市场开拓难度加大;二是延误商机,致使企业损失惨重,更会引起水产品贸易纠纷和冲突。

(3)给出口国(地区)的产业造成更深层次的影响

从更深层次的产业因素考察,技术性贸易措施对出口方的水产业的影响存在负面影响主要表现为:第一,打击出口国(地区)具有国际比较优势的水产品,这些产业往往在出口方的渔业产业中担当支柱作用,进口国(地区)提高准入门槛会使该类水产品市场供求失衡,价格下跌,以至于产品严重积压,损害渔民利益。第二,对规模经济的影响。技术性贸易措施会造成水产品市场缩小,降低该国(地区)的渔业规模经济发展水平,导致利润率下降。第三,对利用外资的影响。遭受技术性贸易措施的结果会导致该水产品逐渐减少或丧失海外市场份额,危及外商的经济效益,这样势必会影响外商直接投资的信心,从而对出口方利用外资产生恶性影响。

(4)对出口国(地区)的正面影响

当然,技术性贸易措施对出口国(地区)也存在正面影响,这些影响包括:从短期来看,进出口双方之间通过对技术性贸易措施进行的磋商与协调,可能会在各方之间达成共识,形成对该产品质量标准的统一认识,从而疏通水产品贸易的流通渠道,促进水产品贸易的发展;从中长期来看,技术性贸易措施的"倒逼机制"可以促进水产品出口方积极改进技术,提高出口水产品质量,从而更好地适应消费者的需求,提高出口国(地区)全社会的福利水平。另外,由于

进口水产品达到了一定的技术标准,将会大大增强进口方消费者对水产品的消费信心,从而增加出口国(地区)水产品出口量。如果出口国(地区)的技术水平较高,进口方提高准入门槛不但不会对出口方造成影响,反而阻碍了其他竞争对手对该市场的出口,导致出口方水产品在该目标市场的出口份额上升,竞争力提升。

总之,技术性贸易措施对水产品国际竞争力既有正面影响,也有负面影响,但总的来看,技术性贸易措施给水产品竞争力带来的负面影响远远大于正面影响。

8.3.2 闽台主要出口目标市场食品安全法规和标准体系比较

闽台主要的出口目标市场包括日本、美国和欧盟市场等,由于水产品进口国(地区)趋向于采取相对公平的、对本国(地区)产品与进口产品实现同样的技术法规与标准(邵桂兰和姜宏,2007),为此,本书将对这三个市场的食品安全和标准体系进行阐释。

(1)日本

日本是闽台第一大水产品出口市场,同时也是设置贸易壁垒最多的国家之一。在日本的"肯定列表制度"之中,日本参照国际食品法典委员会(Codex Alimentarins Commission,CAC)、美国、加拿大、澳大利亚、新西兰等的标准以及对来自毒理学试验、风险评估的分析数据,将农业化学品残留限量分为"沿用原限量标准而未重新制定暂定限量标准""暂定标准""禁用物质""豁免物质"和"一律标准"五大类型。其中,主要内容包括"两个限量",即"暂定标准"(provisional maximum residue limits)和"一律标准"(uniform limits)。"暂定标准"是对当前通用农药、兽药和饲料添加剂都设定了新的残留限量的标准;"一律标准"是对将未制定出残留量的检测方法的药物都设定为 $10\mu g/kg$ 的统一标准。按目前日本的法律规定,一旦食品中残留物含量超过"暂定标准",将被禁止进口或流通;当进口商品出现尚未确定限量标准的残留物时的"一律标准",日本政府无法禁止该商品入境,一般做个案审理。"肯定列表制度"提出了食品中农业化学品残留管理的总原则。日本厚生劳动省根据该原则,采取了以下几项具体落实措施:①确定"豁免物质",即在常规条件下其在食品中的残留对人体健康无不良影响的化学品,无任何残留限量要求。②对已有最大残留限量(MRLs)值或有临时 MRLs 值参考资料的化学品制定"暂定标准",并根据参考资料及新毒理学的变化情况每 5 年复审一次。③对在豁免清单之外且无最大残留限量标准的农业化学品制定"一律标准",为

$10\mu g/kg$。④如果原料符合限量标准,则认为其加工产品也符合相应标准。⑤在日本根本不使用或者只在有限的农作物中使用的农药,其他国家可通过日本厚生劳动省建立的国外申请系统申请他们在特定农作物上使用并制定最大残留限量。

(2)美国

三部非常有影响力的作品直接推动了美国在食品安全方面的变革,这就是著名的《屠场》《寂静的春天》和《快餐王国》。这三部作品被称为"美国食品安全三部曲"。其中,《屠场》直接推动了于1906年《纯净食品及药物管理法》的通过。《寂静的春天》促使联合国于1972年6月12日在斯德哥尔摩召开了人类环境大会,并签署了《人类环境宣言》。《快餐王国》各个版本的总销售量至2001年为止已达99万本,该书成为美国民众更深入了解快餐食品和快餐行业的重要推动因素。2011年1月4日,奥巴马总统签署了《FDA食品安全现代化法》,授予美国负责大部分食品与药品安全监管的机构——美国食品和药物管理局(FDA)以更大的监管权利,加强其对美国本土生产的食品及进口食品的安全监管,以预防食品安全事故的发生。

美国的"危害分析与关键控制点"(hazard analysis and critical control point)简称HACCP控制体系,是目前世界上最有权威的食品安全质量保护体系之一,其核心是保护食品在整个生产过程中免受可能发生的物理、化学和商务因素的危害。美国于1995年12月公布了HACCP法规,其宗旨是将这些可能发生的食品安全危害消除在生产过程中,而不是靠事后检验来保证产品的安全性。在水产品方面,目前在美国执行的《水产品管理条例》(1997年12月起实施)和《肉类和家禽管理条例》(1998年1月起实施)的范围涉及美国国内产品和国外进口商品。HACCP控制体系已经被世界范围内许多国家(地区)或组织所认可,如CAC、欧盟、澳大利亚、加拿大、日本等。联合国粮农组织的官员在国际水产品检验与质量控制会议上呼吁各国(地区)和组织的水产业积极引入和推进HACCP控制体系,不断发展和完善相关的国际标准,同时将各国(地区)的水产品检验检疫和质量管理体系逐步协调一致,增加透明度,使水产品国际贸易更顺利地发展。

(3)欧盟

欧盟不断补充、出台相关食品法规,完善食品安全法律体系,主要涉及以下几个方面:①食品及饲料安全。2006年欧盟颁布了《欧盟食品及饲料安全管理法规》,该法规简化并加强了欧盟监管体系并赋予欧盟委员会全新的管理手段,以保障欧盟实行更高的食品安全标准;该法规突出强调了食品从农场到餐桌的全过程控制管理,突出了食品生产过程中的可追溯管理与食品的可追溯性,强调了官方监管部门在保证食品安全中的重要职责,包括保护公众健康、动物健康和福利方面。该法规特别要求第三国输欧食品必须符合欧盟相关标准。②添加剂、调料及经放射线照射的食品安全。欧盟建立了一系列添加剂、调料的相关标准,并建立了经放射线照射的食品目录,还加强了对天然矿泉水构成成分的检查。③欧盟食品快速预警系统(RASSF)。任何一个欧盟成员国发现与食品及饲料安全有关的任何信息都可上报欧盟委员会。经调查后,欧盟委员会有权采取紧急措施,甚至暂停该类食品进口。该系统每周发布一期预警及信息通报,将不符合欧盟标准的食品公布于世。该预警系统的建立为欧盟成员国提供了信息交流平台。④对 WTO 协议的声明。欧盟声明尊重在 WTO 框架下签订的《贸易技术壁垒协议》和《动植物卫生和检疫措施协议》,但如果与欧盟标准相比,国际标准不能提供高标准人类健康保证,那么国际标准只作参考,输欧食品必须遵守欧盟颁布的相关法规。

欧盟水产品技术法规中有关控制水产品的法规包括:有关水产品卫生控制和检验的法规,有关兽药残留、微生物、污染物、重金属限量指标的技术法规,有关第三国水产品的市场准入法规。其中,有关水产品卫生控制和检验的法规有 5 件;有关兽药残留、微生物、污染物、重金属限量指标的技术法规有 4 件;针对第三国水产品市场准入门槛,欧盟还制定了相应的法规,主要有 4 件。

8.3.3 技术性贸易措施对闽台水产品国际竞争力影响的实证分析——以日本市场为例

在实际问题中,经常会碰到一些非数量型变量,如一项制度的实施前后等。在建立一个经济问题的回归方程时要考虑这些定性变量,即虚拟变量。本书考察的是日本技术性贸易措施对闽台水产品竞争力的影响,即日本提高技术性贸易门槛的主要事件,就需要引入虚拟变量来定量研究技术性贸易措施对其出口竞争力的影响。

(1)样本的选择、模型的构建与变量的设置

①样本的选择

虚拟变量的设置参考了日本对中国肉类产品(包括鱼肉)实行的进口限制及日本"肯定列表制度"的实施情况。如表 8-9 所示,日本提高进口食品准入门槛的主要事件包括:2002 年 4 月日本实施包括水产品在内的食品标记制度;2003 年 4 月日本实行农药和动物用药残留的"临时标准制度";2006 年5 月日本实施"肯定列表制度"。

表 8-9 日本提高进口食品准入门槛的主要事件

时间	事件
2002 年 4 月	日本政府要求所有在日本市场出售的农产品、水产品以及畜产品都必须标明原产地,并规定自 2002 年 7 月 1 日起在日本市场出售的各类生鲜农产品(包括水产品)必须明确标明原产地
2003 年 4 月	日本实行农药和动物用药残留的"临时标准制度",其中对动物源性食品的检测项目多达 30 项,涉及微生物、药物残留等诸多方面
2006 年 5 月	日本实施"肯定列表制度"

②模型的构建与变量的设置

根据最小二乘法建立的技术性贸易措施对闽台水产品国际竞争力影响的回归方程为

$$E_{xmi} = \beta + \beta_1 \mathrm{Im} + \beta_1 D_1 + \beta_2 D_2 + \varepsilon_i \tag{8-5}$$

$$E_{xti} = \beta + \beta_0 \mathrm{Im} + \beta_1 D_1 + \beta_2 D_2 + \varepsilon_i \tag{8-6}$$

式中,E_{xmi} 和 E_{xti} 分别表示福建对日本市场水产品出口额以及台湾对日本市场水产品出口额。各解释变量的含义及预期符号如表 8-10 所示。

表 8-10 各解释变量的含义及预期符号

解释变量	含 义	预期符号	说 明
Im	日本对世界水产品的进口额	+	消费需求对闽台水产品对日出口有正向作用
D_1	2002 年食品标记制度的实施	—	食品标记制度提高了闽台水产品的准入门槛,对出口产生负向作用
D_2	2006 年"肯定列表制度"的实施	—	"肯定列表制度"提高了闽台水产品的准入门槛,对出口产生负向作用

本书选取 1996—2009 年的时间序列数据,采用 SPSS 16.0 软件进行统计分析。2002 年 4 月,日本实施包括水产品在内的食品标记制度,认为自第二年开始对闽台水产品出口产生影响。2006 年 5 月起实施"肯定列表制度",由于福建该年对日出口水产品主要集中在上半年,因此认为自第二年开始对其出口发生作用;而台湾则集中在下半年,因此认为从当年开始对其发生作用。考虑到虚拟变量个数不宜太多,不针对 2003 年动物源性食品检测项目的"临时标准制度"的实施设置虚拟变量。虚拟变量的设置如表 8-11 所示。

表 8-11　虚拟变量设置

年份	福 建		台 湾	
	虚拟变量 D_1	虚拟变量 D_2	虚拟变量 D_1	虚拟变量 D_2
1996	0	0	0	0
1997	0	0	0	0
1998	0	0	0	0
1999	0	0	0	0
2000	0	0	0	0
2001	0	0	0	0
2002	0	0	0	0
2003	1	0	1	0
2004	1	0	1	0
2005	1	0	1	0
2006	1	0	1	1
2007	1	1	1	1
2008	1	1	1	1
2009	1	1	1	1

(2)结果与分析

技术性贸易措施对闽台水产品国际竞争力影响的模型回归结果如表 8-12 所示。

表 8-12　技术性贸易措施对闽台水产品国际竞争力影响的模型回归结果

福 建					台 湾				
变量	系数	标准差	t 值	P 值	变量	系数	标准差	t 值	P 值
Im	260.972	0.350	1.941	0.081	Im	684.119	0.428	4.367	0.001
D_1	−5580.787	−0.333	−1.646	0.131	D_1	27813.300	0.774	6.415	0.000
D_2	−8514.090	−0.417	−2.118	0.060	D_2	−42619.879	−1.072	−9.096	0.000
C	9094.101		0.451	0.662	C	−30375.415		−1.292	0.225
R^2	0.723	F 统计量		8.696	R^2	0.918	F 统计量		37.080
DW	2.531	Pro(F 统计量)		0.004	DW	2.202	Pro(F 统计量)		0.000

从模型回归结果可以看出,福建方面,决定系数 R^2 为 0.723,说明拟合回归的效果一般,且 F 统计量为 8.696,伴随概率 $P＝0.004$,通过 1% 水平检验;

虽然自变量 Im 和 D_2 的 t 值分别为 1.941($P=0.081$)和 -2.118($P=0.060$)，都通过 10% 水平检验，但 D_1 的 t 值为 -1.646($P=0.131$)，没有通过检验，说明 D_1（2002 年日本食品标记制度的实施）对福建水产品竞争力的影响虽为负值，但影响不显著。因此，该方程不是最优的回归方程。

台湾方面，决定系数 R^2 为 0.918，拟合回归效果很好，且 F 统计量为 195.942，伴随概率 $P=0.000$，通过 1% 水平检验；自变量 Im、D_1 和 D_2 的 t 值分别为 4.367($P=0.001$)、6.415($P=0.000$)和 -9.096($P=0.000$)，都通过 1% 水平检验；DW 值为 2.202，方程残差不存在一阶自相关，说明模型回归效果很好。

由于技术性贸易措施对福建水产品国际竞争力影响的回归方程不是最优的回归方程，因此剔除虚拟变量 D_1，重新构建多元回归方程，即

$$E_{xmi} = \beta + \beta_1 \text{Im} + \beta_2 D_2 + \varepsilon_i \tag{8-7}$$

该方程的模型回归结果如表 8-13 所示。

表 8-13　技术性贸易措施对福建水产品国际竞争力影响的模型回归结果

	系　数	标准差	t 值	P 值
Im	318.963	0.428	2.288	0.043
D_2	-11600.446	-0.568	-3.035	0.011
C	-1457.545		-0.071	0.945
R^2	0.805	F 统计量	10.118	
DW	2.426	Pro(F 统计量)	0.003	

从模型回归结果可以看出，在剔除虚拟变量 D_1 后，福建方面的决定系数 R^2 为 0.805，拟合优度有较大的改观，且 F 统计量为 10.118，伴随概率 $P=0.003$，通过 1% 水平检验；自变量 Im 和 D_2 的 t 值分别为 2.288($P=0.043$)和 -3.035($P=0.011$)，都通过 5% 水平检验；DW 值为 2.426，方程残差不存在一阶自相关，说明模型回归效果很好。

通过以上分析，可分别建立福建与台湾最优的回归方程，即

$$E_{xmi} = 318.963\text{Im} - 11600.446D_2 - 1457.545$$
$$E_{xti} = 684.119\text{Im} + 27813.300D_1 - 42619.879D_2 - 30375.415$$

从回归模型可知，福建方面，2002 年日本食品标记制度的实施对福建水产品对日本市场出口竞争力的影响系数虽为负值，符合预期，但没有通过检验，表明虽有影响，但影响不显著。而 2006 年"肯定列表制度"的实施对福建水产品对日本市场出口竞争力的影响系数为 -11600.446，阻碍了福建水产品对日本市场出口。

台湾方面,2002 年日本食品标记制度和 2006 年"肯定列表制度"的实施对台湾水产品对日本市场出口竞争力的影响系数为 27813.300 和 -42619.879。可见,2002 年日本食品标记制度非但没有阻碍台湾水产品对日本市场的出口,反而有一定的促进作用,主要原因是台湾是世界上最早实施食品标签溯源制的地区之一,有着完善的食品标记制度。日本食品标记制度提升了台湾水产品对日本市场的出口竞争力。另外,2006 年"肯定列表制度"的实施大大阻碍了台湾水产品对日本市场的出口增长,是符合实际情况的,表明"肯定列表制度"阻碍了闽台水产品出口竞争力的提升。

由以上分析可知,2002 年日本食品标记制度的实施对福建水产品对日出口虽起到一定阻碍作用,但作用不明显;而该制度却对台湾对日本市场出口水产品有显著的促进作用,这是由于台湾具有完善的食品标记制度。而 2006 年"肯定列表制度"的实施均大大阻碍了福建与台湾对日本市场水产品的出口。

实证研究的结果进一步表明,技术性贸易措施对闽台水产品国际竞争力的影响是双向的。如果出口国(地区)内部有完善的检验检疫制度和标准体系,出口目标市场提高技术门槛,反而提升其水产品国际竞争力;而如果出口国(地区)内部的检验检疫制度和标准体系低于出口目标市场的技术门槛,则对出口国(地区)水产品国际竞争力的提升起到阻碍的作用。

8.4 闽台水产品限量标准对闽台水产品国际竞争力的影响
——以药物残留标准为例

区域内部有完善的检验检疫制度和标准体系对本地区水产品国际竞争力的提升起着至关重要的作用。因此,比较研究闽台对主要出口目标市场的水产品限量标准具有重要的意义。

在福建与台湾水产品出口受阻的事件中,因药物残留超标而受阻的事件是出现频次最高的事件,如表 8-14 所示,2005 年到 2010 年福建对三大出口目标市场日本、美国和欧盟水产品出口受阻事件总计为 336 件,其中因药物残留超标而受阻事件总计为 217 件,占受阻事件的 64.58%,而与此相对应的台湾水产品的受阻事件为 57 件,因药物残留超标而受阻事件为 32 件,占受阻事件的 56.14%。因此,本书以药物残留标准为例深入研究闽台之间的水产品限量标准的差异,以探明水产品质量安全标准体系的制定对闽台水产品国际竞争力的影响。

福建目前现行的水产品药物限量标准有两套:一是农业行业标准《无公害食品 水产品中渔药残留限量》(NY 5070—2002);二是农业部公告第 235 号《动物源性食品中兽药最高残留限量》。台湾现行的有关水产品渔药残留的标准为《动物用药残留标准》。

表 8-14 2005—2010 年闽台水产品对主要出口目标市场出口受阻事件统计

单位:件

	中国福建		中国台湾	
	受阻事件	因药物残留超标而受阻事件	受阻事件	因药物残留超标而受阻事件
日本	50	32	45	31
美国	286	185	4	1
欧盟	0	0	8	0
总计	336	217	57	32

资料来源:中国技术性贸易措施网。

农业部公告第 235 号规定的安全限量标准规定了 21 种(该标准将磺胺类的四种物质归为一类)药物的最大限量,另外将高毒药物氯霉素(Chloramphcnicol)、呋喃唑酮(Furazolidone)、己烯雌酚(Dicthylstilbestrol)、孔雀石绿(Malachite green)等 38 种物质定为"不得检出"。而《动物用药残留标准》中规定了 16 种水产用药的最大限量,且规定除这 16 种水产药物的限量外其余的药物均为"不得检出"(见表 8-15 和表 8-16)。

表 8-15 闽台水产品"不得检出"的药物比较

福建(农业部第 235 号公告)	台 湾
氯丙嗪(Chlorpromazine),地西泮(安定)(Diazepam),地美硝唑(Dimetridazole),苯甲酸雌二醇(Estradiol benzoate),甲硝唑(Metronidazole),苯丙酸诺龙(Nadrolone Phenylpropionate),丙酸睾酮(Testosterone propinate),氯霉素(Chloramphenicol)及其盐、酯,克伦特罗(Clenbuterol)及其盐、酯、沙丁胺醇(Salbutamol)及其盐、酯,西马特罗(Cimaterol)及其盐、酯,氨苯砜(Dapsone),己烯雌酚(Diethylstilbestrol)及其盐、酯,呋喃它酮(Furaltadone),呋喃唑酮(Furazolidone),林丹(Lindane),呋喃苯烯酸钠(Nifurstyrenate sodium),甲喹酮(Methaqualone),洛硝达唑(Ronidazole),玉米赤霉醇(Zeranol),去甲雄三烯醇酮(Trenbolone),醋酸甲羟孕酮(Mengestrol Acetate),硝基酚钠(Sodium nitrophenolate),硝呋烯腙(Nitrovin),毒杀芬(氯化烯)(Camahechlor),呋喃丹(克百威)(Carbofuran),杀虫脒(克死螨)(Chlordimeform),双甲脒(Amitraz),酒石酸锑钾(Antimony potassium tartrate),锥虫砷胺(Tryparsamile),孔雀石绿(Malachite green),五氯酚酸钠(Pentachlorophenol sodium),氯化亚汞(甘汞)(Calomel),硝酸亚汞(Mercurous nitrate),醋酸汞(Mercurous acetate),吡啶基醋酸汞(Pyridyl mercurous acetate),甲睾酮(Methyltestosterone),群勃龙(Trenbolone)	除阿莫西林(Amoxicillin),氨苄西林(Ampicillin),金霉素(Chlortetracyline),多西环素(Doxycycline),氟苯尼考(Florfenicol),甲砜霉素(Thiamphenicol),噁喹酸(Oxolinic acid),红霉素(Erythromycin),螺旋霉素(Spiramycin),林可霉素(Lincomycin),吉他霉素(Kitasamycin),磺胺甲基嘧啶(Sulfamcrazine),磺胺二甲氧嘧啶(Sulfadimidine),氟甲喹(Flumequine),奥美普林(Ormetoprim),三氯磷酸酯(Trichlorfon)这 16 类药物外的其他物质

表 8-16　闽台水产品药物最高残留限量比较

药物类别	中文通用名	英文通用名	福　建（农业部第 235 号公告）		台　湾	
			限量/(μg·kg⁻¹)	种类/部位	限量/(μg·kg⁻¹)	种类/部位
青霉素类	阿莫西林	Amoxicillin	50	肌肉、脂肪	50	鱼/肌肉
	氨苄西林	Ampicillin	50	肌肉、脂肪	50	鱼/肌肉
	苄星青霉素	Benzylpenicillin	50	肌肉、脂肪	不得检出	
	普鲁卡因青霉素	Procaine benzylpenicillin	50	肌肉、脂肪	不得检出	
	氯唑西林	Cloxacillin	300	肌肉、脂肪	不得检出	
	苯唑西林	Oxacillin	300	肌肉、脂肪	不得检出	
四环素类	金霉素	Chlortetracycline	100	鱼,虾/肌肉	200	鱼,虾/肌肉
	土霉素	Oxytetracycline	100	鱼,虾/肌肉	不得检出	
	四环素	Tetracycline	100	鱼,虾/肌肉	不得检出	
氯霉素类	多西霉素	Doxycycline			10	
	氟苯尼考	Florfenicol	1000	鱼/肌肉+皮	500	鱼/肌肉
	甲砜霉素	Thiamphenicol	50	鱼/肌肉+皮	50	鱼/肌肉
喹诺酮类	达氟沙星	Danofloxacin	100	肌肉	不得检出	
			50	脂肪	不得检出	
	沙拉沙星	Sarafloxacin	30	肌肉+皮	不得检出	
	二氟沙星	Difloxacin	300	肌肉	不得检出	
			100	脂肪	不得检出	
	恩诺沙星	Enrofloxacin	100	肌肉、脂肪	不得检出	
	噁喹酸	Oxolinic acid	300	肌肉+皮	50	鱼/肌肉+皮
	红霉素	Erythromycin	200	肌肉、脂肪	200	鱼/肌肉
大环内酯类	螺旋霉素	Spiramycin			200	鱼,虾/肌肉
	林可霉素	Lincomycin			100	鱼/肌肉
	吉他霉素	Kitasamycin			50	
磺胺类	磺胺嘧啶	Sulfadiazine	100	肌肉+皮	不得检出	
	磺胺甲基嘧啶	Sulfamerazine	100	肌肉+皮	不得检出	
	磺胺二甲基嘧啶	Sulfadimidine	100	肌肉+皮	100	鱼,虾/肌肉
	磺胺甲噁唑	Sulfametlloxazole	100	肌肉+皮	不得检出	鱼,虾/肌肉
	奥美普林	Ormetoprim			100	鲶、鲑鱼/肉脂
	甲氧苄啶	Trimethoprim	50	肌肉+皮	不得检出	

续表

药物类别	中文通用名	英文通用名	福 建 (农业部第 235 号公告)		台 湾	
			限量/($\mu g \cdot kg^{-1}$)	种类/部位	限量/($\mu g \cdot kg^{-1}$)	种类/部位
呋喃类	呋喃唑酮	Furazolidone	不得检出		不得检出	
其他	氟甲喹	Flumequine	500	肌肉＋皮	500	鱼/肌肉＋皮
	溴氰菊酯	Deltamethrin	30	肌肉	不得检出	
	氟胺氰菊酯	Fluvalinate	10	肌肉、脂肪、副产品	不得检出	
	己烯雌酚	Diethylstilbestrol	不得检出		不得检出	鲶、鲑鱼/肉脂
	奥美普林	Ormetoprim			100	
	喹乙醇	Olaquindox			不得检出	
	孔雀石绿	Malachite green	不得检出		不得检出	
	三氯磷酸酯	Trichlorfon			10	

注：下划线表示农业部《水产品渔药残留限量》（NY 5070—2002）。

从闽台水产品药物残留的限量上看，福建仅在金霉素的最高残留限量上比台湾严，并在 8 类兽药（阿莫西林、氨苄西林、氟苯尼考、甲砜霉素、红霉素、磺胺甲基嘧啶、磺胺二甲基嘧啶和氟甲喹）上制定了与台湾相同的高残留限量标准外，其他 17 类兽药最高残留限量标准均比台湾宽松。其中，福建在多西环素、螺旋霉素、林可霉素、吉他霉素、奥美普林和三氯磷酸酯等 6 类渔药上没有制定相关限量，而台湾则有限量规定。

从总体上看，台湾实行的是除了制定限量后的 16 种标准外，其余的药物残留都为"不得检出"，而福建则明确规定了"不得检出"的药物，从这点看，台湾的限量要严于福建。此外，台湾除了在金霉素最高残留限量上低于福建外，其余的限量都高于或等于福建，从限量制定的高低看，台湾仍高于福建。

可见，台湾的水产品药物限量标准要严于福建。严格的水产品标准、有力的监管措施提高了台湾水产品质量，有效促进了台湾水产品国际竞争力的提升。因此，台湾水产品出口受阻事件数量远低于福建水产品。

8.5 本章主要结论

本章分析加入 WTO、外部市场需求、技术性贸易措施和水产品限量标准

对闽台水产品国际竞争力的影响,得出以下三个主要结论:

(1)CMS 模型和贸易引力模型的分析结果表明,加入 WTO 和外部市场需求对闽台水产品国际竞争力的提升都有促进作用。加入 WTO 对福建水产品国际竞争力的提升起到长期促进作用,而对台湾水产品有短期拉动作用,但长期作用有限。另外,贸易引力模型进一步验证了第 7 章的分析结果,即提升台湾水产品国际竞争力的关键是解决台湾渔业内部产业问题。

(2)以日本市场为例,通过构建计量模型分析技术性贸易措施对闽台水产品国际竞争力的影响,结果表明:食品标记制度对福建水产品在日本市场的国际竞争力起到负面影响,但影响不显著,而"肯定列表制度"对福建水产品在日本市场国际竞争力的负面影响是显著的。食品标记制度促进了台湾水产品对日本市场出口,而"肯定列表制度"则阻碍了台湾水产品在日本市场竞争力的提升。食品标记制度对台湾水产品对日本市场出口有促进作用主要是由于台湾有着发达的食品溯源制度,日本提高准入门槛,反而阻碍了其他国家水产品的进口,从而提高台湾水产品在日本市场的竞争力。

(3)台湾的水产品药物限量标准要严于福建。严格的水产品标准、有力的监管措施提高了台湾水产品质量,有效促进了台湾水产品国际竞争力的提升。

第9章　ECFA 框架下提升闽台水产品国际竞争力的渔业合作探讨

研究闽台水产品国际竞争力的宗旨不仅在于进行竞争力现状及影响因素的比较分析,更为重要的是在认清两者竞争力现状和深层次影响因素差异的基础上提出能提升两者竞争力的建议。前面各章的研究表明,制约福建水产品国际竞争力的主要因素是技术水平、人力资本和水产品质量安全管理的滞后,而制约台湾水产品国际竞争力的主要因素是产业结构和初级生产要素,两者形成互补。2010 年 6 月 29 日,ECFA 的签署揭开了两岸经贸合作崭新的一页,这促进了闽台在渔业领域的合作,为进一步提升闽台水产品国际竞争力起到强有力的推动作用。ECFA 为闽台水产品国际竞争力的提升提供了前所未有的机遇条件。本章将在 ECFA 的背景下,在明确闽台渔业合作现状及存在问题的基础上,结合前面几章的研究结果,提出提升闽台水产品国际竞争力的渔业合作策略。

9.1　ECFA 与闽台渔业合作

9.1.1　ECFA 框架下两岸经贸合作的领域

ECFA 的总目标在于加强和增进海峡两岸之间的经贸和投资合作,促进海峡两岸货物贸易和服务贸易进一步自由化,扩大经济合作领域以建立合作机制。合作措施包括逐步减少或消除海峡两岸货物贸易和服务贸易的限制性措施,提供投资保护以促进双向投资以及促进产业交流与合作等。其中,货物贸易的磋商包括但不限于关税减让或消除模式、海关程序、原产地规则、非关税措施及贸易救济措施;服务贸易的磋商包括逐步减少并消除双方涵盖众多部门的服务贸易的限制性措施、增进双方在该领域的合作、扩展服务贸易的深

度与广度等;投资合作包括建立保障机制、提高透明度、减少相互投资的限制
以及促进投资便利化等;经济合作包括金融合作、知识产权保护与合作、海关
合作、电子商务合作、贸易促进及便利化、研究两岸产业布局和重点领域以推
动在重大项目合作、协调双方在产业领域合作出现的问题、推动中小企业合作
以提升竞争力以及推动两岸经贸社团互设办事机构等。

上述两岸合作领域启示我们,ECFA 框架下闽台经贸合作的前景非常
广阔。

9.1.2　ECFA 与闽台水产品贸易

ECFA 在水产品贸易领域的合作协议较少,主要体现在大陆方面早期收
获清单中,该清单共 539 种商品,其中水产品仅 4 种(见表 9-1),而台湾方面的
早期收获清单中则无水产品。

表 9-1　ECFA 早期收获清单中的水产品

序号	HS 编号	产品名称(简称)	2009 年进口税率/%
1	03019999	其他活鱼	10.5
2	03026990	其他鲜、冷鱼	12.0
3	03037990	其他未列名冻鱼	10.0
4	03042990	其他冻鱼片	10.0

由表 9-1 可知,这 4 种水产品均属于"鲜活冷藏冻鱼"类,其中"其他活鱼"
主要包括石斑鱼,"其他鲜、冷鱼"主要包括乌鱼,"其他未列名冻鱼"主要包括
秋刀鱼,而"其他冻鱼片"则主要包括虱目鱼。石斑鱼、乌鱼和虱目鱼是台湾主
要养殖水产品,而秋刀鱼则为台湾主要的远洋捕捞产品。这 4 种水产品 2009
年进口税率分别为 10.5%、12.0%、10.0%、10.0%。

9.1.3　ECFA 与闽台渔业技术交流

ECFA 还列出了两岸在服务贸易方面的开放承诺,包括金融服务业和非
金融服务业。研究表明,在非金融服务业中的商业服务下的研究与开发服务
业(大陆方面为 CPC8510,台湾方面为 CPC851、CPC852、CPC853)(见表 9-2)
的早期收获计划将为闽台渔业人力资源方面的合作提供支持。

表 9-2　与渔业有关的 ECFA 服务贸易早期收获清单

大陆		台湾	
部门或分部门	市场开放承诺	部门或分部门	市场开放承诺
研究和开发服务——自然科学、工程学的研究和实验开发服务（CPC8510）	跨境交付没有限制；境外消费没有限制；允许台湾服务提供者在大陆设立合资、合作或独资企业，提供自然科学和工程学的研究和实验开发服务	研究与发展服务业（CPC851、CPC852、CPC853）	跨境交付没有限制；境外消费没有限制；允许大陆服务提供者在台湾以独资、合资、合伙及设立分公司等形式设立商业据点，提供研究与发展服务

从第 7 章的分析可知，台湾在技术水平上要优于福建，其远洋渔业、水产养殖业和水产加工业都具备先进的技术，台湾科技人才在福建开设这些领域的企业无疑是对福建水产品国际竞争力的提升起到促进作用。另外，闽台渔业都面临着人才匮乏的困境，这阻碍了双方水产品国际竞争力的提升，在 ECFA 的带动下，闽台渔业科技人才的相互交流无疑对闽台渔业国际竞争力的提升起到促进作用。

9.1.4　ECFA 与闽台渔业投资

约翰·邓宁认为外商直接投资对提升一个国家（地区）的产业国际竞争力有重要的作用，渔业投资是闽台经贸关系中最重要的组成部分之一。ECFA 规定了建立投资的保障机制，逐步减少相互投资的限制，提高投资的透明度以及促进投资便利化等。

根据第 7 章的分析结果，闽台存在要素禀赋的互补：福建在初级生产要素，如渔业自然资源和渔业劳动力资源上较台湾具有优势，而台湾则在渔业高级生产要素，如基础设施、人力资本、技术水平上较福建具有优势。闽台之间的投资自由化是实现生产要素自由流动的重要条件之一。

可见，虽然 ECFA 背景下闽台经贸合作的前景非常广阔（黄建忠，2004），但在渔业领域的合作空间却非常狭小。为此，本章重点讨论的问题是如何在 ECFA 背景下拓宽与加强闽台渔业合作。

9.2　闽台渔业合作现状及存在的问题

探讨如何加强闽台渔业合作,首先必须弄明白闽台渔业合作的现状、存在的问题及产生这些问题的原因。本节将从水产品贸易领域、渔业投资领域、远洋渔业领域、渔业科技领域以及渔业自然资源保护领域探讨 ECFA 下闽台渔业合作的现状、存在问题及产生问题的原因。

9.2.1　闽台水产品贸易领域的合作

9.2.1.1　闽台水产品贸易领域合作的历程与现状

闽台水产品贸易合作大体上可以分为三个阶段。第一阶段是 2000 年以前,这一阶段闽台水产品贸易以民间小额贸易为主:在对台小额贸易的监管方面,福建采取灵活且有别于一般贸易的模式,按照"发展、严格管理"的原则,着力扶持对台小额贸易健康有序发展。第二阶段为 2001—2005 年,主要代表事件是 2001 年中国加入 WTO,从客观上促进了闽台水产品贸易。第三个阶段为 2005—2010 年,代表事件为:①2005 年 8 月 1 日,大陆正式对原产台湾地区的鲳鱼、鲭鱼、带鱼、比目鱼、鲱鱼、鲈鱼、虾和贻贝 8 种水产品实施零关税政策,进一步放开台湾水产品,实现其零关税进入大陆市场。②2008 年,两岸三通全面启动。

ECFA 的签署无疑开启了闽台水产品贸易的一个新纪元,大大推动了闽台水产品贸易的发展。2010 年福建对台贸易总额达 47124 万美元,比 2009 年增长了 78.57%。

9.2.1.2　闽台水产品贸易领域合作存在的问题及原因

ECFA 附件中提及早期收获清单中大陆方面共有 539 种商品,其中水产品仅 4 种,而台湾的早期收获清单中没有涉及水产品。从本书第 4 章的分析可知,由于闽台在水产品贸易领域的诸多互补性,以这几类产品为基础的降税计划远未达到帕累托的最优改进。主要原因有三个。

(1)福建从台湾进口的 ECFA 早期收获清单中水产品所占比重原本就很大,降税计划的贸易促进作用不明显

如图 9-1 所示,2004 年以后福建从台湾进口的 ECFA 早期收获清单中水产品占其从台湾进口水产品总额的比重很大,始终维持在 30% 以上,2005 年甚至高达 83.03%,2010 年达 51.53%。与此同时,2007 年以后 ECFA 早期收

获水产品进口额有日趋下滑的态势,从 2007 年的 701.94 万美元下降到 2010 年的 351.18 万美元。这主要是由于大陆对台湾小额贸易有长期扶持政策,台湾这几类优势产品对福建出口已较为成熟。因此,降税计划对台湾这几类产品的出口促进作用不大。

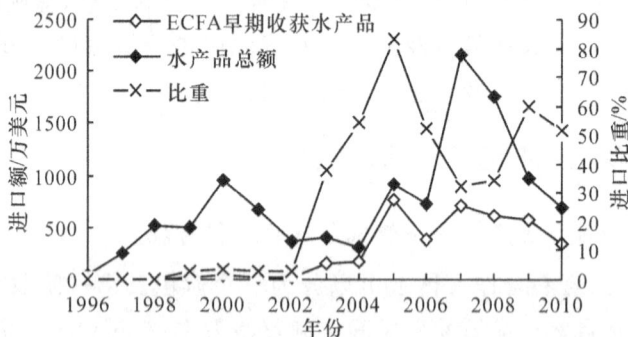

图 9-1　1996—2010 年福建从台湾进口 ECFA 早期收获水产品额及其比重

（2）台湾方面的早期收获产品清单中没有涉及水产品

台湾居民对水产品的口感、风味以及花色品种等的要求越来越高,而以水产养殖业为主的福建渔业能够满足台湾居民多样化的结构需求,这从福建对台出口额的变化上得以体现。由第 4.3.1 小节的分析可知,福建对台出口额由 2007 年的 3972 万美元激增至 2010 年的 46443 万美元,年均增长率高达 126.97%。然而,台湾方面的早期收获产品清单中没有涉及水产品。不仅如此,台湾当局对两岸水产品贸易还实行限制措施,有 59 种渔产品禁止从大陆间接进口,55 项需经过项目审查才允许进口。这显然不利于提升台湾居民的福利水平,不能满足台湾同胞日益增长的对水产品的需求。

（3）非关税领域的合作并没有全面展开

根据区域经济一体化理论,自由贸易区是一种最基本的区域经济合作形式,它通过消除区内贸易壁垒的形式来实现各成员国（地区）之间的贸易自由化。ECFA 中的贸易磋商内容涉及非关税领域,包括但不限于 TBT 和 SPS 措施。从第 8.4 节的研究可知,福建与台湾的水产品限量指标存在很大的差异,台湾的标准要高于福建。因此,两岸之间的非关税合作并没有开展成为闽台水产品贸易进一步自由化发展的障碍。

9.2.2　闽台渔业投资领域的合作

9.2.2.1　闽台渔业投资领域的合作状况

在大陆对台湾"惠渔"政策的落实和福建"同等优先、适当放宽"经贸措施的推动下,大批台资企业投资福建渔业:根据2009年的资料,有514家台资企业投资福建渔业,合同利用台资8.17亿美元,实际利用台资6.7亿美元,投资领域涵盖水产养殖、种苗培育、鱼饲料、水产品深加工、休闲渔业及渔业科技等。台资企业在带来大量资金的同时也带来了先进的技术和设备,加速了福建渔业产业的发展。例如,福清的华万、弘晟、富荣三家水产加工企业的台资总额达1100多万亿美元,其烤鳗产量为5500吨,产值近8000亿美元,成为福州市水产出口创汇的中坚力量。福建大量吸引台商投资的同时也从台湾引进了先进的技术。福建引进了台湾大量的优良水产种苗,如罗非鱼、甘脂鱼、红鱼、斑节对虾及九孔鲍鱼等20多个名优品种。优质水产种苗的引进促进了福建高优水产养殖业的发展,优化了水产品结构。

9.2.2.2　闽台渔业投资领域合作存在的问题及原因

ECFA规定了建立投资的保障机制、逐步减少相互投资的限制、提高投资的透明度以及促进投资便利化等。从总体上看,闽台渔业投资领域的合作还存在以下问题:第一,投资福建渔业的台资规模还较小,投资的领域也不够宽广,主要集中在水产养殖业和水产加工业上,而在远洋渔业方面的投资较少。第二,ECFA中规定减少相互投资的限制,而目前闽台渔业投资领域的合作主要表现在台湾企业在福建的投资,还没有出现福建企业在台湾的投资,更没有两者联手共同投资开发海外市场的成功案例。

产生此问题的主要原因有两个:一是福建渔业内部的经济环境问题。首先,福建渔业生产的经营主体呈现多元化的特点,包括个体经营、民营企业经营、股东所有经营等形式。其次,加工环节的龙头企业较少,抵御风险的能力不足、竞争力不强,整个渔业的行业协会较少,缺乏有效的行业约束和规范机制,企业之间容易出现恶性竞争。再次,整个行业的科技含量低,科技研发和配套体系建设不够完善。经济环境影响了台商在福建的投资热度,例如,由台商投资带动的福清鳗鱼业产业链,由于缺乏有实力的龙头企业和良好的企业品牌,整个产业链的运行风险极大。药物残留事件对福清鳗鱼业造成巨大的冲击,导致鳗鱼产业萎缩。二是台湾当局的政策限制。从第7章的分析可知,台湾有先进的渔业技术水平,但缺乏渔业资源,台商对福建投资可充分发挥其技术优势,但台湾当局不允许 16 项具有特别技术及高度竞争力的产业项目到大陆投资,另外有 87 项专门技术被列为项目审查类。

9.2.3　闽台远洋渔业领域的合作

9.2.3.1　闽台远洋渔业领域的合作状况

目前闽台远洋渔业领域合作的主要表现形式为远洋渔业劳工合作。从第 7 章分析可知,由于台湾社会经济环境的变化,大量劳动力向高附加值的产业转移,台湾基层劳工短缺,劳工成本大幅上涨,因此,台湾开始雇用大陆渔工,两岸民间渔工劳务合作逐步展开。福建省是率先开展两岸渔工劳务合作的地区,1987 年开展对台渔工劳务合作以后,福建每年向台输出渔工 2 万～3 万人,成为台湾渔工劳务需求的最大市场,2006 年商务部批准福建对台渔工劳务数 8440 人,占大陆对台渔工输出的 70% 左右。为加强海峡两岸渔业劳工合作,2009 年 12 月 22 日,大陆海协会会长陈云林与台湾海基会董事长江丙坤在台中签署《海峡两岸渔船船员劳务合作协议》,开启了两岸渔业劳工合作的新纪元。由第 7.1.1.2 小节的分析可知,专业化分工是未来闽台渔业发展的新方向。因此,2009 年福建举办了 17 期对台渔工基本技能培训,培训渔工近 1400 人次;发放对台渔工《渔业船员专业训练合格证》1200 余本,为台湾输送合格渔工。福建渔工成为台湾渔业特别是远洋渔业发展的劳动力支柱。

9.2.3.2　闽台远洋渔业领域合作存在的问题及原因

长期以来,福建赴台劳工面临权益得不到有效保障等问题,如基本生活得不到保障、工资偏低以及劳保和卫生条件缺失等。产生此问题的主要原因是,《海峡两岸渔船船员劳务合作协议》中没有指导性的工资条款,更没有具体规定渔工医疗保险的方式等。另外,为保证我国渔工权益,商务部对对台劳工输出公司有严格的规定,仅规定了 11 家公司有权从事对台渔工输出业务,虽然该规定的出发点是好的,但负面效应同样显而易见:一些想赴台的渔工只能通过非法的中介机构赴台,从而导致渔工权益受损。

9.2.4　闽台渔业科技领域的合作

9.2.4.1　闽台渔业科技合作状况

ECFA 还列出了两岸在服务贸易方面的开放承诺,为闽台渔业科技领域的交流与合作奠定了官方基础。闽台渔业在科技领域的交流与合作越来越频繁,闽台各高校与渔业科研院所的交流进一步深入,由考察访问到实质性的合作,定期在两地展开渔业科技交流研讨活动,直接引进台湾技术成果,建立长期的合作机制。ECFA 签署后,闽台渔业科技领域合作进一步加强,2011 年 3 月 27 日,高雄海洋科技大学与闽威集团签署了渔业科技合作协议,该协议明确了双方的长期战略合作关系,合作领域包括引进先进设备和技术以及渔业人才交流合作等。

9.2.4.2　闽台渔业科技合作存在的问题及原因

ECFA 的签署为闽台渔业科技领域的合作注入了一针强心剂,但闽台渔业科技领域的合作仅初步开展,很多方面的合作有待于进一步深入。其主要原因是,首先,虽然 ECFA 已签署,但关于科技领域合作的单项协议并未签署,这使得闽台渔业科技合作只能在民间、高校和科研院所间零星展开,科技合作的正式渠道尚未形成。其次,ECFA 规定了研究与开发服务的开放措施,但该措施仅停留在人力资本的流动上,而从第 7 章的分析可知,福建和台湾都面临着渔业人力资本匮乏的困境,人才的短缺阻碍了闽台水产品国际竞争力的进一步提升,而闽台之间尚未建立长效的渔业人才共同培养的合作机制。

9.2.5　闽台渔业自然资源保护领域的合作

9.2.5.1　闽台渔业自然资源保护领域的合作状况

台湾海峡是闽台双方共同拥有的海洋资源。闽台沿、近海捕捞渔业产量均有所下降,这主要是环境污染和过渡捕捞等造成了近海渔业资源的衰退。双方在该领域的合作始于 2007 年,该年台湾海洋大学与厦门大学、福建水产科学研究院及福建海洋研究所等科研院所共同承担了"两岸联合开展台湾海峡渔业资源养护与管理"项目,2011 年该科研项目通过验收,取得了丰厚的科研成果。在 2009 年的海峡渔业周·渔博会期间,来自中国水产学会、厦门大学、台湾海洋大学、高雄市海洋局等单位的 120 多名专家学者参加了台湾海峡渔业资源养护的研讨会,会后,台湾海洋大学与福建水产研究所共同签署了《两岸共同制定台湾海峡渔业资源养护方案意向书》,该意向书的主要内容包括:开展台湾海峡海洋环境的调查与评价、开展台湾海峡渔业资源和渔业生产状况的调查与评价以及开展增殖放流的研究。

9.2.5.2　闽台渔业自然资源养护合作存在的问题及原因

ECFA 在经济领域的合作中强调了双方在重大领域中的合作,而台湾海峡渔业资源的保护与利用是关系闽台乃至两岸渔业产业可持续发展、功及千秋万代的重大事件。但闽台在该领域的合作却面临着很大的现实问题,双方在渔业资源养护和管理上没有形成有效的合作机制,致使台湾海峡渔业资源面临着枯竭的危险,有研究表明,台湾海峡的捕捞产量已远远超过其渔业资源的承载能力(戴天元等,2009)。

其主要原因有:第一,闽台在该领域的合作尚处于民间及科研院所的交流与合作、开展对渔业资源的调查与研究工作层面,尚未有正式的官方文件及官方层面的合作;第二,闽台渔业资源的养护和管理领域的合作机制尚未形成;第三,闽台在海洋与渔业资源养护和管理方面的沟通机制尚未形成,导致发生纠纷时不能得到有效、及时的处理。

9.3　闽台渔业合作的基础

随着 ECFA 的签署,闽台渔业合作必将往更深的层次发展,开展闽台渔业合作、共同提升双方在国际市场上的竞争力逐步成为海峡两岸同胞共同关注的问题。开展包括闽台水产品贸易在内的闽台渔业合作有其基础成为制订闽台渔业合作策略的前提条件。下面将就这一问题展开探讨。

9.3.1　闽台水产品贸易合作的基础

9.3.1.1　融合是闽台水产品贸易的合作背景

从第 4.3.1 小节的分析可知,闽台水产品贸易规模不断扩大、贸易结构不断分散和贸易依存度不断上升,表明闽台水产品贸易出现相互依赖的状况,逐步表现出"你中有我、我中有你"的融合态势,台湾已成为福建水产品出口的第二大目标市场。闽台水产品贸易的发展为闽台水产品贸易进一步合作奠定基础。

9.3.1.2　闽台水产品贸易的互补性

通过第 4.3.2 小节和第 4.3.3 小节的闽台水产品竞争与互补的研究可知,闽台在国际市场上产品相似性较低,闽台水产品存在很强的互补性,主要表现为产业间互补,福建的水产品种类主要集中在甲壳软体类动物以及水产品的深加工品,而台湾则以远洋捕捞的生鲜鱼产品为主。另外,福建的渔业以水产养殖业为主,主要的鲜活水产品有鳗鲡鱼、黄花鱼、沙丁鱼、鲱鱼、鲳鱼及甲壳软体动物等,而台湾则以远洋捕捞的剑鱼、鲣鱼、鲔鱼、鱿鱼等产品为主,因此,从鲜活类产品考察,闽台水产品贸易之间也存在很大的互补空间。

9.3.1.3　闽台水产品出口市场的相似性

另外,从市场相似性分析,由于闽台的地缘较近,两者的市场相似性较高,目标出口市场主要集中在日本、美国、韩国、东盟、欧盟以及中国香港市场,这使得闽台在这些市场上存在竞争成为可能。然而,产品结构的互补使得市场结构的相似这一不利条件转化成双方可以合作共同开发海外市场的有利契机。

此外,台湾水产品在亚洲市场的出口份额大大增加,台湾正逐步开发那些处于较快发展阶段但尚未开发或未充分开发的市场,福建也致力于开拓诸如欧盟、南美洲等市场,这一状况使得闽台可以以全球布局的眼光来展开水产品贸易领域的合作,共同开发新兴市场。

9.3.2　闽台水产业合作的内部产业基础

从影响闽台水产品国际竞争力的内部产业因素分析,闽台仍然存在巨大的合作空间。

9.3.2.1　生产要素的优势互补

根据区位经济理论,区位因素可通过生产因素的流动来推动区域经济的发展,在生产要素自由流动的情况下,生产要素往往流向区位因素优越的地区,从而实现资源的优化配置。从生产要素对闽台水产品国际竞争力的影响可以看出,福建在初级生产要素(渔业自然资源、劳动力资源及生产资料供给)上较台湾具有竞争优势,而台湾则在高级生产要素(基础设施、人力资本和技术水平)上优于福建,闽台存在生产要素的上下游互补,具有广泛的合作空间。

9.3.2.2　内部需求环境的互补

从第 7.2.3 小节的分析可知,闽台内部需求环境的差异性归根结底是经济发展水平的不同引起的。虽然在消费规模上台湾较福建有优势,但从产品多样性角度考察,以远洋捕捞为主要生产方式的台湾水产品种类远不如以水产养殖为主的福建水产品种类丰富,而台湾居民的生活水平已达到极富裕水平,人们对水产品的口感、风味以及花色品种的要求越来越高,岛内水产品供给已无法满足人们日益增长的需求,导致水产品需求下滑。福建居民对水产品绝对数量的需求大于台湾居民,福建水产品国际竞争力的提升很大一部分得益于内部需求环境的改善。可见,台湾消费者更注重消费的质量与风味,而福建消费者则关注消费的绝对数量,两者在水产品消费水平上互补。

9.3.2.3　产业结构的互补

福建渔业主要以水产养殖业为主,而台湾渔业则以远洋捕捞业为主,两者有着很强的互补性(见本书第 7.3.2.1 小节的分析),这种产业结构的互补是产品结构互补的源泉,台湾水产品主要以远洋捕捞产品为主,水产加工品也主要以远洋捕捞产品的初加工品和深加工品为主,如大西洋鲔鱼、鱿鱼及秋刀鱼等,而福建水产品则来源于水产养殖产品及其加工品,这些产品种类主要以淡水产品、浅近海鱼类以及甲壳软体动物为主,如黄花鱼、鳗鲡鱼、斑点叉尾鮰等以及锯缘青蟹、斑节对虾、牡蛎、蛤、星虫(土笋)等。产业结构的不同为闽台渔业合作提供基础。

9.3.2.4　相关与支持性产业的互补

从相关与支持性产业角度分析,闽台在渔网制造业、饲料产业的国际竞争力都很强,但福建生产的渔网主要以网箱用渔网以及近海捕捞渔网为主,而台湾则以远洋捕捞渔网,如拖网、围网和火诱网等渔网为主,两者存在互补。虽然闽台在饲料业上均具备较强的竞争优势,但鱼饲料主要源于进口,且闽台对鱼饲料的需求类型不同,福建主要以黄花鱼、鳗鲡鱼饲料为主,而台湾则以石斑鱼和虱目鱼的饲料为主,两者存在互补。此外,福建在包装业和冷冻设备制造业上具备竞争优势,而台湾则大多依赖进口,两者形成互补。

9.3.3　闽台水产业合作的外部环境条件

9.3.3.1　加入 WTO 与闽台渔业合作

从第 8 章构建的 CMS 模型的结果来看,加入 WTO 对福建水产品国际竞争力的提升有长久的促进作用,而加入 WTO 对台湾水产品国际竞争力的提升从短期看是有利的,但从长期看其促进作用不明显,这主要是由于台湾自身的产业问题制约了其水产品国际竞争力的提升。加入 WTO 为闽台水产品进一步加强贸易合作奠定基础。

9.3.3.2　外部需求环境与闽台渔业合作

从第 8 章关于外部需求环境对闽台水产品国际竞争力影响的分析可知,闽台对世界市场水产品的需求反应度越来越高,世界市场需求结构对闽台水产品出口的影响越来越大。另外,通过引力模型分析可知,外部市场的需求量对闽台水产品国际竞争力的影响同样显而易见。闽台可根据外部市场需求特征,展开国际市场营销层面的合作,共同开发世界水产品消费市场。

9.3.4 闽台渔业优劣势互补

福建渔业主要是以水产养殖业为主,这有利于降低水产品深加工成本、提高深加工品产量,更有利于提高甲壳、软体类产品的产量,同时养殖渔业较捕捞渔业在生产上具有更强的可控性,能根据市场需求快速调整产品结构。然而,这种生产方式势必影响水产的品质,同时引起药物残留超标等水产品质量安全问题,从第 8 章的分析可知,2005—2010 年福建对三大出口市场日本、美国和欧盟水产品出口受阻事件总计高达 336 件,而台湾的受阻事件仅为 57 件,福建是台湾的 5.9 倍。水产品质量安全问题是福建渔业面临的重要问题。

而台湾渔业则以远洋捕捞业为主,对产品的可控性相对较差,很难根据市场需求结构的变化做出及时调整;此外,随着公海渔业的管理和限制日趋严格,远洋渔业将面临新的挑战。在水产养殖方面,自然资源环境的制约导致了台湾水产养殖面积持续下降,严重制约了该产业的发展。

福建渔业的优势正好是台湾渔业的优势,而福建渔业的劣势正好是台湾渔业的优势,两者优劣势互补。

9.4 ECFA 下提升闽台水产品国际竞争力的渔业合作建议

ECFA 第三章"经济合作"中第六条和第七条分别提到"推动海峡两岸重大项目合作"以及"提升中小企业竞争力"的内容。从本书第 9.3 节的研究可知,闽台在渔业领域拥有广阔的合作基础,但目前的合作尚不完善,远未达到帕累托最优改进。因此,如何在 ECFA 背景下继续发扬以海为媒、以渔为桥的优势,本着优势互补、互利共赢的理念,进一步完善闽台渔业领域的合作以共同提升水产品国际竞争力成为两岸学者亟待解决的问题,同时也是本书的最终研究目的。基于前面的研究结果,本书提出以下政策层面的思考。

9.4.1 闽台水产品贸易领域合作的建议

从第 9.2.1.2 小节的分析可知,目前闽台水产品贸易领域的合作存在问题的主要原因是:大陆方面 ECFA 早期收获清单中水产品占福建从台湾进口水产品比重原本就很大,降税计划的贸易促进作用不明显,台湾方面的早期收获清单中没有涉及水产品以及非关税领域的合作并没有全面展开。而从闽台水产品贸易的竞争与互补性分析可知(详见第 4.3.1 小节的研究),尽管从"小额贸易"开始闽台水产品贸易已有相当长的历史,但闽台水产品贸易仍然存在巨大的合作空间,福建在养殖产品上有比较优势,而台湾则在远洋捕捞产品上较具优势。另外,从两者水产品消费差异性分析可知,福建更注重水产品消费的绝对数量,而台湾则注重水产品的质量和风味(详见第7.2.3小节的研究),福建发达的水产养殖业正好可以满足台湾消费者对水产品风味的需求,而台湾也可通过向福建销售远洋捕捞产品,解决其水产品滞销问题。根据福利经济学原理,以目前闽台水产品贸易情况来看,其合作方式远未达到生产和交换的帕累托最优条件。因此,为了进一步提升闽台水产品的社会总福利水平,本书提出的建议如下:

第一,扩大 ECFA 早期收获清单的水产品范围。台湾方面的早期收获清单应涵盖"鲜冷等甲壳软体类""鱼制品"和"甲壳软体制品"等养殖水产品,以满足台湾居民的消费需求。而大陆方面的早期收获清单应包含"鲜活冷藏冻鱼"中的剑鱼、旗鱼、鲔鱼等远洋捕捞产品,在满足福建水产品需求、丰富福建水产品消费种类的同时也解决台湾远洋产品滞销问题。

第二,加强双方检验检疫领域的合作。从第8章的分析可知,台湾对药物最高残留量和"不得检出"品的限量标准要高于福建。自由贸易区建设是通过消除区内贸易壁垒的形式来实现各成员之间的贸易自由化的。"非关税措施"是 ECFA "货物贸易的磋商"的重要内容之一,因此,双方应在 ECFA 框架下加强在这一领域的磋商,制订单项协议,先从水产品检验检疫领域实施便捷有效的监管措施并简化检验程序开始,而后建立一致的水产品质量安全限量标准,最后建立统一的质量安全监管体系以达到消除内部贸易壁垒的目的,为水产品自由贸易区建设奠定基础。同时,福建可通过"干中学"提升其在水产品质量安全上的监管水平,逐步建立完善的产业链风险防范机制,这对提升福建水产品国际竞争力有巨大的推动作用。

9.4.2 闽台水产养殖业领域合作的建议

目前,闽台水产养殖业方面的合作主要表现在吸引台商在福建投资,经过消化、吸收、创新和推广,提升福建水产养殖业的国际竞争力。而台湾方面,由于受到自然资源、渔业劳动力的短缺的限制,其技术优势难以充分发挥,通过对福建直接投资可发挥台湾在技术水平上的优势。但闽台水产养殖业的合作还存在规模较小的问题(见第9.2.3.2小节的分析)。为此,在水产养殖业方面,闽台应继续拓宽与加强此合作方式,从共同市场的理念出发,由福建引进台湾研发的优质水产种苗,利用福建发达的水产养殖业,建设生产基地,再将相应产品供应中国市场以及出口至国际市场。此外,闽台可从所谓的"台湾接单、福建生产、互利共荣"（黄炳文和施孟隆，2004）的全球布局基本理念出发，发挥台湾在产品研发、创新、品牌和营销方面的优势，获取国际订单，再利用福建在劳动力、水产养殖资源等方面的优势，生产物美价廉、独具风味的产品，销售至全球各地。

结合第 9.2.3 小节的分析，本书提出了闽台在该领域合作的建议。福建方面，应加强对渔业外部经济环境的管理，改善渔业产业链整合的环境，从而引导微观经济主体进行自主性的创新活动。具体的措施有：通过建立渔业合作社，规范水产养殖业的管理，并着力扶持一批有实力的龙头企业，带动该产业国际竞争力的提升。实施渔业标准化管理，完善监管机制，并在此基础上建立完善的水产品质量安全标准体系成为福建吸引台商投资、提升自身竞争力的关键。台湾方面，应从自身渔业发展的实际情况出发，在 ECFA "建立保障机制、提高透明度、减少相互投资的限制"的总目标的基础上，适当放宽不允许对大陆投资的特别技术项目，鼓励台商对福建投资，以提升水产品的国际竞争力。

9.4.3　闽台水产加工业领域合作的建议

闽台在水产加工业上同样存在广泛的互补，从第 7.1.2.1 小节和第 7.3.3 小节的分析可知，台湾拥有先进的水产品保鲜加工能力，其鲜活水产品在国际市场上具备很强的竞争优势，而以水产养殖为主要生产方式的福建在水产品的深加工原料方面较以远洋捕捞为主要生产方式的台湾更具优势，但福建的精深加工能力不及台湾，因此，福建可利用自身在加工原料上的优势，通过建立创业园、吸引台商投资的方式引进台湾水产品保鲜与深加工技术，提高自身竞争力。而台湾则可通过技术转移使自身加工技术的优势得以发挥，从而推动水产加工业共同市场的建设。具体的合作建议与水产养殖业领域的合作建议（见第 9.4.2 小节的分析）一致。

9.4.4　闽台远洋渔业领域合作的建议

远洋捕捞业是台湾渔业的支柱产业，无论在生产规模还是在技术水平上均处在世界领先地位。从第 7 章的研究可知（见第 7.1.2.1 小节的分析），虽然福建在渔船拥有量方面高于台湾，但在渔船的现代化水平方面远低于台湾。福建的远洋捕捞业相对薄弱，但其优势在于是许多渔业组织的成员，拥有丰富的劳动力资源。目前福建对台远洋渔工的输出是闽台远洋渔业领域现有的主要合作方式。因此，在 ECFA 时代，为了进一步提升闽台远洋渔业的国际竞

争力,本书提出以下两条建议:

第一,完善对福建赴台渔工的社会保障制度。结合闽台渔业劳工合作中存在的问题(见第 9.2.4.2 小节),本书建议闽台应展开进一步的磋商,并应邀请更多的福建省代表参与,以修改、完善《海峡两岸渔船船员劳务合作协议》或在 ECFA 第二章第四条的"逐步减少并消除双方涵盖众多部门的服务贸易的限制性措施""扩展服务贸易的深度与广度等"的总目标的基础上补充该领域的单项合作协议,从而加强福建赴台渔工的人身和社会保障。此外,由于商务部对劳工输出公司有严格的规定,一些想赴台的渔工只好通过非法的中介机构赴台,导致渔工权益受损。为此,福建可从实际情况出发,允许有权从事对台渔工输出业务的公司以委托关系的形式委托经办公司具体操办此项业务,但责任仍由原公司承担。这样既可使两类公司共赢,又解决了从事该项业务的公司数量太少的问题。

第二,鼓励台商投资福建远洋渔业。从第 7 章的分析可知,福建远洋渔业发展水平相对滞后,而台湾该产业则相当发达,但台商在该领域对福建的投资相对较少。为此,在后 ECFA 时代,闽台可开拓该领域的合作空间,吸引台商在福建投资,利用大陆在公海的捕捞配额优势和劳动力资源的优势,加上台湾先进的远洋捕捞的技术优势,联手开发国际资源,共同提升该产业的国际竞争力。

9.4.5 闽台沿、近海捕捞渔业领域合作的建议

闽台的环境污染和过渡捕捞等问题造成了近海渔业资源的衰退,因此,保护台湾海峡渔业资源成为双方沿、近海渔业可持续发展的关键。而闽台在这方面的合作仅体现在民间和科研院校的交流与合作上,缺乏在官方领域的合作,从而不能有效地保护台湾海峡的渔业资源。

本书在 ECFA 第三章第六条"研究两岸产业布局和重点领域以推动重大项目合作"总目标的指导下提出如下建议:

第一,共同调查台湾海峡的渔业资源。双方科研机构可联合展开对台湾海峡两岸渔场和海盆地区生态环境、渔业资源、各种海洋动植物的种群动态、群落变动特征的调查工作,为建立台湾海峡渔业资源的保护政策奠定坚实的生物学、生态学基础。这方面的工作已初步展开,但还需进一步深入。

第二,建立双方渔业管理执法人员的互访机制和海上执法的互信机制。这是解决渔业纠纷的最佳途径,同时也为共同保护台湾海峡渔业资源打下基础。

第三,进行重要经济水产种苗的放流与管理工作。双方可合作开展重要经济种苗的放流与管理工作,如对大黄鱼、虱目鱼、石斑鱼以及锯缘青蟹等开展此项工作,并在此基础上联合开展对台湾海峡海洋生态环境的监测和预警工作。

第四,共同制订台湾海峡渔业资源的保护方案。在共同调查渔业资源、建立互信互访机制以及海洋放流和海洋污染的检测预警工作的基础上,双方可共同制订长远的台湾海峡渔业资源保护方案,并在 ECFA 框架下共同制订长期有效的台湾海峡渔业资源监测、监管和管理的单项协议,并建立相应的监管机制。

9.4.6 闽台渔业投资领域合作的建议

从第 7 章和第 9.3.2 小节的分析可知闽台在要素禀赋上存在互补,福建在初级生产要素,如渔业自然资源和渔业劳动力资源上较台湾具有优势,而台湾则在渔业高级生产要素,如基础设施、人力资本、技术水平上较福建具有优势。渔业自然资源的匮乏是要素禀赋层面制约台湾水产品国际竞争力提升的主要因素,而福建有丰富的水产养殖业资源,两者在资源禀赋上形成互补。因此,鼓励台商在福建直接投资,弥补福建在资金层面上不足的同时带来先进的水产品生产技术和人力资源,以填补福建在高级生产要素上的短缺。台湾方面,通过对福建的投资,利用福建相对丰富的渔业劳动力资源可使台商的边际收益远大于边际成本;另外,虽然自然资源的短缺使得台湾水产业结构无法向养殖业倾斜,但通过对福建直接投资可使台湾水产养殖业的技术优势得以发挥,从而形成共同的核心竞争力。此外,闽台在渔业投资领域的合作还可多元化,如福建有实力的企业向台湾投资,以及开展投资合作共同开发境外市场等。

目前,闽台渔业投资存在的问题主要有台商对福建的投资规模不够大、领域不够宽以及双向投资的机制还未形成(见第 9.3.1.2 小节的分析)。而导致这些问题的主要原因是福建的投资环境问题和台湾当局的政策因素,因此,就促进闽台渔业领域的投资,本书提出以下三点建议:

第一,进一步吸引台商在福建的直接投资,改善投资环境。福建省政府可通过优惠政策和创造优良的投资环境进一步鼓励台商在福建的渔业投资,现在的投资领域主要在水产养殖业和水产加工业上,在第 9.4.2 小节和第 9.4.3 小节的建议指导下进一步深化台商在这两个领域的投资,同时鼓励台商投资福建的远洋渔业,另外,正如第 9.4.4 小节的建议,闽台可通过在远洋渔业上的合作共同开发世界渔业资源。如霞浦台湾水产品集散中心已经建成,可在此基础上进一步建成规模更大的闽台远洋捕捞产品集散中心。具体合作形式可效仿舟山的"海峡两岸远洋渔业合作基地",以"一个中心、四大基地"为宗旨建立合作基地。当然,各地可根据实际情况与台湾远洋企业展开合作,建立适合于本地特色的远洋渔业合作基地。

第二,鼓励双向投资。目前闽台渔业投资领域的合作仅体现在台商在福建的投资,而 ECFA 的总目标涵盖"促进双向投资以及促进产业交流与合作",因此,闽台可在 ECFA 框架下通过磋商形成渔业投资的互动机制,鼓励有实力的福建渔业企业向台湾投资,特别是投资台湾远洋渔业,以学习其先进技术和管理水平。

第三,闽台合作共同投资开发第三方市场。邓宁认为,人均 GDP 超过 4750 美元的国家(地区)对外直接投资的力度明显加强。2010 年,福建与台湾的人均 GDP 分别达到 5894.21 美元和 18561.13 美元,均超过邓宁 4750 美元的标准,都有对外投资的需求。另外,从世界水产品生产与贸易的变动分析可知(详见第 4.1.2 小节的研究),世界水产品出口新兴市场正在形成,如东盟各国以及南美洲国家等,这些国家大多为发展中国家,有着吸引外资的需求。因此,闽台可联手投资开发境外渔业资源,在 ECFA 经济合作框架下补充"联合开发国际渔业市场"的单项协议,协议的具体内容可包括设立"闽台渔业共同基金"、投资第三方渔业基础设施、在境外建立共同的渔业贸易合作区等。

9.4.7　建立闽台渔业人力资本共同培养机制

ECFA 规定了研究与开发服务的开放措施,但该协议仅停留在人力资本的自由流动上,而从第 7 章分析可知,闽台都面临着渔业人力资本匮乏、人才短缺的问题,从而阻碍了闽台水产品国际竞争力的进一步提升。因此,闽台双方应在 ECFA 框架下进一步简化人才流动程序,加强人力资本自由流动,加强水产院校的交流与合作,签订渔业人才共同培养的单项合作协议,共同培育闽台渔业科技与管理人才,这也是闽台渔业长远发展的需要。

9.4.8　加大特色水产品的合作,夺取国际市场定价权

从福建鳗鱼制品与世界市场价格的关系可知(详见第 6.3 节的分析),鳗鱼制品的国际市场价格是由出口方福建和进口方日本共同决定的,另有研究表明国际市场鳗鱼价格是由日本市场来决定的。因此,福建该产品在国际市场上缺乏定价权。依据经济学理论(高洪业,2001),只有当供不应求的局面

产生并维持较长时间时,这种局面才能得以扭转。台湾是鳗鱼生产大省,其鳗苗捕捞量占亚洲的 20％左右,台湾有着发达的鳗鱼养殖技术。因此,闽台可利用台湾在鳗鱼生产上的优势,福建在鳗鱼制品加工上的优势,加强合作,并在两岸鳗鱼协会的协调下开展从生产、加工到销售的全产业链的合作方式,在保持该产品的垄断地位、提高产品质量的同时,共同应对出口目标市场的技术性贸易措施,夺取国际市场定价权。另外,正如第 3 章的分析,因区位因素而产生的水产品的差异性是水产品国际竞争力产生的源泉,世界水产品出口大国均有各自独具特色的水产品种类,如挪威的淡水鳕鱼、鲑鱼以及鱼子酱等,泰国的龙虾、热带观赏鱼等。由于闽台在自然物候条件上接近,具备区位优势,许多水产品种类在国际上独具特色,如台湾的石斑鱼、虱目鱼和九孔鲍鱼,福建的大黄鱼、龙须菜、锯缘青蟹等,因此,闽台在这些特色产品上的合作具有广阔的市场前景。

9.4.9 合作展开差异性的国际市场营销策略

竞争业绩提升的关键在于提高水产品的国际市场占有率和水产品的盈利能力。从第 8 章的分析可知,加入 WTO 和国际市场需求均对闽台水产品国际竞争力的提升有明显的促进作用。此外,粮、油等大宗农产品在使用功能方面具有基础性的作用,需求弹性低、可替代性弱,而水产品则具有需求弹性大和可替代性强的特点。据 FAO 测算,城市居民主要食品消费收入弹性最高的是水产食品,消费收入弹性达 0.857。因此,在提升竞争业绩方面,闽台应在 ECFA 第三章第六条"推动中小企业合作以提升竞争力以及推动两岸经贸社团互设办事机构"的经济合作框架下开展国际市场营销领域的合作协议的磋商,本协议应着眼于国际市场需求结构,根据两者水产品结构互补的特点进行合作,共同开发世界水产品消费市场,制订差异性的营销策略。

闽台水产品主要出口市场有日本、美国、韩国、东盟、欧盟以及中国香港市场,福建与台湾可根据各个市场需求的不同制订不同的营销策略,以提高闽台水产品在国际市场的占有率,提升竞争力。

9.4.9.1 日本市场的营销策略

表 9-3 给出了 1996—2010 年日本市场分种类水产品进口比重。从表 9-3可知,鲜活水产品在日本水产品进口的比重最高,以 2010 年为例,鲜活水产品占日本水产品进口的 74.91％。在鲜活产品中以"鲜活冷藏冻鱼"的需求量最大,其次为"鲜冷等甲壳软体类",2010 年这两类产品分别占日本水产品进口额的 48.78％和 26.13％。另外,"甲壳软体制品"的比重也表现为上升状态,

从 1996 年的 4.64％上升到 2010 年的 8.66％。

根据以上分析,在日本市场,闽台应加强对以上 3 类水产品的出口,特别是加大对正处于需求上升期的"甲壳软体制品"的出口。另外,从第 6 章的分析可知,日本对烤鳗的需求量很大,福建又在该产品对日出口中处于卖方垄断地位,闽台可根据自身优势加强该产品对日出口的合作,例如台湾可培育优良的鳗鲡鱼种苗,而福建负责生产和加工等。

表 9-3 1996—2010 年日本市场分种类水产品进口比重

单位:％

年份	鲜活冷藏冻鱼	干熏腌鱼	鲜冷等甲壳软体类	鱼制品	甲壳软体制品	鱼粉浆渣	水生植物及产品	其他类水产品
1996	41.20	2.57	38.71	9.36	4.64	1.67	1.10	0.13
1997	42.10	1.99	37.11	10.18	4.92	1.91	1.22	0.58
1998	41.70	1.74	38.26	9.35	5.22	1.95	1.29	0.48
1999	45.70	1.72	35.34	8.73	5.35	1.40	1.35	0.41
2000	43.46	1.70	36.21	9.86	6.02	1.16	1.13	0.21
2001	45.04	1.79	33.21	9.24	6.82	1.96	1.23	0.70
2002	44.92	1.86	32.60	9.56	6.96	2.21	1.25	0.64
2003	46.31	1.99	31.46	8.50	7.85	1.89	1.42	0.22
2004	46.71	1.71	29.32	10.27	7.99	1.92	1.55	0.52
2005	48.43	1.77	28.02	9.39	8.33	1.77	1.64	0.64
2006	46.22	1.64	28.30	10.03	8.71	2.83	1.64	0.29
2007	46.29	1.81	27.88	10.28	8.69	2.79	1.47	0.34
2008	50.72	1.75	26.36	8.38	8.19	2.14	1.46	0.32
2009	49.30	1.91	26.57	8.91	8.98	2.09	1.42	0.36
2010	48.78	1.65	26.13	9.34	8.66	3.28	1.39	0.42

9.4.9.2 美国市场的营销策略

与日本市场相同,美国水产品进口以鲜活水产品为主(见表 9-4),曾一度占水产品进口的 80％以上。然而,与日本市场不同的是,甲壳软体动物及制品的需求相对鱼产品较旺盛,以 2010 年为例,"鲜冷等甲壳软体类"和"甲壳软体制品"两类水产品占美国市场进口的 49.37％。另外,生鲜水产品比重开始出现持续下降的走势,从 1996 年的 81.23％下降到 2010 年的 74.02％,其中"鲜冷等甲壳软体类"的下降趋势最为明显,由 1996 年的 46.19％下降到 2010

年的 36.12％。而水产品的深加工品的进口比重不断上升,从 1996 年的
14.98％上升到 2010 年的 22.47％,其中"鱼制品"和"甲壳软体制品"都表现
为上升趋势,分别从 1996 年的 7.33％和 7.65％上升到 2010 年的 9.22％和
13.25％。由此可见,美国市场水产品需求仍然以生鲜水产品为主,但进口比
重在下降,而水产品的深加工品的进口比重有不同程度的上升。

表 9-4　1996—2010 年美国市场分种类水产品进口比重

单位:％

年份	鲜活冷藏冻鱼	干熏腌鱼	鲜冷等甲壳软体类	鱼制品	甲壳软体制品	其他类水产品
1996	35.04	1.86	46.19	7.33	7.65	1.93
1997	33.61	1.61	47.89	7.10	7.97	1.81
1998	34.00	1.61	46.18	7.51	8.99	1.70
1999	34.39	1.56	44.91	7.73	10.05	1.35
2000	32.78	1.43	47.19	6.04	11.20	1.36
2001	32.00	1.47	46.45	6.87	11.85	1.36
2002	33.20	1.51	43.69	7.10	12.99	1.50
2003	32.39	1.41	44.67	7.76	12.32	1.44
2004	33.21	1.43	42.42	8.29	13.03	1.62
2005	34.76	1.47	40.79	8.27	13.06	1.65
2006	35.78	1.43	39.19	7.92	13.93	1.75
2007	37.66	1.57	38.70	7.68	12.72	1.67
2008	36.93	1.63	37.62	8.87	12.98	1.97
2009	38.61	1.79	35.63	9.00	13.14	1.84
2010	37.90	1.58	36.12	9.22	13.25	1.93

美国在甲壳软体类水产品的需求旺盛,这使得以生鲜鱼产品为出口导向
的台湾对美国出口额呈现不断下滑的走势(详见第 5.4.2 小节的分析),而在
甲壳软体类水产品上较有优势的福建对美出口额不断上升。因此,台湾应发
挥其在贝苗的育种能力,在福建进行生产加工,而后出口到美国市场。

9.4.9.3　韩国市场的营销策略

表 9-5 给出了 1996—2010 年韩国市场分种类水产品的进口比重。由
表 9-5 可知,在韩国市场鲜活水产品的进口比重占绝对优势,曾一度占到 88％
以上,其中"鲜活冷藏冻鱼"的比重最大,进口比重为 61.23％,且"鲜冷等甲壳

软体类"的比重呈现上升的走势,从 1996 年的 23.53% 上升到 2009 年的 28.34%。另外,水产品的深加工品("鱼制品"和"甲壳软体制品")和初加工品("干熏腌鱼")也占有相当的比重,但比起其他市场,这几类水产品的进口比重偏低,以 2009 年为例,这 3 类水产加工品的进口比重共占水产品进口比重的 11.23%。

表 9-5 1996—2010 年韩国市场分种类水产品进口比重

单位:%

年份	鲜活冷藏冻鱼	干熏腌鱼	鲜冷等甲壳软体类	鱼制品	甲壳软体制品	鱼粉浆渣	其他类水产品
1996	56.84	1.00	23.53	0.52	11.40	3.04	3.04
1997	58.56	0.88	22.91	0.75	11.10	2.84	2.96
1998	67.61	1.07	17.29	1.08	5.83	3.26	3.86
1999	72.18	0.62	16.74	1.10	4.97	1.53	2.88
2000	67.61	1.72	18.61	1.90	5.80	1.89	1.89
2001	67.84	0.98	20.04	2.53	4.76	1.97	1.87
2002	65.08	1.09	22.98	2.84	4.81	1.43	1.77
2003	63.37	0.59	24.76	3.00	5.31	1.38	1.38
2004	57.83	1.55	27.32	4.24	5.98	1.56	1.53
2005	56.49	1.88	26.84	4.89	6.48	1.57	1.84
2006	54.92	1.66	28.75	4.21	6.73	1.92	1.92
2007	55.75	1.57	28.75	3.55	7.11	1.72	1.72
2008	56.65	1.43	27.70	3.41	7.29	1.43	1.43
2009	56.47	1.30	28.34	3.05	6.88	1.81	1.81
2010	56.44	2.03	27.52	2.93	6.85	2.48	2.48

生鲜鱼类产品为闽台共同的出口优势产品,对生鲜水产品需求较为旺盛的是韩国市场,闽台应该在出口水产品结构上进行有效的调整,避免在韩国市场上的竞争,例如同样是鲜活水产品,福建可向韩国市场提供其优势养殖产品黄花鱼、鳗鲡鱼、海蛏、锯缘青蟹等,而台湾可向韩国出口其优势养殖产品石斑鱼、九孔鲍鱼以及远洋捕捞产品大西洋鲔鱼、鱿鱼等。

9.4.9.4 东盟市场的营销策略

如表 9-6 所示,2000—2010 年生鲜水产品在东盟市场进口水产品中占绝对优势,年均比重超过 80%。其中"鲜活冷藏冻鱼"的比重最大,年均比重占

58.03％,且比重在不断增大,从 2000 年的 48.60％上升到 2009 年的
64.85％;与此同时,"鲜冷等甲壳软体类"的比重在逐步降低,由 1996 年的
26.99％下降到 2009 年的 16.61％。东盟市场对水产品深加工品的需求不旺
盛,样本期内所有年份的比重都小于 10％。另外,与其他市场不同的是"水生
植物及产品"在东盟市场的水产品进口中占据相当比重。此外,有别于其他市
场,东盟市场在"鱼粉浆渣"和"不可食用品"的进口比重较大,样本期内的年均
比重达 7.23％,这可能是东盟水产养殖业的发展导致了对该类产品的需求
旺盛。

表 9-6　2000—2010 年东盟市场分种类水产品进口比重

单位:％

年份	鲜活冷藏冻鱼	干熏腌鱼	鲜冷等甲壳软体类	鱼制品	甲壳软体制品	鱼粉浆渣	水生植物及产品	不可食用品	其他类水产品
2000	48.60	3.01	26.99	4.29	4.43	8.14	1.78	2.08	0.69
2001	53.57	2.35	23.72	3.83	3.36	8.33	1.54	2.45	0.84
2002	53.13	2.56	26.74	4.44	3.68	5.43	1.57	1.53	0.92
2003	54.88	2.63	25.65	4.36	3.03	4.32	1.44	2.70	0.98
2004	54.46	2.21	28.42	4.30	2.97	4.32	1.06	1.37	0.88
2005	59.69	1.96	21.55	4.72	3.02	5.20	1.00	1.59	1.28
2006	61.41	2.11	19.46	4.78	2.48	5.92	1.24	1.06	1.54
2007	63.72	1.78	17.83	5.27	2.86	5.11	1.30	0.87	1.25
2008	66.01	1.69	15.23	5.47	3.22	4.86	1.67	0.69	1.16
2009	64.85	1.90	16.61	4.77	3.13	5.28	1.24	1.04	1.18
2010	63.65	2.23	17.33	4.70	3.47	4.98	1.37	1.09	1.19

由此可见,东盟各国对"鲜活冷藏冻鱼"类水产品的需求较大,且需求量有
进一步增强的趋势。以水产养殖业为主的福建和以远洋捕捞业为主的台湾在
该类水产品上都具有竞争优势,且由于生产方式的不同,闽台在该类水产品存
在产品结构的互补,另外,福建对东盟各国出口的主要目标市场为印尼、马来
西亚和新加坡市场,而台湾的出口主要目标市场则为越南、泰国与马来西亚市
场。因此,闽台在东盟市场,无论在产品结构还是市场结构上都存在互补。因
此,闽台可根据自身优势加强内部合作共同开发东盟市场。

9.4.9.5　欧盟市场的营销策略

生鲜水产品在欧盟市场进口中占有绝对份额(见表 9-7),其中"鲜活冷藏

冻鱼"的比重最高,2009 年该类产品的进口比重为 49.01%,占欧盟进口水产品的近一半,有绝对优势。另外,水产品加工品的进口比重也较高,其中初加工品"干熏腌鱼"的进口比重较其他市场(除中国香港市场外)高,年均达5.63%,"鱼制品"的比重高于"甲壳软体制品"。此外,欧盟市场在"鱼粉浆渣"的进口比重较高,欧盟水产养殖业的发展导致对该类产品的需求旺盛。

表 9-7 2000—2010 年欧盟市场分种类水产品进口比重

单位:%

年份	鲜活冷藏冻鱼	干熏腌鱼	鲜冷等甲壳软体类	鱼制品	甲壳软体制品	鱼粉浆渣	其他类水产品
2000	41.60	5.97	29.71	12.15	5.16	3.49	1.91
2001	42.97	7.05	28.47	10.90	5.24	0.78	3.49
2002	42.89	6.44	27.22	12.51	5.05	0.73	4.04
2003	47.61	5.06	26.89	11.11	4.74	2.70	1.89
2004	44.47	5.99	27.91	11.82	5.31	0.84	2.58
2005	45.42	5.57	27.48	11.88	5.23	0.94	2.51
2006	48.16	5.47	24.80	11.56	5.13	2.72	2.16
2007	47.14	5.07	24.46	13.35	5.66	2.07	2.24
2008	48.98	4.33	23.18	12.91	6.01	2.59	1.99
2009	49.01	4.17	24.85	11.48	5.94	2.64	1.91
2010	41.76	6.85	28.78	11.17	6.04	3.63	1.77

虽然欧盟是全球最大的水产品进口市场,然而地理位置的阻隔导致了闽台对欧盟市场的水产品出口额较低。台湾在欧盟市场的出口额出现下滑是由于台湾远洋渔业受到大西洋鲔鱼保育委员会(ICCAT)的制裁,大西洋大目鲔的配额由 2001 年的 16500 吨删减为 2006 年的 4600 吨,这使台湾大目鲔产量减少 10%,从而导致台湾从大西洋出口到欧盟的水产品数量迅速减少。反观福建,由于欧盟对"鲜冷等甲壳软体类"类水产品需求增加,且水产品保鲜技术进步,福建该类产品对欧盟市场出口额出现快速增长的势头,从 2001 年的5.92 万美元攀升到 2010 年的 1610.01 万美元,后者是前者的 271.96 倍。福建可利用台湾先进的水产养殖和育苗技术开拓欧盟市场。然而,由于运输成本较高及产品质量的准入门槛较高等阻碍,闽台可不必率先开发该市场。

9.4.9.6　中国香港市场的营销策略

香港市场的生鲜水产品进口比重最大(见表 9-8),平均比重达 70.22%。其中"鲜冷等甲壳软体类"的进口比重最大,2009 年占香港全部进口水产品的 51.39%,在香港进口水产品中占绝对的优势,且该类产品的比重呈现上升趋势,从 1996 年的 44.51% 上升到 2010 年的 51.10%。相比于其他市场,香港市场进口需求还有其独特性,即水产品深加工品的进口比重较小(样本期内的绝大多数年份都不超过 10%),而初加工品"干熏腌鱼"的进口比重较大(1996—2010 年的年均比重是 19.33%),香港市场是世界"干熏腌鱼"类水产品的主要进口市场。总之,香港市场对甲壳软体类水产品和鱼产品的初加工品的需求旺盛。

表 9-8　1996—2010 年香港市场分种类水产品进口比重

单位:%

年份	鲜活冷藏冻鱼	干熏腌鱼	鲜冷等甲壳软体类	鱼制品	甲壳软体制品	其他类水产品
1996	27.69	16.00	44.51	5.62	4.13	2.06
1997	34.24	15.89	39.59	4.41	4.60	1.27
1998	26.09	18.31	45.53	3.86	4.74	1.47
1999	22.65	19.53	47.23	3.51	5.53	1.54
2000	20.87	24.61	45.42	2.92	4.82	1.36
2001	23.69	21.17	45.81	3.43	4.77	1.14
2002	23.11	20.64	45.45	3.66	5.74	1.39
2003	21.89	22.57	43.69	3.72	6.74	1.39
2004	21.98	22.77	43.82	3.65	6.43	1.35
2005	21.67	22.37	45.63	3.19	5.91	1.23
2006	23.16	18.18	48.76	2.76	5.95	1.18
2007	21.87	18.14	49.98	3.17	5.87	0.97
2008	23.12	18.71	47.52	4.20	5.89	0.56
2009	22.87	15.68	51.39	4.24	5.22	0.60
2010	22.95	15.32	51.10	4.24	5.47	0.91

由于香港市场主要消费"鲜冷等甲壳软体类"水产品,福建在该类水产品较具优势,因此,福建可利用台湾先进的水产养殖和育苗技术开拓香港市场。另外,由于香港市场是"干熏腌鱼"的主要进口市场,为此福建与台湾可将国际

市场需求量相对较低的该类产品出口到香港市场,同时可根据各自的优势出口品种不同的产品。

9.5 实证研究:案例分析

9.5.1 案例一:漳州鲍鱼生产的产业化进程

福建省漳州市自 20 世纪 90 年代初通过引进台资从台湾引进天然九孔鲍鱼苗开始进行产业化生产,目前漳州拥有鲍鱼养殖场约 900 家,已建成的工厂化养鲍水体 40 万立方米,海上吊鲍 3000 箱,年产量 4120 吨,产值达 2.48 亿元,成为全国最大的鲍鱼生产基地。漳州企业在引进良种的同时又陆续进行技术创新,2000 年引进日本良种黑鲍以及北方良种皱纹盘鲍并进行杂交,解决了鲍鱼种质退化问题,2009 年又实现鲍鱼生产与加工上的新突破,据东山口岸报道,2009 年 1 月至 5 月,仅从该口岸出口的冻煮鲍鱼量就达 52.7 吨、价值 586 万美元,同比增长 72.0% 和 57.1%,占整个养殖水产品出口总额的 25.0%。

漳州市政府在提升产业竞争力方面做出了巨大贡献:在扩大产业品牌影响力方面,通过组织鲍鱼企业参加国内外各类展销会,扩大品牌知名度;在降低生产成本方面,通过协调电业部门,帮助养鲍企业降低用电成本;在加强科技创新方面,通过加强龙头企业与厦门大学、福建农林大学、集美大学以及福建省水产研究院等科研院校的产学研对接,推进科研成果转化,产生有自主知识产权的生产专利。

另外,漳州鲍鱼在产业化的过程中,形成了种苗繁育、海上吊养、龙须菜养殖、工厂化繁殖、饲料生产及营销贸易等产供销一体化的完整产业链,这是养殖业的发展带动其相关产业的发展,实现产业化的典型案例。

本案例表明,加大台湾企业对福建投资,引进台湾先进技术,可以促使福建渔业产业化加快进程。水产养殖业的发展带动饲料业、渔网制造业等相关产业的发展,而相关产业的发展也带动渔业的发展,实现渔业产业化以及产业集群的形成。

9.5.2 案例二:共同调查台湾海峡渔业资源,推进科技领域合作

2007 年,台湾海洋大学与厦门大学、福建省水产科学研究院及福建省海洋研究所等科研院所签订了"两岸联合开展台湾海峡渔业资源养护与利用"的

科研项目(2007I0005),旨在通过大面积调查台湾海峡渔业资源,为建立两岸渔业资源保护实验区提供生物、生态学基础研究资料。该项目由福建省科技厅主持,由厦门大学和台湾海洋大学牵头。经过四年的不懈努力,2011 年 3 月 5 日该科研项目经福建省科技厅验收通过。

该研究项目取得了丰富的科研成果:在闽台两地先后召开四次项目研讨会,对中国枪乌贼、鲐鱼等特有物种进行了分子生物学鉴定,对灯光围网、火诱网、拖网等作业方式渔获的 37 批、2805 尾样品进行了生物学测定,并收集了 10 万多个可靠翔实的数据。在完成相关研究报告的基础上,有 24 篇研究论文在国内外期刊上发表,其中 SCI 收录论文两篇;并联合撰写了约 50 万字的著作《台湾海峡渔业资源养护与管理》及涵盖 8 种海峡两岸主要渔法渔具的名录对照表和超过 200 种台湾海峡海洋生物的《台湾海峡常见鱼类原色图谱》。此外,还共同构建了台湾海峡渔业资源地理信息系统,首次签订了合作建立台湾海峡渔业资源养护试验区的相关协议,并联合培养研究生 13 人,其中博士 6 人,硕士 7 人。

本案例表明,闽台可以在渔业科技领域展开深入合作,共同保护台湾海峡海洋生态环境及渔业资源,联合培养渔业科技人才,从而促进闽台渔业可持续发展。

9.5.3 案例三:两岸远洋水产品集散中心建设

2010 年,宋镇迈(宋楚瑜女儿)率董欣跃(台湾聚利顺贸易有限公司董事长)等一行人来到舟山考察,重点洽谈"海峡两岸远洋渔业合作基地"项目。据介绍,该项目由台湾与浙江远洋渔业公司共同投资兴建,具体的合作公司有台湾聚利顺贸易有限公司、浙江海力生集团有限公司和舟山震洋发展有限公司。该基地以"一个中心、四大基地"为建设宗旨,其中"一个中心"为"远洋水产品集散中心",是该项目的核心,目标是在聚集台湾与舟山远洋捕捞产品的基础上,吸引中国大陆、台湾和香港的远洋捕捞产品在该中心交易,从而建成国际性的远洋捕捞产品集散中心;四大基地为"远洋产品深加工基地、远洋渔业技术交流推广基地、远洋渔业劳务基地及远洋渔业补给基地"。该项目港区岸线预计 2~3 千米,水域面积超过 100 公顷,陆上面积 3000~4000 亩。

本案例表明,闽台可通过远洋渔业的合作共同开发远洋渔业资源。福建省霞浦县有着悠久的对台"小额贸易"的基础,福建目前正加快建设福建省霞浦县的台湾水产品集散中心,但规模还不够大,因此,其可效仿舟山市的做法,尽快建设"闽台远洋渔业合作基地"。

9.6　本章主要结论

从前面各章的研究可知,制约福建水产品国际竞争力的主要因素是技术水平、人力资本和水产品质量安全管理的滞后,而台湾则在初级生产要素上较缺乏,两者形成互补。本章在 ECFA 框架下,结合前面的研究成果,分析了闽台渔业合作的基础。

(1)水产品贸易合作方式有:扩大 ECFA 早期收获清单的水产品范围、加强检验检疫的合作、逐步建立水产品自由贸易区。

(2)水产养殖业主要以"台湾接单、福建生产、互利共荣"为合作方式。

(3)远洋渔业的合作建议:一是完善福建赴台渔工的社会保障制度;二是逐步建立闽台远洋渔业合作基地等以吸引台商在福建投资,利用福建在国际政治空间和劳动力资源优势,加上台湾先进的远洋捕捞技术,联手开发国际资源。

(4)近海捕捞业的合作以共同保护和开发台湾海峡渔业资源为主要的合作方式。

(5)水产加工业领域的合作方式则是吸引台商在福建投资,充分发挥福建丰富的加工原料和台湾发达的加工技术的优势,促成水产加工业共同市场的建设。

(6)在渔业投资领域的合作方式:一是鼓励台商对福建投资,形成渔业产业集群;二是鼓励有实力的福建渔业企业到台湾投资;三是闽台合作共同投资开发第三方市场。

(7)建立渔业人力资本的共同培养机制是闽台渔业实现可持续发展的长远合作战略。

(8)基于自然物候条件上的接近,闽台许多水产品种类在国际上独具特色。因此,闽台在这些特色产品上的合作具有广阔的市场前景。

(9)闽台还可依据"走出去"战略,着眼于国际市场需求特征采取差异化的营销策略,共同开发国际市场,提升水产品的竞争力。

第10章 结论与展望

10.1 结论

本书的研究可得出以下主要结论:

(1)无论从哪个角度分析,福建水产品在国际市场上的竞争业绩均表现为上升趋势,具备竞争力的水产品种类越来越多,而台湾水产品的竞争力则有所下降,且具备竞争力的产品种类较少,主要集中在鱼类产品上。从闽台水产品比较看,福建水产品的国际市场竞争力要强于台湾水产品。

(2)从水产品国际竞争力的直接因素分析可知,福建水产品的价格优势正在丧失,而质量竞争力不断增强;台湾水产品的价格优势正逐步显现,但质量优势正逐步丧失。

(3)通过闽台水产品国际竞争力影响因素分析可知,福建水产品的国际竞争力强于台湾主要是两者产业结构不同造成的:福建以水产养殖业为主,这有利于降低水产品深加工的成本,提高深加工品产量,更有利于提高甲壳、软体类产品的产量,同时养殖渔业较捕捞渔业在生产上的可控性更强,能根据市场需求快速地调整产品结构;而台湾则以远洋捕捞业为主,对产品的可控性相对较差,很难根据市场需求结构的变化做出及时调整。

(4)通过闽台水产品国际竞争力影响因素分析可知,闽台水产品价格因素和质量因素呈现以上变动状态同样是两者产业结构不同引起的:以水产养殖业为主的福建渔业能通过快速调整产品结构、品质和花色以满足发达国家对水产品多元化的需求,使水产品价格上涨的同时质量优势不断提升;而台湾渔业以远洋捕捞业为主,无法对世界市场水产品多元化的需求迅速做出调整,其产品花色与质量跟不上世界水产品的需求,导致价格不断下滑。

(5)从闽台水产品国际竞争力影响因素分析可知,加入 WTO 和国际市场需求对闽台水产品国际竞争力的提升具有促进作用。内生因素对福建水产品国际竞争力的促进作用大于阻碍作用,对台湾水产品的阻碍作用则大于促进作用。水产品的初级生产要素(自然资源、人力资本等)、产业结构和内部市场需求制约了台湾水产品国际竞争力的提升,而技术水平、人力资本和水产品质量安全管理的滞后则制约了福建水产品国际竞争力的提升,两者形成互补。

(6)ECFA 的签署开启了闽台渔业合作的新纪元,根据资源禀赋理论、区域经济一体化理论及农业区位理论,结合前面的分析结果可知,闽台渔业存在巨大的合作空间。因此,本书提出闽台渔业合作策略:闽台要以建立自由贸易区为目标进行水产品贸易领域的合作;以生产要素自由流动的共同市场的合作方式为目标开展水产养殖业、远洋捕捞业以及水产品加工业领域的合作;以保护台湾海峡自然资源为目标开展近海渔业领域的合作;以建立渔业人才的共同培养机制、加强在特色水产品领域的合作以及根据国际市场需求联手开发国际市场为目标开展水产品国际市场营销领域的合作,这是闽台渔业合作的重点。

10.2　展望

ECFA 开启了闽台渔业合作的新纪元,今后的研究将着力于 ECFA 对闽台渔业发展的研究上,为此本书提出了两个需重点关注、深入研究的方向。

10.2.1　对闽台休闲渔业交流与合作的关注

闽台均拥有美丽的沿海和海岛风光,有着丰富的观赏鱼资源。台湾在基隆、澎湖等地均建立了集生产、旅游、观光于一身的渔港旅游休闲区,以活跃渔区经济,而福建则在这方面落后于台湾。在 ECFA 下,如果闽台两地能充分利用投资进行经贸合作,共同发展休闲渔业,横向拓展渔业产业链,无疑是对渔业经济的一大促进。深入研究休闲渔业对渔业的影响是闽台水产品国际竞争力问题研究的一个关注点。

10.2.2　对 ECFA 时代闽台水产品国际竞争力的分析方法的探索

本书第 1~8 章主要考察 2010 年以前闽台水产品国际竞争力状况,其理论分析框架是建立在前 ECFA 时代福建与台湾水产业遵循"相对独立"发展道路的基础上根据波特的"国家钻石模型"的分析框架对闽台水产品国际竞争力进行实证分析。而在 ECFA 时代,闽台渔业资源与产业的不断整合无疑将打破原有的国际竞争力理论分析范式。然而,哪种分析范式是适用于 ECFA

时代闽台水产品国际竞争力的分析范式,本书提出了一些探索性的思路,为后续的研究奠定了基础。

10.2.2.1 "母国钻石模型"向"双重钻石模型"的演进

正如第 3 章提到的,鲁格曼认为单一的"母国钻石模型"不能很好地解释加拿大产业竞争优势的来源,因为北美自由贸易协定的建立为加拿大能够突破"小国经济"的瓶颈提供了制度上的条件,这对提高加拿大本土产业的国际竞争力起到了重要的作用,而应当考虑美国产业对加拿大产业竞争力的影响,从而建立了"双重钻石模型"。这对于探讨 ECFA 的签署对闽台水产品国际竞争力的提升效应具有极大的启示意义。随着 ECFA 时代的到来,两地水产品贸易出现井喷式的增长,另外,由于两地在要素禀赋、需求条件及产业结构上的互补,闽台在渔业领域的深层次合作必将进一步发展,这必然具有明显的帕累托改进。因此,在 ECFA 时代,孤立地、单独地考察闽台两地水产业的国际竞争力必将不再适用于了解闽台水产品国际竞争力的实际情况。对于福建而言,台商在福建的直接投资,实现台湾水产品高级生产要素向福建转移,可进一步优化福建水产业的产业结构、提升水产品生产的技术水平和效率,而福建丰富的养殖产品可满足台湾居民对水产品风味的需求。对于台湾而言,一方面福建消费者对水产品绝对数量的需求有利于台湾远洋捕捞产品进入福建市场,从而拓展市场空间,解决水产品滞销问题;另一方面,台湾先进的水产养殖技术可通过对福建投资,利用福建丰富的水产养殖业资源,以实现产业的区域转移。此外,闽台还可联手拓展市场。因此,在 ECFA 时代闽台水产品国际竞争力必将实现共同提升,"母国钻石模型"将向"双重钻石模型"演进(见图 10-1)。

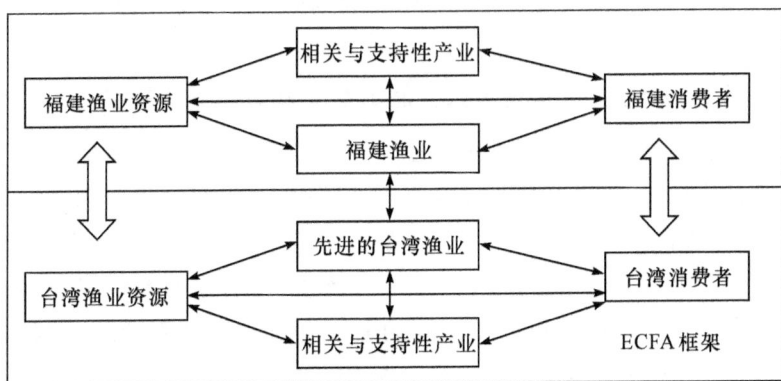

图 10-1 "双重钻石模型"视野下的闽台水产品国际竞争力影响因素

10.2.2.2 "双重钻石模型"向"一般双重钻石模型"的演进

随着 ECFA 时代的进一步发展以及福建与台湾进一步融入国际市场,"双重钻石模型"也不再适用于闽台水产品国际竞争力的分析。第 3 章的理论分析表明,蒙等人将"双重钻石模型"进一步扩展到所有小国经济的一般化的"双重钻石模型",即"一般双重钻石模型"。这同样给予我们启示,即单一的"双重钻石模型"已不再适用于 ECFA 框架下闽台渔业的进一步发展,主要原因有:第一,2011 年 3 月国务院批复了《海峡西岸经济区发展规划》,明确提出把海峡西岸经济区建成科学发展之区、改革开放之区、文明祥和之区、生态优美之区。第二,随着福建与台湾进一步融入国际市场,特别是亚太市场,"全球钻石"也将对闽台这个"双重钻石"发生作用。因此,"双重钻石模型"就向"一般双重钻石模型"演进,如图 10-2 所示。在图 10-2 中,内部实线代表闽台这个"双重钻石";虚线代表"国内钻石",即中国水产品国际竞争力;外部实线代表"全球钻石",它是 ECFA 时代闽台完全融入全球经济的情况下水产品国际竞争力的决定因素。

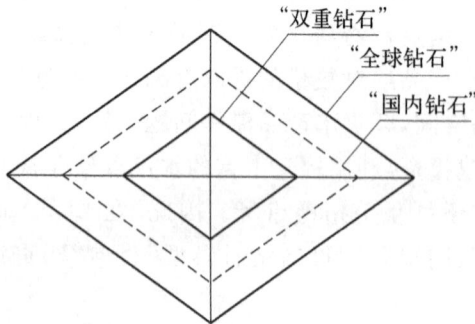

图 10-2 "一般双重钻石模型"视野下的闽台水产品国际竞争力影响因素

10.2.2.3 ECFA 时代闽台水产品国际竞争力的分析框架

根据以上分析,本书尝试性地提出 ECFA 时代闽台水产品国际竞争力的分析框架(见图 10-3),并应用此框架分析 ECFA 时代闽台水产品国际竞争力的提升路径。闽台将在 ECFA 的框架下进行更深入的合作:①竞争潜力,包括双方在生产要素上的自由流动、水产品的绿色消费、产业结构的调整和互相渗透以及渔业产业集群的形成以达到帕累托改进。②竞争实力,包括双方在合作的基础上降低水产品生产、流通和营销成本,从而在降低水产品市场价格的同时提升水产品质量和风味、花色。③竞争业绩,包括闽台可根据市场需求制订不同的营销策略。

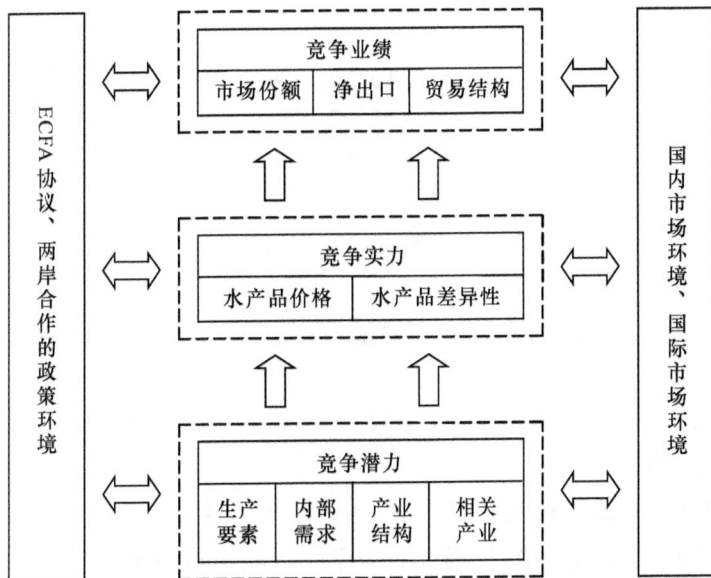

图 10-3　ECFA 时代闽台水产品国际竞争力分析框架

　　因此,ECFA 时代闽台水产品国际竞争力的分析方法究竟如何? 分析的指标又将发生哪些变化? 这些都是今后研究需要重点关注的问题。

参考文献

Anderson J L, 2004. 水产品[M]. 刘鹏俊, 吕瑞香, 傅红, 等译. 北京: 中国海关出版社.

伯恩斯坦 S, 伯恩斯坦 R, 2002. 统计学原理(上、下)[M]. 史道济, 译. 北京: 科学出版社.

波特, 2001a. 竞争优势[M]. 陈小悦, 译. 北京: 华夏出版社.

波特, 2001b. 竞争战略[M]. 陈小悦, 译. 北京: 华夏出版社.

波特, 2007. 国家竞争优势[M]. 李明轩, 邱如美, 译. 北京: 中信出版社.

蔡贤恩, 2007a. 闽台农产品国际市场竞争力比较与和谐互补对策[J]. 农业现代化研究, 28(6): 713-717.

蔡贤恩, 2007b. 闽台农产品互补性研究[J]. 技术经济, 26(12): 117-122.

蔡贤恩, 林琳, 李彬, 等, 2009. 闽台农产品贸易和谐发展研究[J]. 福建论坛(人文社会科学版)(5): 126-132.

蔡贤恩, 郑思宁, 孙骏, 2010. 闽台农产品贸易结构分析与对策研究[J]. 技术经济, 29(11): 91-97.

蔡雪雄, 陈新艺, 2007. 深化闽台农业合作的思路及对策[J]. 东南学术(6): 90-94.

蔡秀玲, 2001. 海峡两岸加入 WTO 与闽台农业结构调整[J]. 亚太经济(1): 59-60.

陈伟, 2006. 我国水产品国际竞争力的提升策略[J]. 湛江海洋大学学报, 26(2): 1-5.

陈卫平, 2005. 中国农业国际竞争力——理论、方法与实证研究[M]. 北京: 中国人民大学出版社.

陈燕, 2008. 闽台农业资源配置效率及其发展路径研究. 福建论坛(人文社会科学版)(11): 123-126.

陈照，高明，2008. 关于建立海峡两岸农业共同市场的探讨[J]. 亚太经济
　　(5)：94-97.

程国强，2005. 中国农业面对的国际环境及其趋势[J]. 中国农村经济(1)：
　　4-25.

戴天元，刘勇，刘喆，2009. 两岸携手养护台湾海峡渔业资源策略探讨[C].
　　海口：2009年中国水产学会学术年会.

邓丽娟，2001. 评萧万长的"两岸共同市场构想"[J]. 台湾研究集刊(3)：
　　40-47.

狄昂照，吴明录，韩松，等，1992. 国际竞争力[M]. 北京：改革出版社.

董楠楠，2005. 世界水产品贸易竞争力与产业内贸易分析[J]. 渔业经济研究
　　(6)：2-7.

董银果，2011. SPS措施影响中国水产品贸易的实证分析——以孔雀石绿标
　　准对鳗鱼出口影响为例[J]. 中国农村经济(2)：43-51.

段辉娜，王巾英，2007. SPS措施对中国畜产品出口的影响及对策——基于
　　引力模型的实证分析[J]. 国际经贸探索，23(12)：48-52.

段媛媛，万荣，2009. 水产品对外贸易的产品口径问题研究[J]. 中国渔业经
　　济，27(3)：74-79.

樊海平，刘兆钧，2011. 我国鳗鱼产业国际贸易分析及市场价格预测与发展
　　对策[J]. 中国水产(2)：68-70.

高洪业，2001. 西方经济学[M]. 2版. 北京：中国人民大学出版社.

高颖，田维明，2008. 基于引力模型的中国大豆贸易影响因素分析[J]. 农业
　　技术经济(1)：27-33.

高维新，2010. 国外TBT对我国水产品出口影响的效应分析[J]. 渔业经济
　　研究(2)：3-7.

郭留超，许冬至，2009. 药物残留标准对中国水产品出口影响的实证分析
　　[J]. 经济论坛(21)：39-41.

郭芳，王咏红，高瑛，2007. 技术壁垒影响中国水产品出口的实证分析[J].
　　中国农村经济(11)：45-51.

郭淼，2008. 中美水产品贸易特征及其比较分析[J]. 上海水产大学学报，
　　17(2)：233-237.

海闻，林德特，王新奎，2003. 国际贸易[M]. 上海：上海人民出版社.

韩瑜倩，包特力根白乙，2008. 中国水产品出口面临的技术壁垒与对策[J].
　　商业经济(12)，79-82.

何洁华, 2005. "共同市场"机制是两岸农业合作的最佳模式[J]. 东南学术 (5)：101-105.

何均琳, 曹伟, 2006. 闽台农产品出口市场结构比较研究[J]. 台湾农业探索 (1)：14-17.

何均琳, 2006. 闽台农产品出口品种结构比较研究[J]. 福建农林大学学报 (哲学社会科学版), 9(4)：9-12.

何均琳, 王文烂, 2008. 台商在闽农业直接投资对福建省农产品出口的影响 分析[J]. 科技和产业, 8(3)：36-40.

胡非凡, 施国庆, 2007. 世界主要粮食贸易国粮食国际竞争力对比分析—— 基于进出口数据的指标分析[J]. 求索(1)：30-36.

胡海燕, 2008. 我国农业竞争力建设的战略关键与对策[J]. 农业技术经济 (1)：1-5.

胡求光, 2008. 中国水产品出口贸易研究——基于需求变动的实证分析[D]. 咸阳：西北农林科技大学.

胡求光, 霍学喜, 2007. 基于比较优势的水产品贸易结构分析[J]. 农业经济 问题(12)：20-26.

胡求光, 邱晓红. 2008. 中国水产品出口增长因素的恒定市场模型分析[J]. 财经论丛(4)：8-14.

胡笑波, 1995. 渔业经济学[M]. 北京：中国农业出版社.

黄炳文, 施孟隆, 2004. 两岸农产贸易与台商赴大陆地区农业投资之研 究——兼论两岸农业交流之全球布局[C]. 泉州：第二届海峡两岸(泉州) 农业合作交流论坛.

黄建忠, 2004. CEPA与闽、港、台"金融三角"[C] // 马元柱, 曾建丰. CEPA 与区域经济合作研究. 香港：中国评论学术出版社.

黄季焜, Scott Rozelle, 解玉平, 等, 2002. 从农产品价格保护程度和市场整合 看入世对中国农业的影响[J]. 管理世界(9)：84-94.

黄金梅, 王俊, 2007. 探析闽台农产品竞争关系促进闽台农业合作[J]. 台湾 农业探索(2)：29-31.

黄祖辉, 张昱, 蒋文华, 2003. 竞争力理论与农业竞争力[M]. 北京：中国农 业出版社.

江莉, 胡求光, 2007. 绿色壁垒对宁波水产品出口的影响及应对策略[J]. 经济 丛刊(1)：40-42.

蒋颖, 2008. 闽台农产品贸易互补性实证研究[J]. 福建农林大学学报(哲学社会科学版），11(6)：44-47.

蒋颖，何均琳，2009. "共同市场"——海峡两岸农业合作深化发展的最佳选择[J]. 农业现代化研究，30(4)：445-448.

金碚，1997. 中国工业国际竞争力——理论、方法和实证研究[M]. 北京：经济管理出版社.

金碚，2003. 竞争力经济学[M]. 广州：广东经济出版社.

金碚，2006. 中国企业竞争力报告(2006)——创新与竞争[M]. 北京：社会科学文献出版社.

金德尔伯格，赫里克，1986. 经济发展[M]. 张欣，陈鸿仪，将洪，等译. 上海：上海译文出版社.

居占杰，刘兰芬，2009. 国外技术性贸易壁垒对中国水海产品出口的影响及应对策略[J]. 世界农业(10)：14-17.

赖勤学，2009. "两岸共同市场"的税收协调安排[J]. 发展研究(9)：95-96.

李崇光，于爱芝，2004. 农产品比较优势与对外贸易整合研究[M]. 北京：中国农业出版社.

李大海，韩立民，杨桂云，等，2005. 加入WTO后中国的水产品贸易——形势分析和对策探讨[J]. 中国海洋大学学报(社会科学版)(6)：25-30.

李非，吴凤娇，2009. 台湾渔业竞争力影响因子与两岸渔业合作前景[J]. 台湾农业探索(8)：1-6.

李梨梨，2009. 从出口相似程度分析中韩水产品的竞争性[J]. 商业经济(11)：60-61.

李双元，王征兵，2005. 我国农业国际竞争力研究观点综述[J]. 经济纵横(12)：50，76-78.

李晓娜，包特力根白乙，2009. 中国对EU水产品出口贸易的SWOT分析[J]. 渔业经济研究(1)：25-31.

李彦亮，1996. 中国水产品消费市场分析[J]. 中国水产(11)：6-7.

李岳云，董宏宇，2003. 海峡两岸产品贸易竞争与农业投资合作[J]. 中国农村经济(7)：65-69.

林琳，蔡贤恩，2010. 闽台农产品产业内贸易G-L指数分析[J]. 福建农林大学学报(社会科学版)，13(6)：15-18.

林敏，2005. 闽台农产品贸易竞争与闽台贸易合作[J]. 北方经贸(11)：54-56.

林卿，2005. 世贸组织框架下闽台农业资源整合与优化配置[J]. 台湾研究集刊(1)：53-59.

林卿，李建平，林翊，等，2006. 两岸农业合作模式：资源流动与整合——以闽台农业合作为例[J]. 福建师范大学学报(6)：37-41.

林卿，欧阳迪莎，王庆，等，2004. 闽台农业合作提升福建省农产品竞争力[J]. 国际贸易问题(4)：41-49.

林毅夫，李永军，2003. 比较优势、竞争优势与发展中国家的经济发展[J]. 管理世界(3)：21-28，66.

刘雪，2002. 中国蔬菜产业的国际竞争力研究[D]. 北京：中国农业大学.

刘李峰，李东伟，张照新，等，2006. 入世以来中国水产品贸易的格局特征及发展前景[J]. 渔业经济研究(6)：17-22.

刘学忠，陈晓明，盖明媚，2008. 世界主要水产品出口国水产业国际竞争力比较[J]. 世界农业(5)：28-31.

刘雅丹，2003. 全球水产品利用及贸易回顾[J]. 中国水产(11)：34-35.

刘颖琦，吕文栋，李海升，等，2003. 钻石理论的演变及其应用[J]. 中国软科学(10)：139-144.

刘健哲，黄炳文，2005. 台湾农产贸易面面观[J]. 台湾农业探索(2)：13-23.

卢振彬，戴泉水，颜尤明，2002. 台湾海峡及其邻近海域渔业资源的管理[J]. 台湾海峡，19(2)：249-253.

陆云，2003. 两岸农业经贸合作的回顾与展望[J]. 农业经济问题(1)：65-69.

陆云，2006. 1986 年以来两岸农业经贸合作与发展[M]// 高希均，李诚，林祖嘉. 两岸经验 20 年：1986 年以来两岸的经贸合作与发展. 台北：天下远见.

罗布森，2001. 国际一体化经济学[M]. 戴炳然，等译. 上海：上海译文出版社.

骆乐，郭庆林，2000. 近年我国水产品贸易下降原因及对策分析[J]. 渔业经济研究(1)：20-22.

骆乐，李婷，姚震，2004. 中国水产品比较优势分析[J]. 生态经济，20(4)：26-29.

纽曼，2009. 新帕尔格雷夫经济学词典[M]. 许明月，译. 北京：中国法律出版社.

牛若峰，2003. 入世后海峡两岸农业发展：相互依存、交流与合作[J]. 农业经济问题(2)：40-43.

潘伟光，2005. 中韩两国水果业生产成本及价格竞争力的比较——基于苹果、柑橘的分析. 国际贸易问题(10)：49-53.

裴长洪，王镭，2002. 试论国际竞争力的理论概念与分析方法[J]. 中国工业经济(4)：41-45.

钱志林，吴万夫，1996. 九十年代以来世界渔业的回顾及主要趋势[J]. 中国渔业经济研究，14(5)：9-12.

乔娟，2002. 中国主要肉类产品国际竞争力分析[D]. 北京：中国农业大学.

乔娟，2004. 中国大豆国际竞争力研究[D]. 北京：中国农业科学院.

乔云霞，2005. 区域国际竞争力：理论研究与实证分析[M]. 北京：经济科学出版社.

秦泰，2007. 中国苹果汁国际竞争力研究[D]. 咸阳：西北农林科技大学.

清光照夫，岩崎寿男，1996. 水产经济学[M]. 王强华，李艺民，译. 北京：海洋出版社.

邱珊鸿，2009. 闽台农产品贸易竞争与闽台农产品贸易对策[J]. 产业与科技论坛，8(11)：121-124.

邱晓红，胡求光，2008. 中国对日本水产品出口变动的 CMS 模型分析[J]. 经济论坛(14)：54-57.

邱毅，段樵，1993. 两岸农产品贸易竞争的竞争与互补[C]// 牛若峰.20 世纪90 年代中国农业发展论坛. 北京：中国人民大学出版社.

屈小博，霍学喜，2007. 我国农产品出口结构与竞争力的实证分析[J]. 国际贸易问题(3)：9-15.

任若恩，1996. 关于中国制造业国际竞争力的初步研究[J]. 中国软科学(9)：74-82.

任若恩，1998. 关于中国制造业国际竞争力的进一步研究[J]. 经济研究(2)：3-13.

山世英，姜爱萍，2005. 中国水产品的比较优势和出口竞争力分析[J]. 国际贸易问题(5)：20-24.

山世英，杨学成，2004. 中国水产品产业的国际地位及对外开放态势评析[J]. 农业经济问题(7)：8-11.

邵桂兰，姜宏，2007. 中国水产品出口主要目标市场国的非传统贸易壁垒分析与比较[J]. 农业经济问题(7)：81-84.

邵桂兰，姚春花，2005. 简析技术性贸易壁垒及其对我国水产品出口的影响[J]. 生态经济，21(10)：166-168.

邸征翌，2007. 中国水产品质量安全管理战略研究[D]. 青岛：中国海洋大学.

孙琛，2005. 加入 WTO 对我国水产品国际贸易的影响及后过渡期的相应对策[J]. 农业经济问题(9)：54-57.

孙琛，2008. 加入自由贸易区后中国与东盟水产品贸易关系的变化趋势[J]. 农业经济问题(2)：60-64.

孙琛，车斌，2007. 中国与欧盟水产品贸易关系分析[J]. 水产科学，26(2)：113-114.

孙琛，谭向勇，2001. 加入 WTO 对中国水产品贸易的影响[J]. 农业经济问题(7)：48-51.

孙骏，郑勇辉，蔡贤恩，2011a. 闽台农产品水平和垂直产业内贸易水平研究[J]. 管理学刊，24(1)：38-41.

孙骏，郑勇辉，蔡贤恩，2011b. 闽台农产品产业内贸易水平及特征研究[J]. 西部论坛，21(2)：95-103.

孙骏，2011. 闽台农产品产业内贸易研究[D]. 福州：福建农林大学.

孙志敏，邵征翌，林洪，2007. 水产食品安全标准与国际贸易的经济学分析[J]. 中国渔业经济，25(1)：44-47.

檀云坤，2010. 海峡两岸农业一体化的战略思考[J]. 福建论坛(人文社会科学版)(6)：127-131.

唐俊平，2008. 闽台农业贸易的发展特点及走向[J]. 发展研究(2)：36-38.

唐仁健，2001. 从根本上提升我国农业竞争力——中国农业应对 WTO 的宏观思考[J]. 农业经济问题(1)：25-34.

陶红军，2009. 我国农产品国际贸易竞争力空间自相关分析[J]. 华中农业大学学报(社会科学版)，84(6)：18-22.

王德芬，2009. 两岸渔业合作现状与发展趋势[J]. 中国水产(12)：3-5.

王健，王友丽，2011. 闽台水产品贸易互补性研究[J]. 中国流通经济，25(5)：87-91.

王静，陆迁，2010. 我国水产品出口贸易的 CMS 分析[J]. 生态经济(学术版)(1)：148-150.

王琳琳，2002. "三通"与闽台经贸合作之我见[J]. 云南财贸学院学报(经济管理版)，16(1)：57-59.

王士刚，2002. 未来世界水产品供求关系及渔业发展对策[J]. 水产科技(3)：32-34.

王秀清，李德发，1998. 生猪生产的国际环境与竞争力研究[J]. 中国农村经济(8)：48-55.

温思美，郑晶，2006. 海峡两岸农业合作模式的绩效及其前景分析[J]. 农业
经济问题(11)：4-9.

翁鸣，陈劲松，等，2003. 中国农业竞争力研究[M]. 北京：中国农业出版社.

吴迪，2007. 我国水产品国际竞争力的实证分析[J]. 渔业经济研究(3)：4-8.

吴越，2005. 新形势下的两岸农产品贸易发展及闽台贸易对策[J]. 台湾农业
探索(2)：35-37.

武玉英，郭珉，2007. 我国水产品出口欧盟遭遇技术性贸易壁垒的影响[J].
财贸研究，18(2)：56-59.

谢静华，高健，2006. 中国养殖水产品供给特征分析[J]. 上海水产大学学报，
15(2)：222-227.

辛毅，李宁，2007. 加入 WTO 以来中国主要土地密集型农产品的国际竞争
力分析[J]. 价格理论与实践(2)：32-33.

徐春祥，李梨梨，2010. 基于双视角的中韩水产品贸易互补性研究[J]. 商业
研究(1)：201-205.

许安心，2009. 基于地理集中度的中国水产品出口不稳定性研究[J]. 国际贸
易问题(6)：30-36.

许咏梅，2005. 中国制茶业国际竞争力影响因素的实证研究[J]. 中国农村观
察(3)：19-24.

闫逢柱，2007. 海峡两岸农产品在美市场的竞争研究[J]. 华侨大学学报(哲
学社会科学版)(3)：15-23.

杨江帆，庄佩芬，管曦，等，2005. 闽台茶叶共同市场的构想与实现[J]. 福建
农林大学学报(哲学社会科学版)，9(6)：19-23.

杨金发，童长水，2008. 闽台农产品贸易发展的进程与特征[J]. 福建农林大
学学报(哲学社会科学版)，11(4)：27-31.

杨进一，2008. 中国-澳大利亚水产品贸易关系分析[J]. 特区经济(2)：
95-96.

尹成杰，2001. 农业产业化经营是提高农业竞争力的重要途径[J]. 农业经济
问题(2)：2-7.

尹成杰，2003. 农业国际化竞争与提高我国农业国际竞争力[J]. 农业经济问
题(1)：5-10.

于爱芝，2005. 从输日鳗鱼受阻看技术性贸易壁垒——一个经济学分析框
架[J]. 农业经济问题(7)：45-48.

余子鹏，2006. 中美农产品国际竞争力比较[J]. 改革(1)：66-70.

曾寅初，陈忠毅，2004. 海峡两岸农产品贸易与直接投资的关系分析[J]. 管理世界(1)：96-106.

曾玉荣，张文棋，2003. 海峡两岸农产品竞争力比较、分析与产业合作[J]. 福建农林大学学报(哲学社会科学版)，6(3)：50-54.

张金昌，2002. 国际竞争力评价的理论和方法[M]. 北京：经济科学出版社.

张玫，2007. 中国水产品国际竞争力研究[D]. 武汉：华中农业大学.

张玫，霍增辉，易法海，2006. 中国水产品出口贸易结构性风险分析[J]. 中国渔业经济，24(6)：34-36.

张玫，霍增辉，易法海，2007. 加入 WTO 前后我国水产品出口变化及其影响因素的实证分析[J]. 中国农业大学学报(社会科学版)，24(3)：165-171.

张锡嘏，2006. 国际贸易[M]. 北京：对外贸易经济大学出版社.

赵海燕，2004. 中国蔬菜产业国际竞争力研究[M]. 北京：中国农业出版社.

赵洪斌，2004. 论产业竞争力——一个理论综述[J]. 当代财经(12)：67-70.

赵美玲，王述英，2002. 世界农业发展新特点与提高我国农业国际竞争力[J]. 南开学报(哲学社会科学版)(2)：65-71.

赵美玲，王述英，2005. 农业国际竞争力评价指标体系与评价模型研究[J]. 南开经济研究(6)：39-44.

赵玉榕，2006. 台湾渔业的困境与出路[J]. 两岸关系(10)：15-17.

赵玉榕，2007. 台湾渔业产能与两岸整合[J]. 台湾研究集刊(4)：33-40.

郑德雁，2004. WTO/TBT 框架下提升我国水产品国际竞争力研究[D]. 青岛：中国海洋大学.

钟甫宁，徐志刚，傅龙波，2001. 中国粮食生产的地区比较优势及其对结构调整政策的涵义[J]. 南京农业大学学报(社会科学版)，1(1)：38-52.

钟甫宁，羊文辉，2000. 中国对欧盟主要农产品比较优势变动分析[J]. 中国农村经济(2)：68-73.

周江梅，林卿，2004. 闽台农业资源配置状况的比较分析[J]. 台湾农业探索(2)：1-6.

周锦秀，孙东升，2005. 非关税壁垒的重要形式——中国农产品及食品出口受阻的技术壁垒分析[J]. 国际贸易(5)：16-19。

朱刚体，贾继锋，1985. "产业内贸易"理论述评[J]. 国际贸易问题(5)：11-16.

庄丽娟，2004. 比较优势、竞争优势与农业国际竞争力分析框架[J]. 农业经济问题(3)：59-61.

庄丽娟, 姜元武, 刘娜, 2007. 广东省与东盟农产品贸易流量与贸易潜力分析——基于引力模型的研究[J]. 国际贸易问题(6)：81-86.

邹薇, 1999. 关于中国国际竞争力的实整测度与理论研究[J]. 经济评论(5)：27-32.

邹薇, 2002. 论竞争力的源泉：从外生比较优势到内生比较优势[J]. 武汉大学学报(社会科学版), 55(2)：35-47.

Anders S M, Caswell J A, 2009. Standards as barriers versus standards as catalysts：assessing the impact of HACCP implementation on U. S. seafood imports[J]. Agricultural Economics, 91(2)：310-321.

Ark B V, 1996. Productivity and competitiveness in manufacturing：a comparison of Europe,Japan and the United States[M]// Wagner K, Ark B V. International Productivity Difference. Amsterdam：North-Holland.

Calvin L, Krissoff B, 1998. Technical barriers to trade：a case study of phytosanitary barriers and U. S.-Japanese apple trade[J]. Journal of Agricultural and Resource Economics, 23(2)：351-366.

Carmichael E A, 1978. Canada's manufacturing sector：performance in the 1970s[R]//Canadian Study No. 51.

Cerna L, 2002. Assessing South-South regional integration：same issues, Many Metrics[J]. Journal of Economic Cooperation, 23(2)：31-60.

Chiu Y B, Sun C H, 2009. Economic interdependence and bilateral trade imbalance across the Taiwan Strait[J]. Journal of Economic Studies, 36(4)：411-432.

Cho D S, 1994. A dynamic approach to international competitiveness：the case of Korea[J]. Journal of Far Eastern Business, 1(1)：17-36.

Dunning J H, 1992. The competitive advantage of countries and the activities of transnational corporations[D]. Newark：Rutger University.

Dunning J H, 1993. International Porter's diamond [J]. Management International Review, 33(2)：17-39.

Duren E V, Martin L, Westgren R, 1991. Assessing the competitiveness of Canada's agrifood industry[J]. The Canadian Agricultural Economics Society, 39(4)：727-738.

Färe R, Grosskopf S, Norris M, et al., 1994. Productivity growth, technical progress, and efficiency changes in industrialized countries[J].

American Economic Review, 84(1): 66-83.

Finger J M, Kreinin M E, 1979. A Measure of "Export Similarity" and Its Possible Uses[J]. Economic Journal, 89 (356): 905-912.

Fischer C, Schornberg S, 2007. The competitiveness situation of the EU meat processing and beverage manufacturing sectors [D]. Germany: University of Bonn.

Garman G, Petersen J, Gilliard D, 1998. Economic integration in the Americas: 1975-1992[J]. The Journal of Applied Business Research, 14 (3): 1-12.

Glick R, Rose A K, 1999. Contagion and trade: why are currency crises regional? [J]. Journal of International Money & Finance, 18 (4): 603-617.

Greenway D, 1993. The competitive advantage of nations by Michael E Porter [J]. Kyklos, 46(1): 145-146.

Hart J A, 1992. Rival Capitalists: International Competitiveness in the United States, Japan and Western Europe [M]. London: Cornell University Press.

Hayenga M L, Seim D, Novenario-Reese M J, 1998. Global competitiveness of the U. S. pork sector[R]. Ames: Department of Economics of Iowa State University.

Helpman E, 1987. Imperfect competition and international trade: evidence from fourteen industrialountries[J]. Journal of Japanese and International Economy, 1(1): 62-81.

Henson S, Jaffee S, 2006. Food safety standards and trade: enhancing competitiveness and avoiding exclusion of developing countries[J]. The European Journal of Development Research, 18(4): 594-618.

Hill P, 1986. International price levels and purchasing power parities[J]. OECD Economic Studies, 6:133-159.

Jepma C J, 1986. Extensions and application possibilities of the constant market analysis: the case of the developing countries' exports [D]. Groningen: University of Groningen.

Jorgenson D, Kuroda M, 1992. Productivity and international competitiveness in Japan and the United States,1960-1985 [M]// Hickman B

G. International Productivity and Competitiveness. New York: Oxford University Press.

Kravis I B, Heston A, Summers R, et al. , 1978. International comparisons of real product and purchasing power[M]. Baltimore: Johns Hopkins University Press.

Leamer E, 1984. Source of international comparative advantage, theory and evidence[M]. Cambridge: The MIT press.

Lem A D, Marzio M, 1996. The world market for salmon[R]. Rome: FAO/ Globefish Research Programme, 44: 71.

Lundberg L, 1988. Technology, factor proportions and competitiveness[J]. Scand Journal of Economics, 90(2):173-188.

Metcalfe M R, 2002. Environmental regulation and implications for competitiveness in international pork trade[J]. Journal of Agricultural and Resource Economics, 27(1): 222-243.

Milana C, 1988. Constant-market-shares analysis and index number theory[J]. European Journal of Political Economy, 4(4): 453-478.

Moon H C, Rugman A M, Verbeke A. 1998. A generalized double diamond approach to the global competitiveness of Korea and Singapore [J]. International Business Review, 7(2) :135-150.

Otsuki T, Wilson J S, Sewadeh M, 2001. Saving two in a billion: quantifying the trade effect of European food safety standards on African exports[J]. Food Policy, 26(5): 495-514.

Peterson E W F, Valluru S R K, 2000. Agricultural comparative advantage and government policy interventions [J]. Journal of Agricultural Economics, 51(3): 371-387.

Poyhonen P, 1963. A tentative model for the volume of trade between countries[J]. Weltwirtschaftliches Archiv, 90 (1): 93-100.

Rugman A M, D'Cruz J R, 1993. The "Double Diamond" model of international competitiveness: the Canadian experience[J]. Management International Review, 33(2): 17-39.

Ryan R, 1990. A grand disunity[J]. National Review, 42(13):46-47.

Salvacruz J C, 1996. Competitiveness of the United States and the ASEAN in the international agricultural market [J]. Journal of Food Distribution

Research, 27(2): 81-89.

Solís M, Katada S N, 2008. Permeated regionalism in East Asia: cross-regional trade agreements in theory and practice[M]// Katada S N, Solís M. Cross Regional Trade Agreements: Understanding Permeated Regionalism in East Asia. Berlin Heidelberg: Springer-Verlag.

Sproul J T, Queirolo L E, 1994. Trade and management: exclusive economic zones and the changing Japanese surimi market[J]. Marine Fisheries Review, 56(1): 31-39.

Tamirisa N T, 1999. Exchange and capital control as barriers to trade[J]. IMF Economic Review, 49(6): 69-88.

Tange T, 1992. International competitiveness of U. S. and Japanese manufacturing industries[M]//Hickman B G. International Productivity and Competitiveness. New York: Oxford University Press.

Tinbergen J, 1962. An analysis of world trade flows[M]// Tinbergen J. Shaping the World Economy-Suggestions for an International Economic Policy. New York: The Twentieth Century Fund.

Wall H J, 1999. Using the gravity model to estimate the costs of protection[J]. Federal Reserve Bank of St. Louis, 81(1): 33-40.

Wang Z, 2003. WTO accession, the "Greater China" free-trade area, and economic integration across the Taiwan Strait [J]. China Economic Review, 14(3): 316-349.

Wijnands J H M, Bremmers H J, Meulen B M J, et al, 2010. An economic and legal assessment of the EU food industry's competitiveness [J]. Agribusiness, 24(4): 417-439.

索　引